mandelbaum *verlag*

D1722309

WALTER MATZNETTER, ROBERT MUSIL (HG.)

EUROPA:
METROPOLEN IM WANDEL

mandelbaum *verlag*

Dieses Buch entstand mit Unterstützung von:

Bundesministerium für Wissenschaft und Forschung

Kulturamt der Stadt Wien, Abteilung für Wissenschaft und Forschung

Professur für Regionalgeographie, Institut für Geographie und Regionalforschung, Universität Wien

Institut für Stadt- und Regionalforschung, Österreichische Akademie der Wissenschaften

www.mandelbaum.at

ISBN 978-3-85476-366-6

Satz: ROBERT MUSIL
Umschlaggestaltung: MICHAEL BAICULESCU
Druck: DONAUFORUM-DRUCK, WIEN

INHALT

VORWORT

Am Beginn dieses Buches stand eine Einladung in die österreichische Peripherie, in den Gasthof zur Post, in Ratten im Joglland, nahe Peter Roseggers Waldheimat, im April 2008. Peter Feldbauer hatte uns eingeladen, Geographen und Historiker, um über ein Buchprojekt über Megastädte zu sprechen, das den aktuellen Forschungsstand in mehreren Bänden zusammenfassen sollte, ähnlich wie die Buchreihe über Globalgeschichte, die er selbst in den letzten Jahren mitherausgegeben hat. Quer zum Konzept der Globalgeschichte, deren Bände historischen Epochen gewidmet sind, sollten die Megastadt-Bände einzelnen Erdteilen gewidmet sein.

Das Grundkonzept unseres Europa-Bandes haben wir beide damals schon mitgebracht: eine Verschneidung von thematisch ausgerichteten Rahmenthemen mit einzelnen Case Studies, über ausgewählte Städte Europas, ohne dem Anspruch, alle Staaten oder größten Städte abdecken zu müssen. Dieses Konzept haben wir beibehalten, nur den Titel mussten wir ändern, weil nicht die wenigen europäischen Megastädte, sondern eine große Zahl bedeutender Metropolen und Global Cities im Mittelpunkt dieses Sammelbandes stehen. Näheres finden Sie in der Einleitung.

Andere fix terminisierte Forschungs-, Publikations- und Veranstaltungsprojekte haben uns beide bis vor einem Jahr davon abgehalten, dieses aus freien Stücken initiierte Buchprojekt anzugehen, das unsere gleichen mit unseren ungleichen Interessensschwerpunkten verbindet. Wir sind beide Geographen, wir forschen und lehren beide über Städte, aber wir nähern uns den städtischen Problemen aus unterschiedlicher Perspektive, und auf einem unterschiedlichen Skalenniveau. Robert Musil unterrichtet Wirtschaftsgeographie, er nähert sich dem Städtischen von der globalwirtschaftlichen Ebene, Walter Matznetter unterrichtet Stadtgeographie, er nähert sich der Stadt auf der Mikro-Ebene der Akteure, bis hin zu einzelnen Stadtteilen. Diese beiden Betrachtungsweisen miteinander zu verknüpfen, ist das Grundanliegen dieses Sammelbands. Wir hoffen, wir können mit dieser Sammlung von Beiträgen – die meisten, aber nicht alle von GeographInnen verfasst – zu einer Integration einzel- und teildisziplinärer Forschungsergebnisse beitragen, deren thematische Zersplitterung auch die Stadtforschung kennzeichnet.

Dies ist ein deutschsprachiges, gleichzeitig auch ein sehr europäisches Buch. Darauf kann zu Recht hingewiesen werden, denn die Autorinnen und Autoren kommen aus beziehungsweise sind in folgenden Ländern tätig: Belgien, Deutschland, Großbritannien, Luxemburg, Österreich, Schweiz, Tschechien und Ungarn.

22 Autorinnen und Autoren sind es schlussendlich geworden, mit uns 24. Vielen herzlichen Dank an alle, die unserer Einladung gefolgt sind und ihre Beiträge nach unseren Richtlinien, sprich: Orientierungstexten, innerhalb weniger Monate verfasst haben – und in der Folge zu kurzfristigen Änderungen und Kürzungen bereit waren.

Wir danken auch unseren Übersetzern Matthias Kranabether, Karen Meehan, Ursula Probst und Béla Rásky, die die anspruchsvollen Texte aus dem Tschechischen, dem Englischen, dem Französischen und dem Ungarischen übersetzt haben. Und wir danken Peter Feldbauer als Mastermind, der mit seiner Einladung nach Ratten den Grundstein zu diesem Band gelegt hat.

Auch dafür, dass wir als Herausgeber in der Lage sind, unsere akademische Freiheit für Buchprojekte wie dieses nützen zu können, dafür bedanken wir uns gerne bei unseren Institutionen, dem Institut für Geographie und Regionalforschung der Universität Wien sowie dem Institut für Stadt- und Regionalforschung der Österreichischen Akademie der Wissenschaften. Helmut Wohlschlägl, langjähriger Institutsvorstand an der Universität, hat uns auch bei der Finanzierung des Bandes unter die Arme gegriffen, Heinz Fassmann, langjähriger Institutsdirektor an der Akademie und Vizerektor der Universität Wien, hat uns bei den Übersetzungskosten und mit einem eigenen Themenbeitrag sehr unterstützt – Ihnen beiden herzlichen Dank!

Zwischen unseren beiden Instituten liegt die Wiener Altstadt, offensichtlich ein Ort des kreativen Arbeitens, denn dort haben wir uns zu unzähligen Besprechungen getroffen. Dort liegen die Cafés Bräunerhof, das Kaffee Alt Wien, das Café Engländer, das Naber Kaffee, das Gasthaus zur Oper, weiter draußen das Café Ritter – in diesen kleinen Welten ist dieses Buch über Metropolen entstanden.

Walter Matznetter
Robert Musil
Wien, Oktober 2011

WALTER MATZNETTER, ROBERT MUSIL
EINLEITUNG

Dies ist ein Buch über europäische Städte. Nicht alle Städte sind gemeint, sondern die Metropolen Europas. Diese Bezeichnung ist zwar allgemein verständlich, aber nicht eindeutig definiert, und erweckt die unterschiedlichsten Assoziationen. Es bedarf deshalb einer Klarstellung, welche Definition von Metropolen diesem Sammelband und seiner Gliederung zu Grunde liegt.

Zum Begriff der Metropole

„Metropole" ist zuallererst ein Begriff aus dem Städtewesen der Antike, als Bezeichnung für die Mutterstadt, von der aus die Kolonisation von neuen Städten betrieben wurde. In der Terminologie christlicher Kirchen hat sich die antike Bezeichnung bis heute erhalten. Erst in jüngerer Zeit ist der Terminus „Metropole" für säkulare Phänomene gebräuchlich geworden. Der Bedeutungskern als Macht- und Entscheidungszentrale, als Mutterstadt für entfernte Kolonialstädte ist dabei durchaus willkommen. Metropolen sind international bedeutsame Städte, zuerst in wirtschaftlicher, aber auch in politischer, oder kultureller Hinsicht.

Andere Klassifizierungen von Städten stehen quer zu dieser – und betonen nicht die Funktion einer Stadt, sondern deren Größe. Wir denken vor allem an alle Reihungen nach der Bevölkerungszahl, um in der Terminologie zu bleiben: nach ihrer demographischen Bedeutung. Von AUERBACH's Rang-Größe-Regel (1913) über die Phasen der Stadtentwicklung (VAN DEN BERG et al. 1982) bis zu den jüngsten Publikationen über Mega-Cities (BRONGER 2004) zieht sich in roter Faden durch die Stadt-Literatur, der (nur) auf dem Kriterium der Bevölkerungszahl aufbaut. Mit diesem rein quantitativen Zugang steht der Begriff der Metropole vor dem gleichen Dilemma wie der Begriff der Mega-City: ab welcher (Einwohner-) Grenze kann man von einer Mega-City sprechen? Abgrenzungen variieren zwischen fünf und zehn Millionen, je nach Fragestellung und Untersuchungsraum. Für den historischen Vergleich müssen die Grenzen nach unten verschoben werden. Um 1900 können noch Städte mit ein bis zwei Millionen Einwohnern als Megastädte bezeichnet werden; das Stadtwachstum ab 1940 macht eine sukzessive Anhebung des Grenzwertes erforderlich, was zum allmählichen Verschwinden der europäischen Großstädte aus der Liste der Mega-Cities führt. Insgesamt haftet der Definition nach der Quantität etwas Willkürliches an; der theoretische Gehalt beschränkt sich auf die Darstellung der Urbanisierung und den damit verbundenen Problemen in Schwellen- und Entwicklungsländern (SCHWENTKER 2006).

Die Metropole kann zwischen diesen beiden Dimensionen – der demographischen Größe und der übergeordneten funktionalen Rolle – verortet werden. Ein Zugang, den erstmals Peter HALL (1966) gewählt hat, indem er in diesem Zusammenhang die Weltstadt wie folgt definiert: „Es gibt einige große Städte, in denen ein unverhältnismäßig großer Teil der bedeutendsten geschäftlichen Transaktionen auf der Welt abgewickelt wird" (ebd. S. 7).

Es mag paradox erscheinen, dass Peter Hall die Weltstädte vorwiegend nach ihrer Bedeutung im Kontext des Nationalstaates definierte, aber dies war symptomatisch für die 1960er Jahre, in der der Staat die Bühne ökonomischer Prozesse darstellte und von multinationalen Konzernen, globalen Wertschöpfungsketten und einem deregulierten Finanzmarkt noch keine Rede war. Dies änderte sich aber rasch in den 1980er Jahren. John FRIEDMANN formulierte 1986 seine World City-Hypothesis, in der er erstmals auf den Zusammenhang zwischen der Form und Intensität der globalen Integration einer Stadt und der lokalen städtischen Entwicklung hinwies; wenige Jahre später formulierte Saskia Sassen darauf aufbauend ihre Global-City-Theorie (SASSEN 1991).

Zwischen den beiden Dimensionen von Bedeutung, der i.w.S. gesellschaftlichen Funktion und der demographischen Bedeutung, besteht unzweifelhaft ein Zusammenhang, aber es ist kein zwingender Zusammenhang. Die empirische Global-City-Forschung der letzten Jahre (vgl. TAYLOR 2004) hat gezeigt, wie gering die globalwirtschaftliche Bedeutung von sehr großen Städten bis Megastädten sein kann. Andersherum betrachtet, wurden bei diesen Untersuchungen auch zahlreiche kleinere Städte mit eindrucksvollen globalen Verflechtungen „entdeckt". In vielen Fällen wieder fallen demographische und globalwirtschaftliche Bedeutung zusammen, wie etwa in den höchstrangigen europäischen Global Cities und Megacities London und Paris zu sehen ist.

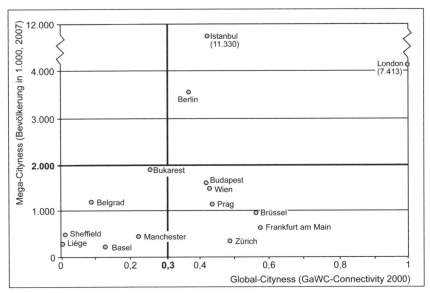

Abbildung 1: Das Verhältnis von Mega-Cityness und Global-Cityness der Case Studies dieses Bandes (Daten: URBAN AUDIT; TAYLOR et al. 2011)

Die Metropolen Europas

Zwischen diesen beiden Dimensionen lassen sich die Metropolen dieses Buches „verorten": es handelt sich bei allen Case Studies und auch bei allen in den Überblickskapiteln erwähnten Beispielen um Städte von globalwirtschaftlicher Bedeutung, von der höchsten in London (siehe den Beitrag von ZEHNER) bis zur niedrigsten in Liège (siehe den Beitrag von GUILLIAMS & HALLEUX).

Die in dem Band behandelten Fallbeispiele sind nach den oben genannten Kriterien in Abbildung 1 dargestellt; das Verteilungsmuster weist auf einige Besonderheiten des europäischen Städtesystems hin. Der Zusammenhang zwischen Bevölkerungszahl und funktionaler Bedeutung in einem internationalen Städtesystem zeigt zwar einen groben positiven Zusammenhang, jedoch bei beträchtlichen Abweichungen, der sich in vier Quadranten darstellen lässt (über/unter 2 Mio. Einwohner, Connectivity über/unter 0,3). Auffällig dabei ist die relativ große Städtegruppe mit einer geringen Einwohnerzahl, aber einer überdurchschnittlichen Connectivity: Für Zürich, Frankfurt am Main und Brüssel trifft dies noch stärker zu als für Wien, Prag und Budapest. Nur wenige Städte in Europa sind zugleich eine bevölkerungsmäßig große Stadt, und zugleich eine bedeutende Global City: hier sind in erster Linie London und Paris (das in diesem Band nicht behandelt wird) zu nennen. Istanbul ist hier insofern als periphere Metropole einzustufen, als die beträchtliche Bevölkerungszahl mit einer nur leicht überdurchschnittlichen Connectivity einhergeht. Es dominiert gewissermaßen die „Mega-Cityness" über die „Global-Cityness". Berlin stellt mit seiner großen Bevölkerungszahl und der vergleichsweise geringen Connecitvity (vgl. dem gegenüber Frankfurt am Main) sicherlich eine Ausnahmeerscheinung dar, die sich aus der jungen Hauptstadtfunktion sowie dem dezentralen, polyzentrischen Städtesystem Deutschlands ergibt. Der linke untere Quadrant umfasst neben den peripheren Metropolen Bukarest und Belgrad eine Gruppe kleiner Städte mit mehr oder weniger schwacher Connectivity. Kurz gesagt, das Spezifische an den Metropolen Europas ist die große Zahl an mittelgroßen und kleinen Städten mit einer hohen funktionalen Bedeutung sowie einer geringen Zahl an großen Städten (über 2 Mio. Einwohner); wenn eine Stadt in Europa diese Größenschwelle übersteigt, dann verfügt sie über global bedeutende Funktionen.

Zum Konzept und zur Gliederung des Bandes

Dieser Band umfasst 15 Stadtportraits, die in fünf Themenfelder untergliedert und jeweils durch einen einführenden Text eingeleitet werden.

Das erste Themenfeld setzt sich mit dem europäischen Zentralraum, mit globalen Steuerungszentralen auseinander. Als Stadtportraits werden London, Basel und Frankfurt am Main vorgestellt, die in ihrer Qualität und Quantität unterschiedlich in das globale Städtenetz integriert sind.

Das zweite Thema widmet sich dem ökonomischen Strukturwandel in den Städten und wird durch die Stadtportraits von Lüttich, Sheffield, Berlin und Zürich ergänzt.

Es folgt das Themenfeld der Bevölkerungsentwicklung und Migration, wobei in den Stadtportraits unterschiedliche, meist getrennt behandelte Aspekte gegenübergestellt werden; die Suburbanisierungsdebatte für Prag und Wien, die Gentrifizierung für Brüssel und die Migration Geringqualifizierter für Wien.

Dem Wandel von der Wohlfahrts- zur Wettbewerbspolitik widmet sich das vierte Themenfeld: die Frage der Multilevel-Governance wird für Manchester diskutiert, das Politikfeld der Festivalisierung und Inszenierung für Wien. Am Beispiel von Budapest wird der Wandel einer Stadt in einer ehemaligen Transformationsökonomie behandelt.

Der Sammelband schließt mit dem Themenfeld, das die Metropolen der Peripherie in den Mittelpunkt rückt: Bukarest, Belgrad und Istanbul.

Es ist die zentrale Intention dieses Bandes, zum einen unterschiedliche Debatten der Stadtforschung in und zwischen diesen Themenfeldern, aber auch über die Sprachgrenzen, die nach wie vor auch in der Wissenschaft Diskursgrenzen bilden, zu verknüpfen. Zum anderen möchte dieses Buch, das aufgrund der Bandbreite der Städte und Themen, aber auch aufgrund der Herkunft der Autoren als „europäisch" bezeichnet werden darf, einen Beitrag zur europäsichen Stadtforschung leisten.

Literatur

AUERBACH F. (1913), Das Gesetz der Bevölkerungskonzentration. In: Petermann`s Geographische Mitteilungen, Bd. 59, S. 73-76.
BRONGER D. (2004), Metropolen, Megastädte, Global Cities. Die Metropolisierung der Erde. Darmstadt.
VAN DEN BERG L., DREWETT R., KLAASSEN L. H., ROSSI A., VIJVERBERG C.H.T. (1982), Urban Europe A Study of Growth and Decline. Oxford.
SCHWENTKER W. (2006), Die Megastadt als Problem der Geschichte. In: Schwentker W. (Hrsg.), Megastädte im 20. Jahrhundert. S. 7-26. Göttingen.
HALL, P. (1966): Weltstädte. München.
SASSEN, S. (1991): The Global City: London, New York, Tokyo. Oxford.
TAYLOR P. J. (2004), World city network. A global urban analysis. London, New York.
TAYLOR P. J., NI P., DERUDDER B., HOYLER M., HUANG J., WITLOX F. (Hrsg.) (2011), Global Urban Analysis: A Survey of Cities in Globalization, London.

Datenquelle
www.urbanaudit.org (Zugriff am 1.10.2011)

ROBERT MUSIL

DIE METROPOLEN EUROPAS IM STÄDTESYSTEM DES 20. JAHRHUNDERTS

Einleitung

Das Städtesystem in Europa ist, über die Zäsuren und Brüche des 20. Jahrhunderts hinweg, von beträchtlichen Persistenzen geprägt. Das räumliche Grundgerüst, in dem die Entwicklungen der Gegenwart stattfinden, wurde bereits im Zuge der Industrialisierung und der damit verbundenen dynamischen Urbanisierungsphase geschaffen. Dies betrifft einerseits die unterschiedliche Dichte des Städtenetzwerkes, die nach wie vor entlang des zentral-peripheren Gradienten, vom nordwestlichen ins südöstliche Europa abfällt. Andererseits die Existenz weniger Metropolen – große Städte mit überregionalen Beziehungen in den Bereichen Wissenschaft, Politik, Kultur und Wirtschaft – die als „Stadtmaschinen" die technologische, gesellschaftliche und ökonomische Entwicklung maßgeblich beeinflussen.

Der Fokus in diesem Beitrag liegt weniger auf der Beschreibung und Erklärung der damit verbundenen gegenwärtigen Entwicklungsdynamiken, sondern vielmehr auf der Frage nach der Entstehung und Transformation jener räumlichen Strukturen, in denen sich diese artikulieren. Globalisierung und die Formation eines World- oder Global City-Netzwerkes kann nicht, wie Saskia SASSEN (2008) festgehalten hat, aus sich selbst heraus erklärt werden („Endogenitätsfalle"); das Argument, das dem Beitrag zugrunde liegt, lautet, dass für den Prozess der Global Cities in Europa Strukturen ausschlaggebend sind, die sich nicht aus der (relationalen) Logik der Globalisierung, sondern aus historischen, pfadabhängigen Entwicklungen oder dem Prozess der Staatenbildung heraus erklären. Vor allem an den europäischen Metropolen lässt sich zeigen, dass mit der Globalisierungsdebatte der „Machtcontainer" des Staates (vgl. TAYLOR 1994) vielleicht zu schnell über Bord gekippt wurde. Das wechselseitige, multiskalare Verhältnis zwischen relationalem Raum und dem Territorium zeigt sich in der europäischen Metropole in besonderer Deutlichkeit.

1. Historische Grundlagen des europäischen Städtesystems: Die Industrialisierung

Industrialisierung und Stadtwachstum

Die Urbanisierung ist in Europa mit der Industriellen Revolution eng verbunden. Dabei unterscheiden sich die Auswirkungen der sozialen und ökonomischen Umwälzungen auf das europäische Städtesystem in der frühen und späten Phase der Industrialisierung grundlegend. In der ersten Phase, die grob und bei beträchtlichen regionalen Schwankungen zwischen 1750 und 1850 einzuordnen ist, bildeten sehr häufig ländliche Räume die Zentren des Industrialisierungsprozesses. Einerseits, weil diese aus protoindustriellen Strukturen, die ein typisches Phänomen für den ländlichen Raum darstellten, entstanden. Andererseits, weil die starke Rohstofforientierung sowie die beschränkten Transportmöglichkeiten frühe industrielle Entwicklungen an die Lagerstätten (insbesondere von Kohle und Erz) band. Mit dem Ausbau des Eisenbahnnetzes und der Verbesserung der Transportsysteme in der Phase der späten Industrialisierung (spätestens ab 1850) erfolgte eine räumlich-physische Entkoppelung der Produktion von den Rohstofflagerstätten. Auch Städte, die fernab dieser lagen – Berlin, Paris, Madrid, Turin oder Wien – wurden damit von einer starken Industrialisierung erfasst. Damit begannen sich die europäischen Metropolen zu den Gravitationszentren der Industrialisierung des späten 19. Jahrhunderts zu entwickeln. Die Nachfrage nach Arbeitskräften sowie die sinkenden Mobilitätskosten bildeten wichtige Anreize zur Migration und damit – trotz sinkender Fertilität – die Grundlage für ein dynamisches Wachstum der Städte, dessen Ausmaß heute noch in den baulichen Strukturen an großen, gründerzeitlichen Stadtvierteln der europäischen Metropolen erkennbar ist. Während sich die Gesamtbevölkerung Europas von 1800 bis 1910 verdoppelte, versechsfachte sich die städtische Bevölkerung (HOHENBERG & LEES 1995, S. 218).

Beide Prozesse, die Industrialisierung wie die Urbanisierung Europas wiesen ein beträchtliches regionales Gefälle auf, das diagonal, vom Nordwesten in den Südosten des Kontinents abnimmt: Der Urbanisierungsgrad lag im nordwestlichen Europa um 1850 bei 26,1 %, im Osten des Kontinents hingegen bei 7,5 % und belegt die Bedeutung der Persistenz und Pfadabhängigkeit räumlicher Strukturen: Das Gefälle in der Dichte des Städtenetzes geht auf das Mittelalter zurück. Es blieb durch die Industrialisierung nicht nur bestehen, es wurde dadurch sogar noch verstärkt (LEES & LEES 2007, S. 57). Doch auch in peripheren Regionen mit verspäteter Industrialisierung – wie Serbien, Rumänien oder Spanien – wiederholte sich das gleiche Muster wie in den ökonomischen Kernräumen Europas: Die Metropolen der jungen Nationalstaaten bilden die Gravitationszentren des Industrialisierungsprozesses (HOHENBERG & LEES 1995, S. 238). Ein weiteres, zentrales Charakteristikum des Stadtwachstums in der zweiten Hälfte des 19. Jahrhunderts war neben der Zunahme der städtischen Bevölkerung das Wachstum der Großstädte: 1850 überschritten zehn Städte die 250.000 Einwohnergrenze, 1910 bereits 84. Weitere 23 Städte zählten mehr als eine halbe Million Einwohner, fünf mehr als eine Million (LEES & LEES 2007, S. 31). Die europäische „Metropole", mit all ihren technischen-infrastrukturellen und sozialen Problemen und Herausforderungen war entstanden. Das Unbehagen vor den unkontrolliert wuchernden, industrialisierten Großstädten findet seinen Niederschlag in den Befunden der zeitgenössischen Beobachter, wie sich in Simmels „Die Gross-Städte und das Geistesleben" nachlesen lässt (SIMMEL 1903; zit. in: SIEBEL 2000, S. 268).

Die ökonomische Diversität der Metropolen des Industriezeitalters

Trotz der Parallelität von Urbanisierung und Industrialisierung waren die europäischen Städte nie reine Industriestädte, nur in seltenen Fällen überstieg der Anteil der Industriebeschäftigten die 50%-Marke, wie in Bochum (55,5% um 1871); in Mailand lag der Wert bei 44,9% (1881), in London bei 38,3% (1891) (HOHENBERG & LEES 1995, S. 210). In den Städten, insbesondere den großen Metropolen existierte nicht nur ein protoindustrieller Sektor parallel neben den neuen industriellen Strukturen. Es entwickelte sich auch ein umfangreicher Dienstleistungssektor, der dynamisch wachsende Branchen umfasste: das Transportwesen, den Bildungssektor, die Universitäten, die Verwaltungen in großen Unternehmen sowie die umfangreichen personen- und konsumbezogenen Dienstleistungen. Und, nicht zu vergessen den wachsenden Sektor der Staatsverwaltung, die öffentlichen Dienstleistungen, die vor allem in den Hauptstädten der sich formierenden Nationalstaaten eine wichtige Rolle einnahmen. Beispielsweise überstieg im Wien der Spätgrunderzeit das Wachstum der Beschäftigten im Dienstleistungssektor jenes des industriellen Sektors, der schon um 1890 seinen Höhepunkt erreicht hatte (vgl. SCHUBERT 1985). 1910 waren bereits 52,0 % der Beschäftigten im Tertiären Sektor tätig, wobei der Handel und der Finanzsektor die stärksten Wachstumsraten aufwies (EIGNER 1991, S. 730).

Das Stadtwachstum der späten Industrialisierung kann auf zwei verschiedene Entwicklungspfade zurückgeführt werden (HOHENBERG &

LEES 1995, S. 233): erstens jenes der monofunktionalen Städte, die etwa als Rohstofflagerstätten und/oder Industriesiedlungen ein spektakuläres Wachstum erlebten; zweitens jene Städte, deren Wachstum auf einer funktional diversifizierten Stadtökonomie basierte. Dabei handelte es sich überwiegend um die großen Städte, die eine Reihe bedeutender Agglomerationsvorteile aufwiesen.

Diese Metropolen waren nicht nur wichtige Zentren des Massenkonsums, es waren auch jene Orte, an denen die für die industrielle Produktion wichtigen Dienstleistungen verfügbar waren, wie etwa die Banken und Aktienbeteiligungsgesellschaften, die die Finanzierung des Industriesektors sicherstellten. Die Internationalisierung des Finanzsektors lässt sich an den grenzüberschreitenden Kapitalverflechtungen (Direktinvestitionen und Portfolioinvestitionen) darstellen; diese wurden für den Vorabend des Ersten Weltkrieges (1913) für die europäischen Staaten im Durchschnitt auf 9,0 Prozent des BIP geschätzt (vgl. BELLAK 1999). Diese Internationalisierung schritt rasch voran: so kam es etwa zwischen 1855 und 1914 nahezu zu einer Verzehnfachung der britischen Kapitalanlagen im Ausland (WOODRUFF 1985, S. 468).

Ein weiterer wichtiger Agglomerationsvorteil für die Unternehmen, insbesondere der neuen, wissensbasierten Industriebranchen – Elektrizität, Chemie, Maschinenbau – war die Nähe zu jenen Institutionen, die in der späten Industriellen Revolution zu maßgeblichen Produzenten von Wissen und Innovation aufstiegen: Universitäten und staatliche Forschungseinrichtungen (LEES & LEES 2007, S. 135).

Die nationalen Hauptstädte unter den europäischen Städten nahmen dabei eine privilegierte Stellung ein. In ihnen konzentrierte sich nicht nur die Verwaltung eines expandierenden Staatswesens und zahlreiche staatliche und staatsnahe Institutionen. Nicht zuletzt profitierten die Hauptstädte von ihrer privilegierten, zentralen Position als zentraler Knoten im nationalen Transportsystem (LEGALÈS 2002; 2. französ. Auflage 2011)

Kurz, ein Bündel an Faktoren war dafür ausschlaggebend, dass die zweite Industrielle Revolution aus den Kohlebecken der Loire oder aus Lancashire in die Metropolen zurückkehrte: sinkende Mobilitätskosten sowohl für die neue, zugewanderte Arbeiterschaft als auch für die Rohstoffe; Agglomerationsvorteile, die sich vor allem aus der Größe und der funktionalen Diversität der städtischen Ökonomie ergaben. Die Metropolen Europas waren an der Schwelle zum 20. Jahrhundert zugleich industrialisierter Produktionsstandort, Verkehrsdrehscheibe, Zentrum der neuen Institutionen der Wissensproduktion sowie komplexes Dienstleistungszentrum.

Die Entstehung eines dualen Städtesystems

Die Urbanisierung der zweiten Industriellen Revolution war ein räumlich uneinheitlicher Prozess. Nicht nur, weil die Voraussetzungen und Ausgangsbedingungen der nationalen Siedlungssysteme sehr unterschiedlich waren, sondern vor allem auch weil sich in der zweiten Hälfte des 19. Jahrhunderts ein duales Städtesystems etablierte, das aus zwei Subsystemen bestand: dem zentralörtlichen System sowie dem System der überregionalen Städtenetzwerke. Ersteres basiert auf jenen Versorgungsfunktionen, die eine Stadt für das jeweilige Umland ausübt. Die Bedeutung und Dynamik einer Stadt als Zentraler Ort spiegelt sich in der Größe des zu versorgenden Umlandes sowie in der Reichweite der angebotenen Güter und Dienste wider und wurde daher in der historischen Stadtforschung durch die demographische Größe (als „Mittelpunktsiedlung") gemessen (SCHWENTKER 2002).

Im Gegensatz dazu wird die Entwicklung einer Stadt, die als funktionaler Knoten Teil eines übergeordneten Netzwerkes ist, weder vom Umland noch der Einwohnerzahl, sondern von der Struktur und Verflechtung zu anderen Städten bestimmt. Motor der Urbanisierung ist nicht die Versorgungsreichweite, sondern die funktionale Einbindung in ein Städtenetzwerk, dass von den regionalen Strukturen entkoppelt ist (vgl. SCHWENTKER 2002; BRAUDEL 1986); hier ist etwa der Fernhandel zu nennen, oder die Bedeutung einer Hafenstadt („Torpunktstadt") (vgl. RITTER 1998). Das zentralörtliche System kann den Aufstieg von Hafenstädten, aber auch das Wachstum von Industriestädten wie Liège, Bochum oder Duisburg nicht erklären. Während für Städte im zentralörtlichen System das Bevölkerungswachstum an die Stadtgröße sowie den Zentralitätsrang gekoppelt war (hier bestand ein positiver Zusammenhang zwischen Bevölkerungszahl und Stadtwachstum), gilt dies für Städte als Teil eines funktionalen Netzwerkes nicht. Die Industrialisierung brachte für viele Städte und Regionen einen Urbanisierungsschub, der diese aus dem zentralörtlichen System „herauskatapultierte" – und der nur im Kontext eines komplementären, übergeordneten Städtenetzwerkes zu erklären ist (es bestand ein negativer Zusammenhang zwischen demographischem Stadtwachstum und Bevölkerungszahl), wie sich insbesondere am spektakulären Aufstieg der (monofunktionalen) Industriestädte zeigen lässt (HOHENBERG & LEES 1995, S. 243).

Diese beiden Formen des dualen Städtesystems sind durch unterschiedliche Dynamiken geprägt, und sie werden von verschiedenen Akteuren getragen. Werner Sombart unterschied in diesem Zusammenhang einen „originären Bereich", den der „Städtebildner", und einen nachgeordneten, „derivaten" Bereich, den der „Städtefüller" (vgl. LÄPPLE 2000, S. 199). Der erste umfasst jene Segmente der städtischen Ökonomie, die die Wertschöpfung durch Export bzw. Außenverflechtungen erbringen – die exportorientierte Sachgüterproduktion, den Finanzsektor über den diese Unternehmen refinanzieren sowie weitere unternehmensbezogene Dienstleistungen. Die Tätigkeiten dieser Branchen sind vom lokalen oder regionalen Markt entkoppelt und durch überregionale bzw. internationale Verflechtungen gekennzeichnet. Demgegenüber umfasst das zweite Segment der dualen städtischen Ökonomie die breite Masse und die Tätigkeit der Bevölkerung, die Güter und Dienstleistungen für den lokalen Markt produzieren und von der Wertschöpfung des „originären Bereiches" abhängig sind. Regionale Liefer- und Absatzbeziehungen sind im Vordergrund. Marktgröße und Bevölkerungszahl einer Stadt stehen in einem direkten Zusammenhang.

Die Vorstellung einer dualen städtischen Ökonomie wurde auch von der Export-Basis-Theorie aufgegriffen, in der ein exportorientierter Basic-Sektor für die wirtschaftliche Entwicklung ausschlaggebend ist, während der Non-Basic-Sektor, der die Binnennachfrage umfasst, von der durch Exporte erbrachten Wertschöpfung abhängig ist (SCHÄTZL 2001). Wenngleich der Ansatz hinsichtlich seiner empirischen Überprüfbarkeit und fragwürdiger konzeptioneller Annahmen kritisch kommentiert wird, so nimmt er jenen Dualismus vorweg, der später von Saskia Sassen als konstitutiv für die Global Cities gesehen wurde (vgl. SASSEN 1991).

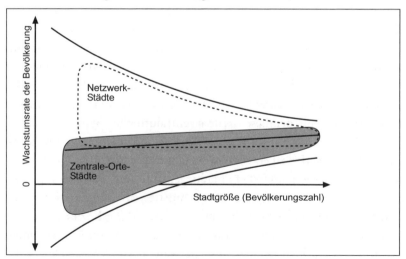

Abbildung 1: Das Verhältnis von Stadtwachstum und -größe im dualen Städtesystem (Quelle. HOHENBERG & LEES 1995, S. 243)

Der Urbanisierungsprozess des späten 19. Jahrhunderts führte dazu, dass am Vorabend des Ersten Weltkrieges 45% der europäischen Bevölkerung in Städte lebte – bei beträchtlichen regionalen Schwankungen. Aber dies ist nur ein Aspekt der Entwicklung. Denn die Industrialisierung und Intensivierung der überregionalen ökonomischen Verflechtungen durch Waren- und Rohstofflieferungen, durch die Kommerzialisierung der Landwirtschaft, grenzüberschreitende Beteiligungen und nicht zuletzt die Revolution der Transportsysteme haben dazu geführt, dass sich das funktionale Städtenetzwerk gegenüber dem zentralörtlichen System durchgesetzt hat.

Die Metropolen nehmen im dualen Städtesystem eine Sonderstellung ein; sie partizipieren an beiden Netzwerksystemen und deren Wachstumsmechanismen: einerseits als Zentraler Ort, dessen Dynamik an die (beträchtliche) Bevölkerungszahl gekoppelt war und andererseits das von Bevölkerungszahl und Marktgröße entkoppelte Wachstumspotential eines funktionalen Knotens in einem übergeordneten Netzwerk (vgl. Abb. 1).

2. Das Städtesystem Europas im fordistischen Entwicklungszusammenhang

Zur Mitte des 20. Jahrhunderts war das europäische Städtesystem von grundlegenden Veränderungen betroffen: erstens verloren die europäischen Metropolen ihre Stellung als dominierende Zentren der Weltwirtschaft; die sukzessive Dekolonialisierung sowie die beiden Weltkriege führten dazu, dass sich die USA als bestimmende Macht der westlichen Hemisphäre durchgesetzt haben. Zweitens endete die Phase des für die Industrialisierung typischen, dynamischen Stadtwachstums. Die groben Muster der Urbanisierung blieben erhalten: die dominierende Stellung der Metropolen in den nationalen Städtesystemen sowie das Gefälle des Urbanisierungsgrades vom Nordwesten in den Südosten Europas. Drittens endete mit dem Ersten Weltkrieg das „goldene liberale Zeitalter", auf das eine Phase der nationalstaatszentrierten Entwicklung folgte, die die Entwicklungsdynamik des Städtesystems an die Logik des Territoriums knüpfte.

Der makroökonomische Rahmen: ein binnenorientierter
Entwicklungszusammenhang

In den Jahrzehnten vor und nach dem Zweiten Weltkrieg bildete der Staat den Rahmen, in dem ökonomische Entwicklungsprozesse stattfanden; Wiederaufbau, Wirtschaftswunder sowie eine nach innen gerichtete Entwicklung der Territorialstaaten sicherten bis in die 1970er Jahre hohe Wachstumsraten. Die Bedeutung, die der Staat und seine Institutionen für die wirtschaftliche und soziale Entwicklung einnahmen, zeigt sich nicht nur an den unterschiedlichen sich herausbildenden wohlfahrtsstaatlichen Regimen – dem sozial-demokratischen, dem liberalem und dem konservativen (Esping-Andersen 1990; Kaufmann 2003), sondern vor allem daran, dass nationale Ausprägungen kapitalistischer Strukturen entstanden. Diese wiesen unterschiedliche, spezifische staatliche Steuerungsmuster auf – wie etwa bei den Arbeits- und Sozialrechten (Hall & Soskice 2001); aber auch die Finanzierungs- und Koordinationsformen des Marktes; typisch für den „Rheinischen Kapitalismus" war etwa die Rolle der großen Universalbanken, die gemeinsam mit den Ländern eine Schlüsselrolle bei der Industriefinanzierung einnahmen, während die Aktienmärkte im Vergleich zu anderen Ländern, wie etwa Großbritannien, so gut wie keine Rolle spielten (vgl. Bagnasco & Le Galès 2000; Hancké 2009).

Trotz deutlicher Variationen in der Entwicklung der westlichen Staaten Europas werden von regulationstheoretischen Arbeiten Gemeinsamkeiten betont, die als „fordistischer Entwicklungszusammenhang" beschrieben werden (vgl. Aglietta 1987; Lipietz 1998 oder Becker 2007). Dieser wies im Bereich der Unternehmensorganisation hierarchisch organisierte, großbetriebliche Strukturen auf, in denen nach dem Prinzip der tayloristischen Arbeitsteilung standardisierte, hochwertige Konsumgüter für den Binnenmarkt produziert und von einer ebenso stabilen, homogenen Konsumentenschicht nachgefragt wurden. Den staatlichen Institutionen fiel dabei die Rolle zu, über den Interessensausgleich zwischen Arbeitgebern und -nehmern, also über die Allianz zwischen Arbeit und Kapital, zu wachen (vgl. Becker 2007; Becker & Novy 1999).

Räumlich-funktionale Differenzierung

Die räumlichen Strukturen des Fordismus waren durch eine ausgeprägte hierarchisch-funktionale Gliederung innerhalb des staatlichen Territoriums gekennzeichnet, die als „Taylorisierung des Raumes" bezeichnet werden konnte (Krätke 1990). Die Reichweite der Verflechtungen der Städtenetzwerke beschränkte sich vorrangig auf den jeweiligen Staat: Handel und internationaler Kapitalverkehr waren stark eingeschränkt, der Finanzsektor hatte noch kein unkontrollierbares Eigenleben entwickelt und stand unter der rigiden Kontrolle staatlicher Institutionen (Becker et al. 2003).

Die Hauptstädte bildeten die Gravitationszentren der nationalen Städtenetzwerke, sie waren zugleich bedeutender industrieller Produktionsstandort als auch Zentrum öffentlicher und privater Dienstleistungen und nahmen als politisches und kulturelles Zentrum sowie als zentraler Verkehrsknoten eine dominierende Stellung ein. Als höchstrangiger Zentraler

Ort waren die Metropolen auch Standort spezialisierter Dienstleistungen, die Peter Hall folgendermaßen beschrieb: „Man kann daher das im Stadtkern liegende Geschäftsviertel als eine hochdifferenzierende Apparatur für die Hervorbringung, Bearbeitung und Weiterleitung von auf bestimmten Gebiete spezialisierten Informationen bezeichnen" (HALL 1966, S. 238).

In den urbanen Zentren konzentrierten sich auch die Unternehmenszentralen, die einen maßgeblichen Einfluss auf den für diese Phase typischen hohen Spezialisierungsgrad der nationalen Städtesysteme hatten.

Entscheidend für die räumliche Differenzierung der Ökonomie war die Entstehung einer neuen Organisationsform, die des multidivisionalen Unternehmens (vgl. McGUINNESS 1991). Im Gegensatz zu dem für die Industrialisierung im 19. Jahrhundert typischen monozentrischen Unternehmen, dass ein Ein-Betriebs- und damit auch ein Ein-Standort-Unternehmen war, bildeten multidivisionale Unternehmen operative Einheiten mit einer mittleren Organisationsebene, die wiederum eigene monozentrische Subsysteme bildete. Diese Organisationsform auf mehreren Ebenen wurde erstmals in den 1930er Jahren von US-Firmen, etwa DuPont, General Motors oder Standard Oil of New Jersey, umgesetzt und wurde nach dem Zweiten Weltkrieg in Europa übernommen (McGUINNESS 1991, S. 78). Damit entstanden Unternehmensstrukturen, die eine räumliche Differenzierung der Produktion erlaubten.

Die unternehmerischen Kontrollverflechtungen dieser neuen Organisationsformen zeigten spezifische räumliche Muster (vgl. BORCHERT 1978; TÖDTLING 1984; GRÄBER et al. 1987). Die großen Städte dominierten als nationale Steuerungszentralen, in ihnen war – gemessen an der Bevölkerungszahl – ein überproportionaler Anteil an Unternehmenszentralen niedergelassen, noch stärker war die Konzentration des dort kontrollierten Eigenkapitals. John Borchert konnte für die Jahre 1920 bis 1971, die ziemlich genau der Phase des Fordismus in den USA entsprechen, ausgeprägte räumliche Persistenzen feststellen. Diese betrafen sowohl die Dominanz der räumlichen Konzentration der Unternehmenszentralen, als auch die Muster der Kontrollverflechtungen: „On the average, the bigger the city, the more headquarters it has; the bigger the companies, the more assets they control, hence the more far reaching and intense the flow of management information focused there" (BORCHERT 1978, S. 227). Das räumliche Muster der binnenwirtschaftlichen Kontrollverflechtungen in Deutschland (GRÄBER et al. 1987; KRÄTKE & BORST 2000) bestätigt dieses Bild: die Verflechtungen finden zwischen den großen Städten statt, die auch mit unterschiedlicher Reichweite ihr Umland dominieren.

Die hierarchische Struktur zwischen dominierenden Zentren, die eine ausgeprägte Konzentration von Unternehmenszentralen aufwiesen, Mittelzentren sowie peripheren Regionen, die durch eine hohe Außenabhängigkeit geprägt waren, führte zu einer funktionalen Arbeitsteilung bzw. einem verhältnismäßig hohen regionalen Spezialisierungsgrad. Etwa indem die Produktion von Gütern, die am Ende ihres Lebenszyklus angelangt waren, aufgrund der niedrigeren Lohnniveaus sowie staatlicher Förderungen in periphere Regionen ausgelagert wurden.

Die arbeitsteilig-funktionale Ordnung dieses Städtesystems deckte sich mit dem zentralörtlichen System, das durch die Institutionen des Staates stabilisiert wurde. In dieser Phase des Fordismus bildete die territoriale Logik des Staates, und damit das zentralörtliche System den dominierenden Rahmen für das Städtesystem. Es ist bezeichnend, dass Peter Hall in seinen Portraits zu den europäischen Weltstädten in den 1960er Jahren (vgl. HALL 1966) nahezu ausschließlich auf die nationale Bedeutung der Metropolen als wirtschaftliche, politische, verkehrstechnische und kulturelle Zentren einging.

3. Der Aufstieg der nationalen Metropolen zu globalen Steuerungszentralen

In den 1970er Jahren stürzte der nationalstaatszentrierte Entwicklungszusammenhang in eine Krise: in Folge des Ölpreisschocks brach das Wirtschaftswachstum ein, und die Produktivitätssteigerungen, die durch standardisierte Massenproduktion sowie durch funktionale Arbeitsteilung im nationalen Maßstab erzielt wurden, stießen an ihre Grenzen (NOVY et al. 1999). Es setzte ein tiefgreifender ökonomischer Strukturwandel ein, mit dem eine Transformation der politischen Rahmenbedingungen einherging. Der Staat und seine Institutionen verloren ihre bisherige Bedeutung als Koordinierungsorgan für makroökonomische Entwicklungen; dies umfasst einerseits den Rückzug des Staates auf verschiedene Politikbereiche sowie eine inhaltliche Neuorientierung der Politik – vom Wohlfahrts- zum Wettbewerbsstaat (vgl. HIRSCH 1996; MATZNETTER in diesem Band).

Neue Rahmenbedingungen der globalisierten Ökonomie

Die Liberalisierung der Güter- und Finanzmärkte sowie Innovationen im Bereich der Transport- und Kommunikationstechnologien schufen den Rahmen für die eine Vertiefung der weltwirtschaftlichen Verflechtungen seit den 1970er Jahren. Hier sind drei Aspekte hervorzuheben: die Etablierung globaler Finanzzentren, der Aufstieg multinationaler Konzerne sowie die Entstehung einer wissensbasierten Ökonomie.

– Seit den 1960er Jahren erlebten die off-shore- oder Euro-Märkte, die weit abseits der etablierten Finanzzentren lagen und keiner staatlichen Kontrolle unterworfen waren, einen regelrechten Boom (vgl. UNGEFEHR 1988). Überschüssiges Kapital, etwa Petro-Dollars aus dem Nahen Osten, konnte zu günstigeren Konditionen als auf den streng regulierten nationalen Märkten veranlagt und als Kredit vergeben werden (ROBERTS 1994). Die Liberalisierung der nationalen Kapitalmärkte, die 1979 mit der Abschaffung von Kapitalverkehrsbeschränkungen und 1986 mit der Deregulierung der Londoner Börse („Big Bang") einsetzte, gingen in Europa von Großbritannien unter Thatcher aus und wurden rasch von den meisten OECD-Staaten nachvollzogen (vgl. ZEHNER in diesem Band). Damit gewannen die etablierten Finanzzentren schlagartig an Attraktivität. Die Expansion der Finanzvolumina und getätigten Transaktionen führte dort zum Entstehen einer neuen Finanzindustrie, die für die wachsenden Anlagevolumen neue, spekulative Finanzprodukte entwickelte; die wichtigen Finanzplätze entwickelten sich damit von einfachen Handelsdrehscheiben zu komplexen Clustern von Finanzdienstleistern (vgl. LO & SCHAMP 2001). Neue Akteure, wie Pensions- oder Investmentsfonds, entwickelten sich zu dominierenden Akteuren der Finanzwelt, die als treibende Kräfte eines „finanzmarktgetriebenen Akkumulationsregimes" bezeichnet werden können (vgl. ZELLER 2004).

– Aus den ehemals nationalen, multidivisional organisierten Unternehmen entwickelten sich multinationale Konzerne, die zu wichtigen Akteuren der Globalisierung aufstiegen. Deren weltweite Standortpolitik und damit verbundene Neuorganisation der Produktion in globalen Wertschöpfungsketten prägte maßgeblich die Geographie der Weltwirtschaft dahingehend, dass es zu einer weltweiten Dezentralisierung der Produktion bei gleichzeitiger Konzentration der ökonomischen Entscheidungsmacht auf wenige Standorte kam (vgl. DICKEN 2003; DUNNING 1993). Die globale Ausdehnung der Standortnetze und Lieferverflechtungen sowie die zunehmende ökonomische Konzentration lässt sich an der Entwicklung der ausländischen Direktinvestitionen, für multinationale Konzerne ein „vehicle of globalization", darstellen (WU & RADBONE 2005): In Europa stieg der Anteil der Kapitalbestände durch ausländische Direktinvestitionen am BIP im Ausland von 5,6 % (1980) auf 62,3 % im Jahr 2007 (UNCTAD FDI-Database 2011). Die hohen Kapitalvolumina, die jährlich für Fusionen und Übernahmen aufgewendet werden, sind Ausdruck einer zunehmenden betrieblichen Konzentration (vgl. MUSIL 2011).

– Während die Verlagerung von arbeitsintensiven Produktionsschritten in Schwellenländer zu einem Einbruch der Industriebeschäftigung in Europa geführt hat, sind neue industrielle Produktionsstrukturen entstanden, die als territorial integrierte, flexible Produktionskomplexe umschrieben werden (vgl. KRÄTKE 1996, S. 7f.). Neben internationalen Lieferverflechtungen und computergestützten Produktionsmethoden (economies of scope) gewinnen auch neue Organisationformen wie die Integration in lokale Produktions- und Wissensnetzwerke an Bedeutung (vgl. BATHELT & DEPNER 2003). Für Unternehmen spielen Forschungs- und Bildungsinfrastrukturen sowie der Zugang zu spezifischen regionalen Wissensmilieus und die daraus gewonnenen Wissens-Spillover eine zentrale Rolle (vgl. KRÄTKE 2007).

Eine neue Geographie der Güter- und Dienstleistungsproduktion und ihre Wirkung auf die nationalen Städtesysteme

Der industrielle Sektor verlor seine Rolle als Beschäftigungs- und Wachstumsmotor und wurde durch einen beständig wachsenden Dienstleistungssektor in den Hintergrund gedrängt. Der nationalstaatliche, territoriale Rahmen wurde durch die neuen Produktionsstrukturen weitgehend obsolet, und der steigende, internationale Wettbewerbsdruck führte zu einer Verlagerung der Industrieproduktion in Billiglohnländer oder wurde durch kapitalintensive Produktionsformen abgelöst. Damit ging ein Wandel der räumlichen Strukturen einher: der Niedergang der Industrieregionen, der Aufstieg neuer, postfordistischer Industriestrukturen und die Rückkehr der Metropolen als ökonomische Wachstumszonen (LE GALÈS 2002, S. 157; 2. französische Auflage 2011).

Da die Prozesse der De-Industrialisierung und Tertiärisierung räumlich ungleich verliefen, waren Städte und Regionen sehr unterschiedlich betroffen: In den großen urbanen Zentren kam es zwar zu massiven Verlusten an Industriearbeitsplätzen, allerdings konnten diese noch eher durch Arbeitsplätze im Dienstleistungssektor kompensiert werden. Hingegen waren monofunktionale Montan- und Industrieregionen, aber auch durchschnittliche städtische Regionen mit einem nachhaltigen Einbruch der Beschäftigung konfrontiert. Fortan sollten diese als „alt-industrialisierte" Regionen bezeichnet werden. Tendenziell traf dieser Strukturwandel kleinere Städte härter als größere. Weder entstanden dort neue Industrien mit postfordistischen Produktions- und Organisationsformen, noch kam es zu einer

Kompensation der Arbeitsplatzverluste durch den Dienstleistungssektor (GORNIG 2004, S. 390). Nur wenige davon betroffene Städte – tendenziell wieder die größeren – konnten den ökonomischen Niedergang, der sich auch in deutlichen Bevölkerungsverlusten widerspiegelte, umkehren; hier sind insbesondere größere Städte zu nennen, wie Barcelona, Birmingham oder Mailand (LE GALÈS 2002; 2. französische Auflage 2011).

Die neuen Anforderungen des postfordistischen Akkumulationsregimes – horizontale Organisation, wissensorientierte und kapitalintensive, in Clustern organisierte Produktion – führten aber auch zur Entstehung von Produktionsclustern an Standorten, die in der Regel nicht in den altindustrialisierten Regionen, sondern in Gebieten lagen, die auf keine industrielle Tradition zurückblickten (KRÄTKE 1996).

Die großen Städte zählten zu den Gewinnern aller drei oben beschriebenen Aspekte des Strukturwandels: In den Metropolen entwickelten sich stark wachsende Finanzindustrien, die dort angesiedelten Konzernzentralen stiegen zu multinationalen Unternehmen mit globaler Reichweite auf und der Begriff der Wissensökonomie ist untrennbar mit der metropolitanen Entwicklung verknüpft (vgl. KUJATH 2005). Das Städtenetzwerk wurde gewissermaßen „aus dem nationalen Kontext herausgelöst: es dominieren in stärkeren Ausmaß als in der fordistischen Ära die Verflechtungen zwischen den Städten, auf der nationalen wie internationalen Ebene (VELTZ 2000, S. 37). Wenn es auch durch die Suburbanisierung zu demographischen Stagnations- und Schrumpfungserscheinungen in den Kernstädten gekommen sein mag, so entwickelten sich die Agglomerationen zu ökonomischen Wachstumszonen; dem trägt auch der Paradigmenwechsel der Raumordnung Deutschlands Rechnung, in der erstmals Metropolregionen ausgewiesen wurden (vgl. BLOTEVOGEL 2010).

Neben dem globalen Städtenetzwerk, das sich etabliert hat, existieren die nationalen, der zentralörtlichen Logik verhafteten Siedlungssysteme zwar weiter, aber sie sind – nicht zuletzt aufgrund des Bedeutungsverlustes und der eingeschränkten Steuerungsfähigkeit des Staates – in den Hintergrund getreten. Der demographische Wandel in Europa sowie die Konzentrationstendenzen der Wirtschaft führen zu einem (negativen) selbstverstärkenden Prozess, der eine zunehmend ungleiche räumliche Entwicklung zu Folge hat. Umgekehrt ist es einzelnen regionalen Zentren gelungen, aufgrund ihrer (hochgradig spezialisierten) globalen Integration als neue wissensintensive Produktionsstandorte von Gütern oder Dienstleistungen, als Globalizing City (vgl. MARCUSE & VAN KEMPEN 2000), aus dem zentralörtlichen System „auszubrechen" (HOHENBERG & LEES 1995, S. 376).

4. Die europäische Stadt als Global City

Die Global City – ein Analyserahmen zwischen Stadtentwicklung und Globalisierung

Die Globalisierung des Finanzsektors, der Aufstieg multinationaler Konzerne und die Entstehung globaler Produktions- und Wertschöpfungsketten hat zur Folge, dass die Bedeutung einer Stadt nicht mehr nach ihrer Funkion und Stellung im nationalen Kontext beurteilt werden kann. Auch die Zugänge wie die Zentrale-Orte-Theorie, die auf einem territorialen Raumkonzept ansetzten, verloren mit diesen Entwicklungen ihren Erklärungsgehalt. Die De-Territorialisierungstheorien trugen dem Auseinanderfallen von politischem nationalen Territorium und dem ökonomischen globalen Verflechtungsraum Rechnung (vgl. KEIL & BRENNER 2003). Hier hat Manuel Castells das – mitunter etwas technologiedeterministische – Verständnis einer Netzwerkökonomie geprägt, in der der „Raum der Ströme" (flows) über den „Raum der Orte" (places) dominiert (CASTELLS 2001).

Schon in den 1980er Jahren hat John Friedmann seine Weltstadt-Hypothesen formuliert, die in ihrer Kernaussage darauf hinauslaufen, dass die Bedeutung einer Stadt von zwei Faktoren abhängt: erstens von der Quantität und Qualität der funktionalen Integration – etwa als Standort internationaler Unternehmenszentralen, als Ort an dem sich internationales Anlage- und Beteiliungskapital konzentriert („basing points of global capital") oder als Produktionsstandort – und zweitens von der Reichweite des Einflusses durch Kapitalverflechtungen in Form von Unternehmensbeteiligungen (FRIEDMANN & WOLFF 1982, S. 309f.; FRIEDMANN 1986). Daran anknüpfend hat Saskia Sassen mit der Global City-Theorie einen umfassenden Ansatz zum Verhältnis zwischen Stadt und Globalisierung entwickelt, in dem zwei Phänomene im Mittelpunkt stehen: Erstens die Bedeutung der Verflechtung durch internationale Ströme von Kapital, Wissen, Gütern und Menschen; zweitens die sozial-räumliche Polarisierung in diesen Städten (SASSEN 1991).

Die globalisierte Wirtschaft ist durch eine weltweite Dezentralisierung der Produktion bei gleichzeitiger Konzentration der ökonomischen Entscheidungsmacht gekennzeichnet, woraus sich für multinationale Konzerne ein Bedarf an nicht routinemäßigen Dienstleistungen ergibt. Und dieses spezifische Wissen über das „Management" der Globalisierung ist an wenigen Orten verfügbar – eben den Global Cities: „Location thus has assumed a new type of importance, as some places will provide better access to information than will others" (SASSEN 1991, S. 110). Mit diesem Zugang wurden unternehmensorientierte Dienstleistungsunternehmen –

Bank- und Finanzdienstleister, Rechtsberatung, Unternehmensberatung, Marketing und deren weltweiten Firmennetzwerke in den Mittelpunkt der empirischen Arbeiten gerückt. Peter Taylor und die *Globalisation and World Cities Study Group and Network* (GaWC) haben diesen Ansatz in einer umfangreichen Netzwerkanalyse empirisch umgesetzt (vgl. TAYLOR 2004). Der Ansatz von Sassen soll insofern als globale Erweiterung des Zentrale-Orte-Ansatzes verstanden werden (vgl. HALL 2002), als die Bedeutung einer Global City aus der Reichweite der höchrangigsten Dienstleistungen resultiert, wenngleich der zentrale Unterschied zwischen den beiden Zugängen darin besteht, dass die Verflechtungen des Zentralen Ortes die Folgen seiner Ausstattung (der Ort und seine Struktur gibt die Verflechtungen vor), im Fall der Global City hingegen die Verflechtungen die Ursache für die Bedeutung des Ortes sind; mit der Aussage: „in central place theory places make flows, in central flow theory flows make places" (vgl. TAYLOR et al. 2010), womit die Richtung des kausalen Zusammenhanges zwischen Ort/Territorium/Struktur und Verflechtungen scheinbar klar bestimmt ist.

Die Grenzen der Übertragbarkeit auf die europäische Stadt

Aus diesem Theorierahmen hat Sassen die Entstehung eines neuen, globalen Stadttypus abgeleitet: „Thus a new type of city has appeared. It is the global city" (SASSEN 1991, S. 4). Wenngleich sich viele der von Ihr beschriebenen Phänomene, der Aufstieg einer Finanzindustrie, die zunehmende Verflechtung der städtischen Ökonomie auf globaler Ebene oder die Bedeutung unternehmensorientierter Dienstleistungsunternehmen als global verbreitetes Phänomen feststellen lassen, so wurde doch die Verallgemeinerbarkeit dieser Theorie, die auf einer Fallstudie zu den Städten London, New York und Tokyio basierte, hinterfragt. Insbesondere deren Übertragbarkeit auf die europäischen Städte. Diese Kritik stützt sich auf mehrere Argumente, die mehr oder weniger implizit auf die Frage nach „dem Verschwinden der europäischen Stadt" eingingen (vgl. MARCUSE 2004), eine These, die ja von manchen Autoren recht eindeutig vertreten wurde (vgl. CASTELLS 2001, S. 456ff.).

Die De-Territorialisierungstheorien wollten die „territoriale Falle", also den nationalstaatlichen Container-Raum als Erklärungs- und Analyserahmen überwinden (vgl. AGNEW 1994; TAYLOR 1994); vielmehr ist davon auszugehen, dass die territoriale Staatlichkeit relativiert und neudimensioniert, aber nicht abgeschafft ist (KEIL & BRENNER 2003). Staaten verschwinden nicht, daher bleiben Städte (und Global Cities) in deren Kontext verwurzelt – mehr noch, sie werden durch diese häufig produziert (vgl.

ZEHNER in diesem Band für das Beispiel London). Im Hinblick auf die europäischen Metropolen können hier eine Reihe von Einflussfaktoren angeführt werden, die die Bedeutung des Staates (und der territorialen Logik), aber auch Unterschiede der Global-City-Formation gegenüber den US-amerikanischen Städten betonen:

– Die – gemäß Global-City-Theorie – postulierte soziale Polarisierung in den Städten als Folge der De-Industrialisierung und der Entstehung eines hochwertigen, global orientierten Dienstleistungssektors widersprach empirischen Befunden, wie etwa Chris Hamnett für den Arbeitmarkt der Randstad aufgezeigt hat (HAMNETT 1996). Insbesondere die Wohlfahrtsregime der europäischen Staaten, die leistungsfähiger als jene der USA, zugleich aber auch sehr heterogen sind (vgl. ESPING-ANDERSEN 1990), lassen die Übertragung der Erklärungsfaktoren für die sozialräumliche Polarisierung auf europäische Städte fragwürdig erscheinen (HAMNETT 1996, S. 108).

– Die territoriale Struktur der Staaten beeinflusst durch interkommunale Umverteilungsmechanismen sowie durch das Ausmaß der subnationalen Handlungsspielräume der Kommunen die Möglichkeit, gezielt die Global-City-Formation einer Stadt weiterzuentwickeln. In großen, dezentral organisierten Staaten – als Beispiel ist hier in erster Linie Deutschland zu nennen – führten die Bestrebungen der subnationalen Einheiten zur Herausbildung zahlreicher Städte von globaler Bedeutung (vgl. LICHTENBERGER 1995). Kein europäischer Staat verfügt über soviele Städte, denen der Status einer Global City zugeschrieben worden ist, wie Deutschland (KEIL & BRENNER 2002). Ebenso unterscheidet sich die Engmaschigkeit des europäischen Städtenetzes von jenem der USA, aber auch zwischen den europäischen Staaten existieren beträchtliche Abweichungen (vgl. MUSIL & MATZNETTER in diesem Band). Die Möglichkeiten der Global-City-Formation im nationalen Kontext sind von dieser „Ausgangslage" natürlich vorgegeben: der Umstand, dass in Europa verhältnismäßig wenig große Metropolen (London, Paris), aber eine große Zahl an mittelgroßen Städten existieren, spielt dabei eine wichtige Rolle (vgl. BAGNASCO & LEGALÈS 2000, S. 12).

– Die nationale Wirtschaftspolitik leistet mitunter einen wichtigen Beirag zur Global City-Formation, wie sich an der gezielten nationalen Wirtschaftspolitik der Niederlande für die Randstad zeigt. Auch in Großbritannien, in Kanada oder den USA wurde hier eine Politik verfolgt, durch Förderungen, aber auch durch die Adaptierung von

Governance-Strukturen sowie die territoriale Restrukturierung von neuen Gebietseinheiten und Institutionen, Städte gezielt als Global City/Word City zu etablieren. In den vergangen Jahren hat etwa in der deutschen Raumordung ein Paradigmenwechsel stattgefunden, der mittlerweile auf eine gezielte Förderung von Metropolräumen setzt (BLOTEVOGEL 2010). Sassen selbst betont die Notwendigkeit, das Globale aus den nationalen Strukturen und Institutionen heraus zu erklären und warnt vor einer „Endogenitätsfalle" der Globalisierungsliteratur, nämlich die Globalisierung durch sich selbst zu erklären (SASSEN 2008).

Ob der Global City-Ansatz und andere De-Territorialisierungstheorien die „Realität" der europäischen Städtesysteme wiedergeben, ist fraglich. Unbestritten ist jedoch, dass sich in Europa seit den frühen 1980er Jahren ein Städtearchipel herausgebildet hat. Während dessen Formation und innere Struktur durch die nationalen Kontexte der Wohlfahrtsregime, der Kommunalpolitik, der territorialen Struktur des Staates und der gezielten Maßnahmen der Politik erfolgte, so ist die Dynamik die eines relationalen und internationalen Städtenetzwerkes. Hintergrund dieser Entwicklung sind die Transformation der globalen Ökonomie, aber auch spezifisch europäische Entwicklungen, wie die Integration der EU oder der Fall des Eisernen Vorhanges.

5. Verteilung und Struktur der Global Cities in Europa

Anknüpfend an die Theorie von Saskia Sassen, die den unternehmensbezogenen Dienstleistungen besondere Relevanz für die Formation des Global-City-Netzwerkes zuspricht, hat die GaWC-Gruppe um Peter Taylor[1] zwei Erhebungen (in den Jahren 2000 und 2008) zu global agierenden Dienstleistungsunternehmen aus ausgewählten Branchen (Finanzdienstleister, Marketing, Unternehmensberatung, Rechtsberatung sowie Rechnungswesen) durchgeführt. Aus den weltweiten Niederlassungen dieser Unternehmen wurde mittels Netzwerkanalyse die Verflechtungsintensität, die „Connectivity" von Städten erhoben (zur Methodik vgl. TAYLOR 2003). Auf Grundlage dieser Daten werden die Verteilung und räumliche Struktur der europäischen Global Cities und deren Zusammenhänge mit statistischen Variablen[2] zum Wohlstandsniveau sowie zur Stadtgröße überblicksartig dargestellt.

---

1   vgl. http://www.lboro.ac.uk/gawc/ (Zugriff am 15.8.2011)
2   Die Datengrundlagen basieren auf www.urbanaudit.org

Im Jahr 2008 wurden 525 Städte auf Basis der Verflechtungen von 175 unternehmensorientierten Dienstleistungsfirmen als Global Cities identifiziert, wovon 82 Städte in Europa liegen (inkl. Istanbul), also 15,6%. In der Erhebung von 2000 wurden 315 Global Cities untersucht (auf Grundlage von 100 Unternehmen), von denen 99 europäische Städte waren, also 31,4% (vgl. TAYLOR 2003). Insgesamt hat sich zwischen den beiden Erhebungszeitpunkten das „Gewicht" Europas im Netzwerk der Global Cities verringert, sowohl in absoluter als auch in relativer Hinsicht.

Die hohe Volatilität innerhalb des Global City-Netzwerkes zeigt sich an dem Umstand, dass zwischen den Untersuchungszeitpunkten 23 europäische Städte ihren Status als Global City verloren haben, hingegen 6 Städte hinzugekommen sind. Die räumliche Verteilung der Global Cities ist in Abbildung 2 dargestellt, wobei für die hochrangigen Städte (über dem Wert von 0,2) auch die Veränderung zwischen 2000 und 2008 dargestellt ist. Dazu lassen sich folgende Aspekte festhalten (vgl. Abb. 2):

– Die hochrangigen Global Cities konzentrieren sich im wesentlichen auf den europäischen Zentralraum, die höchstrangige Global City in der südlichen Peripherie Europas ist Madrid (Rang 4 in Europa), gefolgt von Moskau, das gegenüber 2000 eine starke Zunahme der Verflechtungsintensität (die stärkste unter den europäischen Städten) erfahren hat.

– Im Zeitvergleich, der auf einer Sonderauswertung der Daten von 2000 und 2008 basiert (vgl. DERUDDER et al. 2010), lässt sich eine gewisse Verschiebung der Vernetzungsintensität feststellen, der in Abbildung 2 in der Graustufe der Punktsignatur dargestellt ist. Diese Verschiebungen haben jedoch nicht zu einer Stärkung der Position der etablierten Global Cities im nordwestlichen europäischen Zentralraum geführt – nahezu alle Städte weisen eine schwache Zunahme/Stagnation oder eine Abnahme der Verflechtungsintensität auf; einzig Frankfurt am Main (vgl. Beitrag SCHAMP in diesem Band) stellt hier eine Ausnahme dar. Die Zunahme der Connectivity ist vorrangig ein „Randphänomen", von dem die östliche und südöstliche Peripherie Europas besonders betroffen ist.

– In der Dichte der Global Cities spiegelt sich das schon festgestellte zentral-periphere Gefälle Europas wider; insbesondere im östlichen Europa sind mit Ausnahme von Krakau und St. Petersburg nur Hauptstädte im Rang einer Global City. Auffällig ist, dass sich beinahe die Hälfte der europäischen Global Cities (40 von 81) in nur fünf Ländern konzentriert. Dafür sind unterschiedliche Faktoren ausschlaggebend: die

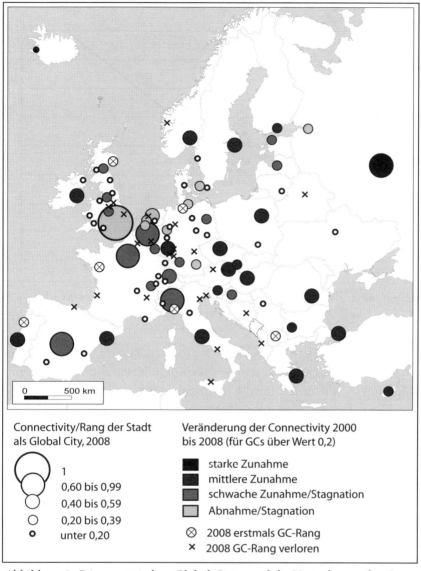

Abbildung 2: Die europäischen Global Cities und die Veränderung der Connectivity (Daten: DERUDDER et al. 2010; TAYLOR et al. 2011)

Größe sowie die Internationalisierung der Volkswirtschaft, die Dichte sowie die Polyzentralität des nationalen Städtesystems. Die räumliche Nähe einer großen Zahl an Global Cities unterschiedlichen Ranges im europäischen Zentralraum stellt eine im internationalen Vergleich außergewöhnliche Situation dar (vgl. KOCH 2010), die es rechtfertigt, hier von einem internationalen Städtearchipel zu sprechen.

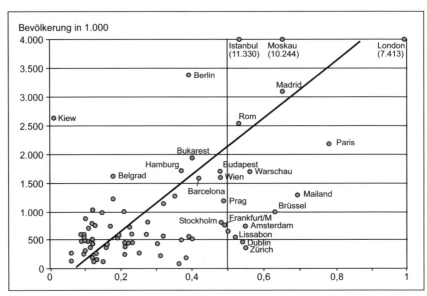

*Abbildung 3: Zusammenhang der Connectivity mit der Bevölkerungszahl
(Daten: URBAN AUDIT; TAYLOR et al. 2011)*

Die Daten zeigen einen deutlich positiven Zusammenhang der Agglomerationsvariablen, also der Bevölkerungszahl sowie des Bruttoregionalproduktes mit dem Global-City-Status (der Connectivity) der jeweiligen Stadt. Der Korrelationskoeffizient hat für die Bevölkerungszahl einen mittleren, für das Bruttoregionalprodukt einen mittelstarken Zusammenhang ergeben. Die relative Wirtschaftsleistung (Bruttoregionalprodukt pro Einwohner) weist zwar ebenfalls einen positiven, aber deutlich schwächeren Zusammenhang auf.[3] Der Zusammenhang der Bevölkerungszahl ist in Abbildung 3 in einem Streuungsdiagramm detailliert dargestellt. Dabei lassen sich drei Städtegruppen unterscheiden: jene mit weniger als einer Million Einwohner und einer schwachen Connectivity (unter 0,3); zweitens jene mit bis zu zwei Millionen Einwohnern und einer mittleren Connectivity (um 0,5), sowie jene Städtegruppe, die über zwei Millionen Einwohnern liegt und eine durchwegs überdurchschnittliche Connectivity (über 0,5) aufweist. Zu dieser Gruppe zählen Rom, Paris, Madrid und natürlich London; etwas zu schwach erscheint der Global-City-Status von Berlin, was wohl auf die polyzentrische Struktur des Landes zurückzuführen ist. Istanbul und Moskau scheinen hier aufgrund ihrer Größe und der nur leicht

---

3   Connectivity mit Bevölkerugnszahl 2007/2009: PMK 0,538**; Bruttoregionalprodukt 2007/2009: PMK 0,732**; BRP pro Kopf 2007/2009: PMK 0,398**

überdurchschnittlichen Connectivity als periphere Metropolen auf, Kiew ist eindeutig als periphere Stadt einzustufen. Das oben erwähnte Spezifikum des europäischen Städtenetzes, die große Zahl an mittelgroßen Städten, die teilweise einen beachtlich hohen Global-City-Status aufweisen (etwa Mailand, Brüssel, Amsterdam, Zürich), zeichnet sich hier deutlich ab.

Fazit

Das europäische Städtesystem ist in den vergangenen drei Dekaden – als Teil des Global-City-Netzwerkes – von globalen Phänomenen beeinflusst worden. Dennoch wird es von Faktoren geprägt, die sehr spezifisch sind und nicht aus der relationalen Logik eines „space of flows", der Globalisierung heraus erklärbar sind.

Dies betrifft zum einen das räumliche Muster des europäischen Städtesystems, dass auf die Industrielle Revolution zurückgeht: die unterschiedliche Urbanisierungsdichte zwischen zentralen und peripheren Regionen Europas, wobei es sich hier um kein neues Phänomen, sondern um die Verfestigung von Strukturen handelt, die historisch weiter zurückreichen. Die Entstehung von Großstädten bzw. Metropolen ist ein Phänomen, das eng mit der Industriellen Revolution verknüpft ist; ebenso der Aufstieg von monofunktionalen Städten: Industrieregionen, Rohstofflagerstätten, Handelsumschlagplätze. Das Städtesystem Europas besteht in seinem Kernraum aus einem hochgradig verdichteten Städtearchipel, der über eine Reihe mittelgroßer Städte mit hochrangigem Global-City-Status verfügt, und nach den Rändern hin deutlich ausdünnt.

Zum anderen ist die Formation des Städtesystems durch eine Reihe von Faktoren geprägt, die aus der territorialen Logik des Container-Raumes Staat, und nicht aus der Globalisierung heraus erklärt werden können: den nationalen Wohlfahrtsregimen, dem Ausmaß der Dezentralisierung der Staaten und den territorialen Kompromissen zwischen lokaler und nationaler Ebene sowie den nationalen Politiken, die die „Produktion" einer Global City unterstützen.

Die folgenden drei Stadtportraits zu London, Frankfurt am Main und Basel zeigen die Bedeutung historisch gewachsener Strukturen und Zufälle sowie die Rolle lokaler und nationaler Akteure für die Formation der europäischen Stadt zur Global City.

Literatur

AGLIETTA M. (1987). A Theory of Capitalist Regulation. The US-Experience. London.

ANGEW J. (1994), The territorial trap: the geographical assumptions of international relations theory. In: Review of International Political Economy, 1, 1, S. 53-80.

BAGNASCO A., LEGALÈS P. (2000), European Cities: local societies and collective actors? In: BAGNASCO A., LEGALÈS P. (Hrsg.), Cities in Contemporary Europe. S. 1-32. Cambridge.

BATHELT H., DEPNER H. (2003), Innovation, Institution und Region: Zur Diskussion über nationale und regionale Innovationssysteme. In: Erdkunde, 57, S. 126-143.

BECKER J., NOVY A. (1999), Divergence and Convergence on national and regional Regulation: The Case of Austria and Vienna. In: European Urban and regional studies 6/2, S. 127-143.

BECKER J., HEINZ R., IMHOF K., KÜBLBÖCK K. und MANZENREITER W. (2003): Geld, Finanzmärkte und Krisendynamiken. In: BECKER J., HEINZ R., IMHOF K., KÜBLBÖCK K. und MANZENREITER W. (Hrsg.), Geld. Macht. Krise. Finanzmärkte und neoliberale Herrschaft (=Historische Sozialkunde 22, Internationale Entwicklung). S. 7-14. Wien.

BECKER J. (2007): Akkumulation, Regulation, Territorium. Zur kritischen Rekonstruktion der französischen Regulationstheorie. Marburg.

BELLAK, C. (1999): Kritische Einschätzung der empirischen Erfassung und Verwendung von Direktinvestitionsdaten. In: HEIDUK R., DÖHRN G. (Hrsg.), Theorie und Empirie der Direktinvestitionen. S. 103-128. Berlin.

BLOTEVOGEL H. H. (2010), Raumordnung und Metropolregionen. In: Geographische Rundschau, 62, 11, S. 4-13.

BORCHERT J. (1978), Major Control Points in American Economic Geography. In: Annals of the Association of American Geographers, 68, S. 214-232.

BRAUDEL F. (1986), Sozialgeschichte des 15.-18. Jahrhunderts. Aufbruch zur Weltwirtschaft. München.

CASTELLS M. (2001), Der Aufstieg der Netzwerkgesellschaft. Teil 1 der Trilogie. Das Informationszeitalter. Opladen.

DERUDDER B., TAYLOR P. J., NI P., DE VOS A., HOYLER M., HANSSENS H., BASSENS D., HUANG J., WITLOX F., SHEN W. und YANG X. (2010), Pathways of Change: Shifting Connectivities in the World City Network, 2000-2008. In: Urban Studies, 47, 9, S. 1861-1877.

DICKEN P. (2003), Global shift. Transforming the world economy. London.

DUNNING J. H. (1993), Multinational enterprises and the global economy. Wokingham.

EIGNER P. (1991), Mechanismen urbaner Expansion: Am Beispiel der Wiener Stadtentwicklung 1740-1938. In: CHALOUPEK G., EIGNER P. und WAGNER M. (Hrsg.), Wien. Wirtschaftsgeschichte 1740-1938. Teil 2: Dienstleistungen. S. 623-756. Wien.

ESPING-ANDERSEN G. (1990), The three worlds of welfare capitalism. Cambridge.

FRIEDMANN J. und WOLFF G. (1982): World city formation, an agenda for research and action. In: International Journal of Urban and Regional Research, 1982, 6, 3, S. 309-344.

FRIEDMANN J. (1986), The world city hypothesis. In: Development and Change, 17, S. 69-83.

GORNIG M. (2004), Deindustrialisierung und Globalisierung: Folgen für die ökonomische Bedeutung der (europäischen) Städte. In: SIEBEL W. (Hrsg.), Die europäische Stadt. S. 385-395. Frankfurt am Main.

GRÄBER H., HOLST M., SCHACKMANN-FALLIS K.-P. und SPEHL H. (Hrsg.) (1987), Externe Kontrolle und regionale Wirtschaftspolitik. Berlin.

HALL P. (1966), Weltstädte. München.

HALL P. (2002), Christaller for a global age: redrawing the urban hierarchy. In: MAYR A. (Hrsg.), Stadt und Region: Dynamik von Lebenswelten; Tagungsbericht und wissenschaftliche Abhandlungen. S. 110-127. Leipzig.

HALL P. A., SOSKICE D., (Hrsg.) (2001), Varieties of Capitalism. The Institutional Foundations of Comparative Advantage. Oxford.

HAMNETT C. (1996), Why Sassen is wrong: A response to Burgers. In: Urban Studies, 33, 1, S. 107-110.

HANCKÉ B. (Hrsg.) (2009), Debating Varieties of Capitalism. A Reader. Oxford.

HIRSCH J. (1996), Der nationale Wettbewerbsstaat. Staat, Demokratie und Politik im globalen Kapitalismus. Berlin.

HOHENBERG P., LEES L. (1995), The Making of Urban Europe. 1000-1994. Cambridge.

KAUFMANN F.-X. (2003), Der deutsche Sozialstaat im internationalen Vergleich. Frankfurt am Main.

KEIL R., BRENNER N. (2003), Globalisierung, Stadt und Politik. In: SCHARENBERG A., SCHMIDTKE O. (Hrsg.), Das Ende der Politik? Globalisierung und der Strukturwandel des Politischen. S. 254-276. Münster.

KOCH F. (2010), Die europäische Stadt in Transformation. Stadtplanung und Stadtentwicklungspolitik im postsozialistischen Warschau. Wiesbaden.

KRÄTKE S. (1990), Strukturwandel der Städte. Städtesystem und Grundstücksmarkt in der „postfordistischen" Ära. Frankfurt am Main, New York.

KRÄTKE S. (1996), Regulationstheoretische Perspektiven in der Wirtschaftsgeographie. In: Zeitschrift für Wirtschaftsgeographie, 40, 1/2, S. 6-19.

KRÄTKE S., BORST R. (2000), Berlin – Metropole zwischen Boom und Krise. Opladen.

KRÄTKE S. (2007), Europas Stadtsystem zwischen Metropolisierung und Globalisierung. Profile und Entwicklungspfade der Großstadtregionen Europas im Strukturwandel zur wissensintensiven Wirtschaft. Münster.

KUJATH H. J. (2005), Die neue Rolle der Metropolregion in der Wissensökonomie. In: KUJATH H. J. (Hrsg.), Knoten im Netz. Zur neuen Rolle der Metropolregion in der Dienstleistungswirtschaft und Wissensökonomie. S. 23-64. Münster.

LÄPPLE D. (2000), Ökonomie der Stadt. In: HÄUSSERMANN H. (Hrsg.), Großstadt. Soziologische Stichworte. Seite 194-208. Opladen.

LEES A., LEES L. H. (2007), Cities and the making of modern Europe, 1750-1914. Cambridge.

LE GALÈS P. (2002), European Cities. Social Conflicts and Governance. Oxford.

LE GALÈS P. (2011), Le retour des villes européennes. Sociétés urbaines, mondialisation, gouvernement et gouvernance. 2e édition augmentée d'une préface inédite. Paris.

LICHTENBERGER E. (1995), The future of the European city in the West and the East. In: European Review, 3, 2, S. 183-193.

LIPIETZ A. (1998), Das Nationale und das Regionale. Wie viel Autonomie bleibt angesichts der globalen Krise des Kapitalismus?". In: LIPIETZ A., KREBS H.-P. (Hrsg.), Nach dem Ende des „Goldenen Zeitalters". Regulation und Transformation kapitalistischer Gesellschaften. S. 155-184. Berlin.

LO V., SCHAMP E. W. (2001), Finanzplätze auf globalen Märkten – Beispiel Frankfurt/Main. In: Geographische Rundschau, 53, 7-8, S. 26-31.

MARCUSE P. (2004), Verschwindet die europäische Stadt in einem allgemeinen Typus der globalisierten Stadt? In: SIEBEL W. (Hrsg.), Die europäische Stadt. S. 112-117. Frankfurt am Main.

MARCUSE P., VAN KEMPEN R. (2000), Conclusion: Changed Spatial Order. In: MARCUSE P., VAN KEMPEN P. (Hrsg.), Globalizing Cities. A new spatial order? S. 249-275. Oxford.

McGuinnes T. (1991), Markets and managerial hierarchies. In: Frances J, Levacic R. und Mitchell J. (Hrsg.), Markets, hierarchies and networks. S. 66-81. London.

Musil R. (2011), Wien in der Weltwirtschaft. Positionsbestimmung der Stadtregion Wien in der internationalen Städtehierarchie. Wien.

Novy A., Parnreiter Chr. und Fischer, K. (1999), Globalisierung und Peripherie. In: Parnreiter Chr., Novy A. und Fischer K. (Hrsg.), Globalisierung und Peripherie. Umstrukturierung in Lateinamerika, Afrika und Asien. S. 9-35. Frankfurt am Main.

Ritter W. (1998), Allgemeine Wirtschaftsgeographie. Eine systemtheoretisch orientierte Einführung. München, Wien.

Roberts S. (1994), Fictitious Capital, Fictitiurs Spaces: the Geography of offshore financial flows. In: Corbridge S., Martin R. und Thrift N. (Hrsg.), Money, Power and Space. S. 91-115. Oxford.

Sassen S. (1991), The Global City: London, New York, Tokyo. Oxford.

Sassen S. (2008), Das Paradox des Nationalen. Territorium, Autorität und Rechte im globalen Zeitalter. Frankfurt am Main.

Schätzl L. (2001), Wirtschaftsgeographie 1. Theorie. Paderborn.

Schubert K. (1985), Wien. In: Friedrichs J. (Hrsg.), Stadtentwicklungen in West- und Osteuropa. S. 347-574. Berlin.

Schwentker W. (2002), Die Megastadt als Problem der Geschichte. In: Schwentker W. (Hrsg.), Megastädte im 20. Jahrhundert. S. 2-26. Göttingen.

Siebel W. (2000), Urbanität. In: Häussermann H. (Hrsg.), Großstadt. Soziologische Stichworte. S. 264-271. Opladen.

Simmel G. (1903), Die Grosstädte und das Geistesleben. In: Petermann Th. (Hrsg.), Die Grossstadt. Vorträge und Aufsätze zur Städteausstellung (=Jahrbuch der Gehe-Stiftung). S. 185-206. Dresden.

Taylor P. J. (2004), World city network. A global urban analysis. London, New York.

Taylor P. J., Hoyler M. und Verbruggen R. (2010), External urban relational process: Introducing Central Flow Theory to Complement Central Place Theory. In: Urban Studies, 47, 13, S. 2803-2818.

Tödtling F. (1984), Multiregionale Unternehmungen und räumliche Arbeitsteilung in Österreich In: Blaas W., Rüsch G., Schönbäck W. (Hrsg.), Regionalökonomische Analysen für Österreich. S. 53-71. Wien.

Ungefehr F. (1988), Tourismus und Offshore-Banking auf den Bahamas: Internationale Dienstleistungen als dominanter Wirtschaftsfaktor in einem kleinen Entwicklungsland. Frankfurt am Main.

Veltz P. (2000), European Cities in the world economy In: Bagnasco A., LeGalès P. (Hrsg.), Cities in Contemporary Europe. S. 33-47. Cambridge.

Woodruff W. (1985), Die Entstehung einer internationalen Wirtschaft. In: Cipolla C., Borchardt K. (Hrsg.), Europäische Wirtschaftsgeschichte. S. 467-469. Stuttgart, New York.

Wu J., Radbone I. (2005), Global integration and the intra-urban determinants of foreign direct investment in Shanghai. In: Cities, 22, 4, S. 275–286.

Zeller Chr. (2004), Ungleiche Entwicklung, globale Enteignungsökonomie und Hierarchien des Imperialismus. In: Gerlach O., Kalmring St., Kurnitz D. und Nowak A. (Hrsg.), Peripherie und globalisierter Kapitalismus. Zur Kritik der Entwicklungstheorie. Seite 24-348. Frankfurt am Main.

Datenquelle

www.urbanaudit.org (Zugriff am 3. 10. 2011)

KLAUS ZEHNER

VON DER HAUPTSTADT DES EMPIRE ZUR ALPHA GLOBAL CITY

Die Stadtentwicklung Londons im Zeichen von Globalisierung
und Stadtentwicklungspolitik

Einleitung

London zählt heute, zu Beginn des 21. Jahrhunderts, gemeinsam mit
New York und Tokio, unbestritten zu den Global Cities der höchsten Hier-
archiestufe (vgl. u.a. TAYLOR 2004; TAYLOR et al. 2011). Für diese Städte,
zu denen in einem weiteren Sinne auch Paris, Hongkong und Singapur ge-
rechnet werden können, hat sich in der geographischen Stadtforschung die
Bezeichnung „Alpha Global Cities" etabliert.

Gemessen an seiner Leistungsfähigkeit als Banken- und Finanzmetropole nimmt London unter den Alpha Global Cities sogar den Spitzenplatz
ein (vgl. u.a. PAIN 2009; Tab. 1). Allerdings wird die Reduzierung Londons
auf ökonomische Funktionen der wahren Bedeutung und dem Wesen der
britischen Hauptstadt kaum gerecht. In einem weit über seine wirtschaftlichen Funktionen hinausreichenden Sinne ist London eine ausgesprochen
facettenreiche Weltstadt (vgl. u.a. HALL 1966; FRIEDMANN 1986; WHITE
2008). Neben Paris ist London das führende europäische Kunst- und Kul-
turzentrum sowie der Standort hochkarätiger Forschungs- und Bildungseinrichtungen, die den Nährboden für die verschiedensten kreativen Milieus bilden (vgl. HALL 1966; KING 1990 und HOYLER 2005).

Seine besondere Attraktivität bezieht London, etwa im Gegensatz zu
den Metropolen der Neuen Welt, aus seiner sich über zwei Jahrtausende
erstreckenden Historie, die sich in Stadtstruktur und Architektur sichtbar
und erlebbar widerspiegelt. Diese Mischung aus Tradition und Moderne hat den Aufstieg der britischen Hauptstadt zu einer weltweit führenden Tourismusdestination maßgeblich begünstigt (vgl. GREATER LONDON
AUTHORITY 2009).

Rang	Stadt	Vernetzungsgrad (Gross Connectivity; GNC)	
		absolut	relativ
1	London	26,979	1,00
2	New YorK	26,003	0,96
3	Hongkong	24,987	0,93
4	Tokio	22,187	0,82
5	Singapur	22,140	0,82
6	Paris	21,317	0,79
7	Schanghai	20,736	0,77
8	Sydney	20,720	0,77
9	Seoul	18,941	0,70
10	Madrid	18,909	0,70

Tab. 1: Vernetzungsgrad des Banken- und Finanzdienstleistungssektors der führenden Global Cities (Quelle: TAYLOR 2011, S. 26f.)

Trotz der Persistenz seines reichhaltigen historischen und kulturellen Erbes hat sich Londons politische und ökonomische Position innerhalb des Weltstadtsystems während der letzten fünf Jahrzehnte erheblich verändert. Als Peter Hall 1966 sein Werk über Weltstädte veröffentlichte, waren die wirtschaftlichen und politischen Beziehungen Großbritanniens und somit auch Londons noch überwiegend auf das Commonwealth of Nations gerichtet. Zudem war Großbritannien noch kein Mitglied der Europäischen Gemeinschaft und der ökonomische Globalisierungsprozess im modernen Sinne befand sich erst in seinem Initialstadium. In den ausklingenden 1960er Jahren umhüllte London noch eine Aura kolonialer Macht aus vergangener Zeit, die in weltbekannten Gebäuden wie Tower, Buckingham Place oder der ehrwürdigen Bank of England ihren Ausdruck fand. Zugleich war London, gemessen an der Zahl der Betriebe und Beschäftigten, die mit Abstand bedeutendste Industriestadt Großbritanniens sowie ein internationaler Handelsknotenpunkt mit einem der größten Häfen der Welt.

Heute, mehr als ein halbes Jahrhundert später, präsentiert sich London als eine ausgesprochen dynamische Global City, die das Stigma wirtschaftlicher Stagnation längst überwunden hat. Ihre Funktion als Hauptstadt des Commonwealth spielt gegenwärtig allenfalls noch eine untergeordnete Rolle, während die Beziehungen zu Europa an Bedeutung zugenommen haben.

Auch den Nimbus einer Industriestadt hat London längst abgelegt. Zu Beginn der 1960er Jahre waren in London bereits die ersten Anzeichen eines tief greifenden Deindustrialisierungsprozesses zu erkennen. Die meisten industriellen Arbeitsplätze gingen zwischen 1961 und 1981 verloren. In dieser Zeitspanne schrumpfte die Zahl der Industriebeschäftigten von 1,45 Mio. auf 681.000 (vgl. u.a. BUCK et al. 1986; HAMNETT 2003). Heute bietet die Industrie nur noch 178.000 Arbeitsplätze (GREATER LONDON AUTHORITY 2009). Ursachen des Rückgangs industrieller Arbeitsplätze waren technische Innovationen und Rationalisierungsprozesse in der Produktion sowie der Abbau von Zollbarrieren, der Betriebsschließungen oder Verlagerungen von Produktionsstandorten in Schwellenländer zur Folge hatte. Von der Deindustrialisierung wurde vor allem der Osten der Stadt getroffen, wo sich regelrechte Schneisen von Industrie- und Verkehrsbrachflächen herausbildeten. Die bedeutendste einstige Industriegasse, das Lea Valley, erfährt zurzeit im Rahmen des Sportstättenbaus für die Olympischen Spiele 2012, eine wirtschaftliche Revitalisierung und eine städtebauliche Aufwertung.

Allerdings konnte London während der letzten 30 Jahre aus der wirtschaftlichen Globalisierung auch Nutzen ziehen. In dieser Zeitspanne entwickelte sich die Stadt zum global bedeutendsten Standort der Finanz- und Versicherungswirtschaft. Von deren Ausbau profitierten wiederum zahlreiche Cluster hochspezialisierter unternehmensbezogener Dienstleister. Zu ihnen zählen Juristen, Unternehmensberater, Werbe- und Marketingfachleute, Wirtschaftsprüfer, Buchhalter und Computerspezialisten (POLINNA 2009, S. 22). In diesen Branchen sind in den letzten drei Jahrzehnten viele zehntausende neuer Arbeitsplätze in London entstanden.

Allerdings war der Aufstieg Londons zur global bedeutendsten Finanzmetropole nur zu einem kleinen Teil das Ergebnis ökonomischer Logiken. Entscheidenden Anteil an der „Produktion" der Global City London hatten zwei Akteursgruppen, deren Motive, Entscheidungen und Handlungen im Mittelpunkt dieses Beitrags stehen. Die eine Gruppe setzt sich aus den Global Playern der Finanz- und Versicherungswirtschaft zusammen. Diese Akteure haben die Entwicklung Londons maßgeblich gestaltet, indem sie die britische Hauptstadt gegenüber konkurrierenden Städten, insbesondere Paris, Frankfurt und Zürich, als Standort für ihre europäischen Hauptquartiere vorgezogen haben.

Zur zweiten Gruppe zählen die politischen Akteure. Hervorzuheben ist zum einen Margret Thatcher, britische Premierministerin von 1979 bis 1990. Sie stellte in den 1980er Jahren mit gesellschaftlich höchst umstrittenen und unkonventionellen Maßnahmen die Weichen für einen signifikanten Umbau der Wirtschaftsstruktur Londons. Wesentlichen Anteil an der jüngeren Stadtentwicklung hatte Ken Livingstone, von 1981 bis 1986 Vorsitzender des Greater London Council (GLC) sowie von 2000 bis 2008 Bürgermeister (Mayor of London) und Vorsitzender der im Jahre 2000 neu eingesetzten Londoner Stadtregierung, der Greater London Authority (GLA). Bereits zu Beginn seiner Amtszeit setzte sich Livingstone vehement für den Bau hoher Bürohäuser in und am Rande der Londoner City ein. Ihre Verwirklichung spielte für Livingstone eine zentrale Rolle in der aktuellen Stadtentwicklungsstrategie („London Plan"), die u.a. darauf abzielt, Londons führende Position in der globalen Städtehierarchie abzusichern (CHARNEY 2007; KAIKA 2010).

1. Der Einfluß der Finanz- und Versicherungswirtschaft auf die Stadtentwicklung Londons

In ihrem Buch „City State. How the markets came to rule our world", in dem der Aufstieg Londons zum weltweit bedeutendsten Finanzplatz nachgezeichnet wird, zitieren die Wirtschaftsjournalisten Richard ROBERTS und David KYNASTON (2001) eine Fondsmanagerin aus der Londoner City mit den Worten: „The advantage of being in London is that the major European companies come here to present to us. That doesn't happen in Frankfurt or Paris or Bratislava" (S. 2). Dieses Zitat repräsentiert beispielhaft die von nahezu allen führenden Finanzdienstleistern und Versicherern geteilte Einschätzung der besonderen Standortqualitäten und Fühlungsvorteile Londons. Die entscheidende Frage ist, welche Eigenschaften London gegenüber seinen Konkurrenten in Europa in den 1980er Jahren, als die Weichen für die Transformation Londons gestellt wurden, attraktiver erscheinen ließen. Obwohl es keine einfache Antwort auf diese Frage gibt, so lassen sich doch drei relevante Ursachenkomplexe identifizieren.

Ursachenkomplex 1: Historisches Banken- und Handelszentrum

London besaß durch seine einstige Funktion als Hauptstadt der bis 1914 weltweit führenden Industrienation Großbritannien und als Zentrum des British Empire zu Beginn der postmodernen Ära gegenüber seinen Konkurrenten bereits einen erheblichen Entwicklungsvorsprung. Dieser basierte auf der seit dem 16. Jahrhundert in London vorhandenen Konzentration von Bankiers und Händlern. Schon früher als in anderen europäischen Zentren war hier Wissen und ein dichtes Netzwerk von Geschäftsverbindungen vorhanden. Es waren Londoner Banken, die im Industriezeitalter diejenigen Kredite finanzierten, die von der britischen Wirtschaft und Regierung für die Durchführung von Großprojekten im In- und Ausland benötigt wurden (MICHIE 2005, S. 25).

Ende des 19. Jahrhunderts war London nicht nur zum dominierenden Finanzzentrum Großbritanniens, sondern der ganzen Welt geworden, wenngleich die Wirtschafts- und Finanzbeziehungen hauptsächlich auf das britische Weltreich (British Empire) gerichtet waren. Die Ausbreitung der Finanzwirtschaft in London hatte zur Folge, dass sich hier ein breites, zugleich tief gestaffeltes System von unternehmensbezogenen Dienstleistern entwickeln konnte, auf deren Expertise und Wissen das Banken- und Versicherungswesen angewiesen war. Genau hier fand die Versicherungs- und Finanzwirtschaft das ökonomische und kulturelle Milieu vor, das sie benötigte und bevorzugte (ROBERTS & KYNASTON 2001; MICHIE 2005). Diese wechselseitigen Abhängigkeiten sind heute mehr denn je von Bedeutung. Wichtige Entscheidungen bedürfen nach wie vor persönlicher Kommunikation. Da face-to-face-Kontakte und Vertrauen in den hochkomplexen Märkten der globalen Finanz- und Versicherungswirtschaft extrem wichtig sind, sind solche wirtschaftlichen Netzwerke in hohem Maße persistent und standortabhängig.

Ein wichtiger Standortfaktor war auch die hohe Dichte von Institutionen (z.B. für die Seeschifffahrt), die wichtige Kontakt-, Informations- und Managementfunktionen für die Entwicklung der kolonialen Peripherien ausübten (HEINEBERG 2007, S. 11). Durch die Vielfalt in starkem Maße spezialisierter Unternehmen sowie eine hohe institutionelle Dichte entwickelte sich in London allmählich ein qualitativ hochwertiger Arbeitsmarkt, der mit gut ausgebildeten Arbeitskräften bestückt war.

Die Verfügbarkeit einer hinreichend großen kritischen Masse an hochqualifizierten Arbeitskräften bildete einen entscheidenden Standortfaktor für global operierende Banken und Versicherungsunternehmen (vgl. u.a. BEAVERSTOCK 1994; GLEBE 2001). Zugleich ist ein solcher Arbeitsmarkt wiederum für ausländische Spezialisten attraktiv, die hier besonders günstige Bedingungen für ihre weitere berufliche Karriere vorfinden (STORPER & VENABLES 2004). Angebot und Nachfrage haben somit zu positiven Synergien geführt.

Ursachenkomplex 2: Frühe Deregulierung

In den späten 1970er und in den 1980er Jahren wurde der Londoner Finanzmarkt schrittweise dereguliert. Dadurch stieg seine Attraktivität für ausländische Banken beträchtlich. Als erste Maßnahme erfolgte die Aufhebung der Devisenkontrolle im Jahre 1979. Dadurch stieg der tägliche Umsatz des Devisenhandels um ein Vielfaches an. Wurden im Jahre 1979 täglich 75 Mrd. US-Dollar umgesetzt, so betrug der entsprechende Wert zehn Jahre später 600 Mrd. US-Dollar.

Eine noch größere Wirkung erzielte die Deregulierung der Londoner Börse (Big Bang) im Jahre 1986, die für einen Internationalisierungsschub des Finanzwesens in den 1980er Jahren sorgte. Der Begriff Big Bang ist ein Synonym für eine Reihe schlagartig eingeführter grundlegender Veränderungen des Wertpapierhandels an der Börse. Eine wichtige Innovation war die Aufhebung der rechtlichen Stellung von Stockjobbern (Saalhändlern), die auf eigene Rechnung Börsengeschäfte durchführen konnten, und fest angestellten Stockbrokern (Börsenhändlern) (ZEHNER 2010, S. 80). Zudem wurden die fixen Gebühren und die Zulassungsbeschränkungen für ausländische Händler aufgehoben (MICHIE 2005, S. 39). Im Jahre 1997 wurde der Wertpapierhandel komplett von der klassischen, durch Ausrufen durchgeführten Handelsweise auf das ausschließlich elektronisch abgewickelte Kaufen und Verkaufen von Wertpapieren umgestellt. Diese technischen und organisatorischen Reformen erhöhten die Attraktivität Londons insbesondere für US-amerikanische und ostasiatische Investmentbanken, die in den 1990er Jahren mit Macht auf den Londoner Markt drängten.

Ursachenkomplex 3: Sprache, Kultur und Mentalität

Gegenüber seinen europäischen Konkurrenten hat London zwei entscheidende kulturelle Vorzüge zu bieten. Erstens erleichtert die englische Sprache internationale Kontakte, nicht nur in die USA und nach Asien. Zweitens vereinfacht die Internationalität des Londoner Arbeitsmarktes Kontakte in andere Erdteile auf der Grundlage anderer Weltsprachen (HOYLER 2005, S. 54). Zudem weist London bedingt durch seine geographische Lage zwischen Tokio und New York Fühlungsvorteile auf. Denn hier beginnt der Arbeitstag, bevor er in Tokio endet und hier ist er noch im Gange, während er in New York beginnt (GAEBE 2000, S. 9).

Schließlich sind auch sog. weiche Standortfaktoren von Bedeutung. London bietet eine ausgesprochen große Vielfalt an Freizeit- und Kultureinrichtungen. Für ausländische Arbeitsmigranten mit hohem Bildungsstandard ist zudem die für London charakteristische Toleranz ein ausgesprochen relevanter Pullfaktor (HOYLER 2005, S. 54).

2. Die Gestaltung der Stadtentwicklung durch politische Akteure

Obwohl, wie dargestellt wurde, London in den 1980er Jahren für global operierende Finanzunternehmen eine hohe Attraktivität besaß, wäre die Transformation der britischen Hauptstadt von einer schrumpfenden, durch Büroleerstände, Verkehrsprobleme, Obdachlosigkeit und hohe Kriminalität gezeichneten Metropole (SCHUBERT 2004, S. 97) zu einer aufstrebenden Weltstadt ohne das klar formulierte politische Bekenntnis zu radikalen Kurswechseln in der Stadtentwicklungspolitik nicht möglich gewesen.

Der erste Kurswechsel, der mit der Amtszeit Thatchers 1979 begann, basierte auf der Einsicht der Regierung, dass Ende der 1970er Jahre Wirtschaft, Planung und Architektur in London in einer tiefen Krise steckten. Klar war auch, dass die traditionellen Strategien der Stadtentwicklungs- und Wirtschaftsförderungspolitik versagt hatten. Ansätze, mit denen die damalige Stadtverwaltung, der Greater London Council (GLC), den Herausforderungen von Globalisierung und zunehmender Städtekonkurrenz hatte begegnen wollen, hatten sich als nicht umsetzbar erwiesen. Auf europäischer Ebene drohten bereits Paris und Frankfurt London den Rang als führendes europäisches Bankenzentrum und Kulturmetropole abzulaufen (POLINNA 2008, S. 110).

Thatcher stellte bereits während ihrer ersten Amtsperiode (1979-1983) trotz erheblicher Widerstände konsequent die Weichen für radikale Veränderungen in der Stadtentwicklungspolitik. In ihren strategischen Überlegungen spielte das 1981 vollständig aufgegebene Hafenareal, die sog. Docklands, eine besondere Rolle. Dort stand in attraktiver Lage am Wasser (Themse, Docks) und hinreichend geringer Entfernung zur City (ca. 4 km) genügend Fläche zur Verfügung, um die sprunghaft gestiegene Nachfrage nach modernen und attraktiven Büroflächen befriedigen zu können. Der GLC hatte zuvor vergeblich versucht, Industriebetriebe auf dem einstigen Hafenareal anzusiedeln und den sozialen Wohnungsbau in den von der Hafenschließung betroffenen Stadtbezirken voranzutreiben. Staatlich verordnete Standortkontrollen für neue Industriebetriebe (sog. Industrial Development Certificates, kurz IDC`s) hatten allerdings größere Industrieneugründungen im Großraum-London und somit auch in den Docklands blockiert (vgl. ZEHNER 2008). Der Bau von Sozialwohnungen war dagegen am fehlenden Kapital der städtischen Wohnungsbaugesellschaften gescheitert. Zusammenfassend bleibt festzuhalten, dass die politische Macht und wirtschaftliche Ausstattung des GLC nicht ausgereicht hatte, um in der Stadt- und Hafenentwicklung entscheidende Akzente zu setzen.

*Abbildung 1: Swiss Re-Building im Londoner Bankenviertel
(Foto: K. Zehner, März 2011)*

Den Konflikt zwischen GLC und Regierung beendete Thatcher 1986
mit einer radikalen Maßnahme. Durch ein neues Gesetz legitimiert löste sie
den GLC im Jahre 1986 auf und entledigte sich auf diese Weise zugleich
ihres politischen Gegenspielers Livingstone (Nissen 2002, S. 147). Gewissermaßen über Nacht hatte London seine politische Führung verloren,
war aber nicht völlig führungslos geworden. An die Stelle des GLC trat eine
fragmentierte Organisationsstruktur mit neuen Koalitionen und Partner-
schaften (Schubert 2008). Als wesentlich erachtete Aufgaben übertrug die
Regierung von ihr kontrollierten Gremien (Bodies), während sie weniger
wichtige Aufgaben an die Bezirksverwaltungen deligierte.

Abbildung 2: Shard London Bridge (Foto: M. Rico, Juni 2011)

Mit der Auflösung des GLC war der Weg für die Thatcher-Regierung frei geworden, ihre Vorstellungen zur zukünftigen Entwicklung Londons Wirklichkeit werden zu lassen. Nur ein Jahr später, 1987, begann der Bau von Canary Wharf, eines mit staatlichen Mitteln subventionierten Clusters amerikanischer und asiatischer Investment-Banken (z.B. Bank of America, Lehman Brothers, Goldman Sachs, Barclays Bank, HSBC). Der Status dieses Gebietes als Sonderwirtschaftszone (Enterprise Zone) beschleunigte den Baufortschritt immens, da die Investoren noch ein halbes Jahrzehnt von steuerlichen Vorteilen profitieren konnten. Im Jahre 1992 war die erste Bauphase von Canary Wharf trotz einer Rezession nahezu abgeschlossen. Gegenüber der City verfügte Canary Wharf über einen hinreichend großen Bestand an modernen Gebäuden, die den funktionalen und technischen Ansprüchen der Unternehmen entsprachen. Obwohl zwischen beiden Standorten ein stadtinterner Wettbewerb um Investoren und Nutzer entbrannte, wurde der Finanzstandort London insgesamt doch durch die Existenz von Canary Wharf gestärkt.

Das jüngste Kapitel der Londoner Stadtpolitik begann im Jahr 2000 mit der Etablierung der Greater London Authority (GLA). Die GLA setzt sich aus dem Mayor und einer aus 25 gewählten Mitgliedern bestehenden Versammlung (Assembly) zusammen. Im Gegensatz zum GLC stimmt die GLA ihre Ziele mit der Regierung und den Bezirken ab (FUCHS 2006, S. 354). Zudem hat der Bürgermeister sehr weitreichende Kompetenzen. Ihm kommt eine eindeutige politische und administrative Führungsrolle zu, die 2007 durch ein Gesetz nochmals verstärkt wurde.

In seiner achtjährigen Amtszeit stellte Bürgermeister Livingstone die Weichen für eine weitere Stärkung Londons im globalen Städtesystem. Er hatte erkannt, dass London seine führende Rolle als Global City nur würde behalten können, wenn die städtebaulichen Regulierungen und Restriktionen reduziert würden. Gemeint sind damit vor allem die Bauhöhenbeschränkungen, die im Vergleich zu anderen Weltstädten London eine vergleichsweise unspektakuläre, flache Skyline beschert hatten. Livingstone sprach sich sowohl für den Bau von Hochhausclustern als auch von einzelnen höheren Gebäuden aus (CHARNEY 2007, S. 197). Dabei sollten die seit 1937 gesetzlich festgelegten Sichtachsen zur St. Pauls Kathedrale nicht tangiert werden. Entscheidend für Livingstone war, dass die Häuser an wichtigen Knotenpunkten des öffentlichen Verkehrs errichtet würden und eine besondere architektonische Qualität aufweisen würden (POLINNA 2009, S. 235). Hintergrund von Livingstones Forderungen waren die Ziele, innerstädtischen Verkehr zu minimieren und, noch wichtiger, London durch einzigartige Gebäude ein unverwechselbares Branding zu verleihen.

Obwohl die Argumente Livingstones plausibel waren, formierte sich rasch heftiger Widerstand. Als erbittertste Gegner einer Modernisierung des Stadtbildes erwiesen sich Vertreter des Denkmalschutzes (English Heritage, SAVE Britains Heritage, CABE) sowie Prince Charles.

Nach einem Schiedsspruch des Parlaments zugunsten der Livingstone-Fraktion, der die Debatte um das Für oder Wider hoher Bürohäuser in der City eindämmte, entstand zwischen 2002 und 2004 im Bankenviertel zunächst ein einziges, gleichwohl ausgesprochen spektakuläres Hochhaus, für das die Londoner aufgrund seiner eindeutigen Gestalt schnell den Spitznamen „The Gherkin" (Die Gurke) kreiert hatten. Sein Architekt, Sir Norman Foster, zeigte mit seinem im Auftrag von Swiss Re realisierten Entwurf auf eindrucksvolle Weise auf, welch großes städtebauliche Potential in qualitativ hochwertigen Hochhäusern stecken kann (Abb. 1). In der Folge verstummte die Kritik ganz und es wurden weitere neue Gebäude genehmigt, deren Verwirklichung sich durch die Finanzkrise allerdings verzögerte. Zu den bekanntesten zählt Renzo Pianos Shard am Brückenkopf der London Bridge, der 2012 fertiggestellt sein wird (Abb. 2). Rund zehn weitere Hochhäuser ähnlicher Qualität befinden sich zurzeit in Planung bzw. im Bau.

Der Bau hoher Bürogebäude stimuliert in zweifacher Weise das weitere Wachstum Londons als Finanzmetropole. Zum einen verleihen „ikonische Hochhäuser" (KAIKA 2010) Stadt und Unternehmen, die hier ihren Sitz haben, ein besonderes Image und haben darüber hinaus einen wichtigen Einfluss auf das Branding der Stadt. Entscheidend hierfür sind ihre Einzigartigkeit, ihre Unverwechselbarkeit sowie das Renommee ihrer Architekten (vgl. CHARNEY 2007, S. 201; NAGEL 2006). Dies sind heute wesentliche Kriterien, die für Unternehmen der gehobenen Dienstleistungsökonomie bei Standortentscheidungen von Bedeutung sind (KAIKA 2010, S. 455). Zum anderen bieten sie im Gegensatz zu dem überwiegend aus der Zeit des Office-Booms (1954-1964) stammenden Bürogebäuden Unternehmen jene Räumlichkeiten und infrastrukturellen Ausstattungsmerkmale (Verkabelung, Netzwerke), die heute am Markt Standard sind.

Zusammenfassung

Es wurde gezeigt, dass die Entwicklung Londons zu einer der führenden Alpha-Global Cities ein politisch und wirtschaftlich gewollter Prozess war. Zwar hatten der Wandel industrieller Produktionsregime (Rationalisierung, Deindustrialisierung) sprunghafte Innovationen im Bereich der Informations- und Kommunikationstechnologie (Internet) sowie tiefgreifende Umwälzungen in der Verkehrstechnik (Containerisierung) die Randbedingungen für die Entwicklung Londons massiv beeinflusst. Dennoch wäre ohne das klare Bekenntnis der Global Player aus der Finanz- und Versicherungswirtschaft zu London und ohne den ebenso deutlich formulierten Willen führender Politiker, London zum entscheidenden Knoten auf der höchsten Stufe der globalen Städtehierarchie auszubauen, die Transformation der britischen Hauptstadt wesentlich zaghafter und vermutlich weniger erfolgreich ausgefallen.

Literatur

BEAVERSTOCK J. (1994), Skilled International Labour Migration – World Cities and Banking Organisations. In: Geoforum, 25, S. 323-338.

BUCK N., GORDON I., YOUNG K. (Hrsg.) (1986), The London Employment Problem. Oxford.

CHARNEY I. (2007), The politics of design: architecture, tall buildings and the skyline of central London. In: Area, 39, 2, S. 195-205.

FRIEDMANN J. (1986), World Cities. In: Development and Change 17, 1, S. 69-174.

FUCHS R. (2006), Metropolregion London. In: KLEGER H., LOMSKY A. und WEIGT A. (Hrsg.), Von der Agglomeration zur Städteregion. Neue politische Denk- und Kooperationsräume, S. 337-363. Berlin.

GAEBE W. (2000), Weltstadt London. In: KARRASCH H., GAMERITH W., SCHWAN, T., SACHS K., KRAUSE U. (Hrsg.), Megastädte – Weltstädte (Global Cities) (=HGC Journal 15). S. 1-12. Heidelberg.

GLEBE G. (2001), Hoch qualifizierte Migranten im Prozess der Globalisierung. In: Geographische Rundschau, 53, 2, S. 38-44.

GREATER LONDON AUTHORITY (Hrsg.) (2009), The London Plan. Spatial Development Strategy for Greater London. London.

HALL P. (1966), The World Cities. London.

HAMNETT C. (2003), Unequal City. London in the Global Arena. London und New York.

HEINEBERG H. (2007), Die Global City London im Rahmen der Weltwirtschaftsentwicklung. In: Geographie und Schule, 2, S. 9-18.

HOYLER M. (2005), London and Frankfurt as World Cities. Global Service Centres between Cooperation and Competition. In: Geographische Rundschau International Edition, 1, 2, S. 48-55.

KAIKA M. (2010), Architecture and crisis: re-inventing the icon, re-imag(in)ing London and re-branding the City. In: Transactions of the Institute of British Geographers, 35, S. 435-474.

KING A. D. (1990), Urbanism, colonialism, and the world economy. Cultural and spatial foundations of the world urban system. London.

MICHIE R. C. (2005), Der Aufstieg der City of London als Finanzplatz. In: MERKI C. M. (Hrsg.), Europas Finanzzentren. Geschichte und Bedeutung im 20. Jahrhundert. S. 23-52. Frankfurt, New York.

NAGEL B. (2006), Aufbruch in Londons City. In: Raum & mehr, 2, S. 6-13.

NISSEN S. (2002), Die regierbare Stadt. Metropolenpolitik als Konstruktion lösbarer Probleme. New York, London und Berlin im Vergleich. Wiesbaden.

PAIN K. (2009), Londres – The place to be. In: Sciences Humaines, Les Grands Dossiers, 17, S. 30-32.

POLINNA C. (2008), London Reborn. Stadtumbau im Zentrum der britischen Hauptstadt. In: BODENSCHATZ H., LAIBLE U. (Hrsg.), Großstädte von morgen. Internationale Strategien des Stadtumbaus. S. 108-127. Berlin.

POLINNA C. (2009), Towards a London Renaissance. Projekte und Planwerke des städtebaulichen Paradigmenwechsels im Londoner Zentrum. Detmold.

ROBERTS R., KYNASTON D. (2001), City State. How the markets came to rule our world. London.

SCHUBERT D. (2004), Die wachsende Metropole London – Transformationen von Planung und Verwaltung vom Urban Government zur Urban Governance. In: ALTROCK U., SCHUBERT D. (Hrsg.), Wachsende Stadt. Leitbild-Utopie-Vision? S. 97-115. Wiesbaden.

SCHUBERT D. (2008), „London: The Unique City" – Geplante Dekonzentration und Suburbanisierung oder Sprawl und Degeneration des Gartenstadtkonzeptes? In: SCHILDT A., SCHUBERT D. (Hrsg), Städte zwischen Wachstum und Schrumpfung. Wachstums- und Umgangsformen in Geschichte und Gegenwart (=Dortmunder Beiträge zur Raumplanung/Blaue Reihe 129). S. 227-253. Dortmund.

STORPER M. und VENABLES A.J. (2004), Buzz: face-to-face contact and the urban economy. In: Journal of Economic Geography, 4, 4, S. 351-370.

TAYLOR P.J, NI P., DERUDDER B., HOYLER M., HUANG J., WITLOX F. (Hrsg.) (2011), Global Urban Analysis. A Survey of Cities in Globalization. London und Washington.

TAYLOR P.J. (2011), Advanced Producer Services in the World Economy. In: TAYLOR P.J, NI P., DERUDDER B., HOYLER M., HUANG J., WITLOX F. (Hrsg.) (2011), Global Urban Analysis. A Survey of Cities in Globalization. S. 22-39. London und Washington.

TAYLOR P.J. (2004), World City Network. A global Urban Analysis. London und New York.

WHITE, J. (2008), London in the 20th century. A city and its people. London.

ZEHNER K. (2008), Vom maroden Hafen zur glitzernden Nebencity: Die London Docklands – eine Bilanz nach drei Jahrzehnten Strukturwandel. In Raumforschung und Raumordnung 67, 3, S. 271-281.

ZEHNER K. (2010), Prozesse und Projekte der Stadtentwicklung. In: ZEHNER K., WOOD G. (Hrsg.), Großbritannien. Geographien eines europäischen Nachbarn. S. 79-89. Heidelberg.

EIKE W. SCHAMP

EUROPAS JÜNGSTES FINANZZENTRUM
Der Aufstieg Frankfurts zur europäischen Finanz-Metropole

Einleitung

Das Finanzzentrum Frankfurt hat in den vergangenen Jahrzehnten viel Aufmerksamkeit erfahren. RONNEBERGER und KEIL (1995) nannten das Bankviertel eine Zitadelle des Kapitals, SASSEN (1999) sah das Finanzzentrum als den Kern der „global city", die Medien beschrieben die Stadt als Bankfurt oder Mainhattan. Sie schufen damit eine Symbolik der Stadt als einem einzigartigen Ort der Finanzwirtschaft. Diese Faszination speist sich aus der jungen Geschichte des Finanzzentrums. Nirgendwo sonst in Europa gab es in so kurzer Zeit einen so schnellen Aufstieg eines Finanzzentrums in den beiden letzten Jahrhunderten. Noch 1950 ein Bankenplatz unter mehreren in Westdeutschland, setzte sich Frankfurt vor allem seit den 1970er Jahren gegenüber konkurrierenden Zentren wie Hamburg, Düsseldorf und Stuttgart durch, um wenig später gegen Ende der 1990er Jahre sogar London herauszufordern. Frankfurt wuchs vom deutschen zu einem wichtigen europäischen Finanzzentrum. Wie auch Paris oder Zürich, wird Frankfurt als Zentrum der zweiten Ebene und als einer der „global leaders" mit einer breiten und tiefen Aufstellung bezeichnet (Z/YEN 2010). Doch sagen solche Rankings mehr über das Selbst- und Fremdbewusstsein eines Finanzzentrums als über seine funktionale Bedeutung.

Für langfristig denkende Wirtschaftshistoriker scheint dieser Aufstieg auf den ersten Blick wenig überraschend zu sein. Schließlich ist Frankfurt ein alter Bankenplatz, der in früheren Jahrhunderten viele Blütephasen gesehen hat, so etwa um die Wende vom 16. zum 17. und vom 18. zum 19. Jahrhundert. Doch mit der Eingliederung der freien Reichsstadt Frankfurt in Preußen, der Bildung des Norddeutschen Bundes und wenig später des Deutschen Reiches verlor die Stadt ihre Funktion als Bankenplatz zugunsten von Berlin (HOLTFRERICH 1999; 2005; 2006). Erst ein gutes Jahrhundert später, seit den 1980er Jahren, wird Frankfurt wieder als ein wichtiges

Finanzzentrum verstanden, das dann zunehmend zu europäischem Rang aufsteigt. Ein Phönix aus kalter Asche? Das ist in der Geschichte europäischer Finanzzentren der Gegenwart gewiss ein einmaliger Fall. Denn die Hierarchie des europäischen Finanzzentren-Systems kennt zwar den Aufstieg (Beispiel Zürich) oder Abstieg (Beispiel Amsterdam) von bestehenden Finanzzentren, nicht aber die Bildung eines neuen.

Warum also der Aufstieg Frankfurts? Das soll im Folgenden mit einem Blick auf Entscheidungen von politischen und ökonomischen Akteuren in besonderen Handlungssituationen während der vergangenen Jahrzehnte erklärt werden, übrigens in einer „multiskalaren" Zusammenschau verschiedener geographischer Ebenen, von der lokalen über die nationale zur supranationalen. Kein ökonomischer Sektor ist derart mit staatlicher Regelsetzung und staatlichem Handeln verbunden wie der Finanzsektor. Doch diese Staatlichkeit ist im Falle Frankfurts komplex, aufgrund der jüngeren Souveränitätsgeschichte des deutschen Nationalstaates, seines föderalen Aufbaus und nicht zuletzt seiner frühen Einbindung in ein sich formierendes europäisches Währungssystem. Der Einfluss des Staates setzt einen stetig veränderbaren Rahmen für das Handeln der Finanzmarkt-Akteure. Diese versuchen selbst wiederum, etwa durch kumulative Investitionen oder Lobbying im politischen System, die ökonomische Bedeutung des Finanzzentrums zu vermehren. Weitere Faktoren wie der aktuelle Einfluss der globalen Neuordnung von Finanzmärkten oder der umfassende Einsatz von neuen Informationstechnologien spielen ebenfalls eine wichtig Rolle. Letztlich entsteht aus dem strategischen Handeln wichtiger ökonomischer und politischer Akteure in den vergangenen Jahrzehnten ein Wachstum, das mit einer neuen theoretischen Perspektive analysiert werden soll, der Evolutionstheorie.

Um präzise zu sein: Es geht nicht um die evolutorische Entwicklung der Stadt Frankfurt, auch nicht als eine „globalizing city" (FELSENSTEIN et al. 2002), sondern allein um ihren Finanzsektor. Die jüngste Geschichte der Metropolregion Frankfurt/RheinMain wird zusätzlich von ganz anderen Wirtschaftsbereichen mit anderen politischen Bedingungen bestimmt, nämlich den Dienstleistungen in Handel und Verkehr, den unternehmensbezogenen Diensten und auch Industrien der Chemie, des Autobaus und der Pharmazie. Das Finanzzentrum gewinnt seine Bedeutung aus dem Vergleich mit anderen Finanzzentren, nicht als „Monoindustrie" der Metropolregion. Der Finanzsektor im engeren Sinne gab in Frankfurt nie mehr als 15% aller Erwerbstätigen Beschäftigung.

1. Der evolutionsökonomische Blick

Die „Genese" des Finanzzentrums sollte nicht als eine Aneinanderreihung von „heroischen" Handlungen einzelner Akteure oder als das Ergebnis des Wirkens einer „unsichtbaren Hand", sei es die der „Geschichte" oder des „Marktes", verstanden werden. Vielmehr sollen strukturelle Dimensionen von langfristigen Prozessen, die zur Formierung von Agglomerationen oder sogenannten Clustern führen, als „Evolution" interpretiert werden. So jedenfalls gehen gegenwärtig Wirtschaftsgeographen und Regionalökonomen vor, wenn sie langfristige Prozesse des Aufkommens neuer Technologien oder neuer Branchen verstehen wollen (Boschma & Martin 2010). Warum also nicht diese Perspektive auch für die Erklärung des Aufstiegs eines neuen Finanzzentrums verwenden (vgl. Grote 2003; 2004; 2008), dessen Funktionsweise ohnehin kürzlich mit dem Cluster-Konzept analysiert wurde (Schamp 2009)?

Finanzwissenschaftler erklären, warum sich Finanzaktivitäten räumlich konzentrieren und wie ein Finanzzentrum funktioniert (Porteous 1999); Wirtschaftshistoriker beschreiben die Geschichte von Finanzzentren (für Frankfurt Holtfrerich 1999). Doch die evolutionsökonomische Perspektive geht über dies hinaus, indem sie drei Fragen an den Entwicklungsprozess stellt: Warum folgt aus einem Ereignis ein anhaltender Prozess oder „Entwicklungspfad"? Welches sind die Faktoren, die den Pfad vor dem Abbruch aufgrund jüngerer Ereignisse bewahren, d.h. „verfestigen"? Wie lange und wodurch kann ein Entwicklungspfad vor dem Altern und Sterben gesichert werden? Es sind allgemeine Fragen, die für den konkreten Fall geklärt werden müssen. Evolutionsökonomisch geht es zum einen um das Aufdecken von spezifischen, in Evolutionsprozessen immer wiederkehrenden Situationen, mit denen ein Entwicklungspfad erklärt werden kann; zum anderen um den Nachweis, dass in diese Situationen eingebettete Handlungen zu konkreten, in Raum und Zeit sehr unterschiedlichen Ergebnissen führen können. Ein Finanzzentrum ist also das Ergebnis eines spezifisch in Raum und Zeit situierten Prozesses.

Die Wirtschaftsgeographie bezieht sich allerdings auf mehrere Theoriekonstrukte, die unter „Evolutionsökonomie" zusammengefasst werden (Boschma & Martin 2010, S. 7). Die folgende Analyse verknüpft eine darwinistische Perspektive auf die Evolution von Banken- und Finanzdienstleister-Populationen mit dem Konzept der Pfadabhängigkeit, das nach verfestigenden Dimensionen (z.B. ‚increasing returns') positiven und negativen „lock-ins" und der „Kontingenz" eines Pfad fragt (Martin & Sunley 2006). Vier Faktoren „rahmen" die Evolution des Finanzzentrums:

Erstens die staatliche Regulierung und Deregulierung; zweitens der Strukturwandel im globalen Finanzsektor, in dem Banken auf vielen Feldern an Einfluss zugunsten von Versicherungen, Pensionsfonds, Hedgefonds etc. verlieren („Disintermediation"); drittens die wachsende Bedeutung von wissensbasierten Dienstleistungen, insbesondere für internationale Finanz-Transaktionen (Anwälte, Unternehmensberater, Wirtschaftsprüfer); und viertens der Einsatz der neuen Informations- und Kommunikationstechnologien mit erheblichen ent-territorialisierenden Wirkungen.

Die Art und Größe eines (nationalen) Finanzzentrums wird im Allgemeinen von der Größe und dem Entwicklungsstand derjenigen Volkswirtschaft bestimmt, dem es dient. Daher kann der Aufstieg des Finanzzentrums Frankfurt zu seiner europäischen Bedeutung nur verstanden werden, wenn man den schnellen Wiederaufstieg der deutschen Volkswirtschaft zu Europas größter Volkswirtschaft und darüber hinaus zur zeitweise führenden Exportnation auf der Welt berücksichtigt. Doch linear zu sehen ist der Prozess nicht: In dem Moment, in dem die „Nachkriegszeit" beendet erscheint, nämlich in den 1960er Jahren (vgl. ABELSHAUSER 1983), beginnt erst die eigentliche Durchsetzung des Finanzzentrums Frankfurt im Wettbewerb der deutschen Finanzplätze.

2. Die Grundlage des Entwicklungspfades: Einige unvorhersehbare historische Ereignisse

Die Bestimmung der Währung und des Geldes ist eine der zentralen Aufgaben des Nationalstaates. Daher entstanden Zentralbanken meistens am Regierungssitz. In Deutschland ist das aufgrund seiner politischen Geschichte nicht mehr der Fall. Die Zentralbank regelt die aktuelle Geldversorgung und erfüllt oft gegenüber dem privaten Bankensektor eine Aufsichtspflicht. So wurde der Standort der Zentralbank für die meisten Banken ein „natürlicher" Standort, an dem sie sich schnell und oft genug „informell" über die Änderungen der Zentralbankmaßnahmen informieren und diese auch teilweise beeinflussen konnten.

Vielfach erzählt, liegt der Anfang des Frankfurter Entwicklungspfades in der historisch einmaligen Katastrophe des 2. Weltkrieges und den folgenden gesellschafts- und machtpolitischen Debatten zwischen den Siegern, die unterschiedliche Auffassungen über die zukünftige Rolle und Struktur des Bankensystems in Deutschland hatten (im einzelnen HOLTFRERICH 1999, S. 225ff.; HOLTFRERICH 2006). Mit der Ablösung der alten Währung Reichsmark durch zwei neue deutsche Währungen – als Folge des entbrennenden Kalten Krieges – wurde für die West-Zonen eine neue

Zentralbank (1948, Bank deutscher Länder) notwendig. Über den Standort dieser Ersatz-Zentralbank – da Westdeutschland als Staat nicht souverän war – verhandelten deutsche Notenbanker, die britische und die amerikanische Administration. Berlin kam im geteilten Deutschland nicht in Frage. Gegen das verbleibende zweitgrößte Finanzzentrum Hamburg oder die klassischen Zentren des größten Wirtschaftsraumes in Nordrhein-Westfalen – Köln und Düsseldorf – entschieden sich schließlich die Amerikaner für Frankfurt. Doch unumkehrbar erschien das nicht. Als die Bundesrepublik endlich ihre volle monetäre Souveränität erhielt (1956), flammte die Debatte um einen Standort in der Nähe des als provisorisch geltenden Regierungssitzes Bonn – im benachbarten Köln – wieder auf; doch letzten Endes wurde die Standortentscheidung mit der Gründung der Deutschen Bundesbank in Frankfurt nicht zurückgenommen (HOLTFRERICH 2006). Dieser „historische Zufall", das den Beginn eines Entwicklungspfades kennzeichnende „event", nahm einen Zeitraum von 1945 bis 1957 in Anspruch. Solange blieben die Struktur des Bankenwesens noch im Fluss, die monetäre Souveränität noch verwehrt, daher auch der Standort der vorläufigen Zentralbank hinterfragt (GROTE 2004).

So konnten sich erst spät die anziehende Kraft der Zentralbank auf die deutschen Banken und der Prozess der Verfestigung des Entwicklungspfades im Finanzzentrum Frankfurt entfalten. Als dann mit der unvorhergesehenen Wiedervereinigung Deutschlands die Frage des Standorts der Zentralbank neuerlich aufgeworfen wurde, hatte diese aber bereits ihre bindende Kraft an Banken verloren. Artikel 2 des Gesetzes über die Deutsche Bundesbank sah im Falle einer Wiedervereinigung die Rückkehr der Zentralbank in die alte Hauptstadt Berlin vor. Wie ernst dieser Artikel genommen wurde, zeigte der schnelle Verfall der Immobilienpreise in Frankfurt im Jahr 1990 – bis das Bundesparlament diesen Artikel strich und die Bundesbank damit in Frankfurt beließ.

3. Die Verfestigung des Entwicklungspfades

In den frühen 1960er Jahren war Deutschland schon wieder Europas größte Industrienation mit einer erheblichen Exportstärke. Folglich wurde es zum einen attraktiv für (vor allem us-amerikanisches) Auslandskapital, akkumulierte jedoch auch zunehmend selbst Kapital, das als Direktinvestitionen ins Ausland ging. Exportfinanzierung und Auslandsinvestitionen einerseits, wachsender Wohlstand und das Sparen der privaten Haushalte andererseits ließen im Inland neue Tätigkeitsfelder für den Finanzsektor entstehen. Diese gesamtwirtschaftliche Entwicklung wirkte jedoch nicht selbstverständlich zugunsten von Frankfurt. Noch 1961 lagen Frankfurt, Hamburg und München in der Zahl der Beschäftigten im Kreditgewerbe nahezu gleich auf (HOLTFRERICH 2005). Im Börsen-Umsatz, einem anderen klassischen Indikator für ein Finanzzentrum, war lange Zeit Düsseldorf ein ernster Konkurrent (SCHAMP 1999). Das war umso schwerwiegender, als Börsen über Jahrhunderte als wichtigster „Anker" eines Finanzzentrums galten (so ENGELEN & GROTE 2009, S. 681).

Letztlich trugen die Entscheidungen verschiedener Finanzmarkt-Akteure dann zur Verfestigung des Entwicklungspfades in Frankfurt bei. Erstens konnten sich die nach 1945 von den Alliierten entflochtenen Großbanken erst im Jahr 1957 und 1958 wieder zusammenschließen. Sie begannen alsbald, ihr Geschäft auf Frankfurt zu konzentrieren, mit der Begründung, die physische Nähe zur Bundesbank ermögliche rechtzeitige Informationen und Einflussnahme über und auf Geld- und Kreditpolitik. Doch, wie HOLTFRERICH (1999, S. 251ff.) ausführlich beschreibt, nahm der Prozess eine lange Zeit in Anspruch. So verlegte die Commerzbank als letzte der damals drei Großbanken erst 1990 ihren juristischen Sitz von Düsseldorf nach Frankfurt. Desweiteren entstanden zentrale Bankinstitute für dezentrale Bankensysteme der Sparkassen und Genossenschaftsbanken in Frankfurt, ebenso wie zahlreiche Spezialbanken, die „Sonderaufgaben für die ganze Bundesrepublik" übernahmen (so HOLTFRERICH 1999, S. 253); an ihrer Spitze die Kreditanstalt für Wiederaufbau, die dem Bund gehörende Bank für Investitionen in und außerhalb Deutschlands.

Zweitens konzentrierte sich zunehmend das Börsengeschäft auf die Frankfurter Börse, trotz der Bemühungen der landeseigenen Regionalbörsen, neue Teilmärkte zu schaffen, und trotz des Bestehens von Landeszentralbanken und der regionalen Organisation der Sparkassen. Letztlich suchten Landesregierungen und Kommunen als deren Eigner (bis heute) vergeblich, die Macht der Regionalzentren gegenüber dem aufkommenden Frankfurt zu erhalten (vgl. BÖRDERLEIN 2003).

Drittens zog die Konzentration der Großbanken in Frankfurt die Ansiedlung vieler Auslandsbanken nach sich (vgl. Abb. 1). Trotz einer aktuellen Stagnation sind noch immer drei Viertel von den 220 mit Hauptsitz vertretenen Banken ausländisch. Sie kommen vor allem aus europäischen Ländern sowie Nord- und Südamerika und suchen die Nähe zueinander für ihre kontinentaleuropäischen Geschäfte (GROTE 2008; HELABA 2011). Dazu trug die Rolle der Stadt als zentraler internationaler Marktplatz bei, der unter anderem aufgrund des herangewachsenen größten deutschen Flughafens zum internationalen Knoten wurde (FELSENSTEIN et al. 2002).

Abbildung 1 zeichnet das Wachstum des Finanzzentrums Frankfurt mit zwei Indikatoren nach, dem Anteil des Finanzzentrums an allen Auslandsbanken in Deutschland sowie der Zunahme der Beschäftigten im Kredit- und Versicherungsgewerbe. Die Literatur kennt eine umfangreiche Debatte um die Verfügbarkeit und Fehlerhaftigkeit von Indikatoren. Mit der Zahl der Beschäftigten steht zwar eine lange Zeitreihe zur Verfügung, doch verliert diese langfristig an Aussagekraft, da manche Transaktionen durch Disintermediation, Digitalisierung sowie Standardisierung aus den Unternehmen des Kreditgewerbes ausgelagert werden und dann statistisch in andere Sektoren geraten. Auch die zunehmende Dezentralisierung der Finanzaktivitäten innerhalb der Metropolregion in den vergangenen beiden Jahrzehnten reduziert die Zahl der Beschäftigten im eigentlichen Finanzzentrum Frankfurt. Andere Indikatoren sind jedoch noch weniger von Bestand: Börsenumsätze zeigen nicht mehr das Geschäft an einem Ort, wie später noch diskutiert wird; die Zahl der Banken, auch der Auslandsbanken, reduziert sich zunehmend aufgrund von Fusionen.

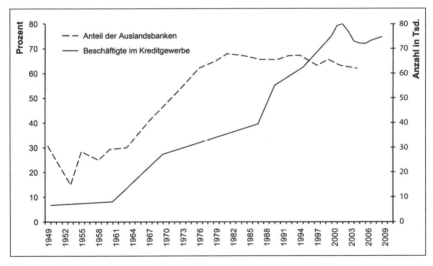

Abbildung 1: Das Wachstum der Beschäftigung im Kreditgewerbe und des Anteils der Auslandsbanken am Finanzzentrum Frankfurt (HOLTFRERICH 2005; GROTE 2008, S. 248)

Auf einen Blick wird deutlich, dass von einem nennenswerten Wachstum des Finanzzentrums Frankfurt erst ab den 1960er Jahren gesprochen werden kann. Während die besondere Rolle des Finanzzentrums für Auslandsbanken bereits Ende der 1980er Jahre erreicht wurde, nahm die Beschäftigung erst in den 1990er Jahren erheblich zu. Am Ende dieser Wachstumsphase wurde die Konkurrenz von Frankfurt zu London diskutiert. Doch im ersten Jahrzehnt des 21. Jahrhunderts wird die Hybris dieser Vorstellung klar und Frankfurt auf die Position eines Finanzzentrums zweiten Ranges in Europa verwiesen.

Der Verfestigungsprozess des Finanzzentrums beruht damit phasenweise auf unterschiedlichen kumulativen Kräften. Mit dem politischen Signal des Endes der erzwungenen Dezentralisierung im Bankensystem im Jahr 1956 begann die Attraktionskraft der Bundesbank auf die deutschen Banken zu wirken. Deren zunehmende Konzentration sowie das Wachstum der Frankfurter Börse zogen in den 1970er Jahren ausländische Banken an. Das hatte positive lokale externe Skaleneffekte zur Folge, die es den Finanzakteuren am Finanzzentrum Frankfurt vor denen an jedem anderen deutschen Finanzplatz in den 1990er Jahren und später ermöglichten, große und „intransparente" Finanztransaktionen etwa im M&A-Geschäft (Lo 2003), bei Verbriefungen oder bei Syndizierungen zu machen (GROTE et al. 2002).

4. Entankerung und neuerliche Verankerung des Finanzsektors im Finanzzentrum – die stetige Reproduktion des Finanzzentrums

Der Schritt von einem Finanzzentrum nationaler Bedeutung zur internationalen Rolle wird in der Evolution des Finanzzentrums Frankfurt schon früh, seit den 1970er Jahren, gemacht. Doch besonders mit den vier Finanzmarktfördergesetzen (1990, 1994, 1998, 2002) öffnet die Bundesregierung Schritt für Schritt Deutschland ausländischen Finanzakteuren, insbesondere den angloamerikanischen Investmentbanken und Nicht-Banken (Hedgefonds, Pensionsfonds, private equity fonds, etc.), und ermöglicht zugleich deutschen Finanzakteuren die Globalisierung ihrer Geschäfte. Ein Ringen um die Bewahrung der alten Banken-gestützten „Deutschland AG" – dem Finanzsystem im „Rheinischen Kapitalismus", das der (Industrie-)wirtschaft sehr viel sogenanntes „geduldiges Kapital" zur Verfügung stellt (DEEG 2001) – und den aus den USA verbreiteten neoliberalen Prinzipien der Kapitalmarkt-Öffnung setzt ein, das schließlich in eine zunehmend stärkere weltweite Einbindung deutscher Finanzakteure in globale Finanzmärkte mündet. Letztlich wird dies deutlich in der jüngsten Finanzkrise und ihren beiden Auslösern, dem Verfall amerikanischer Subprime-Derivate und von Staatsanleihen aus vom Staatsbankrott bedrohten europäischen Ländern. Das Finanzzentrum gerät also mit der Einbettung in ein globales Finanzsystem in eine zunehmend „volatile" Umwelt, die den

Finanzakteuren einerseits erhebliche Profite verspricht, aber auch zu wachsenden Risiken und Krisenanfälligkeit führt.

In diesem Umfeld sind die Stellung und die innere Struktur eines Finanzzentrums zweiten Ranges stets umstritten. Es besteht ein Ringen von zentripetalen und zentrifugalen Kräften. Zentrifugal wirken zum Beispiel veränderte Standortstrategien der Banken. Großbanken, an ihrer Spitze die Deutsche Bank, verlagern ihr Investment-Banking an das größte Finanzzentrum, London. Auslandsbanken kommen immer weniger nach Frankfurt, sondern bevorzugen von Neuem einige regionale Finanzzentren. Japanische Banken gehen nach London (ENGELEN & GROTE 2009; GROTE 2008). Auch die Börse, der frühere „Anker" eines Finanzzentrums und bedeutender Indikator für global cities (SASSEN 1999), verliert ihre standortprägende Kraft. Erstens fand mit der langsamen Privatisierung der Börse ein grundlegender Wandel in der Unternehmensphilosophie vom „öffentlichen Marktplatz" und der „lokalen Infrastruktur" im Finanzzentrum zum privaten Dienstleister als Kerngeschäft eines globalen Unternehmens statt (im einzelnen HOLTFRERICH 2005; ENGELEN & GROTE 2009). Zweitens entankerte die frühzeitige Investition der Deutschen Börse AG in elektronische Börsenplattformen (Wertpapierbörse Xetra, später Derivatebörse Eurex; andere wieder geschlossen) den Börsenhandel. Denn ein elektronischer Marktplatz verlangt nach Skaleneffekten, weswegen handelsberechtigte Computer für diese Börse auch in London (und anderen Orten) zugelassen wurden. In London verbinden sich die Netzexternalitäten des elektronischen Handelsplatzes mit den sozialen Externalitäten einer großen Händler-Community, in der vielfache Informationen zur Beurteilung der Werte fließen, die an der Börse gehandelt werden. Nach ENGELEN und GROTE (2009, S. 687) wurden 2008 68% des Umsatzes von Xetra und 80% von Eurex „remote", d.h. aus anderen Ländern abgewickelt.

Aber auch im Bankengeschäft werden Finanztransaktionen weitgehend digitalisiert und elektronisch durchgeführt, was zu einer neuen standörtlichen Arbeitsteilung bei vielen Geschäftsprozessen führt – zugunsten von kostengünstigeren und weniger regulierten europäischen Finanzzentren wie Luxemburg oder Dublin oder anderen Standorten der informationstechnischen Dienstleistungen.

Die zentrifugalen Kräfte auf das Finanzzentrum gewinnen weitgehend ihre Brisanz durch die Entscheidungen der Nationalstaaten im Zuge der Deregulierungs-Politiken der vergangenen Jahrzehnte und der Formierung eines einheitlichen europäischen Währungsraumes. Gleichzeitig bemühen sich politische Akteure, die zentripetalen Kräfte des Finanzzentrums Frankfurt zu stärken. Die standortrelevanten Entscheidungen der Finanzmarktakteure werden von politischen Trägern, vor allem den lokalen aus der Stadt Frankfurt und dem Land Hessen, intensiv beobachtet und dann im politischen Lobbying auf höherer Ebene begleitet. Folglich hat die Bundesregierung mehrfach im Zuge des Aushandelns des europäischen Währungs- und Finanzsystems den Standort europäischer Regulierungs-Institutionen als eine Maßnahme für den „Standort Deutschland", der de facto der Standort Frankfurt ist, ins Spiel gebracht. So erhielt das Finanzzentrum Frankfurt die Europäische Zentralbank (EZB). Doch die Erwartungen an die kumulierenden Wirkungen einer Zentralbank, die sich aus der geschichtlichen Erfahrung speisten, erfüllen sich heute nicht mehr. Die Ansiedlung der EZB ist heute – anders als früher – ein „non-event" (GROTE 2008, S. 255). So wird es vermutlich auch mit der aktuellen Ansiedlung der europäischen Aufsichtsbehörde für Versicherungen (EIOPA, European Insurance and Occupational Pensions Authority) in Frankfurt sein, einer politischen „Kompensation" zur europäischen Bankenaufsicht (EBA, European Banking Authority) in London und zur Aufsicht für den Wertpapierhandel (ESA, European Securities Authority) in Paris.

Der lokale Staat sucht heute weiterhin, das Finanzzentrum auf dem Gebiet der Ausbildungs- und Forschungsinfrastruktur zu stärken, was angesichts der hochgradig wissensbasierten Finanztransaktionen im Vergleich zu London oder Paris dringend erforderlich scheint. Wichtige Akteure hierin sind das Land Hessen, die Goethe-Universität als Stiftungsuniversität und der private Bankensektor. Die von Großbanken getragene Bankakademie/Frankfurt School of Finance and Management erhielt im Jahr 2004 das Promotionsrecht, die Goethe-Universität Frankfurt formierte im Jahr 2008 erstmals für Deutschland ein „House of Finance", in dem verschiedene Disziplinen zu Finanzmarktfragen zusammenarbeiten. Dies wird durch weitere private Hochschulen und Fachhochschulen in der Metropolregion ergänzt. Erstmals bestehen damit eine Finanztransaktions-Forschung von internationaler Bedeutung und spezielle Ausbildungseinrichtungen für den Finanzsektor.

Andere verfestigende, zentripetale Tendenzen im Finanzsektor entstehen aus den Bedürfnissen des Finanzsektors selbst, auch im Bereich der Informationstechnologien. Schon früh in den 1990er Jahren hatte sich die Stadt Frankfurt erfolgreich um private Investitionen in lokale Breitbandnetze bemüht. In den letzten zehn Jahren wuchs Frankfurt zu Deutschlands größtem Internet-Knoten und wichtigsten Standort von Rechenzentren heran, die das Angebot verschiedener IT-Dienstleister für Nutzer – auch aus dem Finanzsektor – bündeln (sog. ‚Colocation', BECK et al. 2009). Ein wichtiger Agglomerationsvorteil ist entstanden, indem nun Franfurt zu Deutschlands größtem urbanen Arbeitsmarkt für informationstechnische Berufe herangewachsen ist.

5. Entwicklungspfad und räumliche Ordnung des Finanzsektors in der Metropole

Während das Bild von der Zitadelle des Kapitals noch die räumliche Konzentration des Finanzsektors in einem innerstädtischen Viertel beschreibt, hat sich mit dem Wachstum des Finanzzentrums, seiner Heterogenisierung und der Disintermediation eine neue, dezentrale räumliche Ordnung des Finanzzentrums innerhalb der Metropolregion entwickelt. Weiterhin besteht das eigentliche Finanzzentrum im Westend, dem Ort der sozialen Netzwerke, die für viele „intransparente" Finanztransaktionen wichtig sind (SCHAMP 2009). Aber die Spezialisierung von Finanztransaktionen – wie etwa die Vermögensverwaltung, das Rating, das Spezialbanken-Geschäft – und das durch Digitalisierung ermöglichte Outsourcing – am deutlichsten bei Rechenzentren – haben eine dezentrale Geographie des Finanzzentrums in der Metropolregion bewirkt. Diese umfasst Bürogebiete am nahen Stadtrand, bereits auf nachbarschaftlichem Gebiet (Eschborn, Offenbach, Bad Vilbel, Neu-Isenburg, Dreieich, Mörfelden), wo oft back offices und outgesourcte Dienste angesiedelt sind, sowie die entfernteren attraktiven Wohnstandorte am Taunusrand wie Bad Homburg oder Oberursel, wo spezielle Finanzdienstleister sind und Frankfurter Banker ihren Wohnsitz haben. Auch die Deutsche Börse wanderte im Jahr 1999 im Zuge ihres Entankerungsprozesses von ihrem traditionellen innerstädtischen Standort zunächst an den Stadtrand in den Ortsteil Hausen und zehn Jahre später in die Nachbargemeinde Eschborn. Diese räumliche Dezentralisierung der privatwirtschaftlichen Akteure im Finanzzentrum ist im Übrigen nicht einzigartig, sondern auch für London und Paris nachweisbar (COOK et al. 2005; ROUSSET-DESCHAMPS 2003).

6. Das Finanzzentrum Frankfurt: Welcher Knoten in Europa?

Dieser Beitrag hat beschrieben, wie das Finanzzentrum Frankfurt in Deutschlands jüngerer Nationalgeschichte in Konkurrenz zu anderen Städten herangewachsen ist. Berlin, das ehemalige Finanzzentrum des Deutschen Reiches, hatte nie die Chance, diese Rolle zurück zu gewinnen. Hamburg, Düsseldorf, München oder Stuttgart behalten weiterhin Funktionen, die gelegentlich zur Rückwanderung einiger Finanzgeschäfte aus Frankfurt führen. Die Konzentration von Finanzgeschäften in Frankfurt bleibt jedoch weiterhin bestehen, nicht zuletzt aufgrund der Funktionsmechanismen eines Finanzclusters, zu denen die internen Skalenerträge bei Großbanken, die Rolle der spezifischen Infrastruktur für globale Kommunikation (Flughafen, Internet-Knoten) und die lokalen externen Skalenerträge gehören, die vor allem für „intransparente" Over-the-Counter-Geschäfte notwendig sind (SCHAMP 2009). Finanzgeschäfte wie die Kreditvergabe an kleine und mittlere Unternehmen, das M&A-Geschäft, das Initial Public Offering (Gang an die Börse) oder auch die Verwaltung großer Vermögen bleiben bislang an den nationalen Regulierungsraum und „Markt" gebunden. Das verspricht auch Frankfurt eine bleibende Bedeutung angesichts Deutschlands starker exportorientierter Mittelstandsstruktur, der anhaltend hohen Sparneigung privater Haushalte (auch in „marktgängigen" Papieren wie offene Fonds und Zertifikaten) und der Bedeutung großer Familien-Vermögen.

Doch die Evolution des Finanzzentrums ist nicht einfach der Verfestigung eines Faktors, etwa der Skaleneffekte, zu verdanken, sondern periodisch wechselnden Verfestigungen geschuldet. Kommt das Finanzzentrum an eine Wachstumsgrenze, dienen neue Dimensionen als „lock-in" des einmal eingeschlagenen Entwicklungspfades. GROTE (2004) folgend, fasst Tabelle 1 diesen Entwicklungspfad in einem heuristischen Phasenmodell der Evolution des Finanzzentrums Frankfurt zusammen.

Frühere EU-Richtlinien suchten bereits eine Integration der Finanzmärkte in Europa zu bewirken. Doch mit der Einführung einer gemeinsamen Währung, des Euro, im Jahr 1999 wird die Integration erheblich fortgetrieben. Folglich reorganisieren sich europäische Banken, reduzieren ihre Auslandsstandorte, soweit sie überwiegend den Devisentransaktionen geschuldet waren, und entwickeln gleichzeitig eine vertiefte banken-interne Arbeitsteilung zwischen europäischen Finanzzentren. Für Frankfurt hat die Ansiedlung der Europäischen Zentralbank keine Konsequenzen. Dagegen werden Funktionen des Investment-Banking nach London verlagert, die Immobilien-Finanzierung teilweise nach Dublin, die Verwaltung von Fonds nach Luxemburg. Das Finanzzentrum Frankfurt wird stärker als zuvor zu einem Knoten in der europäischen Arbeitsteilung bei der Erstellung von Finanztransaktionen, der selbst einerseits für viele Finanzgeschäfte nicht mehr attraktiv und daher zunehmend Entankerungstendenzen unterworfen ist und andererseits immer mehr nationale Transaktionen in neuen Geschäftsfeldern (wie Derivate-Entwicklung, Vermögensverwaltung) der weiterhin größten Volkswirtschaft Europas auf sich zieht (GROTE 2003). Ein Finanzzentrum wird damit zu einem vielfältig verflochtenen Knoten in verschiedenartigen Netzwerken.

Zeit-raum	Phase	Gründe der Verfestigung	Faktoren der Entankerung
1945-57	historischer Zufall	Hauptquartier der amerikanischen Verwaltung Ansiedlung von staatlichen Banken und Spezialbanken (wie KfW)	
1958-66	Formierung der nationalen Finanzsouveränität	Konzentration des Bankensektors in Frankfurt Physische Nähe zur Deutschen Bundesbank	
1967 bis etwa 1985	Erste Internationalisierung	Wachsende Auslandspräsenz der Großbanken Wachsende Ansiedlung von Auslandsbanken in Frankfurt Konzentration des innerdeutschen Börsengeschäfts in Frankfurt	
1986 bis etwa 1998	Zweite Internationalisierung	Agglomeration internationaler Dienste für den Bankensektor	Aufhebung der engen Bindung an die Deutsche Bundesbank Privatisierung und Virtualisierung der Börse
ab etwa 1999	Frankfurt in Europa		Verlagerung von Bankenfunktionen ins Ausland (London, Dublin, Luxemburg, etc.)
ab etwa 2005		Aufbau einer Forschungs- und Ausbildungsinfrastruktur IT-Colocation	

Tabelle 1: Phasen-Modell der Evolution des Finanzzentrums (nach GROTE 2004, verändert und ergänzt)

Literatur

ABELSHAUSER W. (1983), Wirtschaftsgeschichte der Bundesrepublik Deutschland 1945–1980. Frankfurt am Main.

BECK R., KÖNIG W., PAHLKE I., VYKOUKAL J. (2009), Wertschöpfung in digitalen Netzen. Analyse der Wirtschaftlichkeit von Colocation. Goethe Universität Frankfurt, House of Finance. Frankfurt am Main.

BÖRDERLEIN R. (2003), Die Reorganisation der deutschen „Regionalbörsen" zwischen ökonomischen und politischen Interessen. In: Geographische Zeitschrift, 91, 3+4, S. 156-174.

BOSCHMA R, MARTIN R. (Hrsg.) (2010), The Handbook of Evolutionary Economic Geography. Cheltenham.

COOK G. A. S., et al. (2005), The Clustering of Financial Services in London. Loughborough. (= GAWC Research Bulletin 124, www.lboro.ac.uk/gawc/rb/rb124.html; Abruf am 12.07.2006)

DEEG R. (2001), Institutional Change and the Uses and Limits of Path Dependency: The Case of German Finance (= MPIfG Discussion Papers 01/6.). Köln.

ENGELEN E., GROTE M. H. (2009), Stock exchange virtualisation and the decline of second-tier financial centres – the cases of Amsterdam and Frankfurt. In: Journal of Economic Geography, 9, S. 679-696.

FELSENSTEIN D., SCHAMP E. W., SHACHAR A. (Hrsg.) (2002), Emerging Nodes in the Global Economy: Frankfurt and Tel Aviv Compared. Dordrecht.

GROTE M. (2003), Die Evolution des Finanzplatzes Frankfurt. In: Geographische Zeitschrift, 91, 3+4, S. 200-217.

GROTE M. (2004), Die Entwicklung des Finanzplatzes Frankfurt. Eine evolutionsökonomische Untersuchung. Berlin.

GROTE M. (2008), Foreign banks' attraction to the financial centre Frankfurt – an inverted 'U'-shaped relationship. In: Journal of Economic Geography, 8, S. 239-258.

GROTE M., LO V., HARRSCHAR-EHRNBORG S. (2002), A value chain approach to financial centres – the case of Frankfurt. In: Tijdschrift voor Economische en Sociale Geografie TESG, 93, 4, S. 412-423.

HELABA (2011), Finanzplatz Frankfurt: Magnet für Auslandsbanken. Helaba Volkswirtschaft/Research, Januar 2011. Frankfurt am Main.

HOLTFRERICH C.-L. (1999), Finanzplatz Frankfurt. Von der mittelalterlichen Messestadt zum europäischen Bankenzentrum. München.

HOLTFRERICH C.-L. (2005), Frankfurts Weg zu einem europäischen Finanzzentrum. In: MERKI CH. M. (Hrsg.), Europas Finanzzentren. Geschichte und Bedeutung im 20. Jahrhundert. S. 53–81. Frankfurt am Main.

HOLTFRERICH C.-L. (2006), Der Finanzplatz Frankfurt im Wettbewerb mit Berlin und anderen Städten im 19. Jahrhundert. In: Institut für Bankhistorische Forschung e.V. (Hrsg.), Europäische Finanzplätze im Wettbewerb (= Bankhistorisches Archiv. Zeitschrift zur Banken- und Finanzgeschichte, Beiheft 45). S. 29-50. Stuttgart.

LO V. (2003), Wissensbasierte Netzwerke im Finanzsektor. Das Beispiel des Mergers & Acquisitions-Geschäfts. Wiesbaden.

MARTIN R., SUNLEY P. (2006), Path dependence and regional economic evolution. In: Journal of Economic Geography, 6, 4, S. 395-437.

PORTEOUS D. (1999), The Development of Financial Centres: Location, Information Externalities and Path Dependence. In: MARTIN R. (Hrsg.), Money and the Space Economy. S. 95-114. Chichester, New York.

RONNEBERGER K., KEIL R. (1995), Ausser Atem – Frankfurt nach der Postmoderne. In: HITZ et al. (Hrsg.), Capitales Fatales. Urbanisierung und Politik in den Finanzmetropolen Frankfurt und Zürich. S. 296-353. Zürich.

ROUSSET-DESCHAMPS M. (2003), Räumliche Dimension und Entwicklungsdynamik des Kapitalmarktes in Paris. In: Geographische Zeitschrift, 91, 3+4, S. 218-239.

SASSEN S. (1999), Global Financial Centres. In: Foreign Affairs, 78, 1, S. 75-87.

SCHAMP E. W. (1999), The system of German financial centres at the crossroads: from national to European scale. In: WEVER E. (Hrsg.), Cities in perspective I. Economy, planning and the environment. S. 83-98. Assen.

SCHAMP E. W. (2009), Das Finanzzentrum – ein Custer? Ein multiskalarer Ansatz und seine Evidenz am Beispiel von Frankfurt/RheinMain. In: Zeitschrift für Wirtschaftsgeographie, 53, 1-2, S. 89-105.

Z/YEN (2010), Global Financial Centres 7. London. (www.zyen.com/long-finance/; Abruf am 14.09.2010)

CHRISTIAN ZELLER

GLOBALER PHARMAKNOTEN BASEL:
Regionale und industrielle Restrukturierung

Einleitung

Die Region Basel im Dreiländereck von Frankreich, Deutschland und der Schweiz gehört zu den reichsten Regionen der Welt. Die chemische und pharmazeutische Industrie prägt seit rund 100 Jahren ihre ökonomische Struktur. Mehr als ein Fünftel der Wertschöpfung in der Region Nordwestschweiz wird in der chemischen und pharmazeutischen Industrie erwirtschaftet. In der Stadt Basel alleine ist dieser Anteil noch höher. Ein Großteil der lokalen Ökonomie ist von der chemischen und pharmazeutischen Industrie abhängig. Die Pharmakonzerne mit Sitz in Basel zählen seit Jahrzehnten zu den umsatzstärksten und profitabelsten des Welt. Dieser Beitrag zeigt das Wechselspiel zwischen den globalen Innovations- und Produktionsnetzwerken großer Pharmakonzerne einerseits und den regionalen Bedingungen in der Region Basel andererseits auf.

Die Literaturstränge über Global Cities, Globalizing Cities, globale Produktions- und Innovationsnetzwerke sowie die Dynamik regionaler Wachstumspole weisen darauf hin, dass der langanhaltende Erfolg regionaler Produktionskomplexe nicht nur mit den ökonomischen und gesellschaftlichen Bedingungen vor Ort, sondern auch mit der Einbindung der wichtigen Unternehmen in transnationale Netzwerke zu erklären ist. In diesem Sinne lassen sich die urbane Entwicklung der Region Basel und ihre ökonomische Rolle nur im Kontext der industriellen Veränderungen in der chemischen und pharmazeutischen Industrie verstehen.

Im Zentrum dieses Artikels stehen zwei miteinander verflochtene Fragen: Erstens interessiert wie die industriellen und regionalen Entwicklungspfade und Restrukturierungsprozesse miteinander verflochten sind. Damit verbunden stellt sich die zweite Frage, inwiefern die anhaltend starke Position Basels in der pharmazeutischen Industrie mit den internationalen Expansionsstrategien der großen Konzerne und deren Einbindung in transnationale Netzwerke zu erklären ist.

Gestützt auf die jüngere Literatur über den Zusammenhang von urbaner und industrieller Entwicklung und deren Einbindung in globale Netzwerke formuliere ich im zweiten Abschnitt drei Argumente zum besseren Verständnis dieses Zusammenhangs am Beispiel der Region Basel. Der dritte Abschnitt stellt einige zentrale ökonomische und industrielle Veränderungen, die zur Herausbildung eines Pharma-Biotech-Komplexes führten, vor. Anschließend geht der vierte Abschnitt auf den Zusammenhang zwischen industrieller und regionaler Entwicklung ein. Der fünfte Abschnitt stellt aktuelle regionale Entwicklungstendenzen und Projekte in den Kontext dieser Industrieentwicklung. Schließlich formuliert der sechste Abschnitt einige Schlussfolgerungen für die Regionalentwicklung.

2. Städte als Knoten in globalen Innovations- und Produktionsnetzwerken

Die World-City- und Global-City-Literatur kennzeichnete Global Cities als räumliche Knoten in Finanz- und Kommandobeziehungen des internationalen Kapitals und somit als Knoten in hierarchischen Städtesystemen. Mit der Reduktion auf ihre Funktion als Finanzzentren und Zentren spezialisierter Dienstleistungen und unterschätzt sie allerdings die Rolle von urbanen Regionen als Schlüsselorte von Innovationsprozessen und industriellen Restrukturierungen (KRÄTKE 2007). MARKUSEN (1994) demonstrierte, dass das Erkennen der regionalen, überregionalen und transnationalen Netzwerkbeziehungen führender Unternehmen in einer Region ein zentraler Baustein ist, um die regionale Dynamik zu verstehen. Sie schlug vor, Regionen über das Studium der Firmen und ihrer Input- und Output-Beziehungen zu untersuchen. COOKE (2005) zeigte wie einige wenige urbane Regionen der Welt räumlich konzentrierte Zentren der Wissensproduktion in der Biotechnologie beheimaten und somit als „Bioscience Megacentres" bezeichnet werden können. Diese Megazentren sind in regionale und transnationale Unternehmensnetzwerke integriert, die aus großen Pharmakonzernen, Biotechunternehmen und öffentlich finanzierten Forschungseinrichtungen wie Universitäten und Forschungsinstituten bestehen. Solche internationalen Flüsse von Geld, Arbeitskräften, Information und Wissen zwischen urbanen Produktions- und Innovationssystemen münden in Globalizing Cities (MARCUSE & VAN KEMPEN 2000). Das erste Argument dieses Beitrags stützt sich auf diese Debatten. Urbane Regionen entsprechen lokalisierten Hubs verschiedener internationaler hierarchischer Unternehmensnetzwerke. Demnach können regionale wirtschaftliche und gesellschaftliche Bedingungen nur im Kontext der Einbindung der führenden Firmen in transnationale oder gar globale Netzwerke erkannt werden.

Die Ansätze der globalen Werteketten (GEREFFI et al. 2005) und globalen Produktionsnetzwerke (HENDERSON et al. 2002) ermitteln wie Unternehmen die Arbeitsteilung und transnationale Werteflüsse gestalten und zugleich gezwungen sind, sich in spezifische regionale und nationale Zulieferer- und Abnehmernetzwerke einzubetten und sich dabei spezifischen institutionellen Bedingungen anpassen müssen (DICKEN et al. 1994). Die Entwicklungsperspektiven und Innovationskapazitäten von regionalen Innovations- und Produktionssystemen hängen also nicht nur von den Agglomerationsvorteilen respektive ihren regionsinternen Charakteristika und Netzwerkqualitäten, sondern auch vom nationalen institutionellen Kontext und ihren Beziehungen und ihrer Einbindung in transnationalen oder globalen Netzwerken ab, die von transnationalen Unternehmen unterhalten und strukturiert werden (KRÄTKE 2007; ROZENBLAT & PUMAIN 2007). Damit sind wir beim zweiten Argument dieses Beitrags: Die transnationalen Konzerne sind die zentralen Akteure in den globalen Wertschöpfungsketten sowie den globalen Produktions- und Innovationsnetzwerken. Die Einbindung von Städten und urbanen Regionen in transnationale Netzwerke lässt sich also zu einem beträchtlichen Teil über die Erforschung der Unternehmensnetzwerke erkennen (vgl. MARKUSEN 1994).

Industrieentwicklung und Stadtentwicklung sind miteinander verwoben. Diese Koevolution schlägt sich in den lokalen Bedingungen als auch über die transnationalen Innovations- und Produktionsnetzwerke nieder. Gemäß dem Verständnis der geographischen Industrialisierung sind weniger die Standortbedingungen der Region entscheidend für die Lokalisierung und Prosperität einer Industrie, vielmehr schaffen und erneuern die führenden Industrien unter jeweils spezifischen Bedingungen im Verlaufe ihrer Entwicklung ihre eigenen Standortbedingungen (STORPER & WALKER 1989, S. 73–98). Die branchenweiten Umbrüche seit Anfang der 1990er Jahre haben ‚windows of opportunities' entstehen lassen, die in eine Neuordnung der Industrie in der Region gemündet haben. Industrien schaffen im Verlauf ihrer eigenen Erneuerung sozusagen ihr neues geographisches Ebenbild, prägen und erneuern also entscheidend die Standortbedingungen in ihrem Sinne. Das dritte Argument lautet schließlich, dass die globalen Restrukturierungen zu einer Veränderung der Bedeutung der Region Basel für die Industrie geführt haben. Die Region Basel hat sich zu einem Knoten von globaler Bedeutung in diesem Pharma-Biotech-Komplex entwickelt.

3. Pharma-Biotech-Komplex

Die pharmazeutische Industrie hat sich seit den frühen 1980er Jahren stark verändert. In den meisten OECD-Ländern haben institutionelle Investoren ihre Anteile am Kapital von Unternehmen stark erhöht. Die Durchsetzung des Shareholder-Value-Konzepts diente dazu, die Aufteilung der Gewinne zugunsten der Aktionäre voranzutreiben. Die damit verbundenen Gewinnerwartungen wirkten sich zunehmend auf die Unternehmensstrategien aus und erhöhten den Druck umfassende Rationalisierungen durchzusetzen (vgl. LAZONICK & O'SULLIVAN 2000; SERFATI 2008). Parallel dazu entstanden in vielen Industrien globale Oligopole. Diese relationalen Räume der Rivalität werden durch gegenseitige Abhängigkeitsverhältnisse strukturiert, die eine kleine Anzahl großer Konzerne miteinander verbinden (CHESNAIS 1997, S. 112).

Erhöhte Gewinnerwartungen, die Ansprüche der Aktionäre, der verschärfte internationale Wettbewerb und Ungewissheiten brachten die Unternehmen dazu, Risiken zu externalisieren und das fixe Kapital zu reduzieren. Das beförderte die Tendenzen zur vertikalen Desintegration, zum Outsourcing und zum Erwerb von extern hergestellten Zwischenprodukten, Komponenten, Technologien und Wissen (vgl. HENDERSON et al. 2002; GEREFFI et al. 2005).

Die chemische Synthese und ergänzend die biologische Extraktion und Fermentation boten der Industrie während rund hundert Jahren die technische Grundlage. Der Aufstieg großer diversifizierter Chemiekonzerne in Europa mit integrierten Pharmadivisionen basierte weitgehend auf diesem chemischen Paradigma (DREWS 1998). Die technologische Revolution in der Biotechnologie wurde durch eine starke Differenzierung der Technologien begleitet. Damit verbunden entstanden neue Biotechnologieunternehmen. Die großen Pharmakonzerne entwickelten seit den 1980er Jahren unterschiedliche Strategien, Medikamentenangriffspunkte, Wirkstoffkandidaten und Technologien über Kooperationen mit Biotechunternehmen zu erwerben (u.a. PISANO 2006). Trotz der Vervielfachung neuer Technologien, der gesteigerten Patentiertätigkeit und Profitabilität leidet die Pharmaindustrie unter einem Innovationsdefizit (DREWS & RYSER 1996; 1997; SCRIP 2009, S. 6). Während in den frühen 1980er Jahren noch um die 50 neue chemische Wirksubstanzen jährlich eingeführt wurden, sank diese Zahl in den 1990er Jahren auf um die 40 und bewegte sich nach 2000 sogar unter 30 (AITKEN 2009).

Im Zuge der molekularbiologischen Revolution und des Entstehens von Biotechunternehmen entstanden regionale biotechnologische Innovationssysteme. Vergleichsweise früh begannen die Basler Konzerne Ciba-Geigy, Sandoz und Hoffmann-La Roche Kooperationen mit US-amerikanischen Biotechnologieunternehmen. Dieses Engagement kombinierten sie mit dem Aufbau eigener Expertise vor allem in Basel, aber auch in New Jersey, dann in der Bay Area und San Diego und in schließlich in Boston.

Weltweit sind ein gutes Dutzend Bioscience Megacentres entstanden (COOKE 2004). Diese regionalen Innovationsarenen der Biotechnologie sind mit transatlantischen Verflechtungen und Innovationsprozessen miteinander verbunden, die von global aktiven Konzernen strukturiert werden. Wissens- und Technologieflüsse vollziehen sich also organisatorisch und geographisch extrem selektiv. Die Regionen sind Arenen spezialisierter Arbeitsmärkte, des lokalisierten Lernens und des Austausches von unkodifziertem Wissen. Die Innovationsprozesse stützen sich auf untraded interdependencies und regional konzentrierte relational assets (STORPER 1997).

Der Pharma-Biotech-Komplex hat eine spezifische Geographie angenommen. Große Pharmakonzerne und Biotechfirmen beobachten systematisch die technologische Entwicklung auf Weltebene und erwerben viel versprechende Substanzen und Technologien. Indem sie ihre Forschungszentren strategisch lokalisieren profitieren die Pharmakonzerne in Form von Wissens-Spillovers vom Wissen und der Technologiekonzentration in diesen Regionen. Gleichzeitig gestalten sie die dortigen Arbeitsmärkte und Lebensbedingungen.

4. Basel: ein global ausgerichteter Knoten in der Pharmaindustrie
Wirtschaftsentwicklung: die Industrie bleibt wichtig

Die chemische und pharmazeutische Industrie dominiert die Wirtschaft der Region Basel seit dem Zweiten Weltkrieg. Sie war die ökonomische Grundlage der langen Aufschwungsperiode vom Zweiten Weltkrieg bis Ende der 1970er Jahre, stand im Mittelpunkt der Umweltdiskussionen gegen Ende der 1980er Jahre, löste umfassende industrielle Restrukturierungsprozesse der 1990er Jahren aus und ist Ausgangspunkt des gegenwärtigen Veränderungsprozesses der regionalen Ökonomie.

Die Region Basel ist weiterhin eine Industrieregion. Die chemisch-pharmazeutische Industrie verstärkte sogar ihre Bedeutung in der Region Nordwestschweiz (Kantone Basel-Stadt, Basel-Landschaft, Bezirk Rheinfelden und Laufenburg im Aargau sowie Thierstein und Dorneck in Solothurn) (vgl. Abb. 1). Ihr Anteil an der Beschäftigung blieb in den 1980er Jahren recht stabil, sank in den 1990er Jahren bis 1998 von 13,5% auf 10% und schwankte seither um etwas über 10%. Im gleichen Zeitraum hielt sie ihren Anteil an der Wertschöpfung ständig auf rund 20% und stieg sogar auf knapp 24% in den letzten Jahren (Abb. 2).

Die gesamte Metropolitanregion Basel einschließlich der Nachbarschaftsgebiete im Elsass und Südbaden hängt in einem beträchtlichen Maße vom Erfolg der Life Science Industrien ab. Der Beitrag der Life Science Industrien (einschließlich Pharmazeutika, Agrochemie und Medizintechnologie, aber ohne Industriechemie) zum gesamten transnationalen regionalen Bruttoinlandsprodukt belief sich in der zweiten Hälfte der 2000er Jahre auf rund 16% (SCHODER 2008; ROTH 2008, S. 49).

Nach einem Jahrzehnt umfassender industrieller Restrukturierungen und schwächeren Wachstumsraten stieg die reale Bruttowertschöpfung in den Life Sciences. Mit 36.000 Beschäftigten kann die Life-Sciences-Industrie in dieser Region als die stärkste in Europa betrachtet werden. Allerdings zählt die Industrie in Boston, New Jersey, San Francisco und San Diego deutlich mehr Beschäftigte (METROBASEL 2006, S. 29; 2007, S. 6; 2008, S. 9). Die pro Arbeitsplatz erwirtschaftete Wertschöpfung in der chemisch-pharmazeutischen Industrie vervierfachte sich fast zwischen 1980 und 2009 von 91.000 CHF auf 355.000 CHF (FÜEG 2006, S. 86f.; REGIOBASILIENSIS 2010). Durch die Senkung der Arbeitskosten im Verhältnis zur erarbeiteten Wertschöpfung und die Steigerung der betrieblichen Arbeitsproduktivität gewannen die Unternehmen in der Region deutlich an Wettbewerbskraft.

Die chemische und pharmazeutische Industrie ist also weiterhin der bedeutendste Wirtschaftssektor in der Region Basel. Nun stellt sich die Frage, inwiefern die Region Basel umgekehrt auch für die großen Pharma- und Chemiekonzerne von strategischer Bedeutung ist.

Von der chemischen zur biopharmazeutischen Industrie und Basels Aufstieg im Pharma-Biotech-Komplex

Alle drei großen Konzerne unternahmen ab 1992 tiefe Einschnitte in den Personalbestand in der Region Basel und an vielen anderen wichtigen Standorten. Die Strategien mündeten in neue räumliche Konfigurationen des produktiven Apparats. Mit der Ausgliederung der Spezialitätenchemie in die neue Firma Clariant leitete Sandoz 1995 schließlich die Trennung vom Chemiegeschäft, des traditionellen Fundaments des Unternehmens, ein. Das zentrale Ereignis des Umbaus der Industrie war die Fusion von Ciba-Geigy und Sandoz zu Novartis im Jahr 1996. Die Fusion führte weltweit zum Abbau von rund 12.000 und in der Schweiz von rund 3000 Stellen.

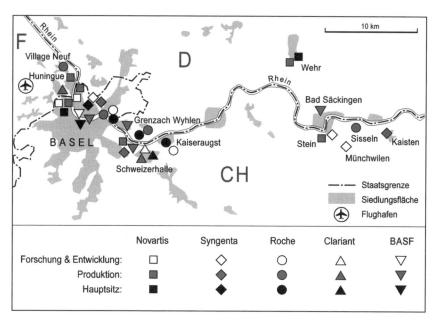

Abbildung 1: Die chemische und pharmazeutische Industrie in der Region Basel (Quelle: ZELLER 2011, überarbeitet)

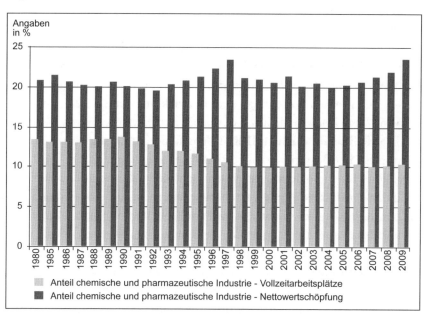

Abbildung 2: Anteil der chemischen und pharmazeutischen Industrie an den Vollarbeitsplätzen und der Netto-Wertschöpfung in der Region Nordwestschweiz (Quelle: berechnet nach Daten der Wirtschaftsstudie Nordwestschweiz vgl. FÜEG 2001; 2006; 2010)

Folgerichtig spaltete auch Novartis die Spezialitätenchemie Anfang 1997 unter dem Namen Ciba Specialty Chemicals ab. Im Jahr 2000 gliederten Novartis und der britisch-schwedische Konzern AstraZeneca ihre Agrodivisionen aus und fusionierten sie zum neuen Konzern Syngenta, der seinen Hauptsitz ebenfalls in Basel lokalisierte. In den folgenden Jahren verkaufte Novartis sukzessive das Lebensmittelgeschäft. Schließlich forcierte auch Hoffmann-La Roche die Fokussierung auf ertragreiche pharmazeutische Spezialprodukte (vor allem im Krebsbereich) und verkaufte 2003 die Vitamin-Division mit ihren großen Produktionsstätten in Region Basel (Grenzach und Sisseln) dem niederländischen Konzern DSM.

Die 1990er Jahre waren für alle Konzerne eine Periode der permanenten Umstrukturierungen. Die Reduktion der Arbeitskräfte war nur in den wenigsten Fällen ein Resultat von Produktionsverlagerungen, sondern vielmehr der umfassenden Reorganisationen und Rationalisierungen der gesamten Konzerne. Nicht selten verliefen Personalabbau und bedeutende Investitionen sogar parallel und waren gemeinsamer Ausdruck des energischen Bemühens, die pharmazeutische Industrie sich zu ‚verjüngen‘ und die Profitabilität des Kapitals substantiell wieder zu erhöhen. Im diesem Sinne entsprachen die Konzernführungen auch den Anforderungen des shareholder value-Konzepts.

Die Restrukturierungen der vergangenen zwei Jahrzehnte haben die Rolle der Region Basel als globaler Knoten der Pharmaindustrie gestärkt. Novartis und Roche betreiben in Basel weiterhin die strategisch wichtigsten und größten Forschungs- und Entwicklungszentren. Zwar hat Novartis im Mai 2002 die Leitung der neustrukturierten Novartis Institutes for BioMedical Research (NIBR) in das neue Forschungszentrum nach Cambridge bei Boston verschoben. Mittlerweile arbeiten dort 1500 Forscher und Technologieexperten. Dennoch bleibt der Standort Basel mit rund 2200 Mitarbeiterinnen und Mitarbeitern in den Forschungsabteilungen der strategisch wichtigste und am breitesten abgestützte Innovationshub des Konzerns. Zur globalen Forschungsorganisation zählen zudem über 1300 Forscher in den Zentren in East Hanover (New Jersery), Emeryville (Kalifornien), Horsham (Großbritannien) und Schanghai. Am 3. November 2009 kündigte der Konzern an, die Forschungs- und Entwicklungstätigkeiten des Novartis Institute of BioMedical Research (CNIBR) in Shanghai mit Investitionen von 1 Milliarde USD auszubauen, das damit in fünf Jahren von 160 auf 1000 Beschäftigte anwachsen soll (ZELLER 2010a). Zwei relativ kleine Forschungszentren in Wien und Tsukubua (Japan) wurden 2008 geschlossen.

Auch bei Hoffmann-La Roche sticht die Bedeutung Basels weiterhin stark hervor. Das Forschungszentrum in Basel ist die Zentrale in einem Verbund von Forschungszentren in Nutley (New Jersey), South San Francisco, Penzberg (Bayern) und seit 2004 Shanghai. In den Jahren 2008 und 2009 erwarb Roche den Biotechnologiekonzern Genentech, an dem Roche bereits seit 20 Jahren eine Mehrheitsbeteiligung gehalten hatte. Roche hält zudem einen Mehrheitsanteil am japanischen Unternehmen Chugai.

Viele weitere Forschungseinrichtungen der Universität und von Spitälern untermauern das Forschungs-, Entwicklungs- und Innovationspotential in der Region Basel. Bedeutsam sind das 1972 eröffnete Biozentrum der Universität, das früh die Fachrichtungen der jungen Molekularbiologie vereinigte und sich weiterhin auf die Grundlagenforschung konzentriert. Unmittelbar vor ihrer Fusion im Jahr 1970 gründeten Ciba und Geigy das Friedrich Miescher-Institut, das sich ebenfalls der Grundlagenforschung widmet und zugleich den Brückenschlag zur anwendungsorientierten Forschung der Unternehmen erleichtert. Im Jahre 1971 eröffnete Roche das Institut für Immunologie Basel, an dem drei Nobelpreisträger tätig waren. Im Jahr 2000 transformierte Roche dieses Institut in ein Zentrum für medizinische Genomforschung und integrierte es in die globale Forschungsorganisation des Konzerns. Das Departement Forschung des Kantonsspitals, das Schweizerische Tropeninstitut und weitere Einrichtungen vervollständigen diese einzigartige Ballung an biologischem und chemischem Wissen in der Stadt Basel.

Aber nicht nur in der Forschung, sondern vor allem in der Entwicklung zählen die in Basel lokalisierten Tätigkeiten zu den strategischen wichtigsten. Interessanterweise und entgegen dem weit verbreiteten Mythos einer Deindustrialisierung gilt das sogar für die Produktion. Roche betreibt in Basel weiterhin strategisch zentrale chemische Produktionsstätten. Der Konzern errichtete für 400 Mio. CHF eine neue Biotechnologie-Produktionsstätte in Basel, um das erfolgreiche Krebsmedikament Avastin und weitere monoklonale Antikörper mit biotechnologischen Methoden zu produzieren. Im nahen Vorort Kaiseraugst weihte Roche im Juni 2009 eine Fabrikationsstätte zur Produktion von sterilen Ampulen und Spritzen ein, die einen veralteten und beengten Bau in Basel ersetzte. Die Investitionssumme belief sich auf 300 Mio. CHF.

Ähnlich hat Novartis die chemische Produktion im stadtnahen Werk Schweizerhalle in den vergangenen zehn Jahren kontinuierlich modernisiert und erweitert. Nachdem der Konzern bereits 1999 eine für 170 Mio. CHF errichtete neue Anlage eröffnet und 2004 für 60 CHF erweitert hatte, kündigte Novartis am 28. August 2007 eine 300 Mio. CHF Investition an, um eine neue Produktionsstätte für die Wirkstoffe verschiedener Herz-Kreislauf-Medikamente zu errichten. Novartis erweiterte auch die pharmazeutische Fabrik in Stein (Aargau). Von dieser Produktionsstätte exportiert Novartis weltweit sterile Ampullen und Spritzen und lanciert ebenfalls weltweit die neu eingeführten Medikamente in Form von Tabletten und Kapseln. Diese strategisch wichtige Fabrikationsstätte mit rund 1200 Beschäftigten arbeitet auch eng mit den Entwicklungsabteilungen zusammen.

Novartis und Roche untermauern die strategische Bedeutung, die sie der Region Basel beimessen mit Investitionsprojekten, die eine umfassende städtebauliche Dimension annehmen. Novartis transformiert das gesamte Firmenareal St. Johann in einen Forschungscampus. Die erste Etappe soll 2015 abgeschlossen werden. Bis dann will Novartis mehr als 2,6 Milliarden USD für die industriellen und städtebaulichen Restrukturierungen aufwenden und die dortige Produktion an andere Standorte in der Region verlagern. Der Planungshorizont der Neugestaltung des gesamten Firmenareals reicht bis ins Jahr 2030. Roche wird das eigene Areal ebenfalls komplett umgestalten und voraussichtlich bald das höchste Gebäude der Schweiz bauen. Roche investiert 250 Millionen CHF für ein 2011 zu eröffnendes neues Zentrum für Forschungs- und Entwicklungsmethoden.

Trotz der Expansion in den USA und in China unterhalten beide Konzerne ihre größten und strategisch wichtigsten Forschungs- und Entwicklungszentren weiterhin in Basel. Wir können den Übergang zu einem international integrierten Forschungsnetzwerk und eine Integration von international operierenden Projektteams beobachten (vgl. GASSMANN & VON ZEDWITZ 1999). Aufgrund der Anforderungen an die Geschwindigkeit und Homogenität der Prozesse ist die Entwicklungsorganisation, vor allem die klinischen Studien, weit stärker zentralisiert und entspricht eher einem ‚zentralisierten Hub'.

Die Region Basel mit den Hauptsitzen sowie zentralen Forschungs- und Produktionsstätten der Pharmakonzerne Novartis, Roche und Actelion, den Chemiekonzernen Syngenta, Clariant und Lonza sowie der strategischen Niederlassung von BASF (seit der Übernahme von Ciba SC) und mit einer enormen Konzentration von lokalisiertem Wissen ist ein Ort des strategischen Kommandos über global organisierte Wertschöpfungsketten der pharmazeutischen Industrie und der Agrochemie.

Die Region Basel ist eine wichtige regionale Arena im weltweit organisierten Pharma-Biotechnologie-Komplex (ZELLER 2004; 2010b). Nur wenige andere Regionen wie Boston, die San Francisco Bay Area, San Diego,

New Jersey, das Rheinland, die Öresund-Region und Cambridge weisen eine ähnliche Dichte an chemischer und biotechnologischer Pharmaforschung auf (COOKE 2004). Einzigartig für Basel ist allerdings, dass in nächster Nähe nicht nur Hauptsitze, Forschung und Entwicklung, sondern auch Produktion konzentriert sind. Die enge räumliche Integration zentraler Tätigkeiten ermöglicht kurze Kommunikationswege und schnelle Prozesse.

5. Die industrielle Erneuerung der Region Basel: von der Chemie zur Biotechnologieregion

Die industrielle Restrukturierung beeinflusst wesentlich die Prozesse der regionalen Erneuerung. Die Konzerne prägten unbewusst und gestalteten bewusst die ökonomischen und sozialen Bedingungen in der Region Basel in ihrem Sinne (vgl. STORPER & WALKER 1989, S. 73–98). Die Region Basel ist gekennzeichnet durch eine jahrzehntealte ungleiche Symbiose zwischen der dominierenden chemischen und pharmazeutischen Industrie und verschiedenen regionalen wirtschaftlichen Akteuren. Das stürmische Wachstum nach dem 2. Weltkrieg bot Grundlage für eine stabile Wachstumskoalition wesentlicher Akteure in der Industrie (Konzerne, Gewerkschaften, Finanzwelt, regionale Zulieferer und Handwerksbetriebe). Diese blieb bis Anfang der 1980er Jahre unangetastet. Die Industrie expandierte ständig, und mit ihr saß die ganze Region im Fahrstuhl nach oben.

Der aufgrund der unbefriedigenden Profitabilität gesteigerte Druck zu umfassenden, globalen Restrukturierungen brachte die Konzerne dazu, die Wachstumskoalition in den frühen 1980er Jahren in Frage zu stellen (Verweigerung des rückwirkenden Teuerungsausgleiches im Jahr 1983) und nach einem konjunkturellen Zwischenhoch Anfang der 1990er Jahre schließlich zu brechen (Schwächung der Gewerkschaften Anfang der 1990er Jahre). In den 1980er Jahren versuchte die Umweltbewegung im Gefolge des Brandes im Werk Schweizerhalle im November 1986 eine Neugestaltung des „Gesellschaftsvertrags" mit der Industrie auszuhandeln. Doch spätestens 1990/91 wurde klar, dass die Unternehmen eine grundlegende Neuordnung der Verhältnisse anstreben. Die Industrie setzte ihren Erneuerungsprozess energisch fort, führte neue Produktionsmethoden und Technologien ein, flexibilisierte die Arbeitsbeziehungen und versuchte verstärkt neuartige Produkte zu entwickeln.

Die Novartis-Fusion löste einen zusätzlichen Veränderungsschub aus. Die Freisetzung von Arbeitskräften und die Abspaltung von Unternehmenstätigkeiten beförderte Debatten über die regionale Wirtschaftsentwicklung. Angesichts der nachholenden, aber raschen Entwicklung des Biotechnologiesektors in den USA, aber auch in Großbritannien, Skandinavien und Deutschland entbrannte in der Schweiz und in der Region Basel eine Diskussion darüber, inwiefern die Entstehung von Biotechnologieunternehmen eine Antwort auf die Restrukturierungen in der chemischen und pharmazeutischen Industrie sein kann (ARVANITIS & SCHIPS 1996). Parallel zu den Restrukturierungswellen im Gefolge der Fusion von Ciba und Sandoz zu Novartis entstanden zahlreiche Biotechnologiefirmen in der Region Basel und am Oberrhein. Von 1997 und 2006 wurden im sogenannten ‚Biovalley' in Basel und in den schweizerischen, deutschen und französischen Nachbargebieten rund 140 Biotechnologie- und Pharmaunternehmen gegründet, 30 von ihnen fokussieren sich auf die Entwicklung und Herstellung von Medikamenten (DANIEL et al. 2006, S. 14).

Die in den Jahren 1997 und 1998 gegründeten Unternehmen Actelion, Arpida, Speedel und Basilea Pharmaceutica haben mit erfolgreichen Börsengängen viel Kapital gesammelt. Actelion entwickelte sich bald zu einem international abgestützten Pharmaunternehmen, das vier Medikamente verkauft und im Juni 2011 rund 2500 Beschäftigte zählte. Viele der neuen Unternehmen konnten sich hingegen nicht durchsetzen und wurden teilweise von anderen Biotechunternehmen oder großen Konzernen übernommen.

Im Gegensatz zu den meisten neuen Biotechnologieunternehmen beispielsweise in den Regionen Boston, San Diego, Cambridge (UK), München und Zürich haben viele in der Region Basel entstanden Biotechunternehmen einen industriellen Hintergrund. Ihre Gründer konnten bereits fortgeschrittene Entwicklungsprojekte von Medikamentenkandidaten, die Novartis oder Roche aus strategischen Gründen aus ihrem Portfolio kippten, in das neue Unternehmen mitbringen. Novartis und Roche unterstützten zahlreiche erfolgversprechende Start-ups in der Region mit ihren eigenen Risikokapitalfonds, obwohl die weitaus größeren Investitionssummen in Firmen in den US-amerikanischen Biotecharenen Boston, San Francisco Bay Area und San Diego flossen.

Die großen Pharma- und Chemiekonzerne sind weiterhin, zusammen mit einigen Dienstleistungsunternehmen und dem Staat, die größten Akteure auf dem regionalen Arbeitsmarkt. Die Internationalisierung der Unternehmen zeigt sich auch vor Ort. Sie drückt sich beispielsweise in einer deutlich angewachsenen Präsenz hoch qualifizierte ausländischer Arbeitskräfte aus. Diese Entwicklung findet ihren Widerhall auch in der Bildungsinfrastruktur, beispielsweise im Wachstum internationalen Schulen für die Kinder mobiler Hochqualifizierter.

6. Schlussfolgerungen

Basel ist eine urbane Region von globaler Bedeutung in der pharmazeutischen Industrie. Im Zuge der frühen internationalen Expansion dieser Industrie hat sich die Stadt früh internationalisiert. Mit den globalen Restrukturierungen und der Entstehung eines globalen Pharma-Biotech-Komplexes hat sich auch die Stadt globalisiert. In diesem Sinne kann Basel als Globalizing City charakterisiert werden. Weniger die Einbettung der Region Basel in das nationale Städtesystem, sondern in die weltweite Pharmaindustrie sind relevant, um die wirtschaftliche Entwicklung der Stadtregion zu verstehen.

Die Restrukturierungen seit den 1990er Jahren habe die Rolle von Basel als globalisierte Pharma- und Biotechnologiearena gestärkt. Der umfassende Rationalisierungs- und Innovationsdruck sowie weitreichende organisatorische Veränderungen haben zu einer neuen Konfiguration der Industrie in der Region geführt. Sowie bisher die klassische chemisch-pharmazeutische Industrie Standortbedingungen und Arbeitsmärkte in der Region Basel in ihrem Sinne geschaffen hatte, prägt nunmehr die erneuerte, sich in eine biotechnologisch-pharmazeutische transformierte, Industrie die regionale Wirtschaft. Dieser Pfad einer geographischen Industrialisierung (STORPER & WALKER 1989) setzte sich nicht im regionalen oder nationalen Kontext durch, sondern erfolgte transnational verbunden. Relevant sind die Beziehungen zu den anderen Knoten im Pharma-Biotech-Komplex wie New Jersey, San Francisco, Boston und möglicherweise bald auch Shanghai. Die globalen Innovations- und Produktionsorganisationen der großen Konzerne sowie ihre Netzwerke mit Kooperationspartnern haben die Entwicklungspfade der verschiedenen Standortregion wirksam geprägt (vgl. ZELLER 2010a; 2010b). Die gestärkte Bedeutung der Region Basel als Knoten in der Pharma- und Biotechnologieindustrie wird durch folgende Befunde bestätigt:

Die Umstrukturierungen und Ausgliederungen der Chemie- und Agrodivisionen führten dazu, dass Basel mittlerweile Sitz von Novartis, Roche, Lonza, Clariant und Syngenta sowie einer wichtigen Niederlassung von BASF ist. Ihre Kommandofunktion hat die Rolle der Region Basel in der weltweiten Arbeitsteilung tendenziell gestärkt.

Die Region Basel wird längerfristig ein zentraler F&E-Knoten im transnational organisierten Netzwerk von Forschungs- und Innovationseinrichtungen bleiben. Die Zusammensetzung der Beschäftigten wird sich weiter internationalisieren. Die wichtigsten Abteilungen für klinische und galenische Entwicklung befinden sich ebenfalls in Basel. Diese Konzentration erweist sich angesichts angestiegenen Drucks, den Forschungs- und Entwicklungsprozess sowie die Produktion zu beschleunigen, als Standortvorteil. Die Basler Konzerne errichteten in den 1990er Jahren in verschiedenen Ländern große Produktionsstätten und die Beauftragung von Drittproduzenten zur Produktion einzelner Synthesestufen hat zugenommen. Dennoch bleiben strategisch zentrale Teile der Wirkstoff- und Medikamentenproduktion in dieser Region.

Letztlich ist die Frage, welchen Entwicklungsweg die regionale Wirtschaft einschlagen soll, eine demokratische Herausforderung. Es geht um die Frage wie viele Ressourcen für welche Entwicklungsoption mobilisiert werden wollen.

Literatur

AITKEN M. (2009), Emerging potential – industry in figures. In: World Pharmaceutical Frontiers, December 2009 / January 2010, S. 11-13.

ARVANITIS S., SCHIPS B. (1996), Lage und Perspektive der Gentechnologie in der Schweiz – eine ökonomische Analyse anhand von Firmendaten. Studie im Auftrag der Interpharma August, Konjunkturforschungsstelle Eidgenössische Technische Hochschule Zürich. Zürich.

CHESNAIS F. (1997), La mondialisation du capital (nouvelle édition augmentée). Paris.

COOKE P. (2004), The molecular biology revolution and the rise of bioscience megacentres in North America and Europe. In: Environment and Planning C: Government and Policy, 22, 2, S. 161-77.

COOKE P. (2005), Regionally asymmetric knowledge capabilities and open innovation. Exploring ‚Globalisation 2' – A new model of industry organisation. In: Research Policy, 34, 8, S. 1128-1149.

DANIEL S., RICHTER M., SIEGENFÜHR T. (2006), 10 Years Biovalley. Survey and Prospects. Network, B.-T. L. S., Technologiestiftung BioMed Freiburg, Freiburg.

DICKEN P., FORSGREN M., MALMBERG A. (1994), The Local Embeddedness of Transnational Corporations. In: AMIN A., THRIFT N. (Hrsg.), Globalization, Institutions, and Regional Development in Europe, S. 23-45. Oxford.

DREWS J. (1998), Die verspielte Zukunft: Wohin geht die Arzneimittelforschung? Basel, Boston, Berlin.

DREWS J., RYSER S. (1996), Innovation Deficit in the Pharmaceutical Industry. In: Drug Information Journal, 30, S. 97-108.

DREWS J., RYSER S. (1997), Pharmaceutical innovation between scientific opportunities and economic constraints. In: Drug Discovery Today, 2, 9, S. 365-372.

FÜEG R. (1996), Die Wirtschaftsentwicklung 1994/95 in der Region. In: REGION BASILIENSIS (Hrsg.), Regio Wirtschaftsstudie Nordwestschweiz 1994/95. S. 1-33. Basel.

FÜEG R. (2001): Die Wirtschaftsentwicklung in der Nordwestschweiz1999/2000. In: REGIO BASILIENSIS (Hrsg.): Wirtschaftsstudie Nordwestschweiz 1998/99. S. 1-76. Basel.

FÜEG R. (Hrsg.) (2006): Wirtschaftsstudie Nordwestschweiz 2005/2006. Basel.

FÜEG R. (Hrsg.) (2010): Wirtschaftsstudie Nordwestschweiz 2009/2010. Basel.

GASSMANN O., VON ZEDWITZ M. (1999), New concepts and trends in international R&D organization. In: Research Policy, 28, 2-3, S. 231-250.

GEREFFI G., HUMPHREY J., STURGEON T. (2005), The governance of global value chains. In: Review of International Political Economy, 12, 1, S. 78–104.

HENDERSON J., DICKEN P., HESS M., COE N., WAI-CHUNG YEUNG H. (2002), Global production networks and the analysis of economic development. In: Review of International Political Economy, 9, 3, S. 436-464.

KRÄTKE S. (2007), The metropolization of the European urban system in the era of globalization. In: TAYLOR P., et al. (Hrsg.), Cities in Globalization. Practices, policies and theories. S. 157-83. London.

LAZONICK W., O'SULLIVAN M. (2000), Maximizing shareholder value: a new ideology for corporate governance. In: Economy and Society, 29, 1, S. 13-35.

MARCUSE P., VAN KEMPEN R. (Hrsg) (2000), Globalising cities: a new spatial order. Oxford.

MARKUSEN A. (1994), Studying Regions by Studying Firms. In: Professional Geographer, 46, 4, S. 477-490.

METROBASEL (2006), Die Vision 2020. metrobasel report 2006 12. Dezember 2006, BAK Basel Economics. Basel.

METROBASEL (2007), Quality of life. First-ever comparison of the Basel Metropolitan Region with fifteen other locations, BAK Basel Economics. Basel.

METROBASEL (2008), metropolitan Switzerland Basel, Geneva and Zurich want to achieve a bigger impact by acting together, BAK Basel Economics. Basel.

PISANO G. (2006), Science Business – The Promise, the Reality, and the Future of Biotech. Boston.

REGIO BASILIENSIS (2010), Regio Wirtschaftsstudie Nordwestschweiz: Wertschöpfung, Arbeitsplätze 2008-2010. Basel. (wsnwch.borisat.ch/pdf/d_archiv1.pdf; Abruf am 21.10.2011)

ROTH U. (2008), Region Basel – Pharma-Metropole am Tor der Schweiz. In: Die Volkswirtschaft, 11, S. 47-51.

ROZENBLAT C., PUMAIN D. (2007), Firm linkages, innovation and the evolution of urban systems. In: TAYLOR P., et al. (Hrsg.), Cities in Globalization. Practices, policies and theories. S. 130–56. London.

SCHODER T. (2008), Der metrobasel regionen monitor: Metrobasel and BAK Basel Economics. 2. Juni 2008. (Abruf am 10.5.2011)

SCRIP (2009), NAS in 2008: pharma industry productivity rallies, Scrip, 3434, February 27th., S. 6-7.

SERFATI C. (2008), Financial Dimensions of Transnational Corporation, Value Chain and Technological Innovation. In: Journal of Innovation Economics, 2, S. 35-61.

STORPER M. (1997), The Regional World. Territorial Development in a Global Economy. New York, London.

STORPER M., WALKER R. (1989), The Capitalist Imperative. Territory, Technology, and Industrial Growth. NewYork.

ZELLER C. (2001), Globalisierungsstrategien – Der Weg von Novartis. Berlin, New York.

ZELLER C. (2004), North Atlantic innovative relations of Swiss pharmaceuticals and the importance of regional biotech arenas. In: Economic Geography, 80, 1, S. 83-111.

ZELLER C. (2010a), Die ungleiche Expansion der Pharmaindustrie: Globale Warenketten und der Aufstieg Indien und Chinas. In: FISCHER K., et al. (Hrsg.), Globale Güterketten. Weltweite Arbeitsteilung und ungleiche Entwicklung (=Historische Sozialkunde/Internationale Entwicklung 29). S. 221-45. Wien.

ZELLER C. (2010b), The pharma-biotech-complex and interconnected regional innovation arenas. In: Urban Studies, 47, 13, S. 2867-2894.

SUSANNE HEEG

ÖKONOMISCHER STRUKTURWANDEL UND STADTENTWICKLUNG IN EUROPA

Einleitung

Wir sind daran gewöhnt, dass Städte in ihrer räumlichen und ökonomischen Infrastruktur vorhanden sind und sich kaum verändern. Auf unseren tagtäglichen Wegen durch Städte nehmen wir wie selbstverständlich vorweg, dass Städte in ihrer Struktur stabil sind und „so sind wie sie sind". Tatsächlich sind Städte aber historisch gesehen nicht nur „einfach so" da, sondern wurden und werden tagtäglich auf's Neue gemacht.

Dieses „Gemacht-sein" von Stadt lässt sich dann am Besten erkennen, wenn tiefgreifende Änderungen erfolgen, die wirtschafts- und sozialräumliche Strukturen – und deren Verständnis – weitgehend transformieren. Allein wenn wir Entwicklungen seit Beginn des 20. Jahrhundert in den Blick nehmen, dann wird deutlich, dass das europäische Städtesystem von weitreichenden Veränderungen geprägt wurde, die eine zeitlich versetzte Industrialisierung und Deindustrialisierung sowie die Entwicklung neuer wissensintensiver und kreativer Wirtschaftsstrukturen umfassen und mit Neubewertungen von Städten und städtischen Räumen einhergehen. Diese ökonomischen Veränderungen und ihre Auswirkungen auf städtische Räume sind das Thema des folgenden Beitrags.

Grundsätzlich sind stadtökonomische Restrukturierungen nicht allein auf stadtinterne Bedingungen zurückführen, sondern hängen mit politischen und ökonomischen Veränderungen auf unterschiedlichen Maßstabsebenen zusammen. Die europäische Integration, die Durchsetzung neoliberaler Politikmuster, die verschiedenen Runden zur Liberalisierung des Welthandels, weltweite Restrukturierungen von Unternehmen etc. haben zusehends ökonomische Handlungskontexte und damit Städte ab den 1980er Jahren neu geordnet. Städtische Restrukturierungen dürfen aber ebenso wenig als Reflex externer Entwicklungen gesehen werden. Vielmehr sind städtische Entwicklungen auch das Ergebnis politischer Auseinandersetzungen in Städten über den „richtigen Weg" zu erfolgreichen Anpassungen an globale Veränderungen.

Im folgenden Beitrag soll idealtypisch der ökonomische und wirtschaftspolitische Entwicklungsverlauf von Städten nachgezeichnet werden[1]. „Idealtypisch" bedeutet, dass ungeachtet nationaler Entwicklungslinien und zeitlicher Verläufe versucht wird, städtische Entwicklungsmodi zu fassen. Dazu wird auf das sich ergänzende, widersprüchliche und brüchige Verhältnis von Politik und Ökonomie in Städten Bezug genommen, in und durch das ökonomische Stadträume bzw. Städte gestaltet und gemacht werden. Es soll dabei ein Blick auf verschiedene Epochen stadtökonomischer Entwicklung geworfen werden, die das Ergebnis wirtschaftlicher Restrukturierung und Deregulierung im späten 20. Jahrhundert sind. Es handelt sich dabei um Phasen, die an die Deindustrialisierungsprozesse in den europäischen Städten anschließen. Ab den 1980er Jahren wurde insbesondere in den westeuropäischen Städten versucht, eine postindustrielle Wirtschaftsstruktur aufzubauen. Im späteren Verlauf gab es noch weitere entscheidende wirtschaftspolitische Wendungen, die in einer Internationalisierung der Wirtschaftsstrukturen sowie in der Förderung von kreativen Industrien bestehen.

Im Folgenden soll zunächst ein Blick auf die Veränderung des Stadtverständnisses in stadtökonomischen Diskussionen geworfen werden. Diese Theorien und Konzeptionen, die die Wahrnehmung von Städten prägten, sind der Ausgangspunkt für die daran anschließende Darstellung der Suche nach wirtschaftspolitischen Antworten auf die städtische Krise. Städte sind gegenwärtig keine unhinterfragten, selbstverständlich vorausgesetzten Wachstumsmaschinen mehr, sondern sie erfordern unablässige Bemühungen zu ihrer Gestaltung. Die verschiedenen Phasen, in denen unterschiedliche Antworten gesucht und propagiert wurden, werden im Anschluss daran dargestellt. Damit gehen verschiedene Neuerfindungen von städtischen Ökonomien einher.

---

1   Historische Rückblicke zeigen, dass europäische Städte sich nicht im Gleichklang entwickelt haben. Die Verstädterung in Ländern wie Deutschland, Belgien oder Großbritannien ist maßgeblich auf die Entwicklung der Industrie zurückzuführen, während die Verstädterung in Spanien, Portugal oder Griechenland im 19. sowie weite Teile des 20. Jahrhunderts auf der Zuweisung nationalstaatlicher, politischer und administrativer Zentralfunktionen basierte (LENGER 2009, S. 22). Erst relativ spät, d.h. in der zweiten Hälfte des 20. Jahrhunderts erfolgte auch in diesen Ländern eine Verstädterung, die stärker auf Industrialisierungsprozessen beruht. Im Kontext des Zusammenbruchs des Realsozialismus und der Transformation Osteuropas lassen sich auch in diesen Ländern Entwicklungen in der Stadtökonomie identifizieren, die inzwischen auf größere Parallelitäten in den ökonomischen Entwicklungspfaden schließen lassen.

1. Städte als Wachstumsmaschinen?

Bis in die 1970er Jahre waren die klassischen Vorstellungen zum ökonomischen Entwicklungsverlauf von Städten von stabilen Wachstumsvorstellungen geprägt. Seit der Urbanisierung verband sich mit der Entwicklung von Städten die Vorstellung eines ökonomischen, baulichen, räumlichen und demographischen Wachstums, das in der Dynamik von innen nach außen wirkte (FÜRST 1977, S. 5f.; FRIEDRICHS 1977; HUTTON 2008, S. 1). Verstädterung bedeutete in diesem Zusammenhang, dass sich immer neue Unternehmen aufgrund der Agglomerations-, Produktivitäts-, Versorgungs- und Informationsvorteile in Städten ansiedeln[2]. Auch für Arbeitnehmer gilt demnach eine hohe Attraktivität von Städten, die vor allem in der Vielfalt von Arbeitsmöglichkeiten begründet liegt. Dieser Entwicklungsprozess schließt das Scheitern einzelner Unternehmen nicht aus. Vielmehr hängen das Scheitern einzelner Unternehmen und städtisches Wachstum intrinsisch zusammen. Das Scheitern einzelner Unternehmen ergibt sich aus der Annahme eines ungebrochenen städtischen Wachstums, das ökonomisch schwächere Unternehmen aufgrund steigender Bodenpreise und Arbeitskosten verdrängt. Gesättigt von historischen Erfahrungen, die bis in die 1970er Jahre mit der Ausnahme von Kriegszeiten bestätigt wurden, wurde davon ausgegangen, dass der dominante stadtökonomische Entwicklungsverlauf eine gewisse Gesetzmäßigkeit beinhaltet, wonach eine Verlagerung von Arbeitsplätzen ins städtische Umland von jenen Unternehmen vorgenommen wurde, die entweder die innerstädtischen Bodenpreise nicht mehr zahlen wollten bzw. konnten oder die bei Wachstum an ihren innerstädtischen Standorten an räumliche Grenzen stießen. In diesem Zusammenhang wurde die Verlagerung von Arbeitsplätzen bzw. der Abbau von Unternehmen nicht negativ bewertet, sondern war vielmehr ein Beweis für eine ausgeprägte stadtökonomische Dynamik: Wachstum wurde mit räumlicher Expansion verbunden, die sich in einem erweiterten Standortgefüge ausdrückte (FÜRST 1977, S. 11ff.). Dahinter steht ungeachtet wirtschaftlicher Zyklen die Erfahrung eines stetigen Wachstumsprozesses, der eine unablässige Verstädterung und Integration des Umlandes in die Stadtentwicklung begünstigte.

Dieses Bild wurde erst gegen Ende der 1970er Jahre aufgebrochen. Mit der Studie von Barry BLUESTONE und Bennett HARRISON (1982) über

---

2   Dieses Verständnis spiegelt sich in verschiedenen stadtökonomischen und raumwirtschaftlichen (Entwicklungs-) Theorien der Zeit wider. Beispiele hierfür sind die Export-Basis-Theorie, Wachstumspoltheorie oder der Ansatz zur kumulativen Wirtschaftsentwicklung (vgl. DICKEN & LLOYD 1999; SCHÄTZL 1998).

städtische Deindustrialisierungsprozesse in den USA wurde das erste Mal wissenschaftlich umfangreich auf Arbeitsplatz- und Bewohnerverluste in Städten hingewiesen. Infolge dieser Thematisierung wandelte sich das Verständnis von Städten als Wachstumsmaschinen zu einem als notleidende Orte. Auch in Europa lassen sich ab den 1980er Jahren verstärkte Auseinandersetzungen mit Deindustrialisierungsprozessen und ihren Folgen beobachten (z.B. HÄUSSERMANN & SIEBEL 1986; 1987; LÄPPLE 1986; HARLOE et al. 1990; MOULAERT et al. 1988; HUDSON 1997; GIUNTA & MARTINELLI 1995; KRÄTKE 1991). In diesen Studien wurde vor allem der räumlich selektive Charakter wirtschaftlicher Restrukturierungsprozesse hervorgehoben. Demnach betraf die wirtschaftliche Krise, die sich in Produktionsreorganisation, Beschäftigungsabbau, Firmenschließungen und Desinvestitionen in die gebaute Umwelt ausdrückte, vor allem altindustrialisierte Städte. In diesen Städten dominierte mit Bergbau, Werft-, Eisen- und Stahlindustrie häufig eine spezifische Branchenstruktur mit der der Wandel ursächlich in Verbindung gebracht wurde. Im weltweiten Wettbewerb erwiesen sich diese Industrien nicht mehr als wettbewerbsfähig und unterlagen in der Folge einem weitreichenden Umbau. Abnehmende wirtschaftliche Wachstumsraten und eine steigende Arbeitslosigkeit waren nicht mehr wie bisher nur in strukturschwachen, ländlichen Regionen zu finden, sondern auch in altindustriell geprägten Städten. Bei der Analyse europäischer Raummuster wurde in der Folge auf ein Süd-Nord-Gefälle als räumliche Metapher für die Differenz zwischen altindustriellen und anderen Regionen europäischer Länder hingewiesen. Die Differenz bestand vor allem in der unterschiedlichen wirtschaftlichen Leistungsfähigkeit und Beschäftigungsstruktur der Städte in den altindustriellen Regionen (KRÄTKE et al. 1997). Ein Beispiel hierfür ist das Ruhrgebiet, das sich von seinen Ursprüngen als Motor der deutschen Wirtschaft ab den 1970er Jahren zur deutschen Problemregion entwickelte. Wurde noch in den Anfängen bzw. in der Nachkriegszeit die Dynamik und Geschäftigkeit des Ruhrgebietes betont, so dominierte spätestens ab den 1980er Jahren ein Bild vom Ruhrgebiet als abgehängtem, wirtschaftlich niedergehendem Gebiet (HÄUSSERMANN & SIEBEL 1987, S. 88ff. sowie 111ff.).

Diese Situation betraf aber nicht nur alte Industrie- und Montanstädte, sondern es zeigte sich vielmehr im Verlauf der 1980er Jahre, dass sich in vielen wirtschaftlichen Zentren krisenhafte Entwicklungen bemerkbar machten, die mit dem Ende des fordistischen Entwicklungspfades in Verbindung stehen. Wirtschaftliche Restrukturierungen bedeuteten tatsächlich einen Kollaps großer Teile der Industrie in kernstädtischen Bereichen. Die damit einhergehende Abwanderung bzw. das Desinvestment führte zu langen Jahren des Niedergangs der Kernstädte. Für viele Städte kam es wie ein Schock, dass Industrieunternehmen die Produktion räumlich verlagerten, neue Produktionsmethoden einsetzten und nicht selten Druck auf die Arbeitsbedingungen und -löhne ausübten ohne dass dies mit anderweitigen Wachstumsprozessen einher ging (CHRISTOPHERSON 2004, S. 487). Bereits Anfang der 1980er Jahre zeigten sich deutliche räumliche Entwicklungsmuster, die auf einen starken Abbau industrieller Beschäftigung in den Kernstädten und zu einem geringeren Abbau bzw. gemäßigten Wachstumszahlen an den städtischen Rändern hinwiesen (HÄUSSERMANN & SIEBEL 1986). In der gebauten Umwelt der Städte konnten diese Entwicklungen abgelesen werden: Deindustrialisierung bedeutete brachliegende Industrieareale in der Kernstadt; mit dem Verlust von Arbeitsplätzen und der Abwanderung von Bevölkerung wurden Investitionen in die gebaute Umwelt ausgesetzt. Die Innenstädte mancher Städte wie Liverpool, Manchester, Duisburg, Turin, Lüttich etc. spiegelten diese Vernachlässigung baulich wider.

Diese Entwicklungen wurden im Modell der städtischen Entwicklungsphasen verallgemeinert (FRIEDRICHS 1997). Demnach ist die Stadtentwicklung Europas sowie Nordamerikas von mehreren Phasen gekennzeichnet, die eine Verschiebung in der ökonomischen Leistungsfähigkeit und Bevölkerungsentwicklung zwischen Kernstadt und Umland beinhalten (Abb.1).

Während in der ersten Phase der „Industrialisierung" ausschließlich die Kernstadt aufgrund der sich ansiedelnden Industrie wächst, wachsen in der zweiten Phase der „Suburbanisierung" sowohl die Kernstadt wie auch das Umland. In der dritten Phase der „Desurbanisierung" wächst nur noch das Umland, wodurch in der Summe die Stadtregionen, bestehend aus Kernstadt und Umland, an Bevölkerung, Arbeitsplätzen und Unternehmen verlieren. Diese Phasenbeschreibung ist das Ergebnis der Erfahrung von wirtschaftlicher und demographischer Stagnation bzw. Niedergang in Städten und Stadtregionen Europas. Nach langen Phasen, in denen Stadt und Wachstum ein untrennbares Begriffspaar waren, stand die Stadt nun für Niedergang. Um die Darstellung der Städtephasen aber vollständig zu machen, sei noch auf die letzte Phase der „Reurbanisierung" hingewiesen. In dieser Phase sollen Bevölkerung und Wirtschaftskraft der Kernstadt wieder wachsen. Darauf wird in einem späteren Abschnitt eingegangen. Es sei nur bereits im Vorfeld darauf hingewiesen, dass die Bevölkerung und die Unternehmen, die sich gemäß dem Stadtentwicklungsmodell wieder in den Städten ansiedelten, in der Struktur nicht mehr der der Industriestadt entsprachen.

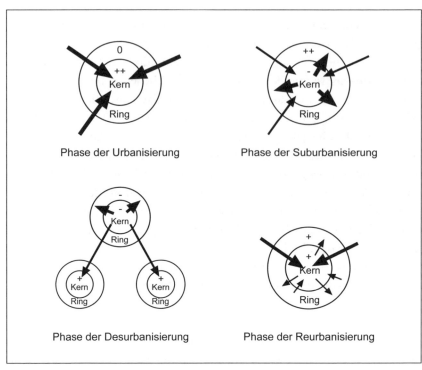

Abb. 1: *Phasenmodel der Stadtentwicklung (Quelle:* MAIER & TÖDTLING
2006 und Erweiterung um Phase der Reurbanisierung von Autorin)

3. Städte als Dienstleistungsmotoren?

In der Zeit der absoluten Beschäftigungsverluste im verarbeitenden
Gewerbe bestand der einzige Hoffnungsschimmer im Dienstleistungssektor. Denn die einzigen Bereiche, in denen die Beschäftigung sowohl im
nationalen als auch im städtischen Rahmen wuchs, war der Bereich der
unternehmens- sowie haushaltsorientierten Dienstleistungen (BADE 1990;
HÄUSSERMANN & SIEBEL 1987, S. 57; DANIELS 1985a; 1985b). Bereits
Anfang der 1970er Jahre verwies Daniel BELL (1975) auf einen Wandel
von der Industrie- zu einer Wissens- bzw. Dienstleistungsgesellschaft in den
westlichen Industrieländern, der mit einer konsequenten Steigerung der
Produktivität in Zusammenhang gebracht wurde. Bell verband die Dienstleistungsgesellschaft mit der Wirkung von Forschung und Entwicklung,
d.h. mit der hohen Bedeutung von Wissen für die gesellschaftliche Entwicklung[3]. Peter DANIELS (1985a) richtete die Aufmerksamkeit zusätzlich

---

3   „Das Konzept der ‚nachindustriellen Gesellschaft' betont die zentrale Stellung des the-
    oretischen Wissens als Achse, um die sich die neuen Technologien, das Wirtschafts-

noch auf einen Zusammenhang von zunehmender Produktivität und steigenden Einkommen in der Nachkriegsgesellschaft. Steigende Einkommen würden es demnach erlauben, einen größeren Anteil von Einkommen auf Dienstleistungsgüter zu verwenden, wodurch in der Folge sowohl die Nachfrage nach Dienstleistungsprodukten als auch die Dienstleistungsbeschäftigung wachsen würden.

Andere Autoren wie FAINSTEIN et al. (1992) oder LEBORGNE und LIPIETZ (1994) ergänzten die Argumente mit einer Analyse von Veränderungen in der Organisation von Unternehmen. Demnach stellten eine zunehmende wirtschaftliche Konkurrenz, ein Rückgang der Nachfrage nach Massengütern und eine Fragmentierung des Marktes die fordistische Massenproduktion in Frage. In dieser Situation sahen sich Unternehmen gezwungen, die Produktionsprozesse zu reorganisieren und/oder sich wirtschaftlich zu globalisieren. „Reorganisation" beinhaltete, dass Unternehmen auf die Herausforderungen reagierten, indem sie ihre hierarchische Unternehmensorganisation aufbrachen und vorher unternehmensintern erbrachte Leistungen zunehmend von außen bezogen (LÄPPLE 1986; PIORE & SABEL 1985; STORPER & SCOTT 1990). Der marktvermittelte Bezug von spezialisierten Leistungen machte es demnach vielen Industrieunternehmen möglich, die gestiegene Komplexität des gesamtbetrieblichen Produktionsprozesses zu reduzieren, die technologischen Anforderungen zu bewältigen, Produktions-, Produkt- und Entwicklungsperspektive einzukaufen, die im eigenen Haus nicht oder nur kostenintensiv geleistet werden konnte und schlussendlich die wirtschaftlichen Risiken auf weitere Unternehmen zu verteilen. „Globalisierung" beinhaltct, dass Unternehmen ihre Produktion im globalen Maßstab reorganisierten. Es erfolgte demnach eine partielle Verlagerung der Produktion, unter anderem um die Produktionskosten zu senken und/oder um neue Märkte zu entwickeln. Dies trug dazu bei, dass der Koordinations- und Managementaufwand in den Unternehmen stark zunahm.

Beide Entwicklungen – Reorganisation und Globalisierung – bewirkten gestiegene Anforderungen an die Organisation des Produktionsprozesses, der Unternehmensstrukturen und Wertschöpfungskette. Der daraus resultierende Bedarf nach strategischem Wissen schlug sich im Zuge wirtschaftlicher Ausdifferenzierungen in einer Zunahme von unternehmensorientierten Dienstleistungsunternehmen und -beschäftigten in Bereichen wie Finanz-, Rechts- und Sicherheitsdienstleistungen, Werbung, Design, Wirtschafts-

wachstum und die Schichtung der Gesellschaft organisieren." (BELL 1975, S. 112) prüfer, Logistik und Consulting nieder (Bade 1990; Fainstein et al. 1992). Die Beschäftigung und Unternehmen wiesen dabei eine spezifische städtische bzw. großstädtische Standortstruktur auf. Über alle Raumtypen hinweg nahm zwar die Zahl der Dienstleistungsbeschäftigten relativ zu, aber absolut betrachtet war die Zunahme in Städten am höchsten. Dennoch ist zu beachten, dass die Städte in Westeuropa in den 1980er Jahren durch eine Abnahme von Beschäftigung geprägt waren, die sich aus einem negativen Saldo von abnehmender Industrie- und wachsender Dienstleistungsbeschäftigung ergab (Bade 1990).

Die Verschiebung von Industrie zum Dienstleistungssektor lässt sich als ein grundlegendes Kennzeichen von Städten bezeichnen, aber diese Veränderungen erfolgten weder in Städten noch zwischen Städte gleichmäßig (Heeg 2001). So wandelten sich mit der Deindustrialisierung in den 1970er und 1980er Jahren vor allem innerstädtische Industriestandorte zu Problembezirken, während der kernstädtische Central Business District als Standort hochwertiger Dienstleistungen allmählich an Bedeutung gewann. Auch zwischen Städten überwiegen nach wie vor Differenzen statt Ähnlichkeiten. Während in Finanzzentren wie Frankfurt, Zürich, Amsterdam etc. Finanzdienstleistungen große Bedeutung haben, so dominieren in anderen Städten wie Stuttgart oder Grenoble unter anderem Ingenieursdienstleistungen, technische Dienste, F&E, also Dienstleistungen, die auf den Produktionsprozess ausgerichtet sind. Sowohl finanz- als auch produktionsorientierte Dienstleistungen lassen sich als wissensintensiv bezeichnen und stellen damit einen Teilbereich der unternehmensorientierten Dienstleistungen dar, wenngleich mit unterschiedlicher Angebotsstruktur (Strambach 1999). Für den Zusammenhang hier ist wichtig, dass der Übergang zur Dienstleistungsstadt somit keine homogen und räumlich konform verlaufende Transformation ist.

4. Städte als internationale Arenen?

Die Veränderungen des stadtökonomischen Gewichts in Richtung des Dienstleistungssektors trugen dazu bei, dass sich stadtentwicklungspolitische Hoffnungen stark auf diesen Sektor konzentrierten. In der Mehrzahl europäischer Städte wird seit den 1980er Jahren versucht, städtische Potenziale zu mobilisieren, um für Dienstleistungsunternehmen und -beschäftigte attraktiv zu sein. Ziel ist es zum einen, Unternehmen optimale Ansiedlungsbedingungen zu gewähren, indem Hilfen und finanzielle Unterstützung bei der Ansiedlung bzw. Erweiterung geboten werden, die Errichtung von Büroprojekten zu unterstützen und den städtischen Raum zum Markenprodukt umzugestalten. Zum anderen wird versucht, der neuen Dienstleistungselite ein entsprechendes Freizeit- und Konsumangebot zu eröffnen, wozu die Erzeugung städtischer Champagner-und-Trüffel-Umwelten gehört (HÄUSSERMANN & SIEBEL 1987). Städte werden zu exklusiven Lebensräumen umgebaut, in denen mit Sicherheitsstrategien abgesichert unbeschwerter Konsum und Genuss möglich sein soll (BELINA & HELMS 2003). Ein weiterer Bestandteil dieser Strategie ist die Festivalisierung von Städten: um den Erlebnischarakter und das Image einer Stadt zu stärken werden städtebauliche und architektonische Großprojekte forciert sowie Veranstaltungen mit internationaler Ausrichtung wie Expos, Olympische Spiele etc. abgehalten (HÄUSSERMANN & SIEBEL 1993; vgl. HATZ in diesem Band).

Während Städte in den 1980er Jahren unter dem Eindruck von Deindustrialisierungswellen als Orte der Dienstleistungsindustrie neu erfunden wurden, so wurde diese tertiäre Ausrichtung in den 1990er Jahren international gewendet. Mit Hinweis auf globale Veränderungen wie die Transformation der osteuropäischen Staaten, die Liberalisierung von Weltmärkten etc. wurde versucht, Städte zu Arenen von internationalen Unternehmen, Kunden und Bewohnern zu machen (vgl. KULKE in diesem Band). Nicht alle Städte profitierten in gleicher Weise von der Entwicklung des Dienstleistungssektors, aber in allen Städten wurde versucht, den Willen zur Transformation deutlich zu machen, indem im Marketing die internationale Ausrichtung der städtischen Dienstleistungsstruktur betont wurde. Große Unternehmen wurden und werden seitdem in die Stadtpolitik eingebunden, um diese als Werbeträger für eine weitere tertiäre Entwicklung zu nutzen.

Forciert wurden diese Diskussionen mit Beginn der Debatte um Global und World Cities (FRIEDMANN & WOLFF 1982; SASSEN 1991), in der global orientierte Städte wie New York City, London, Paris, Frankfurt etc. als Kommandozentralen der Weltwirtschaft präsentiert wurden. Diese Debatte stellt einen Ansatzpunkt für eine veränderte Ausrichtung der Stadtentwicklung dar, obgleich die Debatte von ihren Autoren nur auf wenige Referenzstädte begrenzt wurde[4]. Obwohl also viele Städte nicht zum illustren Kreis der Global und World Cities gezählt wurden, wurde in vielen Städte versucht, die Entwicklung hin zu einer Stadt mit globaler, nationaler

---

4   Insbesondere Saskia Sassen betonte im Unterschied zu World City Autoren wie FRIEDMANN & WOLFF (1982) oder Peter TAYLOR (2004) lange Zeit nur New York, London und Tokyo als Referenzstädte.

oder wenigstens regionaler Bedeutung zu gestalten. Dazu gehört eine hohe Wertschätzung von global players des Dienstleistungssektors, die als Aushängeschild der internationalen Ausrichtung einer Stadt gewonnen und gehalten werden sollen. Ein Bestandteil dessen ist aber auch, Saskia Sassen als Vortragende zu gewinnen, um von ihrem internationalen Renommee zu profitieren sowie von ihr Einsichten über einen gelungenen Weg zur Dienstleistungsmetropole zu erhalten. Sassen, die in den vergangenen zwei Jahrzehnten in unzähligen Städten eingeladen wurde – u.a. Leipzig, Hamburg, Frankfurt, Paris, Linz, Sevilla, Lissabon, Göteborg, Kopenhagen etc. – wird als Signal eingesetzt, um die internationale Reputation einer Stadt deutlich zu machen. Unabhängig von der Breite an wissenschaftlichen Standpunkten und Themen[5], die Sassen bei ihren Vorträgen zeigt, steht hinter ihrer Einladung der Versuch, die jeweiligen Städte als Dienstleistungszentren bzw. international bedeutsame Drehscheiben zu verankern: Ziel ist es, die stadtökonomische Geschichte neu bzw. anders zu schreiben. Ähnlich wie New York City oder London in den 1980er und 1990er Jahren die Transformation vom Hot Spot der Deindustrialisierung zum Zentrum der Weltwirtschaft bewältigt haben, soll auch in anderen Städte ein Strukturwandel möglich werden.

Wie Stefan KRÄTKE (2007) hervorgehoben hat, sind diese Entwicklungen mit einer „Metropolisierung" der wirtschaftlichen Entwicklungs- und Innovationspotenziale im europäischen Wirtschaftsraum verbunden. Es ist eine selektive Konzentration von wissensintensiven Wirtschaftsaktivitäten auf vergleichsweise wenige Großstadtregionen zu erkennen. Dabei zeichnen sich die Großstadtregionen und Metropolräume Europas durch unterschiedliche Profile bzw. spezifische Branchenschwerpunkte der wissensintensiven Wirtschaftsaktivitäten aus. Eine Kontingenz der regional- und stadtökonomischen Entwicklungen ist dabei zu erkennen.

5. Die Internationalisierung des Immobilienmarktes

Ein Hebel für anvisierte ökonomische Umstrukturierungen wird seit den späten 1980er Jahren in der städtischen Flächenpolitik gesehen (HEEG 2003). Neugründungen sowie Expansion des flächenintensiv produzierenden Gewerbes wurden und werden in vielen Städten in innerstädtischen Bereichen nicht mehr zugelassen, sondern Betriebsansiedlungen

---

5 Insbesondere in den letzten Jahren beweist Saskia Sassen ein breites Spektrum an Themen, dass über Global Cities hinaus noch Migration, Ausgrenzung, staatliche Veränderungen etc. umfasst.

und -verlagerungen am städtischen Rand unterstützt. Die Ursachen liegen in den faktisch begrenzten Expansionsmöglichkeiten, den hohen Grundstückskosten, Umweltschutzauflagen und verkehrlichen Problemen, die mit den industriellen Nutzungen verbunden werden (WENTZ 1991, S. 107), aber auch im Bestreben, Flächen für Dienstleistungsnutzungen und neue städtische Bewohner frei zu halten. Tatsächlich sind Veränderungen von wirtschaftlichen Standortmustern in Städten auf ein komplexes Ursachengefüge zurückzuführen, das in veränderten stadtpolitischen Ansätzen, neuen Unternehmens- und Standortstrukturen von Industrie und Dienstleistungen sowie in Entwicklungen auf dem Bodenmarkt besteht. Das Zusammenspiel von Bodenmarkt und Planungsvorgaben stellt allerdings einen zentralen Katalysator für Veränderungen dar (vgl. GUILLIAMS & HALLEUX in diesem Band).

Anfang der 1990er Jahre erklärt der damalige Frankfurter Stadtplanungsdezernent Martin Wentz die radikalen Umschichtungen der Wirtschafts- und Beschäftigungsstrukturen mit dem Preisgefüge auf dem städtischen Bodenmarkt (WENTZ 1991). Als ob das Preisgefüge ein Ergebnis eines freien Spiels von Angebot und Nachfrage auf dem Bodenmarkt wäre, wird ohne den Beitrag der Planung dazu zu erläutern erklärt: „[...] während sich bei gewerblichen Bauflächen der Index in den letzten 20 Jahren gerade verdreifacht hat, ist bei Büroflächen in guter Lage der Index auf das Zwölffache gestiegen." (WENTZ 1991, S. 108). In Frankfurt – ähnlich wie in anderen Städten – wurde argumentiert, dass die Nachfrage nach Büroflächen in der bisherigen Größenordnung weiter ansteigen und im Interesse der wirtschaftlichen Entwicklung der Stadt befriedigt werden müsse (WENTZ 1991). Tatsächlich wurde weniger passiv eine Entwicklung nachvollzogen als dass die Entwicklung zur Dienstleistungsmetropole mit Planungsinterventionen erst möglich gemacht wurde. Planungsvorgaben wie die Ausweisung von Flächen für Hochhäuser und andere Büroprojekte – als bauliche und infrastrukturelle Hüllen der Dienstleistungsunternehmen – waren und sind ein wichtiger Impulsgeber für Bodenwertsteigerungen. Industrieunternehmen wurden dadurch entweder aus innerstädtischen Lagen vertrieben oder sie nutzen die Gelegenheit zur Versilberung ihrer eigenen Standorte. Insgesamt beschleunigten die planerischen Vorgaben den Übergang zu Städten als Dienstleistungsstandorten.

Auch in anderen Städten wie Wien oder London erfolgte in den 1990er Jahren eine Ermöglichung von Büroprojekten in innerstädtischen Lagen – mit entsprechenden Folgen für die Bodenmärkte (vgl. GRUBBAUER 2010; SEISS 2008 für Wien und PRYKE 1991; 1994 sowie LIZIERI et al.

2000 für London). In der Regel wurden Standorte für Hochhäuser und gehobene Wohnprojekte ausgewiesen. Insgesamt war die Entwicklung von Büro-, Wohn- und Einzelhandelsprojekten im Fokus vieler Städte. Ziel war die Entwicklung von kombinierten Arbeits- und Konsumwelten, die den erfolgreich bewältigten Übergang zu einer postindustriellen Stadtlandschaft anzeigen sollten (DE FRANTZ 2005).

6. Städte als kreative Laboratorien?

In den 1990er Jahren kam das Wachstum der Dienstleistungsbeschäftigung allmählich zum Ende. Fusionen und Übernahmen im industriellen und Dienstleistungssektor erlebten im Zuge der ersten Wellen von Liberalisierungen und Marktöffnungen ein Nachkriegszwischenhoch (HUTTON 2008, S. 8ff.) mit entsprechenden Folgen für die Nachfrage nach Dienstleistungen und Bürobeschäftigung. Konzentrationstendenzen in wichtigen Dienstleistungsbereichen wie Einzelhandel, Banken, Versicherungen, Consultingunternehmen, Sicherheitsdienstleistungen etc. ermöglichten Skaleneffekte und damit eine gestiegene Produktivität. Gleiches gilt für die Verdichtung und Intensivierung der Arbeit. Anders als in den 1980er Jahren ging jedoch die Erhöhung der einzelbetrieblichen Produktivität nicht mehr notwendigerweise mit einem Wachstum der Dienstleistungsbeschäftigung einher. Vielmehr bedeuten Unternehmensübernahmen, wirtschaftliche Konzentrationstendenzen sowie eine Verdichtung von Arbeit häufig Arbeitsplatzabbau und die Schließung von Filialen bzw. Unternehmen. Von diesen Entwicklungen blieb im Zeichen neoliberaler Sparprogramme auch der öffentliche Dienst nicht verschont (HEEG & REUSCH 2008). Gerade der öffentliche Dienst erwies sich in vielen europäischen Ländern als der Vorreiter von Arbeitsplatzabbau, einer Intensivierung von Arbeit und dem Outsourcing von Aufgaben.

Die Bürobeschäftigten nehmen nach wie vor den größten Anteil an der städtischen Beschäftigung ein, aber im Zuge von Unternehmensrestrukturierungen und wirtschaftlichen Konzentrationstendenzen erfolgte eine räumliche Konzentration der Unternehmensmacht und Entscheidungskompetenzen auf wenige Städte an der Spitze der Städtehierarchie (TAYLOR 2004). Das Städte- und Regionalsystem unterlag damit einer stetigen Ausdifferenzierung und Spezialisierung (vgl. DUNFORD 1994; SAVITCH & KANTOR 2002). Während einige wenige Städte aus diesem Prozess gestärkt hervorgingen, bedeutete der verschärfte Wettbewerb im Dienstleistungssektor aber für alle Städte einen Beschäftigungsabbau mit der Option zugunsten

„schlankerer" Beschäftigungskonfigurationen. Damit ging der Glauben an den Dienstleistungssektor als Wachstumsversprechen verloren.

Die Hintergründe für eine Ausdifferenzierung des Städtesystems bestehen aber nicht nur im spezifischen städtischen Potenzial für Finanzdienstleistungen, in der Bedeutung als Standort für Headquarter sowie in der internationalen Attraktivität einer Stadt, sondern auch im Beitrag der Kulturwirtschaft zur Entwicklung von Städten. Die gestiegene Wertschätzung dieser Branche steht im Zusammenhang mit Arbeitsplatzverlusten in zentralen Bereichen des Dienstleistungssektors. In dieser Problemsituation öffnete sich die Perspektive dafür, die wirtschaftlichen Potenziale eines Bereichs zu erkennen, der bislang als marginal eingeschätzt wurde. Die Kulturwirtschaft fristete bis in die 1990er Jahre hinein eher ein Randdasein, da sie hinsichtlich ihres Beitrags zur Beschäftigungsentwicklung und Produktivität als unbedeutend eingeschätzt wurde.

Allen SCOTT (1997) geht in seiner Analyse der Bedeutung der Kulturwirtschaft für Stadtentwicklung über deren Rolle als Lückenbüßer hinaus, wenn er ihre besondere Relevanz in der Bedeutungs- und Zeichenproduktion erkennt: „[…] capitalism itself is moving into a phase in which the cultural forms and meanings of its outputs become critical if not dominating elements of productive strategy […] In other words, an ever widening range of economic activity is concerned with producing and marketing goods and services that are infused in one way or another with broadly aesthetic or semiotic attributes" (SCOTT 1997, S. 323). Demnach erhalten in Zeiten zunehmender Konkurrenz und umkämpfter Märkte jene Tätigkeiten und Wirtschaftsbereiche Aufmerksamkeit, die dazu beitragen, Produkten einen neuen Stellenwert auf dem Markt zu geben. Dabei handelt es sich um Tätigkeiten, die die Besonderheit von materiellen und virtuellen Produkten hervorheben und Aufmerksamkeit sowie Distinktion schaffen. Es handelt sich um Bereiche wie Design, Werbung, Medien, Mode, Kunst und Kultur. Diese Bereiche stellen kulturelle Bedeutung her und schaffen Symbole, die zur Distinktion dienen. Produktionsorte der damit einhergehenden Tätigkeiten sind Städte. In der Regel handelt es sich um große, wenn nicht um die größten Städte, da die dort vorzufindende vertiefte Arbeitsteilung sowie die Vielfalt an Menschen und Aktivitäten Nischen bieten für eine Spezialisierung auf kreative und kulturelle Tätigkeiten. Mit der veränderten Wertschätzung rückte die Kulturwirtschaft also aus dem wirtschaftlichen Nischendasein ins Scheinwerferlicht der Stadtökonomie.

Schwierig an dieser Debatte um die Kulturwirtschaft bzw. Kulturindustrie ist, dass es keine einheitliche Definition oder Verständnis der Begriffe „Kultur" oder „Kulturwirtschaft" gibt. Jeder kulturwirtschaftliche Bericht einer Stadt setzt andere Impulse und Schwerpunkte – je nachdem welche Darstellung ein günstiges Bild der jeweiligen Stadt entstehen lässt. In der Regel werden unter Kulturwirtschaft im weitesten Sinne solche kulturellen, künstlerischen und kreativen Leistungen und Tätigkeiten verstanden, die beitragen zu „the creation of marketable outputs whose competitive qualities depend on the fact that they function at least in part as personal ornaments, modes of social display, aestheticized objects, forms of entertainment and distraction, or sources of information and self-awareness, i.e. as artifacts whose psychic gratification to the consumer is high relative to utilitarian purpose" (Scott 1997, S. 323).

Nach Scott sind diese Tätigkeiten seit den 1990er Jahren expandiert, da auf begrenzten Märkten härter um verfügbare Einkommen und Aufmerksamkeit gekämpft wird. Nachdem in vielen westlichen Ländern die Grundbedürfnisse befriedigt sind, geben Konsumenten die verfügbaren Einkommen gezielter aus. Einkommen werden vor allem auf Produkte mit einem höheren kreativen Gehalt verwendet, um soziale Distinktion herzustellen und Grenzen zu markieren. Das heißt, ein größerer Anteil der Einkommen wird dazu eingesetzt, Differenzen über kreative, künstlerische und kulturelle Inputs hervorzuheben. Auch Unternehmen müssen, um Märkte für ihre Produkte zu finden, diese Nachfrage nach Distinktion mit symbolisch aufgeladenen Produkten und Produktionen bedienen. Unternehmen sind damit auf entsprechende kulturelle Inputs zur Marktplatzierung angewiesen. Dies stärkte das wirtschaftliche Gewicht von Kunst und Kultur.

Richard Florida (2002) lieferte in dieser Diskussionen über den Input der Kulturwirtschaft zur Stadtentwicklung einen pointierten Beitrag, indem er darauf verwies, dass künstlerische und kreative Eliten als Sinn- und Bedeutungsproduzenten eine sehr wählerische Gruppe darstellen. Sie siedeln sich demnach bevorzugt in Städten an, die über ein gerüttelt Maß an Aufgeschlossenheit, Toleranz, Internationalität, technologische Infrastrukturen, kulturelles Flair und städtische Atmosphäre verfügen. Ungeachtet der empirischen und konzeptionellen Fragwürdigkeit dieses Ansatzes (Peck 2005; Glaeser 2011), erfreut sich dieser Ansatz hoher Beliebtheit, da er zum einen eine Gebrauchsanweisung für städtische Wirtschaftsförderung beinhaltet und zum anderen neue Akteure auf die städtische Bühne spült, denen bislang eher marginale Anerkennung zuteilwurde (vgl. Dörry und Rosol in diesem Band).

Im Rahmen dieser Diskussion lässt sich eine veränderte Bewertung von innerstädtischen Vierteln, Flächen und Branchen erkennen. Was zuvor als Subkultur bezeichnet wurde, nämlich Teile der Musikkultur, politische Kunst und kulturelle Szene in ehemals marginalen Räumen, wurde im Zuge der Diskussion um Kulturökonomie zu einem städtischen Standortvorteil. Als Zukunftsbranchen gehandelte Kultur- und Medienbereiche boomen in Stadtteilen, die nicht lange zuvor noch als Orte migrantischer Parallelgesellschaften wahrgenommen wurden (LANZ 2009, S. 69). Mit einem Wort: was zuvor als marginale Wirtschaftsbereiche und als Problem erschien, bieten nun Möglichkeiten und Potenziale.

Tatsächlich entstanden in vielen europäischen Großstädten in innerstädtischen Lagen Möglichkeitsräume im Schatten von Deindustrialisierung und Suburbanisierung, die aufgrund ihrer marginalen Position Räume zur Entfaltung im städtischen Gefüge eröffnet haben. Alte Industrieareale und vernachlässigte innerstädtische Räume sind aufgrund ihrer niedrigen Bodenpreise und ihrer wenig festgelegten Nutzungsstruktur als Chance entdeckt worden, wenig marktgängige und konforme Tätigkeiten zu entwickeln.

Mit der Entfaltung und Verwertung kulturindustrieller Branchen wurden aus peripheren und peripherisierten Räumen zentrale Räume. Mit der Entdeckung des hohen Wertes der Kulturwirtschaft für die Stadtökonomie gelangten innerstädtische Räume wieder in den Verwertungskreislauf. Dies hat allerdings die Folge, dass sich Unternehmen, Arbeitskräfte und Bewohner in innerstädtischen Bereichen der 2010er Jahre in wenig denjenigen der 1970er Jahre gleichen. Vielmehr sind industrielle Tätigkeiten und Arbeiter sowie Niedrigqualifizierte an den städtischen Rand gerückt.

7. Ausblick

Städte in Europa haben sich im Zeitverlauf als Wachstumsmaschinen, Dienstleistungsmotoren, internationale Arenen und kreative Laboratorien erwiesen. Sie sind aber seit mehr als 40 Jahren auch zunehmend fragile Innovationsträger. Selbst Städte, deren Restrukturierung als Dienstleistungsmetropolen und Kreativzentren als erfolgreich beschrieben wurden, stellen alles andere als ein Glücksfall für alle BewohnerInnen dar. Zum Teil haben Städte wie Barcelona, London, Bilbao oder Glasgow, die für unterschiedliche stadtökonomische Restrukturierungsstrategien stehen – Barcelona: Aufwertung über internationale Großereignisse, London: Aufwertung über die Finanzindustrie, Bilbao: Aufwertung über Kultur und Museen sowie Glasgow: konsumorientierte Aufwertung – einen hohen Preis bezahlt, der in städtischer Segmentierung und Fragmentierung besteht. Wie Werner Girgert am Beispiel von Glasgow kommentiert „Auch Glasgow ist heute eine tief gespaltene Stadt. Cappuccino-Kultur und bitterste Armut liegen nur einen Steinwurf auseinander. Vier von zehn Haushalten leben in Armut. Die Arbeitslosigkeit liegt bei fast 30 Prozent. Auf der anderen Seite hat die Zahl der gut dotierten Jobs im Bankensektor, bei den Finanzdienstleistern und Beratungsfirmen enorm zugelegt" (GIRGERT 2011, S. 20f.).

Städte sind geschichtlich gesehen dadurch geprägt, dass sie zum Teil von übergeordneten sozioökonomischen Entwicklungen getroffen oder begünstigt werden, aber in der Regel müssen die spezifischen Antworten darauf vor Ort gefunden werden. Bei den Antworten lassen sich häufig Ähnlichkeiten mit den Erfolgsrezepten anderer Städten erkennen. Bei der Suche nach Hebeln, um Probleme zu bewältigen und Wachstum zu bewirken bzw. abzusichern, orientieren sich Städte an erfolgreichen Strategien anderer Städte. Insbesondere die in Städten weit verbreitete Orientierung an global players, unternehmensorientierten Dienstleistungen, Großereignissen, Kreativwirtschaft belegt die Existenz von „travelling policies" (CZARNI-AWSKA & JOERGES 1996; ONG 2007; WARD 2006). Diese Orientierung an Erfolgsrezepten macht Städte keineswegs gleich, aber sie erklärt, warum in bestimmten Phasen bestimmte wirtschaftspolitische und stadtökonomische Strategien heiß diskutiert werden.

Mit dem Blick auf ‚travelling policies' lassen sich Städtephasen identifizieren. Städte durchlaufen Restrukturierungen nicht konform, sondern die Analyse von städtischen Blockaden, Herausforderungen, Lösungsmustern, Erfolgen führt ex-post dazu, dass Gemeinsamkeiten in der Entwicklung von Städten erkannt werden können. Auch wenn Deindustrialisierung, Tertiärisierung oder die Internationalisierung der städtischen Wirtschaftsstruktur etc. in Europa zeitlich nicht parallel verlaufen sind, hilft die Diskussion über städtische Problemlagen und wirtschaftspolitische Antworten dabei, Entwicklungslinien zu identifizieren. Es handelt sich dabei um Linien der Neuerfindung und Neubeschreibung von Städten. Nicht selten hat diese Neubeschreibung performativen Charakter: nachdem insbesondere von Richard Florida jene Städte als wirtschaftlich erfolgreich identifiziert wurden, die ein hohes Gewicht an Wissensarbeitern und eine tolerante, aufgeschlossen Stadtatmosphäre sowie städtebaulich attraktive Formen aufweisen, wurden in vielen Städten diese Charakteristika „entdeckt". Ähnliches gilt für die Diskussion um unternehmensorientierte Dienstleistungen, die nach der wissenschaftlichen Bestimmung schließlich als abgrenzbare Gruppe mit hoher Bedeutung für die Stadtökonomie erkannt wurden. Stadtökonomie ist also kein Phänomen mit einem „objektiven" Stellenwert, sondern sie erhält erst einen objektiven Status durch Prozesse des Erfassens und der Kategorisierung, die ein Erkennen und Identifizieren von stadtökono-mischen Teilbereichen erst möglich macht. Diese Kategorisierung erfolgt häufig unter Rückgriff auf wissenschaftliche Konzepte, die helfen, „Wirklichkeit" zu erkennen.

In diesem Sinne kann die Beschreibung der Stadtökonomie nicht ohne Verweis auf Stadtpolitik auskommen. Stadtpolitik und Stadtökonomie stehen in einem Wechselverhältnis, das notwendig fragil ist. Das, was Stadtökonomie ist und was als (nicht) dazugehörig empfunden wird, wird im Verlauf von stadtpolitischen Diskussionen festgelegt. Wirtschaftspolitik als ein Teil der Stadtpolitik beinhaltet eine stetige Auseinandersetzung darüber, welche Teile der städtischen Ökonomie besondere Förderung bedürfen und wo Förderung sinnvoll ist. Auch wenn diese Diskussionen Ordnungen schaffen, so sind deren Festlegungen aber immer wieder umstritten und werden von den Rändern her aufgelöst.

Literatur

BADE, F.-J. (1990), Expansion und regionale Ausbreitung der Dienstleistungen. ILS-Schriften. Institut für Landes- und Stadtentwicklung des Landes Nordrhein-Westfalen. Dortmund.

BELINA B., HELMS G. (2003), Zero Tolerance for the Industrial Past and Other Threats: Policing and Urban Entrepreneurialism in Britain and Germany. In: Urban Studies, 40, 4, S. 1845-1867.

BELL D. (1975), Die nachindustrielle Gesellschaft. Frankfurt, New York.

BLUESTONE B., HARRISON B. (1982), The deindustrialization of America: Plant closings, community abandonment, and the dismantling of basic industry. New York.

CHRISTOPHERSON S. (Hrsg.) (2004), Review: COWIE J., HEATHCOTT J. (Hrsg.) (2004), Beyond the Ruins: The Meanings of Deindustrialization In: Journal of the American Planning Association, 70, 4, S. 487.

CZARNIAWSKA B., JOERGES B. (1996), Travel of Ideas. In: CZARNIAWSKA B., SEVÓN G. (Hrsg.), Translating Organizational Change. S. 13-48. Berlin, New York..

DANIELS P. W. (1985a), Service industries. A geographical appraisal. London, New York.

DANIELS P. W. (1985b), The geography of services. In: Progress in Physical Geography, 9, S. 443-451.

DE FRANTZ M. (2005), From Cultural Regeneration to Discursive Governance: Constructing the Flagship of the 'Museumsquartier Vienna' as a Plural Symbol of Change. In: International Journal of Urban and Regional Research, 29, 1, S. 50-66.

DICKEN P., LLOYD P. (1999), Standort und Raum – Theoretische Perspektiven in der Wirtschaftsgeographie. Stuttgart.

DUNFORD M. (1994), Winners and Losers: The New Map of Economic Inequality in the European Union. In: European Urban and Regional Studies, 1, 2, S. 95-114.

FAINSTEIN S., GORDON I., HARLOE M. (Hrsg.) (1992), Divided Cities. New York & London in the Contemporary World. Cambridge.

FLORIDA R. (2002), The Rise of the Creative Class: And How it's transforming work, leisure, community and everyday life. New York.

FRIEDMANN J., WOLFF G. (1982), World city formation: an agenda for research and action. In: International Journal of Urban and Regional Research, 6, 3, S. 311-343

FRIEDRICHS J. (1977), Stadtanalyse. Hamburg.

FRIEDRICHS J. (1997), Eine Typologie westdeutscher Großstädte und Muster ihrer Entwicklung 1970 bis 1990. In: FRIEDRICHS J. (Hrsg.), Die Städte in den 90er Jahren. Demographische, ökonomische und soziale Entwicklungen, S. 67-90. Opladen, Wiesbaden.

FÜRST D. (1977), Die Problemfelder der Stadt: Versuch einer systematischen Einordnung. In: FÜRST D. (Hrsg.), Stadtökonomie (=Wirtschaftswissenschaftliches Seminar 6). S. 1-37. Stuttgart, New York.

GIRGERT W. (2011), Der Bilbao-Effekt. Der offenkundige Wohlstand in postindustriellen Großstädten Europas geht mit einer zunehmenden Verteilungs-Ungleichheit einher. In: Frankfurter Rundschau vom 9. Mai 2011, 67. Jg., 107, S. 20-21.

GIUNTA A., MARTINELLI F. (1995), The impact of post-Fordist corporate restructuring in a peripheral region: the Mezzogiorno of Italy. In: ASH A., TOMANEY, J. (Hrsg.), Behind the Myth of European Union. S. 221-262. London, New York.

GLAESER E. (2011), Review of Richard Florida's Rise of the Creative Class. (http://www.creativeclass.com/rfcgdb/articles/GlaeserReview.pdf; Abruf am 04.05.2011)

GRUBBAUER M. (2010), Die vorgestellte Stadt: Globale Büroarchitektur, Stadtmarketing und politischer Wandel in Wien. Bielefeld.

HARLOE M., PICKVANCE C. G., URRY J. (1990), Place, Policy and Politics: Do Localities Matter? Changing Urban and Regional Systems of Britain. London.

HÄUSSERMANN H., SIEBEL W. (1986), Die Polarisierung der Stadtentwicklung im Süd-Nord-Gefälle. In: FRIEDRICHS J. et al. (Hrsg.), Süd-Nord-Gefälle in der Bundesrepublik. S. 70-96. Opladen.

HÄUSSERMANN H., Siebel W. (1987), Neue Urbanität. Frankfurt am Main.

HÄUSSERMANN H., Siebel W. (Hrsg.) (1993), Festivalisierung der Stadtpolitik. Stadtentwicklung durch große Projekte. Opladen.

HEEG S., REUSCH N. (2008), Tarifpolitik und Beschäftigungsentwicklung im öffentlichen Dienst. In: Amt für Statistik und Wahlen (Hrsg.), Statistischer Quartalsbericht der Stadt Leipzig. Nr. 1. S. 33-35. Leipzig.

HEEG S. (2003), Städtische Flächenentwicklung vor dem Hintergrund von Veränderungen in der Immobilienwirtschaft. In: Raumforschung & Raumordnung, Heft 5, S. 334-344.

HEEG S. (2001), Politische Regulation des Raums. Metropolen – Regionen – Nationalstaat. Berlin.

HUDSON R. (1997), Regional Futures: Industrial Restructuring. New High Volume Production Concepts and Spatial Development Strategies in the New Europe. In: Regional Studies, 3, 5, S. 467-478.

HUTTON T. A. (2008), The new economy oft the inner city: restructuring, regeneration, and dislocation in the 21st century metropolis. Abingdon, New York.

KRÄTKE S. (2007), Europas Stadtsystem zwischen Metropolisierung und Globalisierung. Profile und Entwicklungspfade der Großstadtregionen Europas im Strukturwandel zur wissensintensiven Wirtschaft. Münster.

KRÄTKE S., HEEG S., STEIN R. (1997), Regionen im Umbruch. Probleme der Regionalentwicklung an den Grenzen zwischen „Ost" und „West". Frankfurt am Main, New York.

KRÄTKE S. (1991), Strukturwandel der Städte. Städtesystem und Grundstücksmarkt in der ‚post-fordistischen' Ära. Frankfurt am Main, New York.

LANZ S. (2009), Der lange Schatten der Kulturnation. Städtische Einwanderungspolitiken am Beispiel von Berlin. In: BAYER N. et al. (Hrsg.), Crossing Munich. Beiträge zur Migration aus Kunst, Wissenschaft und Aktivismus. S. 66-70. LMU/Kulturreferat der Landeshauptstadt München. München.

LÄPPLE D. (1986), „Süd-Nord-Gefälle". Metapher für die räumlichen Folgen einer Transformationsphase. In: FRIEDRICHS J. et al. (Hrsg.), Süd-Nord-Gefälle in der Bundesrepublik? Sozialwissenschaftliche Analysen. S. 97-160. Opladen.

LEBORGNE D., LIPIETZ A. (1994), Nach dem Fordismus. In: NOLLER P. et al. (Hrsg.), Stadt-Welt. Über die Globalisierung städtischer Milieus. S. 94-111. Frankfurt am Main, New York.

LENGER F. (2009), Stadt Geschichten. Deutschland, Europa und die USA seit 1800. Frankfurt am Main.

LIZIERI C., BAUM A., SCOTT P. (2000), Ownership, Occupation and Risk: A View of the City of London Office Market. In: Urban Studies, 37, 7, S. 1109-1129.

MAIER G., TÖDTLING F. (2006), Regional- und Standortökonomik 1: Standorttheorie und Raumstruktur. 4. Auflage. Wien, New York.

MOULAERT F., SWYNGEDOUW E., WILSON P. (1988), Spatial responses to fordist and post-fordist accumulation and regulation. In: Papers of the Regional Science Association, 64, S. 11-23.

ONG A. (2007), Neoliberalism as a mobile technology. In: Trans Inst Br Geogr, 32, S. 3-8.

PECK J. (2005), Struggling with the Creative Class. In: International Journal of Urban and Regional Research, 29, 4, S. 740-770.

PIORE M. J., SABEL C. F. (1985), Das Ende der Massenproduktion: Studie über die Requalifizierung der Arbeit und die Rückkehr der Ökonomie in die Gesellschaft. Berlin.

PRYKE M. (1991), An international city going 'global': spatial change in the City of London. In: Environment and Planning D: Society and Space, 9, S. 197-222.

PRYKE M. (1994), Looking back on the space of a boom: (re)developing spatial matrices in the City of London. In: Environment and Planning A, 26, S. 235-264.

SASSEN S. (1991), The Global City: New York, London, Tokyo. Princeton.

SAVITCH H. V., KANTOR P. (2002), Cities in the International Marketplace. The Political Economy of Urban Development in North America and Western Europe. Princeton.

SCHÄTZL L. (1998), Wirtschaftsgeographie 1. Theorie. Paderborn.

SCOTT A. J. (1997), The Cultural Economy of Cities. In: International Journal of Urban and Regional Research, 21, 2, S. 323-339.

SEISS R. (2008), Wer baut Wien? Hintergründe und Motive der Stadtentwicklung Wiens seit 1989. Wien.

STORPER M., SCOTT A. J. (1990), Geographische Grundlagen und gesellschaftliche Regulation flexibler Produktionskomplexe. Basel.

STRAMBACH S. (1999), Wissensintensive unternehmensorientierte Dienstleistungen im Innovationssystem von Baden-Württemberg – am Beispiel der Technischen Dienste, Arbeitsbericht. Akademie für Technologiefolgenabschätzung in Baden-Württemberg. Stuttgart.

TAYLOR P. (2004), World City Network. A Global Urban Analysis. London.

WARD K. (2006), 'Policies in Motion', Urban Management and State Restructuring: The Trans-Local Expansion of Business Improvement Districts. In: International Journal of Urban and Regional Research, 30, 1, S. 54-75.

WENTZ M. (1991), Stadtplanung in Frankfurt: Wohnen, Arbeiten, Verkehr. Frankfurt.

PIERRE GUILLIAMS (†), JEAN-MARIE HALLEUX

DIE NEUINWERTSETZUNG VON BETRIEBSBRACHEN IN TRADITIONELLEN INDUSTRIEREGIONEN

Ein Vergleich zwischen Lüttich und Sheffield

Einleitung

Die Überlegungen, die wir Ihnen in diesem Artikel darlegen werden, stammen aus einem Projekt, das sich ‚Creating and Setting for Investment' nennt (CSI). CSI ist ein europäisches Projekt, das sich der Neunutzung von Brachflächen inmitten von traditionellen Industrieregionen widmet[1]. Es umfasst Teilnehmer aus Wallonien, aus der Region Lüttich (Liège), Partner aus Nord-England aus der Gegend von Sheffield, sowie deutsche Teilnehmer aus dem Ruhrgebiet. Bei diesem Projekt stellte sich unter den Forschern ganz deutlich heraus, dass es große Unterschiede beim Vergleich dieser drei Regionen im Hinblick auf die Umwandlungsdynamik der Brachflächen gibt. Vor allem zwischen Wallonien und England wurden große Unterschiede festgestellt, die einerseits die Situation in Wallonien bestätigen, wo der Erfolg der Umwandlung der Brachen zweifelhaft erscheint (MÉRENNE & DEVILLET 1999), und auf der anderen Seite eine Situation in England, wo realisierte Projekte sich häufiger an Standorten befinden, wo zuvor schon Bebauung vorhanden war (CATNEY et al. 2006).

Das Ziel dieses Artikels ist, die bisherigen Forschungen auszuwerten und diesen Unterschied zwischen Wallonien und England zu klären. Die Forschungen stützen sich auf die Auswertung von belgischen und englischen Veröffentlichungen, die sich auf urbane Brachen beziehen und andererseits ergänzend auf Interviews mit ausgesuchten Gesprächspartnern

---

[1] Das Projekt CSI bezieht sich speziell auf die Rolle der Landschaftsqualität bei der Wiederherstellung des städtischen Raumes. Der interessierte Leser findet zahlreiche Informationen unter folgender Adresse: www.environment-investment.com (Abruf am 13.9.2011).

(GUILLIAMS 2007)[2]. Diese Interviews waren fokussiert auf die Ballungsräume von Lüttich und Sheffield, welche ausreichend repräsentativ sind für die wallonischen und die englischen Gegebenheiten, und zugleich einander ausreichend ähnlich sind, aufgrund ihrer Größe und ihrer Wirtschaftsgeschichte als Stahlstädte.

Aus der Analyse geht hervor, dass man drei große Dimensionen entwickeln muss, wenn man versucht zu verstehen, warum die Transformation der Brachen in England weniger problematisch ist als in Wallonien. In England finden wir vor allem einen sehr starken Willen zur kompakten verdichteten Stadt und zur Verhinderung der Ausbreitung der Stadt, ein Projekt, dessen Grundzüge wir im ersten Teil dieses Artikels analysieren werden. Die Arbeiten, die wir in England und Wallonien durchgeführt haben, beweisen auch, dass unterschiedliche Visionen einer ökonomischen Entwicklung in die Überlegungen einfließen müssen. Der zweite Teil des Artikels beschäftigt sich mit der Vertiefung dieser Thematik. Die dritte Dimension, die wir anschließend herausarbeiten werden, bezieht sich auf die Ausgestaltung der Beziehungen zwischen der strategischen Raumplanung und den konkreten Entwicklungsprojekten.

1. Die strategische Raumplanung im Vereinigten Königreich: Von der Politik der Eindämmung zum Modell der kompakten Stadt

Selbst wenn man vorsichtig sein muss internationale Vergleiche auf dem Gebiet der Zersiedelung anzustellen, weil für dieses Konzept keine internationalen Normen bestehen, so scheinen doch in den europäischen Ländern große Unterschiede zu bestehen in der Intensität, wie stark die Städte verdichtet sind. Es liegt nahe, angesichts der Literatur, die sich diesem Thema widmet, solche Länder wie die Niederlande und Großbritannien, die schon früh führend waren bei der Eindämmung der Städte (SELLERS 2004), den Ländern gegenüberzustellen wie Frankreich und Belgien, wo die Kontrolle über die Ausbreitung der Städte ein relativ neuer Gedanke ist.

Die Art und Weise, wie die Bewohner und ihre politischen Vertreter sich mit dem Thema Grund und Boden auseinandersetzen, stellt einen wichtigen Faktor bei der Erklärung dar, wie die einzelnen europäischen Staaten die Zersiedelung verhindern (HALLEUX et al. 2002). Diesbezüglich ist bekannt, dass die belgischen Verhältnisse, sowohl in Wallonien als auch in

---

2   Die Interviews wurden im Laufe des Jahres 2007 durchgeführt. Seit damals wurden sowohl in England als auch in Wallonien verschiedene Verfahrensweisen geändert. Aus Gründen der Genauigkeit haben wir trotzdem die zu jener Zeit gebräuchliche Terminologie gewählt.

Flandern, eine verbreitete Denkweise offenbaren, die wenig von Steuerung hält, und nach der „Grund und Boden kein kostbares, nicht reproduzierbares Gut darstellt, sondern etwas im Überfluss vorhandenes, das man konsumieren kann. Das kann eine exzessive Übernutzung und Verschwendung der Ressource Raum zur Folge haben" (ACOSTA 1994, S.43) (Abb. 1). Was Belgien betrifft, so ist eine Erklärung für die Verschwendung der Ressource Grund und Boden, dass für unser Land keine Bedrohung des Landes vom Meer ausgeht, wie zum Beispiel in den Niederlanden. Parallel dazu definiert sich Belgien im Vergleich zu England oder der Schweiz nicht durch tradierte ästhetische Werte, die auf den Erhalt des Landschaftsbildes Wert legen.

Abbildung 1: Wohnbebauung im ländlichem Raum in Wallonien, freistehende Häuser in Hannut (Foto: P. GUILLIAMS, Segefa-ULg).

Die Landnutzungskarten machen die Unterschiede deutlich bezüglich der Eingrenzung des urbanen Raumes. Die Grenzlinien der Bebauung sind in Sheffield scharf gezogen, während sie in Lüttich verschwommen sind, wo lineare Entwicklungen (als Bänder entlang der Verkehrsachsen) besonders deutlich sichtbar sind. Abbildung 2 veranschaulicht auch den Unterschied in der räumlichen Ausdehnung zwischen den belgischen und den englischen Siedlungsgebieten.

Für A.W. EVANS (1991) ist diese ästhetische und kulturelle Dimension der dörflich geprägten Landschaft einer der wesentlichen Gründe dafür, dass die Eindämmung der Städte zu einem Hauptziel der britischen Raumplanung gemacht wurde und dies mindestens seit der Gesetzgebung von 1947, die sich auf die Grüngürtel bezieht, und die verhindern soll, dass sich die typischen bandförmigen Vorstädte um die Großstädte bilden, wie

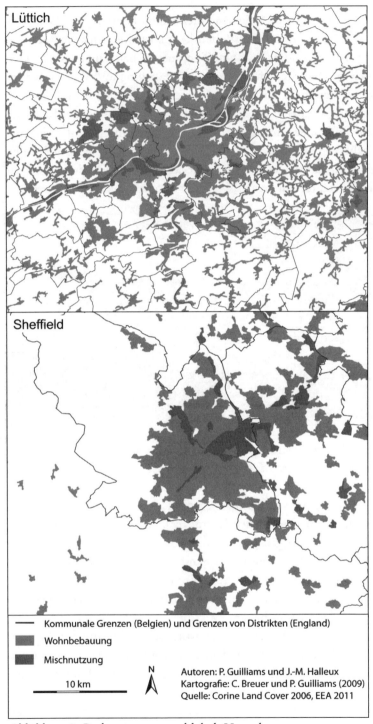

Lüttich

Sheffield

— Kommunale Grenzen (Belgien) und Grenzen von Distrikten (England)

▮ Wohnbebauung

▮ Mischnutzung

N

10 km

Autoren: P. Guilliams und J.-M. Halleux
Kartografie: C. Breuer und P. Guilliams (2009)
Quelle: Corine Land Cover 2006, EEA 2011

Abbildung 2: Bodennutzung und lokale Verwaltungsgrenzen

in den 1930er Jahren. In den 1990er Jahren, unter dem Einfluss von Studien, die sich der Auswirkung der städtebaulichen Formen auf die Mobilität und die Abhängigkeit vom Auto widmen, haben die britischen Planer ihren Kampf gegen die Zersiedelung verstärkt (PHAROAH 1996). In Folge der Betonung des Leitmotifs der kompakten oder verdichteten Stadt (HALLEUX 2000) haben sie sich um so mehr bemüht, die Mischung der Funktionen einer Stadt und die Verdichtung neuer Ansiedlungen voranzutreiben und die juristische Verfügbarkeit von unbebautem Terrain (auf der grünen Wiese) einzuschränken. Diese Politik wurde beschrieben als Übergang von einer Politik der städtebaulichen Eingrenzung (,urban containment') zu einer Politik der städtebaulichen Verdichtung (,urban compaction') (ADAMS & WATKINS 2002). Die Maßnahmen, die ergriffen wurden, um die Entwicklung auf das Innere der umbauten Flächen zu richten, haben stark dazu beigetragen, die Neunutzung der Brachen zu vereinfachen oder generell die städtebauliche Erneuerung voranzubringen (URBAN TASK FORCE 1999).

Außer solchen Argumenten, die sich auf die Abhängigkeiten zwischen städtebaulichen Formen und dem Einsatz von Energie beziehen, haben auch ökonomische Gesichtspunkte die städtebauliche Politik im Vereinigten Königreich in den 1990er Jahren bestimmt. In Folge der industriellen Krisen der vorangegangenen Jahrzehnte wurde der Niedergang der ökonomischen Kräfte wichtiger Ballungszentren und ihrer Stadtzentren für die Zentralregierung und die lokalen Entscheidungsträger zu einem Hauptproblem. Indem man darauf geachtet hat, die Hauptinvestitionen an die zentralen Punkte der Städte zu lenken, zielte dies darauf ab, deren ökonomische Basis zu verändern. Diese Strategie scheint von Erfolg gekrönt worden zu sein. Tatsächlich ist der Wiederaufschwung der britischen Wirtschaft seit den 1990er Jahren eng verknüpft mit der Tatsache, dass Dienstleistungen, sowohl solche (juristische, finanzielle, technische), die mit der Produktion verknüpft sind, als auch solche, die mit dem Konsumsektor (Hotels, Restaurants, Freizeit) verbunden sind (JACQUIER 2003, S. 10), in die Stadtzentren verlagert wurden.

Die Strategien der städtebaulichen Eindämmung und Verdichtung wurden durch die Planning Policy Guidance (PPG)[3] verbindlich gemacht. Unter den PPGs, die stark die Praxis der städtebaulichen Planung in England beeinflusst haben, findet man zuerst das PPG2, das sich mit den Grüngürteln befasst (1947). Man findet gleichfalls PPG4 (1992) und

---

3   Seit 2003 haben diese nationalen Regelungen allmählich ihre Bezeichnung geändert und werden heute Planning Policy Statement (PPS) genannt.

PPG6 (1996) über einerseits die Industrie, den Handel und die KMU, und andererseits über den Einzelhandel in den Stadtzentren. Mittels dieser beiden PPGs ging es darum, die Vitalität der traditionellen Einzelhandelszentren zu sichern und gleichermaßen die Funktionsmischung als auch die Neunutzung von freiem städtischem Raum zu begünstigen. Das PPG3 bezüglich Wohnungen (1988 und revidiert 1998) ist ebenfalls sehr wichtig, wenn man verstehen will, warum die städtischen und industriellen Brachen in England einfacher transformiert werden konnten als in Wallonien. Tatsächlich bewirkte dieses PPG, das auch ‚directive brownfield' genannt wurde, dass 60% der Neubauten auf vorher schon urbanisiertem Gelände (brownfield) errichtet wurden (DIXON 2007). In Bezug auf die PPG ist, mehr noch als die Effektivität eines Planes oder einer einzelnen Maßnahme, die Konvergenz des Ganzen etwas, das unser Interesse geweckt hat bei den Gesprächen mit unseren britischen Kollegen. Zweifellos zeugt dieses Zusammenführen von einem starken politischen Willen zu Gunsten der kompakten, verdichteten Stadt.

Wenn man diesen Entwurf für eine immer dichter bebaute Stadt betrachtet, findet man eine Reihe von Gegenargumenten, welche die Probleme deutlich machen, die diese „Verdichtung" zur Folge hat. Die Kritiker finden ihre wesentlichen Argumente in den großen Spannungen, die man auf dem Grundstücks- und Immobilienmarkt konstatiert, sowohl auf dem Wohnungsmarkt wie auch bei gewerblich genutzten Gebäuden (EVANS & HARTWICH 2007). Dieses Argument wird gut durch Abbildung 3 illustriert, wo man sieht, dass die Entwicklung der realen Wohnungspreise im Vereinigten Königreich bedeutend dynamischer verlief als in den sonstigen Industrieländern. Evans und Hartwich zufolge liefert die sehr strikte Planung eine Erklärung dafür, dass die Wohnungen, die in letzter Zeit in Großbritannien gebaut wurden, europaweit die kleinsten Grundrisse aufweisen (Tabelle 1). Die in Sheffield[4] vor der Finanzkrise durchgeführten Untersuchungen bestätigen diese Beobachtungen. Wir haben festgestellt, dass der Quadratmeterpreis für Wohnbauland bei nahezu 400EUR/m^2 liegt, das heißt fast mehr als das Fünffache des durchschnittlichen Preises in Wallonien. Für den Nicht-Wohnungsbau bewegen sich die Preise in Sheffield zwischen 90 und 130EUR/m^2, was zumindest das Dreifache des Quadratmeter-Preises bedeutet, der in Gewerbegebieten in Wallonien üblich ist.

---

4 Die Informationen über den Wohnungs- und Immobilienmarkt in Sheffield haben wir erhalten von T. Botrill von der Gesellschaft Knight Frank (Interview vom 27. März 2007)

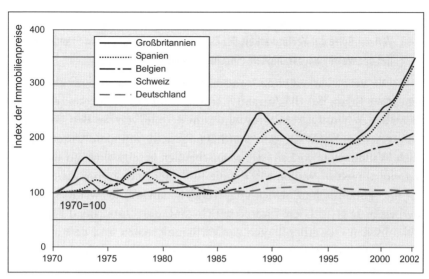

Abb. 3: Entwicklung der realen Wohnungspreise 1970-2002, indexiert, inflationsbereinigt (Quelle: EVANS & HARTWICH 2005b, S. 23).

	alle Wohnungen			neu errichtete Wohnungen		
	Whngsgröße (m²)	Anzahl der Räume	Drch. Größe (m²)	Wohnungsgröße (m²)	Anzahl der Räume	Drch. Größe (m²)
Belgien	85,0	5,2	16,3	75	4,8	15,8
Großbr.	86,3	4,3	20,1	119	5,8	20,5

Tabelle 1: Vergleich der Wohnungsgrößen in Belgien und Großbritannien

Für P. CATNEY und seine Kollegen (2006) sind die hohen Grundstückspreise, die charakteristisch sind für das Vereinigte Königreich, Kernstück einer Raumplanung, die darauf abzielt, die Zersiedelung von ungenutztem Land zu begrenzen und ein Maximum an Industriebrachen und sonstigen Grundstücken wieder neu zu nutzen. Hier handelt man nach der Vision eines „Raumplanungs-Managers", der, indem er die Ausdehnung der Siedlungen drastisch begrenzt und indem er noch die Mindestdichten erhöht, solche Grundstückspreise erreicht, die es der Privatwirtschaft ermöglicht, die Mehrkosten zu decken, die ein Bau- oder Renovierungsvorhaben mitten im bebauten Gebiet verursacht (HALLEUX & LAMBOTTE 2008). Mit dieser Vorgehensweise lenken die britischen Planer die Investitionen in Richtung der noch nicht so stark verdichteten Stadtgebiete, wo die Bauträger die einzigen Entwicklungsmöglichkeiten vorfinden, wo aber auch interessante Gewinnaussichten gegeben sind.

2. Ein differenzierter Blick auf die ökonomische Entwicklung: Von der Rolle der Verfügbarkeit der Flächen und der Qualität der Standorte bei der Wettbewerbsfähigkeit einzelner Gebiete

Die Verfügbarkeit von Grundstücken für Firmen wird oft als ein wesentlicher Faktor für die Attraktivität und Konkurrenzfähigkeit eines Gebietes angesehen. Dieser Faktor wird zum Beispiel von der Betriebsansiedlungsgesellschaft AWEX ganz klar herausgestellt, um neue Unternehmen nach Wallonien zu locken, wie es anschaulich gezeigt wird auf der Internetseite „Invest in Wallonia"[5], die die Rolle der ‚Interkommunalen Agentur für ökonomische Entwicklung' (IDE) herausstreicht, wenn es um Gewerbegebiete geht. Diese Internetseite betont, dass ausreichend Flächen in wallonischen Gewerbegebieten zur Verfügung stehen und dass man, verglichen mit konkurrierenden Regionen rings um Wallonien, hier mit geringen Grundstückspreisen rechnen kann.

Zwischen Kontinental-Europa und dem Vereinigten Königreich besteht ein großer Unterschied in der Art und Weise, wie man Gewerbe- und Industriegebiete generiert. Auf dem Kontinent werden die Industriegebiete hauptsächlich von öffentlichen Trägern (überkommunale Strukturen wie in Wallonien, oder Stadtverwaltungen wie in Frankreich oder den Niederlanden) ausgewiesen. Im Gegensatz dazu wird diese Aufgabe jenseits des Ärmelkanals der Privatwirtschaft überlassen. Die Situation, die man in England vorfindet, wo die öffentlichen Stellen sich dieser Verantwortung entledigt haben, scheint zu beweisen, dass die Verfügbarkeit von Gewerbegebieten nicht als bestimmender Faktor bei der Regionalentwicklung gesehen wird. Diese Sichtweise, die sich deutlich absetzt vom dominierenden Diskurs in Wallonien, wurde uns bestätigt von Experten, die wir in Sheffield trafen. Nach Meinung dieser Interviewpartner konnte sich der ökonomische Aufschwung, der Sheffield seit einem Jahrzehnt charakterisiert, nach dem Beispiel anderer großer Städte in England (PARKINSON et al. 2004), vollziehen, ohne dass große Flächen verbraucht wurden für die Schaffung oder Erweiterung von randstädtischen Gewerbegebieten. Für diese Experten gibt es andere Wettbewerbsfaktoren (Innovation, Bildung, aber auch die Lebendigkeit der Stadtzentren und die Qualität des Stadtbilds ...), die anscheinend sehr viel ausschlaggebender sind, wenn es darum geht, führende Industrien anzuziehen und eine nachhaltige wirtschaftliche Entwicklung abzusichern.

---

5 http//www.investinwallonia.be/ofi-belgium/accueil.php; (Abruf am 12.9.2011)

In Großbritannien ist nichtsdestoweniger eine gewisse Skepsis bezüglich dieser vorherrschenden Meinung zu spüren, die geneigt ist, die Bedeutung der Verfügbarkeit von Flächen für die Regionalentwicklung stark zu relativieren. Tatsächlich würden für manche Sparten der Wirtschaft die zu strikte Planung und die zu hohen Grundstückskosten eine Belastung für die britischen Exporte bedeuten, insbesondere in den Bereichen, in denen Firmen große Flächen benötigen (EVANS & HARTWICH 2007, S. 7). Dieses Argument, das man ernst nehmen sollte, beweist, genauso wie die Tatsache, dass die dominierenden Ansichten in England und Wallonien nicht deckungsgleich sind, dass Bedarf an neuen Forschungen besteht, die die komplexen Beziehungen zwischen dem, was Gebiete attraktiv macht, und der Verfügbarkeit von Gebieten zur gewerblichen Nutzung zu untersuchen. Hier handelt es sich um ein Sachgebiet, über das es noch wenig Literatur gibt und es wird wichtig sein, sowohl für die Raumplanung als auch für die Entwicklungsagenturen, die tatsächlichen Vorteile zu beschreiben, welche großzügig zur Verfügung stehendes und günstiges Bauland für Unternehmen bedeutet: Stellt das wirklich eine reale Größe dar im Hinblick auf ihre Wettbewerbsfähigkeit auf den internationalen Märkten?

Wir weisen auch auf Untersuchungen hin, die in England durchgeführt wurden bezüglich der Abhängigkeit, die besteht zwischen der regionalen Entwicklung und der Qualität der betreffenden Gebiete, was ebenfalls neue Untersuchungen verdienen würde. Anlässlich unserer Interviews in Sheffield überraschte uns, wie stark die Betonung auf den Faktor Wettbewerb gelegt wurde und welche Anstrengungen unternommen wurden, dass diese Stadt ihr Image als „Stahl-Stadt"[6] abschüttelt. Tatsächlich hat Sheffield eine ausgefeilte Marketing-Strategie erarbeitet, die seine Qualität als „grünste Stadt des Vereinigten Königreiches"[7] hervorhebt (BEER 2005) und ergänzend dazu ein beachtliches Programm zur Regeneration des Stadtzentrums entwickelt hat, welches als richtungsweisend erachtet wurde für die regionale Imagebildung (RUELLE & BREUER 2008, vgl. Abb. 4).

In seiner Analyse der politischen Entscheidungen, die in Sheffield gefällt wurden, verbindet M. ROUSSEAU (2008) diese Beobachtung mit der Tendenz zu städtischem Entrepreneurship, das darin besteht die Stadt an den Geschmack der Mittelklasse anzupassen, deren Aufgabe es sei, eine im Niedergang begriffene urbane Ökonomie wieder zu beleben (HARVEY 1989).

6   Die Stadt Sheffield ist bekannt unter dem Namen "Steel City".
7   Das ist übrigens die Strategie, die erklärt, warum der City Council of Sheffield ein Projekt wie das CSI lanciert hat, das sich der Beziehung zwischen der landschaftlichen Qualität und der Wiedernutzung von Industriebrachen widmet.

Abbildung 4: Wohnungsbau im städtischen Raum in England. Apartment-Gebäude in Sheffield. (Foto: P. GUILLIAMS, Segefa-ULg)

Übrigens sollte man die Aneignung der Thesen von Richard Florida[8] durch die Verantwortlichen von Sheffield aus dieser Perspektive betrachten. Diese haben es sich zum Ziel gesetzt, sowohl ausländische Studenten anzuziehen als auch junge aktive Leute, die aus dem (prosperierenden) Südosten Englands kommen.

Die Absicht, „tabula rasa" zu machen mit den alten Industrieanlagen, um dieses Projekt in Form eines dicht bebauten Stadtinneren zu verwirklichen, welches die Bewohner auch anspricht und zugleich attraktiv ist für wirtschaftliche Unternehmen, dieser Wille ist uns aufgefallen bei der Analyse des Falles Sheffield. Die Situation des Lower Don Valley veranschaulicht diese Situation. Zwischen der Mitte des 19. Jahrhunderts und dem 1. Weltkrieg beherbergte diese Tal zwischen dem Zentrum von Sheffield und Rotherham auf sechs Kilometern Länge fast die gesamte Stahlindustrie.

Im Jahr 1986, in Folge der drastischen Restrukturierung des Stahlsektors durch die britische Regierung, wies diese Region mehr als 300 Hektar aufgegebenes Gelände auf (WATTS et al. 1989). In den folgenden Jahren konnte dort ein ehrgeiziges städtebauliches Projekt verwirklicht werden,

---

8   Richard Florida stellt die These auf, dass die Städte attraktiv für die neue „kreative Klasse" sein sollten, um in der Folge Unternehmen aus Schlüsselbereichen anzulocken. (siehe z.B. FLORIDA 2002). Seine Arbeiten haben einen enormen Erfolg bei den urbanen Eliten der Welt gehabt, aber sie haben auch intensive Kontroversen unter den Forschern hervorgerufen (siehe z.B. SHEAMUR 2006).

112

Abbildung 5: Bürohausprojekt in unmittelbarer Nähe einer ehemaligen Stahlfabrik. (Foto: P. GUILLIAMS, Segefa-ULg)

das eine neue Straßenbahnlinie[9] beinhaltet, die eine Verbindung herstellte mit dem Zentrum der Stadt und einem der größten Einkaufszentren Europas auf dem Gelände einer ehemaligen Stahlfabrik (vgl. Abb. 5). Der Dreh- und Angelpunkt dieses Projekts war die Sheffield Development Corporation, eine Urban Development Corporation (UDC) (BOOTH 2004, S. 120), die zwischen 1988 und 1997 aktiv war. Geschaffen durch die Zentralregierung, wie übrigens auch früher schon bei den Docklands von London und Liverpool, waren die UDCs die durchsetzungsfähigen Planungsorganisationen, die an Stelle der Gemeinden die entscheidenden Kräfte waren in Bezug auf Wirtschaftsentwicklung, Grundstückswesen und Stadtplanung (DABINETT 2004).

Es ist aufschlussreich, den Fall des Lower Don Valleys mit den Mechanismen zu vergleichen, die man in Lüttich im Rahmen des Master Plans für das Tal der Maas in Seraing[10] beobachten konnte. In beiden Fällen stößt man auf ein starkes Engagement der Stadtplaner, bedingt durch die umfangreichen Restrukturierungsmaßnahmen des Stahlbausektors. In Shef-

9   Siehe LAWLESS & GORE (1999) in Bezug auf die Straßenbahn in Sheffield.
10   www.eriges.be (Abruf am 14.9.2011)

field handelte es sich dabei um den Plan zur nationalen Restrukturierung zu Beginn der Ära Thatcher. In weniger als einem Jahrzehnt hat dieser Plan bewirkt, dass in der Region 59.000 von 117.000 Arbeitsplätzen verloren gingen (BRUYELLE et al. 1992). In Seraing gründet sich die Mobilisierung der Stadtplaner auf den sogenannten „Elektroschock" von 2003, wegen der Ankündigung der Schließung – die übrigens bis heute nicht vollzogen ist – der heißen Phase der Stahlverarbeitung in Lüttich. Der grundsätzliche Unterschied zwischen diesen zwei unterschiedlichen Kontexten rührt in Wirklichkeit von der zeitlichen Verschiebung her, die sich aus den unterschiedlichen Modalitäten der Restrukturierung des Stahl-Sektors ergibt. In Sheffield haben die recht brutalen Umstrukturierungen zu Beginn der 1980er Jahre bedeutende Mengen von Grundstücken freigesetzt, was den Stadtplanern große Handlungsspielräume geschaffen hat. In Lüttich vollzog sich der Niedergang der Stahlproduktion dagegen eher schrittweise, was sich räumlich niederschlägt in einer eher kontinuierlichen und langsamen Aufgabe der Industrieanlagen. Dieser Kontext wirkt sich weniger günstig auf die städtebauliche Gestaltung aus und die planerischen Überlegungen, die in Bezug auf das neu gewonnene Gelände viel zögerlicher greifen.

3. Die Verbindungen zwischen strategischer Planung, rechtlichen Regelungen und Projektentwicklung

Die Raumordnungspolitik ist im allgemeinen, in Abhängigkeit von Variablen des räumlichen und zeitlichen Kontexts, in drei große Interventionsebenen gegliedert. Die erste entspricht der stategischen Planung, welche die großen Zielsetzungen festlegt, d.h. die politischen Entscheidungen der langfristigen Raumordnung trifft. Sodann kommen die rechtlichen Regelungen, die die Bodenrechte definieren durch Flächennutzungs- und Bebauungspläne. Schließlich findet man auf der dritten Ebene das städtebauliche Projektmanagement, welches die Handlungsanweisungen für das entsprechende Grundstück bündelt und zur Durchführung der Maßnahmen führt.

In Wallonien wissen die Spezialisten, die sich auskennen mit der Raumplanung, dass es uns oft an einem vorausschauenden Blick fehlt, um die strategischen Planungen mit den Reglementierungen und der Durchführung einzelner Projekte zu verbinden (GOT 2002). Aus unseren Untersuchungen im englischen Kontext geht hervor, dass die raumplanerischen Vorgaben, die dort auf die Verdichtung der Städte gerichtet sind, durch diese Reglementierungen gut und vor allem effizient umgesetzt werden. Dafür gibt es verschiedene Erklärungen. Die erste betrifft die Kohärenz zwischen den Entscheidungen auf nationaler[11] und auf lokaler Ebene. Wir können, ohne die administrative Organisation in England genauer zu beschreiben, feststellen, dass diese Kohärenz hergestellt wird durch die Anpassung der nationalen Direktiven an die lokalen Gegebenheiten (zum Beispiel Yorkshire und Humber für Sheffield). Auf dieser Maßstabsebene werden die Landesplanungsrichtlinien PPG (Planning Policy Guidance) durch die Regionalplanungsrichtlinien RPG (Regional Planning Guidance) präzisiert. Die RPGs werden sodann umgesetzt durch Strukturpläne (Structure Plans) auf der Ebene der Grafschaften und durch Flächennutzungspläne (Unitary Development Plans) auf der lokalen Ebene (zum Beispiel durch das City Council of Sheffield). Die ‚Structure Plans' entsprechen den strategischen Planungen. Die ‚Unitary Development Plans', welche die Bedingungen für die Baugenehmigungen festschreiben, ähneln dann eher Verwaltungsvorschriften.

Es gibt zwei Gründe, die erklären, warum die städteplanerischen Dokumente im Einklang mit den nationalen raumplanerischen Zielen formuliert werden. Der erste hat mit dem Thema der lokalen Finanzen zu tun. Tatsächlich ist es vom Budget her interessant für die lokalen Entscheidungsträger in England die nationalen Ziele umzusetzen. In einem Kontext, wo die Transferleistungen des Staates 70% der Einnahmen der lokalen Regierungen darstellen (JACQUIER 2003), würde man sich möglicherweise bedeutende Summen entgehen lassen, wenn man die nationalen Vorgaben nicht respektieren würde. Diese Situation steht im Gegensatz zu den Gegebenheiten in Wallonien, wo eine Diskrepanz besteht bezüglich einerseits dem Ziel der Wiederverdichtung der Städte, wie das von den regionalen Behörden vertreten wird (hauptsächlich durch die SDER), und andererseits finanzieller Einflüsse, die die lokalen Entscheidungsträger eher dazu ermuntern, ihre Gegend zu zersiedeln, um damit ihre Steuerbemessungsgrundlage zu erweitern (DUBOIS et al. 2002).

Für England gibt es einen weiteren Grund, warum die lokalen Vorgaben abgestimmt sind auf die nationalen, nämlich wegen der beträchtlichen Größe der lokalen Gebietskörperschaften (PUMAIN et al. 1992). In diesem Punkt ist der Vergleich zwischen Lüttich und Sheffield sehr aufschlussreich (Abb. 2). Für Ballungsräume von vergleichbarer Größe findet man in Sheffield einen City Council, der zuständig ist für 362km², die von 520.700

---

11   Unter der nationalen Ebene verstehen wir England und nicht das Vereinigte Königreich. Obwohl die Raumordnungspolitik auf der Landesebene ist, können die Institutionen und die Handlungsträger in Schottland, in Wales oder in Nordirland verschieden sein.

Einwohnern bewohnt sind[12]. In Lüttich hingegen zerfällt die morphologische Agglomeration mit 470.000 Einwohnern bzw. die Stadtregion mit ± 630.000 Einwohnern in 13 bzw. 34 Kommunen (LUYTEN & VAN HECKE 2007). Jede dieser Gemeinden möchte vor allem ihr eigenes Gebiet entwickeln. Daraus resultiert eine gewisse Konkurrenz untereinander und wenig Zusammenhalt insgesamt. Im Gegensatz dazu ist der City Council von Sheffield als erste Instanz für die ganze Agglomeration verantwortlich und daraus folgt, dass die Entscheidungen oft im Hinblick darauf gefällt werden, die Regeneration des Stadtkerns sicherzustellen. Wie wir oben gezeigt haben, wird in Sheffield die Vitalität des Zentrums einer Agglomeration als vorrangig angesehen, um die wirtschaftliche Erholung des ganzen Gebietes voranzubringen. Über den Fall von Sheffield hinaus ist die schiere Größe der meisten lokalen Gebietskörperschaften in England gleichbedeutend mit dem Vorhandensein wichtiger Kompetenzen, mit einer größeren Distanz zwischen den Entscheidungsträgern und den Besitzern von Grund und Boden und mit einem größeren Gewicht des Kollektivs gegenüber von außen kommenden Interventionen. (Bauträger, Handelsketten, ...), die auf diese Weise weniger die Konkurrenz unter benachbarten Siedlungen ausspielen können (RENARD & VILMIN 1990, S. 1f.).

Während die Beschlüsse der Gemeinden sowohl die lokale Entwicklungsstrategie als auch die Vorschriften zur Vergabe der Baugenehmigungen festlegen, sind es hauptsächlich spezialisierte Büros der Projektplanung, die intervenieren, wenn es darum geht, die Neunutzung der Brachen zu erleichtern. Ohne in die Details der sehr komplexen Regelung dieser Büros[13] zu gehen, können wir eine hierarchische Organisation ausgehend von der nationalen Ebene bis zur lokalen Ebene feststellen.

In Sheffield sind die Interventionen der nationalen Organisation ‚English Partnership', der regionalen Organisation ‚Yorkshire Forward' (die Region von Yorkshire und Humber) und der lokale Organisation ‚Creative Sheffield' (City Council of Sheffield) miteinander verbunden. Die Arbeit dieser Institutionen hat hauptsächlich Auswirkungen auf die Verwaltung der staatlichen und der europäischen Fonds, die im Rahmen von verschiedenen Programmen darauf abzielen, gemeinsam die ökonomische Entwicklung und die Stadterneuerung voranbringen. Dieses Vorgehen drückt sich aus in Handlungsweisen, die einen Hebel ansetzen (‚Leverage Planning'), d.h. die Dinge so zu gestalten, dass ein Maximum an privaten Mitteln ein-

12 Sheffield City Council, http://www.sheffield.gov.uk/ (Abruf am 14.9.2011).
13 Für ergänzende Informationen siehe: GUILLIAMS 2007

gesetzt wird im Rahmen von Private Public Partnerships (HALLEUX 2004). Im Vergleich zur Situation in Wallonien können wir feststellen, dass diese Organisationen nicht auf der Grundlage von Vorgaben speziell für Brachen arbeiten, nach dem Vorbild der Vorgehensweisen von SAR und SRPE[14], die es dem öffentlichen Sektor erlauben, die Wiedernutzung eines Grundstücks zu erzwingen, falls der private Sektor sich nicht bewegt. Im englischen Kontext benötigt die effektive Verzahnung zwischen strategischer Planung und Projektplanung keine derartigen spezifischen Vorgehensweisen und die Transformation der Brachen kann auf Grund genereller Vorgaben stattfinden.

Die Funktion der englischen Planungseinrichtungen ist ziemlich ähnlich wie die Funktion der ‚Intercommunales de Développement Economique' in Wallonien (IDE). Der wesentliche Unterschied ergibt sich in Wirklichkeit aus der jeweiligen Handlungsebene, welcher Vorrang eingeräumt wird. Während die englischen Vorgaben, die durch die zentrale Autorität vorgegeben werden, bewirken, dass die Organisationen im wesentlichen im Inneren des schon bebauten Gebiets tätig werden, tendiert die Intervention der wallonischen IDR dazu, die Gewerbegebiete, die an der Peripherie liegen, zu bevorzugen. Was man in Wallonien beobachten kann, ist durch die finanziellen Regelungen der IDE bestimmt (LAMBOTTE et al. 2007), aber auch, wie wir oben gezeigt haben, durch die weitverbreitete Meinung, dass die Verfügbarkeit von Grundstücken eine entscheidende Rolle beim regionalen Wirtschaftswachstum spielt.

Fazit

Der Vergleich zwischen Wallonien und England zeigt deutliche Unterschiede, was die Wiederbelebung von vormals industriell genutzten Brachen betrifft. Bei diesen Unterschieden findet man erstens einen sehr viel stärkeren Willen im Vereinigten Königreich als in Belgien den Grund und Boden als Ressource zu erhalten, die Ausbreitung der Siedlungen zu begrenzen und mehr Wert zu legen auf die Verdichtung des städtischen Raumes. Außerdem findet man im Gegensatz zu Wallonien, wo sich das große Ziel einer nachhaltigen Nutzung des Bodens und eine größere Wertschätzung des Potenzials von Industriebrachen nur schwer durchsetzen lassen, jenseits des Ärmelkanals ein klares Konzept zur Verdichtung der Stadt,

---

14 Sites À Réaménager et Sites de Réhabilitation Paysagère et Environnementale (Programme der wallonischen Raumordnung, vgl. http://mrw.wallonie.be/DGATLP/DGATLP/Pages/DAU/Pages/SIR/SIR001.asp; Abruf am 14.9.2011).

welches die Planungspraxis direkt beeinflusst und welches schließlich zur Wiederinstandsetzung städtischer Räume führt.

Für die britischen Planer rechtfertigt sich das Konzept der Verdichtung sowohl aus Umweltgründen, die damit verbunden sind, dass man die Abhängigkeit vom Auto begrenzen möchte, als auch durch Gründe, die mit der wirtschaftlichen Entwicklung zusammenhängen. Man kann tatsächlich in diesem Land einen starken Willen erkennen, die wirtschaftliche Entwicklung im Kern der Städte und in ihren zentral gelegenen Stadtteilen zu unterstützen, was sich sehr deutlich in der Fallstudie Sheffield zeigt. Mehr noch als die Frage, ob Grundstücke zur Verfügung stehen, wie in Wallonien, bestimmt hier eher die Frage der Qualität der Flächen und die dynamisierende Kraft der Stadtzentren die Reflexionen über ökonomisches Wachstum und darüber, wie die traditionellen Industrieregionen schließlich ihren Entwicklungsrückstand aufholen können.

Selbst wenn die Mechanismen, die man in England in Bezug auf die Umwandlung von Industriebrachen beobachten kann, nicht auf Wallonien anwendbar sind, so denken wir doch, dass sie eine Quelle der Inspiration darstellen können, um den Herausforderungen gerecht zu werden, die auf die wichtigsten wallonischen Ballungsgebiete im traditionellen Industriegürtel zukommen. Schließlich kann man mit B. MÉRENNE-SCHOUMAKER feststellen, dass, „wenn die Neuinwertsetzung dieser Gebiete gelingt, so wird auch die Zukunft vorbereitet, denn man sollte allen Regionen und allen Quartieren die Chance zur Entwicklung geben und deren Marginalisierung verhindern" (1987, S. 100).

Anmerkung der Herausgeber: Wir danken dem Séminaire de l'Académie Wallonie-Europe als Herausgeber von "Territoire(s) wallon(s)" für die Erlaubnis, den Artikel von Pierre Guilliams und Jean-Marie Halleux (2008): "La réaffectation des friches d'activité dans les regions de tradition industrielle wallonnes et anglaises: comparaison entre Liège et Sheffield" aus dem Französischen ins Deutsche zu übersetzen.

Literatur

ACOSTA R. (1994), Politiques foncières comparées: Belgique. Paris.

ADAMS D., WATKINS C. (2002), Greenfields, Brownfields and Housing Development (=Real Estates Issues, RICS Foundation). London.

BEER A. (2005), The Green Structure of Sheffield. In: Green Structure and Urban Planning. (COST Action C11), European Science Foundation. S. 40-51. Brüssel.

Booth P. (2004), La concertation en trompe-l'oeil. Le cas de Sheffield. In: Jouve B., Booth P. (Hrsg.), Démocraties métropolitaines. S. 111-130. Quebec.

Bruyelle P., Mérenne-Schoumaker B., Kivell P. T. (1992), Les friches industrielles. In: Revue Belge de Géographie, Fascicules, 1-4, S. 113-137.

Catney P., Henneberry J., Meadowcroft J., Eiser J. R. (2006), Dealing with Contaminated Land in the UK through 'Development Managerialism'. In: Journal of Environmental Policy and Planning, 8, 4, S. 331-356.

Dabinett D. (2004), Les partenariats et la transformation de l'Etat en Grande-Bretagne, In: Jouve B., Booth P. (Hrsg.), Démocraties métropolitaines. S. 68-91. Quebec.

Dixon T. (2007), The property development industry and sustainable urban brownfield regeneration in England: An analysis of case studies in Thames Gateway and Greater Manchester. In: Urban Studies, 44, 12, S. 2379-2400.

Dubois O., Gabriel I., Halleux J.-M., Michel Q. (2002), Révision des plans de secteur et mécanismes fonciers en Wallonie: objectifs politiques, outils juridiques et mise en oeuvre. (Etudes et Documents - CPDT 2), Ministère de Région wallonne, DGATLP. Namur.

Evans A.W. (1991), Rabbit Hutches on Postage Stamps: Planning, Development and Political Economy. In: Urban Studies, 28, 6, S. 853-870.

Evans A. W., Hartwich O. M. (2005a), Bigger better faster more. Why some countries plan better than others. London.

Evans A. W., Hartwich O. M. (2005b), Unaffordable housing. Fables and Myths. London.

Evans A. W., Hartwich O. M. (2007), The best laid plans. How planning prevents economic growth. London.

Florida R. (2002), The rise of the creative clas: And How Its Transforming Work, Leisure, Community and Everyday Life. New York.

Got P. (2002), Conclusions générales, Actes des 2èmes rencontres de la CPDT: Gestion foncière et développement territorial. S. 117-124.

Guilliams P. (2007), La réaffectation des friches d'activité dans les régions de tradition industrielle. Comparaison entre l'agglomération liégeoise et le district de Sheffield. Mémoire de licence en Sciences Géographiques, Universität Lüttich. Unveröffentlichtes Manuskript.

Halleux J.-M. (2000), Développement durable et organisation urbaine: le mot d'ordre de la ville compacte. In: Les Cahiers de l'Urbanisme, 30, S. 18-23.

Halleux J.-M. (2004), Le recyclage urbain en partenariat public-privé: le "gap funding anglais" et la "revitalisation urbaine" wallonne. In: Bulletin de la Société Géographique de Liège, 44, S. 53-64.

Halleux J.-M., Brück L., Mairy N. (2002), La périurbanisation résidentielle en Belgique à la lumière des contextes suisses et danois: enracinement, dynamiques centrifuges et régulations collectives. In: Belgeo, 4, S. 333-354.

Halleux J.-M., Lambotte J.-M. (2008), Reconstruire la ville sur la ville. Le recyclage et le renouvellement des espaces dégradés. In: Territoire(s) wallon(s), 2, S. 7-22.

Harvey D. (1989), From managerialism to entrepreneurialism: the transformation in urban governance in late capitalism. In: Geografiska Annaler. Series B, Human Geography, 71, 1, S. 3-17.

Jacquier C. (2003), Un dispositif de veille internationale. Politiques intégrées de développement urbain durable et gouvernance urbaine en Europe. Rapport de synthèse des politiques intégrées de développement urbain. Royaume-Uni. Grenoble.

LAMBOTTE J.-M., BASTIN A., GUILLAUME N., HILIGSMANN S., LEPERS E., NERI P., SCHENKE C., VAUCHEL B., HALLEUX J.-M. (2007), Evaluation des besoins en matière de zones d'activités économiques. Mission expertise, Décision du Gouvernement wallon du 21.09. 2006, CPDT. Jambes.

LAWLESS P., Gore T. (1999), Urban Regeneration and Transport Investment: A Case Study of Sheffield 1992-96. In: Urban Studies, 3, S. 527-545.

LUYTEN S., VAN HECKE E. (2007), De Belgische stadsgewesten 2001. (Statistics Belgium Working Paper n°14). Brüssel.

MÉRENNE-SCHOUMAKER B. (1987), Le patrimoine industriel et sa reconversion. Wallonie-Bruxelles. In: CRÉDIT COMMUNAL DE BELGIQUE (Hrsg.), La réaffectation des anciens sites industriels à des fins économiques: bilan et propositions. S. 77-103. Brüssel.

MÉRENNE-SCHOUMAKER B., DEVILLET G. (1999), Etat de l'environnement wallon, «Industrie», Partie 1, Etat, et partie 3.8. Gestion du Passé. SEGEFA, Etude réalisée pour le Ministère de la Région wallonne, Direction Générale des Ressources Naturelles et de l'Environnement. Unveröffentlichte Studie.

PARKINSON M., SIMMIE J., CLARK G., VERDONK H. (2004), Competitive European Cities: Where do the Core Cities Stand? Office of the Deputy Prime Minister. London.

PHAROAH T. (1996), Reducing the need to travel. A new planning objective in the UK?, In: Land Use Policy, 13, 1, S. 23-36.

PUMAIN D., SAINT-JULIEN T., CATTAN N., ROZENBLAT C. (1992), Le concept statistique de la ville en Europe. Office Statistique des Communautés européennes. Luxemburg.

RENARD V. , VILMIN T. (1990). Politiques foncières comparées. Grande-Bretagne. Paris.

ROUSSEAU M. (2008), Bringing politics back in: la gentrification comme politique de développement urbain? Autour des «villes perdantes». In: Espace et société, 1-2, 132, S. 75-90.

RUELLE C., BREUER C. (2008), La stratégie de redéploiement de Sheffield, Etude de cas concrets. Master en Urbanisme et Aménagement du territoire, Université de Liège. Unveröffentlichte Studie.

SELLERS J. (2004), Urbanization and the social Origins of National Policies Toward Sprawl, Urban sprawl in Western Europe and the United States. In: RICHARDSON H. W., BAE C. H. C. (Hrsg.), Urban Sprawl in Europe and the United States. S.195-216. Aldershot.

SHEARMUR R. (2006), L'aristocratie mobile du savoir et son tapis rouge. Quelques réflexions sur les thèses de Richard Florida. In: TREMBLAY D.-G., TREMBLAY R. (Hrsg.), La compétitivité urbaine à l'heure de la nouvelle économie. S. 285-303. Quebec.

URBAN TASK FORCE (1999), Towards an Urban Renaissance, Final Report of the Urban Task Force chaired by Lord Rogers of Riverside. London.

WATTS H. D., SMITHSON P. A., WHITE P. E. (1989), Sheffield today. Sheffield: Department of Geography, University of Sheffield.

ELMAR KULKE

WANDEL DER EINZELHANDELSLANDSCHAFTEN BERLINS

Einleitung

Die Standorte des Einzelhandels prägen nachhaltig die Stadtlandschaften und ihr Wandel stellt ein wichtiges Element aktueller Stadtentwicklungsprozesse dar. Die Angebotsformen und die Standortsysteme des Einzelhandels verzeichneten in den letzten Jahrzehnten erhebliche Veränderungen; Betriebsformenwandel, Unternehmenskonzentration, Internationalisierung, Sortimentserweiterungen und die Bildung neuer Standortgemeinschaften sind Schlagworte, welche die Veränderungen auf der Angebotsseite beschreiben. Für die Nachfrager stellen die Versorgung mit Waren und die Einkaufswege ein prägendes Element der alltäglichen Mobilität dar; auch hier ergaben sich junge Veränderungen. Die Auflösung von Nearest-Center-Bindungen, veränderte Einkaufsmotive wie „Smart-Shopping" oder Preiseinkauf oder das Einkaufen in Kombination mit Nutzung weiterer Dienstleistungen als Teil der Freizeitgestaltung gewinnen immer mehr an Bedeutung. Und schließlich widmet die räumliche Planung dem Einzelhandel große Aufmerksamkeit; Stadtgestaltung hängt eng mit den Standorten von Einzelhandelsbetrieben zusammen und entsprechend wird das Planungsinstrumentarium zur Beeinflussung der Standortwahl von Einzelhandelsbetrieben eingesetzt. Gerade die jüngsten Entwicklungen von Shopping Centern sind als bewußtes Zusammenspiel von Anbieterinteressen und Stadtentwicklungspolitik – mit dem Ziel der Verbesserung lokaler Versorgung und auch innerstädtischer Wirtschaftsentwicklung – zu interpretieren. Die Bedeutung des Einzelhandels für die räumliche Planung drückt sich in Berlin beispielsweise in dem von der Senatsverwaltung für Stadtentwicklung erarbeiteten Stadtentwicklungsplan Zentren 2020 aus.

Die deutsche Einzelhandelslandschaft weist Ähnlichkeiten und Besonderheiten im europäischen Vergleich auf (vgl. KULKE 2006a sowie das Themenheft BELGEO 1-2/2006). Ähnlich ist das Standortsystem bezogen auf das hierarchische System innerstädtischer Subzentren und das Netz von Lebensmittelgeschäften. Weiter fortgeschritten als in anderen Ländern ist die Durchdringung mit modernen Betriebsformen wie Fachmärkten und Discounter; großflächige und konsequent auf Selbstbedienung orientierte Einheiten weisen in Deutschland höhere Marktanteile auf. Mit ihrem Auftreten war aber aufgrund des relativ starken planerischen Einflusses keine so massive Suburbanisierung verbunden wie in anderen Ländern.

Der vorliegende Beitrag behandelt zuerst den Wandel der Einzelhandelslandschaften Berlins seit der Wiedervereinigung und beleuchtet dabei Elemente der Angebots-, der Nachfrage- und der Planungsseite; die erkennbaren Entwicklungsphasen sind sowohl typisch für andere Städte, die eine Transformation von der Plan- zur Marktwirtschaft erfuhren, als auch charakteristisch für junge Trends der Entwicklung in europäischen Metropolen. Im zweiten Teil erfolgt eine Detaildiskussion von zwei wichtigen Elementen der aktuellen Entwicklungen, der qualitativen Angebotsdifferenzierung von Shopping Centern und der fortschreitenden Internationalisierung.

1. Veränderungen des Standortsystems seit der Wiedervereinigung

Im letzten Jahrhundert erfuhr Berlin einen tiefgreifenden Wandel des Standortsystems im Einzelhandel, welcher sich sehr deutlich in der Stadtmitte abzeichnet (Abb. 1; KULKE 2006b). Vor der Teilungsphase war der Bereich um den Alexanderplatz, die Leipziger Straße und die Friedrichstraße das herausragende Citygebiet. Während der Teilungsphase entwickelten sich zwei Zentren, im Westen entlang des Kurfürstendammes und der Tauentzienstraße und im Osten um den Alexanderplatz. Heute verfügt Berlin über ein polyzentrisches System mit mehreren spezialisierten Kernen.

Mit der Wiedervereinigung kam es zu einem vollständigen Wandel des Angebotssystems in Ost-Berlin sowie dem Berliner-Umland und auch zu Veränderungen in West-Berlin. Der Strukturwandel im Gebiet der ehemaligen DDR ergab sich durch die Transformation von einem staatlichen und geplanten zu einem privatwirtschaftlichen Einzelhandelssystem. In West-Berlin bestand durch die Mauer und fehlende Ansiedlungsmöglichkeiten ein Modernisierungsrückstand im Vergleich zu anderen westdeutschen Agglomerationen; mit der Wiedervereinigung vollzog sich eine rasche nachholende Entwicklung.

Bei Betrachtung des Gesamtraumes lassen sich drei Entwicklungsphasen identifizieren. In einer ersten Phase von 1990 bis etwa 1995 trat eine massive Suburbanisierung des Einzelhandels auf und im Berliner Umland erfolgte der stärkste Zuwachs von Verkaufsflächen. In der zweiten Phase von 1995 bis etwa 2000 erfolgte eine erste Reorientierung auf innerstädtische

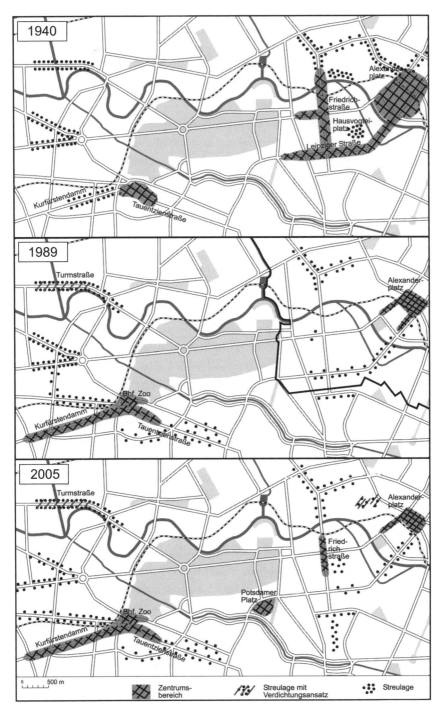

*Abbildung 1: Wandel der Einzelhandelsbereiche im Zentrum von Berlin
(Quelle: KULKE 2006b)*

Lagen. Das letzte Jahrzehnt war dann durch eine ausgeprägte Modernisierung, deren wichtigstes Merkmal die Entstehung von Shopping Centern in zentralen Lagen ist, gekennzeichnet.

1.1 Suburbanisierungsphase

Charakteristisch für das staatlich dominierte Versorgungsnetz in der DDR (89% des Umsatzes entfiel auf den staatlichen Einzelhandel) waren ein relativ dichtes Netz von kleinen Ladengeschäften (90% der Läden hatten weniger als 100m^2 Verkaufsfläche) des Lebensmitteleinzelhandels im gesamt Stadtgebiet. Dagegen konzentrierte sich die Versorgung mit Konsumgütern auf wenige innerstädtische Zentren; dort befanden sich die Kauf- und Warenhäuser sowie Fachgeschäfte (vgl. ILLGEN 1990). Suburbane Standorte, wie sie sich in Westdeutschland seit den 1960er Jahren entwickelten, gab es im System des DDR-Einzelhandels nicht. Die Versorgungsdichte war deutlich schlechter als in Westdeutschland; so betrug in der DDR die Verkaufsfläche pro Einwohner nur 0,31m^2 (1988) während diese zum gleichen Zeitpunkt in Westdeutschland bei 1,07m^2 (1985) lag. Besonders ausgeprägte Versorgungslücken bestanden im Konsumgüterbereich; während in Westdeutschland 80,6% aller Ladengeschäfte Non-Food-Güter verkauften waren es in der DDR nur 36,6% (vgl. KULKE 1999, S. 130f.).

Mit der Systemtransformation erfolgten eine Privatisierung des ehemals staatlichen Einzelhandels der DDR und eine rasche Expansion von westdeutschen Einzelhandelsfilialisten nach Ostdeutschland. Im Zuge der Privatisierung wurden viele der kleinen Läden geschlossen, da sie aufgrund von Größe, Sortiment und Preisniveau nicht wettbewerbsfähig waren. Entsprechend kam es zu einer raschen Ausdünnung des Versorgungsnetzes in den Wohngebieten der Städte. Zugleich entstanden mit der Expansion von Filialisten neue Standorte. Der ostdeutsche Markt war für Filialisten besonders interessant, da ein erhebliches Nachfragepotential bestand. Die Umstellung der Löhne auf DM und der Umtausch der Vermögen vergrösserte den ohnehin schon in der DDR vorhandenen Nachfrageüberhang; zugleich verbesserte sich schnell die Ausstattung der Haushalte mit PKWs. Einkommen und Mobilität bedeuteten eine große räumliche Flexibilität der Nachfrager; entsprechend konnten Einzelhandelsbetriebe auch Standorte außerhalb der geschlossenen Bebauung und ohne Anschluß an öffentliche Verkehrsmittel wählen.

Die Suburbanisierung des Einzelhandels wurde durch die in den ersten Jahren gelten gesetzlichen Rahmenbedingungen noch verstärkt. In den städtischen Gebieten bestanden Eigentumsunsicherheiten, da erst Rückgabeansprüche geprüft und entschieden werden mußten. Entsprechend fehlten dort oftmals Flächen für die Ansiedlung neuer großflächiger Einzelhandelsbetriebe. Zugleich ergaben sich im Umland der Großstädte aufgrund einer rechtlichen Lücke leichte Ansiedlungsmöglichkeiten. Mit dem Beitritt der DDR galt auch in Ostdeutschland das Grundgesetz; dieses regelt, dass Gemeinden ihre Flächenplanung selbständig vornehmen dürfen. Entsprechend konnten die Umlandgemeinden sehr schnell Bebauungspläne aufstellen, welche Flächen als Sondergebiete für Einzelhandelsnutzung darstellten. Von diesem Recht machten Sie umfassend Gebrauch, in der Hoffnung, mit der Errichtung von Einzelhandelsbetrieben Arbeitsplätze zu schaffen und Gewerbesteuern einzunehmen. Dieses Recht der Gemeinden wird in westdeutschen Bundesländern durch die Regionalplanung eingeschränkt; die übliche Aussage in den Raumordnungsprogrammen ist dabei, dass Gemeinden nur so viele Verkaufsflächen ansiedeln dürfen, wie ihrem zentralörtlichen Rang entsprechen. Die Bundesländer in Ostdeutschland mußten sich aber erst konstituieren, die Raumplanungsgesetze erarbeiten sowie beschließen und Raumordnungsprogramme mit der Darstellung von zentralen Orten entwickeln. Entsprechend bestand für einen Zeitraum von etwa fünf Jahren eine Lücke, in welcher die Planungshoheit der Gemeinden nicht durch die Raumplanung eines Bundeslandes beschränkt wurde; diese Bedingungen begünstigten den massiven Suburbanisierungsprozess des Einzelhandels (BRAKE et al. 2001; KULKE 2001).

In dieser Phase zu Beginn der 1990er Jahre entstanden im Umland von Berlin über 600.000m² zusätzliche Verkaufsflächen; damit vervierfachte sich in diesem Raum das Flächenangebot. Einzelne Gemeinden verfügten Mitte der 1990er Jahre über mehr als 10m² Verkaufsfläche pro Einwohner. Die Dimensionen zeigen deutlich, daß das Angebot nicht zur lokalen Versorgung, sondern auf die Bewohner der Kernstadt ausgerichtet war. Dominierend waren drei Typen von Standorten (vgl. KULKE 1999, S. 133). Zum einen entstanden in Einzellagen sehr großflächige Einheiten mit einer großen eigenen Anziehungskraft (z.B. Verbrauchermärkte, Möbelmärkte). Sich mit ihrem Angebot ergänzende Betriebe – vor allem Fachmärkte des Non-Food-Bereichs – bildeten Standort-Agglomerationen mit mehreren Einheiten meist um einen zentralen Parkplatz. Eher kleinere Einheiten gemeinsam mit größeren Magnetbetrieben mit einem citytypischen Sortiment siedelten sich in Shopping Centern, d.h. in einer geschlossenen baulichen Einheit, an. Insgesamt war die Suburbanisierungsphase stark durch neue großflächige Betriebsformen (z.B. Verbrauchermärkte, Fachmärkte) und durch geplante Standortgemeinschaften (z.B. Fachmarkt-Agglomerationen, Shopping Center) geprägt.

1.2 Reurbanisierungsphase

Die ungeregelte Suburbanisierung widersprach den Grundsätzen der räumlichen Planung; mit der Verabschiedung des planungsrechtlichen Rahmens in Brandenburg und der gemeinsamen Planung zwischen Berlin und Brandenburg wurden Bebauungspläne mit Sondernutzung für Einzelhandel nur noch sehr restriktiv und nur wenn sie den Zielen der Raumplanung entsprachen zugelassen. Dadurch wurden ab Mitte der 1990er Jahre Neuansiedlungen im Berliner Umland deutlich eingeschränkt. Allerdings konnten weiter auf bereits für den Einzelhandel planerisch dargestellten Flächen (für die also Bebauungspläne existierten) – sogenannte Flächen „alten Rechts" – Ergänzungen durch neue Betriebe erfolgen; dies drückt sich in einer weiteren Flächenzunahme aus.

Zugleich eröffneten sich innerhalb Berlins nun Ansiedlungsmöglichkeiten. Zum einen waren inzwischen die Eigentumsrechte weitgehend geklärt und Flächenkauf war für die Errichtung von Einzelhandelsbetriebe möglich. Zum anderen entstanden durch die Auslagerung bzw. Schließung von Gewerbebetrieben (Entstehung von Gewerbebrachen) und Reduzierungen bei Verkehrsanlagen (z.B. Hafengebiete, Rangierbahnhöfe) Verfügungsflächen, welche für Umwidmungen und die Errichtung auch großflächiger Einzelhandelsbetriebe zur Verfügung standen.

Für Filialisten waren nicht nur die neuen Flächenpotentiale in Berlin interessant; auch die räumliche Nähe zu den Nachfragern, die gerade bei kleineren Einheiten (z.B. Lebensmitteldiscounter) große Bedeutung besitzt (Nearest-Center-Bindungen; siehe MARTIN 2006), führte zu Veränderungen der Ansiedlungsstrategie. Die ab den 1990er Jahren als Betriebsform stark expandierenden Lebensmitteldiscounter wählten nun verstärkt Standorte in Streulagen des gesamten Stadtgebietes.

Daneben bestanden in den östlichen Gebieten Berlins nach wie vor Lücken bei den innerstädtischen Subzentren. In der DDR-Zeit waren diese Subzentren kaum vorhanden; Konsumgüter wurden überwiegend nur in dem Hauptzentrum um den Alexanderplatz verkauft. Mit der verbesserten Verfügbarkeit von Flächen begann die Errichtung von neuen meist in einem Zug geplanten Einzelhandelseinrichtungen mit der Funktion als lokale Subzentren. Bevorzugt wurden als Standorte für Einzelhandelsansiedlungen dabei Knoten des öffentlichen Verkehrsnetzes (z.B. S-Bahn-Kreuze, Kreuzungen von Hauptverkehrsstraßen mit S-Bahn/U-Bahn/Tram), an denen große Zahlen von Umsteigevorgängen und hohe potentielle Kunden-frequenzen bestanden (vgl. KORN 2005). An diesen entstanden die ersten Shopping Center. Unter einem Dach wurden ein relativ standardisierter Mix aus Betriebsformen (Verbrauchermarkt, kleinere Fachmärkte/Fachge-schäfte) und Branchen (vor allem kurz- und mittelfristiger Bedarf) angebo-ten, der vor allem zur Versorgung im Nahbereich diente.

Insgesamt war die Reurbanisierungsphase dadurch gekennzeichnet, dass eher preisorientierte Betriebsformen mit einem eher einfacheren und standardisierten Sortiment auftraten. Räumlich orientierten sich diese vor allem auf die in den östlichen Gebieten Berlins entstandenen Versorgungs-lücken im Nahbereich. Dort entwickelte sich ein neues Netz von Lebens-mittelläden und von kleineren innerstädtischen Subzenten.

1.3 Modernisierungsphase

Seit den 2000er Jahren erfahren die Einzelhandelslandschaften in Deutschland im allgemeinen und jene Berlins im speziellen qualitative Differenzierungen. Hier lässt sich das Zusammenspiel zwischen der Ver-änderung der Käuferpräferenzen (vgl. KULKE 2005) einerseits und den Unternehmensstrategien zur Erlangung von Wettbewerbsvorteilen durch Zielgruppenorientierung andererseits als Ursachen identifizieren. In Ber-lin war diese Phase durch Veränderungen im Umland und im Stadtgebiet gekennzeichnet.

Im Umland zeigte sich bei weiteren Flächenergänzungen immer deutlicher das Problem des „Overstoring", d.h. das Angebot übertraf die Nachfrage. Entsprechend gerieten weniger interessante Standorte unter Wettbewerbsdruck. Dieses Phänomen tritt auch in anderen ostdeutschen Agglomerationen, welche in den 1990er Jahren eine starke Einzelhandels-suburbanisierung erfuhren, auf. Der Angebotsüberhang lässt sich dadurch erklären, dass bei weiterer Flächenexpansion im Umland nicht in gleichem Maße die Nachfrage zunahm. Der Prozess der Wohnsuburbanisierung ver-langsamte sich erheblich, weil auch im Stadtgebiet Berlins Flächen erschlos-sen und mit Wohnbebauung (verschiedene Typen von Wohngebäuden wie Mehrfamilien-, Reihen- oder Town-Häusern) versehen wurden. Zugleich orientierten sich die Nachfrager aus Berlin um; Einkaufsbesuche im weiter entfernten Umland reduzierten sich, während die näher gelegenen neuen Angebote größere Nachfrageanteile erzielten. Die größeren Einzelhandel-sagglomerationen im Umland reagierten darauf durch die Ergänzung der Angebotsbereiche, die Einrichtung zusätzlicher Freizeitattraktionen und in-terne Maßnahmen des „Trading-up" (d.h. qualitative Verbesserung des Sortiments), um so ihre Attraktivität zu steigern. Weniger attraktive und mit geringer Vielfalt gekennzeichnete Standorte erfahren Umsatzeinbußen und es besteht die Gefahr von Aufgaben dieser Lagen („Demalling").

Das Stadtgebiet prägten zahlreiche Errichtungen von Shopping Centern. Dabei entstanden diese nicht mehr nur als neue innerstädtische Subzentren in Ost-Berlin; vielmehr trat eine ausgeprägte Differenzierung auf. Es entstanden sowohl sehr große neue Center, die Funktionen als Hauptzentrum erfüllen, als auch vielfältige spezialisierte kleinere Einheiten, die vorhandene Zentrumsbereiche qualitativ ergänzen. Gegenwärtig verfügt Berlin (IHK, Stand 2010) im Stadtgebiet über 59 Shopping Center und über weitere 15 im Umland. Damit ist die Berliner Einzelhandelslandschaft innerhalb Deutschlands am stärksten durch diese Standortgemeinschaft geprägt. Nur Hamburg weist mit 41 Shopping Centern eine ähnlich starke Prägung auf, während andere Agglomerationen (z.B. München 3, Frankfurt 7, Köln 8) weniger dieser Einheiten besitzen.

Diese jungen Entwicklungen lassen sich klar in die Phasen der Shopping-Center Entwicklungen Deutschlands einordnen. Generell lassen sich ausgeprägte Phasen der Shopping Center Entwicklung beobachten (Tab. 1). In den 1970er Jahren erfolgte ein erster Bauboom von Shopping Centern; dann kamen in den 1980er Jahren nur relativ wenige dazu. Die suburbanen Lagen wurden durch planerischen Einfluß begrenzt und innerstädtische Standorte standen noch nicht im Fokus der Betreiber. Mit der Wiedervereinigung setzte in den 1990er Jahren ein erneuter Bauboom vor allem in suburbanen Lagen ein. In den 2000er Jahren konzentrieren sich dann die zahlreichen Neuerrichtungen auf innerstädtische Lagen und ergänzen dort vorhandene gewachsene Zentren.

Insgesamt führten die Entwicklungen zur Entstehung einer besonderen Einzelhandelslandschaft in Berlin, die allerdings große Ähnlichkeiten zu anderen Städten in Ostdeutschland aufweist (Abb. 2). Das Umland prägen große nicht-integrierte Einzelhandelsagglomerationen, in Ostberlin dominieren Shopping Center als innerstädtische Subzentren, Westberlin weist gewachsene Zentren auf, die gegenwärtig eine Ergänzung durch spezialisierte Shopping Center erfahren; insgesamt liegt durch die Teilungsphase eine ausgeprägt polyzentrische Einzelhandelslandschaft vor.

2. Aktuelle Entwicklungstrends der Einzelhandelslandschaften

Zwei aktuell besonders relevante Entwicklungstrends, die Entstehung von Shopping Centern und die Internationalisierung, werden im folgenden am Beispiel Berlins behandelt.

	Anzahl	Fläche in 1.000 m²	Fläche je Center in m²
1965	2	68	34.000
1970	14	459	32.800
1975	50	1.545	30.900
1980	65	1.957	30.100
1985	81	2.414	29.800
1990	93	2.781	29.900
1995	179	6.020	33.600
2000	279	9.212	33.000
2005	363	11.450	31.500
2009	414	13.038	31.500

Tabelle 1: Entwicklung von Shopping-Centern in Deutschland (Quelle: KÄSTNER 2010 basierend auf EHI 2008, S. 34)

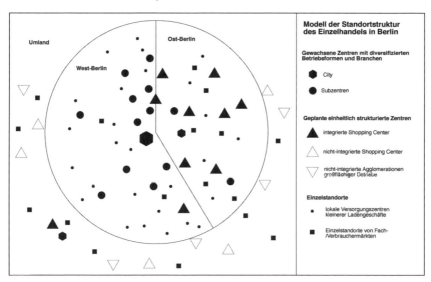

Abbildung 2: Modell der Einzelhandelslandschaften Berlins (eigene Darstellung)

2.1 Shopping Center Differenzierung

Eine der auffälligsten Veränderungen der Einzelhandelslandschaften in Deutschland stellt gegenwärtig die massive Zunahme von Shopping Centern dar (vgl. KÄSTNER 2010; POPP 2002). Allein zwischen 1995 und 2009 vergrößerte sich in Deutschland die Zahl der Shopping Centern von 179 auf 414 Einheiten (EHI 2008). In den USA genießt diese Standortgemeinschaft schon lange große Beliebtheit (vgl. HAHN 2002), wobei aber vor allem suburbane Standorte Bedeutung besitzen. Die Errichtung von Shopping Centern war in Deutschland dagegen lange Zeit durch die Planung begrenzt worden, da suburbane Standorte nicht den Vorstellungen des Erhalts von Versorgungsstrukturen im Nahbereich entsprachen. Erst mit der Umorientierung der Shopping Center Entwickler auf innerstädtische Standorte erfolgten planerische Flächendarstellungen für diese Einheiten. Planer und Politiker erhoffen sich eine den Leitbildern der Stadtentwicklung entsprechende Stärkung innerstädtischer Zentren und eine bessere Versorgung der Konsumenten innerhalb der Stadt.

Für die Investoren sind Shopping Center in einer vom Umsatz her stagnierenden Marktsituation (Tab. 2) offenbar eine Angebotsform, mit welcher im Wettbewerb Umsatzanteile von anderen Angebotsformen übernommen werden können. Gerade die klassischen Waren- und Kaufhäuser entsprechen nicht mehr den Kundenpräferenzen; sie wurden in vielen Städten geschlossen und Shopping Center übernehmen als neue Form mit vielfältigem aber auch in den einzelnen Warengruppen tiefem Sortiment ihre Funktion. Üblicherweise errichtet ein Entwickler ein Shopping Center, welches er später auch weiter betreibt (z.B. ECE). Bei der baulichen Anlage, mit einer überdachten und Aufenthaltsqualität besitzenden zentralen Fußgängerachse, und vor allem bei der Auswahl der Mieter achten die Betreiber auf bewährte Konzepte. So sind nicht nur die Betriebsformen, mit einer Mischung aus großen Magnetgeschäften und zahlreichen kleineren ergänzenden Fachanbietern, und der Branchenmix, aus Lebensmitteln, Schuhen, Bekleidung, Sportartikeln, Schmuck und Unterhaltungselektronik, sondern auch die vertretenen Filialisten in den Einheiten sehr ähnlich.

Für Kunden sind die Zentren interessant, weil sie Kopplungsmöglichkeiten während eines Besuchs bieten (vgl. KULKE 2005). So können nicht

	Beschäftigte	Umsatz in Mrd. Euro	Verkaufsfläche in Mio m^2	Verkaufsfläche m^2 pro Einw.
1991	142.000	19,2	2,63	
1995	118.000	16,6	2,94	
2000	93.000	16,1	3,84	1,15
2005	81.000	15,1	4,30	1,28
2008	82.000	15,7	4,55	1,35

Tabelle 2: Entwicklung des Einzelhandels in Berlin
(Quelle: AMT FÜR STATISTIK BERLIN BRANDENBURG 2011)

nur verschiedene Warenbesorgungen in unterschiedlichen Sortimenten erfolgen, sondern auch Besuche mit Freizeitaktivitäten (z.B. Besuch von gastronomischen Einrichtungen oder Freizeitgestaltung wie Kino) verbunden werden. Zudem empfinden viele Besucher den Aufenthalt in einer ansprechend gestalteten von der Witterung unabhängigen Zone als angenehm.

Kritisch wird von vielen Wissenschaftlern die Umwandlung von öffentlichem Raum in privaten Raum der Shopping Center gesehen. Während eine Fußgängerzone allen Personen Zugang und Nutzung (z.B. auch zum musizieren) erlaubt, kann der Betreiber eines Shopping Centers Regeln aufstellen und Nutzer ausschießen. Das betrifft Straßenmusikanten ebenso wie Studierende die Konsumentenbefragungen durchführen wollen.

In Berlin mit einer Vielzahl dieser neuen Shopping Center besteht eine ausgeprägte qualitative Differenzierung der einzelnen Einheiten:

(1) In den hochrangigen Zentren Berlins ergänzen die in jüngster Zeit errichteten Shopping Center mit einem spezialisierten und oft hochpreisigen Sortiment das vorhandene Warenangebot. Ein Beispiel dafür ist die Schlossstraße in Steglitz, an der sich das nach dem Kurfürstendamm zweitwichtigste Zentrum West-Berlins befindet (vgl. zum folgenden KÄSTNER 2010; auch die Daten). Dort wurden in den letzten Jahren drei Shopping Center mit insgesamt 84.000m² Verkaufsfläche (Das Schloss 36.000m², Forum Steglitz 32.000m², Schloss-Straßen-Center 16.200m²) errichtet. Insgesamt vergrößerte sich damit die Verkaufsfläche auf 140.000m². Deutlich zeigt sich an diesem Beispiel der Zusammenhang zwischen der Schließung von Warenhäusern (hier Karstadt mit 18.400m²) und der Entstehung von Shopping Centern. Die Shopping Center selbst weisen die üblichen Angebotsschwerpunkte in den Bereichen Bekleidung/Textilien (insgesamt in den 3 Shopping Center 46 Ladengeschäfte), Schuhe/Lederwaren (17 Geschäfte) und Unterhaltungselektronik (17 Geschäfte) auf; das Angebot ist höherwertig und zeigt eine ausgeprägte Orientierung auf Markenprodukte. Als zusätzliche Magneteinheiten dienen Lebensmittelgeschäfte (20 Einheiten) sowie zahlreiche kleinere Einheiten des mittelfristigen Bedarfs; insgesamt verfügen die drei Shopping Center über 152 Ladengeschäfte.

Hinsichtlich der Auswirkungen der Shopping Center lässt sich feststellen, dass sie in der Regel die Funktion und Bedeutung der Zentren insgesamt stärken (vgl. KÄSTNER 2010; POPP 2002). Allerdings lassen sich räumlich differenzierte Wirkungen beobachten. Eher näher gelegene Einheiten können, wenn sie ihr Sortiment an die Angebote des Centers anpassen und ergänzende Marktlücken besetzen, von den erhöhten Kundenfrequenzen profitieren. Dagegen können weiter entfernte und nicht entlang der Hauptwege der Kunden liegende Einheiten (z.B. in Nebenstraßen, 1b-Lagen) Umsatzanteile einbüßen. Generell steigt durch die Shopping Center der Filialisierungsgrad, da im Center selbst Ladengeschäfte der großen Ketten dominieren und Schließungen eher inhabergeführte kleinere Einheiten in der ferneren Umgebung betreffen.

(2) In den kleineren Subzentren – vor allem in Ost-Berlin (Abb. 2) – stellen dagegen die Shopping Center oftmals das bei weitem dominierende Angebot mit über 80% Flächenanteil des gesamten Zentrums dar. Ihr Angebot ist relativ stark standardisiert und preisorientiert; es dominieren Niederlassungen großer Filialisten mit einem preisgünstigen Sortiment oftmals aus Eigenmarken bestehend (z.B. Schuhgeschäfte wie Deichmann oder Bekleidungsgeschäfte wie Kik). Das Sortiment deckt vor allem Warengruppen des täglichen Bedarfs (z.B. Lebensmittel, Drogerie-Discounter) und des mittelfristigen Bedarfs (z.B. Bekleidung, Schuhe, CDs/DVDs) ab. In der Umgebung finden sich nur einzelne Ladengeschäfte mit Ergänzungssortiment (z.B. Möbel/Raumausstattung wie Dänisches Bettenlager) und bisweilen auch größere Einheiten, die auch ohne das Shopping Center ausreichend Kunden generieren würden (z.B. Baumärkte).

(3) Eine Besonderheit befindet sich am ehemals für Ost-Berlin wichtigsten Einzelhandelsstandort, dem Alexanderplatz. Dieser geriet während der Transformationsphase stark unter Druck und büßte seine hochrangige Funktion ein. In den letzten Jahren wurden Aufwertungen versucht; das Zentrenentwicklungskonzept der Berliner Senatsverwaltung für Stadtentwicklung (SenStadt 2005) sah hier im Jahr 2005 einen besonders hohen Handlungsbedarf. Ziel war es, den Flächenbestand von 50.000m² (2003) auf 130.000m² (2020) zu vergrößern, um die Funktion des Zentrums zu stärken. Inzwischen erfolgten eine Modernisierung des Warenhauses, die Ansiedlung eines Unterhaltungselektronik Fachmarkts und der Bau eines Shopping Center. Das ALEXA verfügt über 170 Ladengeschäfte mit einer Verkaufsfläche von 54.000m² (IHK 2010). Es deckt dabei ein breites Spektrum mit hochrangigen Sortimentsbereichen, die für City-Gebiete charakteristisch sind, ab. Die Funktion des Zentrums konnte so gestärkt werden, allerdings verfügt es über eine sehr spezifische Einzelhandelslandschaft, die durch die Transformationsbedingungen entstand. So gibt es außerhalb der drei Pole Warenhaus, Unterhaltungselektronikmarkt und Shopping Center nur ganz wenige andere Ladengeschäfte und inhabergeführte Läden fehlen weitgehend. Eine geplante und nicht gewachsene Einzelhandelslandschaft mit extrem hohem Filialisierungsgrad ist entstanden.

(4) Eine weitere Besonderheit ist die Angebotslandschaft entlang der Friedrichstraße. Dort wird ein sehr hochwertiges Angebot international herausragender Markenprodukte (z.B. Rolex, Gucci, Hermes) überwiegend in Einkaufspassagen vorgehalten. Mit den exklusiven Markengeschäften wird eine Entwicklung verfolgt, die sich auch in anderen Metropolen zeigt Dort gibt es in der Regel einzelne Einkaufsstraßen in Anbindung an die City, die eine ausgeprägte Konzentration von Fachgeschäften mit einem hochpreisigen Sortiment international bekannter Markenartikel aufweisen. Der Erfolg der Friedrichstraße lässt sich schwer bewerten, aber offenbar ist der Standort auch für internationale Shopping-Touristen (oft aus Osteuropa) interessant.

Insgesamt zeigen die Beispiele, dass die junge Entwicklung von Shopping Centern durch eine ausgeprägte Differenzierung gekennzeichnet ist. Unterschiedliche Formen mit unterschiedlichen Sortimenten und Qualitäten entstehen, um lokale oder auch großräumige Märkte und Marktnischen zu besetzen.

2.2 Internationalisierung im Einzelhandel

Die wirtschaftlichen Verflechtungen waren in den letzten Jahrzehnten durch eine ausgeprägte Internationalisierung bzw. Globalisierung geprägt (KULKE 2010). Im Einzelhandel zeigt sich dies durch den Bezug des Warenangebots, die internationale Expansion von Einzelhandelsketten und einen sich vergrößernden internationalen Shoppingtourismus.

Das Sortiment der Ladengeschäfte umfasst heute Produkte aus allen Teilen der Welt. Es ist heute geradezu selbstverständlich, dass bei Wein zwischen Angeboten aus Südafrika, Australien, Argentinien oder Kalifornien ausgewählt werden kann. Tropische Früchte wie frische Bananen, Mangos oder Papaya sind ganzjährig verfügbar. Eigentlich einheimisches Gemüse wie Bohnen, Kohl oder Salat wird inzwischen per Flugzeug aus Kenia geliefert. Und die ehemals auf wenige Saisonmonate begrenzt verfügbaren Produkte wie Erdbeeren, Tomaten oder Spargel gibt es ständig. Bekleidung stammt schon lange nicht mehr aus Deutschland und die Produkte der Unterhaltungselektronik werden in Südkorea, Taiwan oder Malaysia montiert. Als Endglied einer globalen Wertschöpfungskette ist insofern der Einzelhandel hochgradig weltweit vernetzt. Bei diesem Element der Internationalisierung ist gegenwärtig besonders interessant, wie sich ändernde Verbraucherwünsche und immer stärker definierte Produktstandards auf die Organisation der Kette und die Warenproduzenten an ihrem Anfang auswirken (vgl. DANNENBERG 2010). Die Veröffentlichung von menschenunwürdigen Arbeitsbedingungen bei der Herstellung von Bekleidung in Bangladesch und Vietnam hat Billiganbieter, die diese Waren in Deutschland verkaufen, unter Druck gesetzt. Noch deutlich ausgeprägter ist die Sensibilisierung der Verbraucher hinsichtlich der Qualität von Lebensmitteln. Hierbei geht es ihnen weniger um den Schutz der Umwelt, als vielmehr um die Sicherheit, dass die Produkte der Gesundheit zuträglich sind (WEISS 2006). Die Angebotsinternationalisierung unterscheidet sich in Berlin nicht wesentlich von anderen Städten. Lebensmittelsortimente weisen die gleiche Vielfalt wie in anderen Städten auf. Aufgrund des insgesamt im Vergleich zu anderen Agglomerationen vergleichsweise geringeren Einkommensniveaus in Berlin, dürfte allerdings der Anteil von hochpreisigen Fachgeschäften etwas schwächer ausgeprägt sein.

Ein zweites Element der Internationalisierung des Einzelhandels stellt die Ausbreitung von Filialisten in fremde Märkte dar (vgl. KULKE & PÄTZOLD 2009). Diese Entwicklung ist ein relativ junges Phänomen. Zwar gibt es schon länger als Einzelbeispiele in Deutschland Woolworth-Warenhäuser oder IKEA-Möbelmärkte (vgl. KULKE 2011), wirklich an Dynamik hat aber die Internationalisierung des Einzelhandels erst in den letzten beiden Jahrzehnten gewonnen. Dies hängt mit Veränderungen der gesetzlichen Rahmenbedingungen und mit neuen Strategien der Einzelhandelunternehmen zusammen. Wichtig für die Internationalisierung von Dienstleistungen war die Verabschiedung des Vertragswerkes des GATS (General Agreement on Trade in Services, vgl. KULKE 2009, S. 237f). Damit vereinbarten die Mitglieder der WTO Erleichterungen beim Markteintritt und dem Transfer von Dienstleistungen. Noch weitergehende Erleichterungen bestehen in dem supranationalen Integrationsraum EU, in welchem Investitionen von Einzelhandelketten in anderen Mitgliedsländern und Dienstleistungstransfer unbeschränkt möglich sind. Für die Einzelhandelsunternehmen sind ausländische Märkte vor allem deshalb interessant, weil sie auf heimischen Märkten nur im Verdrängungswettbewerb Marktanteile hinzugewinnen können. Im Ausland bestehen dagegen oftmals für neue dort noch nicht vorhandene Angebotsformen Marktpotentiale. Der Markteinstieg erfolgt dabei zumeist in den Großstädten mit vielfältigem Marktpotential; erst bei Erfolg erfolgt von dort eine weitere Ausbreitung. In der jüngeren Vergangenheit waren vor allem dann Einzelhandelsketten bei der Internationalisierung erfolgreich, wenn sie ein auf dem heimischen Markt erfolgreiches Konzept in neuen Märkten, an welchen dafür ein ungenutztes Potential bestand, einführten. In den neunziger Jahren waren beispielsweise Lebensmittelfilialisten mit Supermärkten, Verbrauchermärkten und Discountern in den Transformationsstaaten erfolgreich; dort gab es diese Angebotsformen noch nicht und zudem entwickelte sich ein erheblicher Angebotsüberhang. Im Verlauf der Transformation versuchten auch in Berlin internationale Einzelhandelsketten sich den neuen Markt zu erschließen. Sie waren aber gegenüber den sich rasch aus Westdeutschland ausbreitenden Ketten wenig erfolgreich. Beispielsweise wurden im Lebensmittelbereich zwar zahlreiche Discounter der Netto-Kette eröffnet, sie sind aber inzwischen an deutsche Ketten verkauft. Insgesamt weist damit Berlin eine nicht stärker international geprägte Einzelhandelslandschaft als andere deutsche Agglomerationen auf; allgemein ist dort der Anteil internationaler Anbieter begrenzt. Dies unterscheidet sich deutlich von den Ländern Ostmitteleuropas, in welchen erhebliche Anteile des Einzelhandelsumsatzes auf internationale Anbieter entfallen (vgl. KACZMAREK 2009).

Ein drittes Element der Internationalisierung stellt der grenzüberschreitende Shoppingtourismus dar. Schon lange gibt es diese Form im kleinen Grenzverkehr zwischen angrenzenden Staaten, wenn zwischen diesen deutliche Preisunterschiede beim Warenverkauf bestehen. In der Nähe von Berlin ist das beispielsweise in Frankfurt/Oder sichtbar. Preisgünstige Kleidung und vor allem Benzin werden in Slubice (Polen) gekauft. Eine jüngere Form stellen Reisen in weiter entfernte Städte, oftmals auch mit dem Flugzeug, dar, bei denen Einkaufen ein wesentliches Element des Städtetourismus bildet. Die Nachfrage richtet sich dabei vor allem auf hochwertige international bekannte Markenprodukte, die in den Heimatregionen entweder nicht verfügbar oder deutlich teurer sind. Einige städtische Agglomerationen, vor allem in dynamisch sich entwickelnden Schwellenländern (z.B. Dubai, Kuala Lumpur), versuchen sich international als Shopping-Paradiese zu vermarkten und ziehen ausländische Einkaufstouristen in größerer Zahl an. Berlin verfolgt zwar keine bewusste Strategie dieser Art, ist aber offenbar für Einkaufstouristen aus Deutschland und dem Ausland (vor allem Osteuropa) interessant. Berlin bietet neben den baulichen Attraktionen, dem kulturellem Angebot und der Vereinigungsgeschichte noch ein vergleichsweise niedriges Preisniveau (z.B. für Hotels, Gastronomie, Transport, Einzelhandelsartikel). Im Jahr 2010 verzeichnete deshalb die Stadt rund 20,8 Mio. Gästeübernachtungen (im Beherbergungsgewerbe, ohne Besuche von Familie, Freunden und Bekannten); nach London und Paris ist Berlin damit das drittgrößte Städteziel in Europa. Von den registrierten Besuchern (2010: 9,1 Mio.) stammen immerhin 36% (3,3 Mio.) aus dem Ausland. Analysen zum Ausgabeverhalten von Besuchergruppen zeigen, dass Übernachtungsgäste (44,10 EUR) im Vergleich zu Besuchern von Verwandten/Freunden (20,00 EUR) und Tagesgästen (17,60 EUR) die höchsten Beträge im Einzelhandel ausgeben (BERLIN TOURISMUS MARKETING 2009, S. 11). Schätzungen gehen davon aus, dass rund 24% des Jahresumsatzes des Einzelhandels Berlins durch Besucher entsteht (HANDELSVERBAND BERLIN-BRANDENBURG 2010, S. 4); besonders die Hauptgeschäftszentren profitieren davon, so dass dort teilweise die Hälfte des Gesamtumsatzes auf Besucher entfällt. Dabei prägen sich mehrere räumliche Schwerpunkte der Besuche heraus. Das Warenhaus am Ostbahnhof, umgebende Ladengeschäfte und der Alexanderplatz sind eher für Käufer aus Ostmitteleuropa, die vor allem preisgünstige Produkte suchen, interessant. Das hochpreisige Angebot von Luxusartikeln entlang der Friedrichstraße zieht dagegen vor allem den neuen Geldadel der Transformationsstaaten Osteuropas an. Das Westzentrum um Kurfürstendamm und Tauentzienstraße besuchen viele Gäste aus Westdeutschland und dem Ausland.

Insgesamt stellt die Internationalisierung ein sehr aktuelles Phänomen für den Einzelhandel dar. Besonders Großstädte erfahren aktuelle Elemente der Internationalisierung. Berlin zeigt dabei keine besonders auffälligen Unterschiede im Einzelhandelsangebot; allerdings ist die Stadt als Ziel des Städte-/Einkaufstourismus besonders attraktiv.

3. Schlusswort

Der Einzelhandel besitzt durch die Standortwahl der Ladengeschäfte und die alltäglichen Einkaufswege der Kunden starke raumprägende Bedeutung für Städte. Stadtenwicklungspolitik widmet den Standorten des Einzelhandels große Aufmerksamkeit, und versucht die Entwicklungen entsprechend der gegenwärtigen Leitbilder der „kompakten und durchmischten Stadt" bzw. der „Stadt der kurzen Wege" zu gestalten. Einzelhandelsunternehmen waren in den vergangenen Jahren sehr auf Ansiedlungen im Umland orientiert; gegenwärtig zeigen sie jedoch mit den innerstädtischen Shopping Centern Interesse an Standorten in zentralen Lagen.

Die Einzelhandelslandschaften der Städte in den ehemals sozialistischen Staaten Mittel- und Osteuropas erfuhren durch die wirtschaftliche Transformation in den letzten beiden Jahrzehnten massive Veränderungen. Berlin zeigt dabei eine besondere Mischung aus Transformation im Osten und im Umland sowie nachholender Entwicklung im Westen; und die Stadt verfügt durch die Teilungsphase über ein ausgeprägt polyzentrisches Angebotssystem. Diese besonderen Prägungen erfahren gegenwärtig erneute Veränderungen, bei welchen vor allem Differenzierungen von Shopping Centern und Touristenbesuche Bedeutung besitzt.

Literatur

AMT FÜR STATISTIK BERLIN BRANDENBURG (Hrsg.) (2011), Einzelhandel in Berlin. Berlin. (www.berlin.de/sen/wirtschaft/abisz/einzelhandel.html; Abfrage am 17.10. 2011)

BERLIN TOURISMUS MARKETING (2009), Wirtschaftsfaktor Tourismus Berlin. Berlin.

BRAKE K., DANGSCHAT J., HERFERT G. (Hrsg.) (2001), Suburbanisierung in Deutschland. Opladen.

DANNENBERG P. (2010), Herausforderungen der Einbindung afrikanischer Lebensmittelproduzenten in internationale Wertschöpfungsketten – Das Beispiel des privaten Standards Globalgap im Obst- und Gemüsebau der Mt. Kenya Region. In: Zbl. Geol. Paläont. Teil 1, 3/4, S. 337-353.

EHI (2008), Shopping-Center 2009. Fakten, Hintergründe und Perspektiven in Deutschland. Köln.

HAHN B. (2002), 50 Jahre Shopping Center in den USA. Geographische Handelsforschung 7. Passau.

HANDELSVERBAND BERLIN-BRANDENBURG (2010), Jahresbilanz für den Berliner und Brandenburger Einzelhandel. Berlin.

IHK (2010), Statistischer Handelsreport für Berlin der Industrie- und Handelskammer Berlin. Berlin.

ILLGEN K. (1990), Geographie des Binnenhandels. In: SCHERF K., et al (Hrsg.), Ökonomische und soziale Geographie der DDR. S. 216-523. Gotha.

KACZMAREK T. (2009), Die globalen Marktführer des Einzelhandels – Wirkungsbereich und Standortstrategien. In: KULKE E., PÄTZOLD K. (Hrsg.), Internationalisierung des Einzelhandels. Geographische Handelsforschung. S. 11-30. Passau.

KÄSTNER B. (2010), Wie viele Shopping Center verträgt eine Einkaufsstraße? Auswirkungen der Shopping Center in der Berliner Schloßstraße auf die umgebende Einzelhandelsstruktur. Diplomarbeit im Geographischen Institut der Humboldt-Universität zu Berlin. Berlin.

KORN J. (2005), Transiträume als Orte des Konsums – eine Analyse des Standorttyps unter besonderer Berücksichtigung der Bahnhöfe. Dissertation an der Humboldt-Universität zu Berlin. Berlin.

KULKE E. (1999), Großflächige Einzelhandelszentren im Umland von Berlin. In: ECKHART K., BIRKHOLZ K. (Hrsg.), Berlin – Brandenburg. Schriftenreihe der Gesellschaft für Deutschlandforschung, Band 67. S. 129-142. Berlin.

KULKE E. (2001), Entwicklungstendenzen suburbaner Einzelhandelslandschaften. In: BRAKE K., DANGSCHAT J., HERFERT G. (Hrsg.), Suburbanisierung in Deutschland. S. 57-70. Opladen.

KULKE E. (Hrsg.) (2005), Dem Konsumenten auf der Spur. Geographische Handelsforschung 11. Passau.

KULKE E. (2006a), Competition between formats and locations in German retailing. In: Belgeo, 1-2, S. 27-39.

KULKE E. (2006b), Einzelhandelsstrukturen im Zentrum von Berlin. In: Berliner Geographische Arbeiten, 104, S. 62-72.

KULKE E. (2009), Wirtschaftsgeographie. Paderborn, 4. Aufl.

KULKE E. (2010), Die Globalisierung der Wirtschaft. In: geographie heute, 281/282, S. 84-94.

KULKE E. (2011), Internationalisierung des Einzelhandels – das Beispiel IKEA. In: Geographische Rundschau 63, 5, S. 12-19.

Kᴜʟᴋᴇ E., Pᴀ̈ᴛᴢᴏʟᴅ K. (Hrsg.) (2009), Internationalisierung des Einzelhandels. Geographische Handelsforschung.

Mᴀʀᴛɪɴ N. (2006), Einkaufen in der Stadt der kurzen Wege? Studien zur Mobilitäts- und Verkehrsforschung, Bd. 16. Mannheim.

Pᴏᴘᴘ M. (2002), Innenstadtnahe Einkaufszentren. Geographische Handelsforschung 6. Passau.

SᴇɴSᴛᴀᴅᴛ (=Sᴇɴᴀᴛsᴠᴇʀᴡᴀʟᴛᴜɴɢ ꜰᴜ̈ʀ Sᴛᴀᴅᴛᴇɴᴛᴡɪᴄᴋʟᴜɴɢ) (2005), Stadtentwicklungsplan Zentren 2020. Edition StadtWirtschaft. Berlin.

SᴇɴSᴛᴀᴅᴛ (=Sᴇɴᴀᴛsᴠᴇʀᴡᴀʟᴛᴜɴɢ ꜰᴜ̈ʀ Sᴛᴀᴅᴛᴇɴᴛᴡɪᴄᴋʟᴜɴɢ) (2004), Stadtentwicklungskonzept Berlin 2020. Berlin.

Wᴇɪss J. (2006), Umweltverhalten beim Lebensmitteleinkauf. Berlin.

SABINE DÖRRY, MARIT ROSOL

KREATIVWIRTSCHAFT ALS MOTOR DER STADTENTWICKLUNG?

Das Beispiel Zürich

Einleitung

„Die kreative Zukunft, sie gleicht einer offenen Baustelle, auf der die verschiedensten Interessen sich begegnen [...] dies alles im Zeichen einer blühenden Rhetorik. [...] ‚Kreativwirtschaft' ist eines jener hochauflösenden Brausewörter der Innovation, die auf ihrem Weg durch die Lobbys und Gremien eine Wirklichkeit eigener Art generieren" (DIE ZEIT 4.11.2010, S. 49–50).

Der Wirtschaftssektor Kreativwirtschaft dringt seit den 1990er Jahren immer stärker in das öffentliche Bewusstsein vor. Generell lassen sich der Kreativwirtschaft sämtliche Kultur- und Kreativunternehmen zuordnen, die „überwiegend erwerbswirtschaftlich orientiert sind und sich mit der Schaffung, Produktion, Verteilung und/oder medialen Verbreitung von kulturellen/kreativen Gütern und Dienstleistungen befassen" (WIRTSCHAFTSMINISTERKONFERENZ 2008, in: SÖNDERMANN 2009, S. 5). Die Branche zeichnet sich u.a. durch ihre hohe Transformationsfähigkeit und Innovativität, ihre enorme Heterogenität und raumstrukturelle Kleinteiligkeit sowie ihre wichtige Querschnittsfunktion für andere Wirtschaftssektoren aus (WECKERLE 2008; LANGE 2007; SÖNDERMANN et al. 2008; KLAUS 2008b).

Der Begriff der Kreativwirtschaft erfährt im akademischen und politischen Diskurs sowie über programmatische Setzungen (LANGE 2007, S. 75) eine durchaus als kreativ zu bezeichnende Handhabung. Eine Reihe synonym genutzter Alternativkonzepte – wie Kulturwirtschaft, -industrie oder -ökonomie sowie Cultural Industries (SCOTT 1997) bzw. Creative Industries – spiegelt dies wider. Während beispielsweise die Kulturindustrie auf ADORNOS „Dialektik der Aufklärung" (1975) zurückgeht, wird der Begriff der Kulturökonomie der verstärkt einsetzenden „ökonomischen Inwertsetzung von kulturellen Produkten in der Spätmoderne" zugeschrieben (LANGE 2007, S. 77). So nimmt denn auch der Begriff der Kulturwirtschaft einen höheren Stellenwert in Staaten mit einer ausgeprägten staatlichen Kulturförderung ein (WECKERLE 2008, S. 10). Demgegenüber verbreitet sich der ökonomisch geprägte Begriff der Kreativwirtschaft vor allem durch das britische Konzept der ,Creative Industries' immer weiter und rückt neben den klassischen Kulturmärkten die Teilmärkte Designwirtschaft, Werbemarkt und Software-/Games-Industrie in seinen Interessenfokus. Insgesamt geht es bei den Creative Industries einerseits um die auf ideenreichen Inputs basierenden Wirtschaftstätigkeiten, andererseits jedoch auch um Produkte und Dienste, die dem Design, der Vermittlung und Vermarktung von Produkten dienen (vgl. BRAKE 2011, S. 78; THIERSTEIN et al. 2009).

Die Kreativwirtschaft erscheint in Zeiten von ökonomischem Strukturwandel und klammen städtischen Kassen als neue Hoffnungsträgerin; zum einen, weil sie die oft beschworene Lebensqualität einer Stadt und damit ihre Attraktivität steigern kann. Sie wird somit selbst zu einem essentiellen Standortfaktor und Wettbewerbsvorteil im globalen Städtewettkampf. Zum anderen stellt die Kreativwirtschaft einen Bereich dar, der tatsächlich lokale Handlungsspielräume zu generieren scheint. Die gestiegene kommunalpolitische Aufmerksamkeit für die Kultur- und Kreativwirtschaft verdankt sich zum großen Teil den Arbeiten Richard FLORIDAS (2002b; 2002a; 2005). Ihm zufolge hängen die Attraktivität von Städten und Regionen und damit deren Wettbewerbsfähigkeit und ökonomische Entwicklung von der Verfügbarkeit der Standortqualitäten Talent, Technologie und Toleranz ab (FLORIDA 2002b). Ziel städtischer (Wirtschaftsförder-)Politik müsse es demnach sein, die Städte für Kreative und Hochqualifizierte, der sog. ,Creative Class', attraktiver zu machen. Denn diese träfen ihre Wohnortentscheidung zunehmend anhand „weicher", lebensstilorientierter Standortkriterien (FLORIDA 2002b).

Floridas Ansatz wurde inzwischen weltweit enthusiastisch von Vertretern aus Politik und Wirtschaft aufgenommen. Gleichzeitig wird der Ansatz aus vielerlei Richtungen kritisiert. So stellen KRÄTKE (2010) und andere (vgl. MARKUSEN 2006) zunächst die Existenz einer kreativen „Klasse" in Frage. Zudem wird die Annahme einer kausalen Verbindung zwischen der Ansiedlung einer kreativen Klasse und dem Wachstum von Städten und Regionen kritisiert (vgl. u.a. SCOTT 2006, S. 11). Floridas Argumentation sei zirkulär, denn offensichtlich zieht es die kreative Klasse in prosperierende Städte bzw. zumindest in Städte, welche sich eine lifestyle-orientierte Angebotspolitik leisten können. Somit entspricht letztlich die Voraussetzung der Ansiedlung der kreativen Klasse (eine starke ökonomische Basis im wissensbasierten Dienstleistungssektor) den Effekten, die durch ihre Ansiedlung erreicht werden sollen (Wirtschaftswachstum und städtische Prosperität). Kreativität und gewisse Konsum- bzw. Lebensstile seien dann eher Begleiterscheinung oder gar Konsequenz denn Ursache ökonomischer Entwicklung (CURRAH 2009, S. 330; PECK 2005, S. 755–757). Auch zeige Florida wenig konkrete Handlungsanweisungen auf, wie Städte denn nun tatsächlich die kreative Klasse anziehen und für längere Zeit auch halten könnten (SCOTT 2006, S. 11).

Politisch wird zudem kritisiert, dass Floridas Konzept perfekt anschlussfähig an das Konzept der unternehmerischen Stadt sei und Elemente wie Kreativität, Kultur oder Toleranz ebenfalls als „Standortfaktoren" im Standortwettbewerb verwertbar zu machen suche. Seine hehren Worte zu Toleranz gegenüber z.b. „sexuellen Minderheiten" unterlägen letztlich einem rein ökonomischen Kalkül und seien damit ein Beitrag zur fortführenden Ökonomisierung sämtlicher Lebensbereiche (PECK 2005, insbes. S. 763; GIBSON & KLOCKER 2005). Konsequenz einer Orientierung der Stadtentwicklung an den Bedürfnissen der kreativen Klasse sei nicht selten eine Politik der gezielten Aufwertung von Stadtquartieren, die in Gentrification, Exklusion, verschärfter sozialräumlicher Polarisierung und Ungleichheit resultierten (CURRAH 2009, S. 330; PECK 2005; McCANN 2007; KRÄTKE 2010). Im Ergebnis würden weitere öffentliche Mittel von Projekten, die sozio-ökonomische Bedürfnisse v.a. unterprivilegierter Schichten befriedigen, abgezogen, um damit eine offensichtlich bereits wohlhabende Kreative Klasse zu fördern (PECK 2005, S. 751-752). Floridas Thesen und Politikrezepte würden letzlich die Spaltung der Städte vorantreiben (SCOTT 2006; PECK 2005; vgl. auch empirisch für Baltimore PONZINI & ROSSI 2010; sowie für Austin McCANN 2007).

Auch die Stadt Zürich sucht – u.a. unter Rückgriff auf die Thesen Floridas – nach Zukunftsstrategien und innovativen Wegen, um die eigene (Real-)Ökonomie unabhängiger vom dominanten Finanzsektor zu machen und um für die beiden wichtigsten Ressourcen in der wissensökonomisch ausgerichteten Wirtschaftsstruktur – Kapital und (Wissens-)Arbeit – weiterhin attraktiv zu bleiben. Die Kreativwirtschaft scheint in vielerlei Hinsicht geeignet, um nicht nur Zürichs (ehemals) verstaubtes Stadtimage aufzupolieren, sondern auch einen Beitrag zur Steigerung und Diversifizierung der städtischen Steuereinnahmen zu leisten. Dass die Stadt Zürich der Kreativwirtschaftsbranche einen wichtigen Stellenwert einräumt, ihr eine starke Außenwirkung beimisst und offensichtlich große ökonomische

Hoffnungen in sie setzt, beweisen u.a. die drei seit 2005 veröffentlichten Kreativwirtschaftsberichte (KWB) der Stadt. Was aber leistet die Kreativwirtschaft tatsächlich für die Zürcher Stadtentwicklung? Kann sie Motor sein, und inwiefern ist sie dies bereits? Inwiefern wird sie (lediglich) als wirkungsvolles Marketinginstrument in Szene gesetzt? Diese Fragen sind sicherlich nicht abschließend zu beantworten. In unserem Beitrag bieten wir jedoch drei Annäherungen bzw. Perspektiven an, mit denen wir theoretisch und empirisch den komplexen Zusammenhang von Stadtentwicklung, Stadtpolitik und Kreativwirtschaft am Beispiel Zürichs ausloten.

1. Die Züricher Kreativwirtschaftsberichte und ihre (Nicht-)Thematisierung von Fragen der Stadtentwicklung

Seit Oktober 2010 liegt der inzwischen dritte KWB der Stadt Zürich vor (WECKERLE & THETER 2010). Dieser soll die Grundlage dafür schaffen, die Kreativwirtschaft „im Gefüge des Wirtschaftsstandortes Zürich kontinuierlich und nachhaltig zu stärken" (ebd., S. 5, Vorwort der Auftraggeber). Im Bericht werden aktuelle Zahlen zu Beschäftigten und Betrieben, Entwicklungen sowie Trends für die 13 Kreativ-Teilmärkte vorgestellt. Diese umfassen die Musik-, Rundfunk-, Design- und Filmwirtschaft, den Kunst-, Architektur-, Werbe-, Presse-, Phonotechnischen und Buchmarkt, die Darstellenden Künste, das Kunsthandwerk und die Softwareindustrie. Demnach waren im Jahr 2008 33.000 Personen in 5.000 Betrieben in diesem Bereich tätig. Dies umfasst einen Anteil von 16% (Beschäftigte) sowie 12% (Betriebe) an der Gesamtschweiz bzw. einen Anteil von 9% (Beschäftigte) und 19% (Betriebe) an der Wirtschaft der Stadt Zürich. Zwischen 2005 und 2008 wuchs die Kultur- und Kreativwirtschaft um 18% (Beschäftigte) bzw. 7% (Betriebe), wobei die Entwicklung in einzelnen Teilmärkten auch negativ verlief (ebd. S. 6–15). Der größte Beschäftigtenanteil findet sich in der Software- und Games-Industrie, dem Architekturmarkt und der Designwirtschaft; hier fand auch das größte Wachstum statt (ebd., S. 15). Der Bericht schließt mit Handlungsempfehlungen für eine Förderung der Kreativwirtschaft. Diese umfassen allgemeine Rahmenbedingungen zur Förderung unternehmerischen Handelns, u.a. Maßnahmen zur Ermöglichung von Mikrokrediten und Marktzutritt, Förderung der ökonomischen Handlungskompetenz der ‚cultural entrepreneurs' sowie zum Schutz geistigen Eigentums (ebd., S. 46–47), beziehen sich also auf rein ökonomische Instrumente.

Der Bericht nimmt auch ansonsten keinen expliziten Bezug auf Fragen der Stadt- und Regionalentwicklung. Ebenso wenig begründet er die

Notwendigkeit einer Förderung. Die positive Wirkung einer Stärkung dieses Wirtschaftszweiges für den Standort wird implizit vorausgesetzt. Zugleich betont der KWB die Attraktivität des Standortes Zürich für die Ansiedlung kultureller Industrien und verweist darauf, dass Zürich über die notwendigen „urbane(n) Dimensionen" verfüge, welche sowohl „der Entwicklung kreativer Szenen [als auch] etablierter Strukturen der Kultur- und Kreativwirtschaft" förderlich seien (ebd., S. 47). Der Hinweis, dass der Standort Zürich über „die kritische Größe und das qualitative Niveau" verfüge, um „als Metropolregion von zumindest europäischer Dimension wahrgenommen zu werden" (ebd., S. 47), zeigt, dass der Kultur- und Kreativwirtschaft ein besonderer Stellenwert im internationalen Standortwettbewerb beigemessen wird.

Indirekt knüpft der KWB damit an wissenschaftliche Beiträge an, die davon ausgehen, dass sich Kreativ-Unternehmen nur in ganz bestimmten innerstädtischen Quartieren niederließen (POWER 2002, S. 117). Ein lebendiges urbanes Umfeld „im Bauch der Stadt" (KOLL-SCHRETZENMAYR et al. 2008, S. 63) ist die notwendige Bedingung für räumliche Nähe und persönliche Kontakte, die für die Arbeit im Kreativbereich wegen ihrer engen Verflechtungen über Wertschöpfungskonfigurationen am Standort (überlebens-)wichtig sind. Brake warnt zwar, dass die „wissensintensive Ökonomie […] als materielle Basis für Stadtentwicklung nicht unbedingt und schnell das große und tragfähige Volumen städtischer Arbeit" (BRAKE 2011, S. 83) hervorbringt. Dies unterstreichen die vglw. geringen Bruttowertschöpfungsanteile oder Produktivitätszahlen des Zürcher Kreativsektors. Insgesamt stehen den 47.000 Beschäftigten im Bankensektor in der Stadt Zürich – dem wichtigsten Wirtschaftszweig – zwar immerhin 36.700 in der Kreativwirtschaft (HELD et al. 2005, S. 5) gegenüber. Deren Bruttowertschöpfung wurde im zweiten KWB jedoch auf nur 2,908 Mio. CHF geschätzt (SÖNDERMANN et al. 2008, S. 3), während der Finanzsektor der Region Zürich zur selben Zeit eine fast 10-mal höhere Bruttowertschöpfung von insgesamt 25,269 Mio. CHF aufwies (KANTON ZÜRICH 2010, S. 75ff.). Dennoch könnten gerade kreativwirtschaftliche Aktivitäten die wesentliche „Hefe" zukunftsweisender Dynamiken vor Ort sein (BRAKE 2011, S. 83).

Im ersten KWB aus dem Jahr 2005 (HELD et al. 2005) wird immerhin noch betont, dass der Kreativsektor „hochwertige, innovative Arbeitsplätze" schaffe und damit ein „wichtiges Element im Strukturwandel hin zur modernen, wissensbasierten Ökonomie" sei (ebd., Vorwort). Im Rahmen des Ziels, das Potential der Kreativwirtschaft als „Element einer übergeordneten Wirtschaftsstrategie" zu nutzen und diese als eigenständige Branche zu stärken (ebd., S. 6–19), wird ein expliziter Zusammenhang zur Stadt hergestellt, da die Kreativwirtschaft „ihrem Wesen nach lokal verankert – oft sogar ausgesprochen kleinräumig-urban" (ebd., Vorwort) sei. Die erforderlichen Arbeitsstätten und Identifikationsorte, die durch geeignete physische und nicht-physische Räume den persönlichen Austausch untereinander ermöglichen, sollen etwa durch eine entsprechende städtische Mietpreispolitik (ebd., S. 6, 21, 23) gefördert werden. Ebenso werden Stadtplanung sowie die öffentliche und private Immobilienwirtschaft in die Pflicht genommen, die Kreativwirtschaft verstärkt zu adressieren (ebd., S. 24). Denn gerade Zürich liefere die geeigneten Rohstoffe für ein Gedeihen der Kreativwirtschaft, nämlich eine „tolerante Gesellschaft, Finanzkraft, Dienstleistungsorientierung, hohe Internationalität und Lebensqualität" (ebd.). Der Stellenwert der Kreativbranche zeige sich auch in der engen Verbindung zu anderen Sektoren, so benennt der KWB etwa spezifische Nachfrage des Finanzplatzes Zürich nach wissensbasierten Leistungen (ebd., S. 18).

Der zweite Bericht beinhaltet ebenfalls eine quantitative Studie zu den verschiedenen Teilmärkten der Kreativwirtschaft sowie – und darin unterscheidet er sich von den beiden anderen Berichten – eine Porträtierung, Visualisierung und Interpretation der räumlichen Entwicklung der Kreativwirtschaft (SÖNDERMANN et al. 2008, S. 35-71). Konkret werden z.B. die Beschäftigungsdichte in der Kreativwirtschaft in den Gemeinden des Kantons, die Bedeutungsveränderung der Zürcher Gemeinden für die Kreativwirtschaft und die Kreativdichte in einzelnen Zürcher Stadtquartieren illustriert. Im abschließenden Kommentar werden erstmals die Bedeutung bestimmter Zürcher Quartiere als Wohnstandorte für Kreative hervorgehoben und in diesem Zusammenhang auf den Stellenwert bezahlbarer Mieten, brauchbarer Raumgröße, urbaner Umgebungsqualitäten und vorhandener kreativer Milieus verwiesen. Ergo wird „[d]ie Raumfrage [...] ein Schlüsselelement für das Gedeihen der Kreativwirtschaft bleiben" (ebd., S. 70).

2. Kreativwirtschaft als Stadtmarketing-Tool?

Neben den KWBen messen zentrale Marketing-Dokumente der Stadt dem Sektor der Kreativwirtschaft eine enorme Bedeutung zu. Diese rekurrieren dabei oft unkritisch auf die Thesen Floridas, eine Auseinandersetzung mit den problematischen Implikationen einer auf die Förderung der kreativen Klasse ausgerichteten Politik für die Zürcher Stadtentwicklung (siehe Einleitung) lässt sich nicht erkennen.

Die von der Wirtschaftsförderung der Stadt Zürich herausgegebene 26seitige Broschüre Zürich – Die Wirtschaftsmetropole der Schweiz

(Leutenegger 2009) ist die zentrale aktuelle Informationsbroschüre der Wirtschaftsförderung. Zürich präsentiert sich darin als Stadt mit hoher Lebensqualität, aber auch als besonders wirtschaftsfreundlicher Standort mit liberaler Wirtschaftsordnung, geringen Steuersätzen und wenig reglementiertem Arbeitsrecht, mit qualifizierten Arbeitskräften und engen Kooperationen zwischen Wissenschaft und Wirtschaft. Offensichtlich richtet sich die Werbebroschüre v.a. an zwei Zielgruppen aus dem In- und Ausland: an einer Ansiedlung interessierte Unternehmen sowie deren (potentielle) hochqualifizierte MitarbeiterInnen. Unter der impliziten Bezugnahme auf Floridas „Kreativität macht Klasse" wird die Kreativwirtschaft in Zürich als bedeutsamer Standortfaktor präsentiert, und zwar sowohl als Wirtschaftsfaktor als auch als „Gradmesser für Wohlstand und Lebensqualität" (ebd., S. 16-17). Die Kreativwirtschaft unterstreiche nicht nur das „große Innovationspotential" der Stadt, sie sei auch „Innovationstreiberin" und habe Zürich zur „Trendstadt" gemacht, generiere Einkommen und Beschäftigung, stehe für Weltoffenheit und Internationalität (ebd., S. 2, 16-17).

Ein weiteres empirisches Beispiel für den expliziten, unkritischen Rückgriff auf die Thesen Floridas, Zürich „nachhaltig und langfristig einmalig und aussergewöhnlich [im globalen Standortwettbewerb] zu positionieren" (Arthesia AG 2003, S. 3), findet sich im Zürich Themenwelt Weissbuch von 2003. Diese von einer privaten Consulting Firma im Auftrag des Kantons Zürich herausgegebene Studie zielt darauf, eine „Story" für die Stadt zu entwickeln, diese zu kommunizieren und entsprechende Handlungsempfehlungen im Bereich der Standortförderung bereitzustellen (ebd., S. 4). In dem Bemühen, eine langfristige „Effektivitäts- und Effizienzsteigerung des Aussenbildes von Zürich" zu erreichen (ebd., S. 4), spielen auch der Kreativsektor sowie „Talente" und „Toleranz" eine wichtige Rolle. So werden ‚Knowledge Eccentrics' als „Garant für Innovation, Toleranz und Fortschritt" angesehen, Toleranz wiederum als Voraussetzung, um einen Standort für „Denker, Kreative und Wissenschaftler" attraktiv zu machen. Zürich habe aufgrund von Standortfaktoren wie der ETH, der NZZ sowie der „Weltläufigkeit der lokalen Eliten" bereits seit langem die Creative Class angezogen (ebd., S. 29-30). Besonders deutlich wird der Bezug auf Richard Florida, wenn damit geworben wird, dass Zürich inzwischen eine weltweit bekannte Lifestyle-Szene besitze, „welche zu grossen Teilen in der homosexuellen Subkultur herangewachsen" (ebd., S. 30) sei. Zum Beleg für individuelle Lebensstile der ‚Knowledge Eccentrics' werden weiterhin Oldtimer-Besitz sowie die Anzahl und Verteilung von Psychotherapeuten und Schönheitschirurgen (ebd., S. 30-36) herangezogen.

3. Kreativwirtschaftliche Qualifizierungsräume: Das Beispiel Zürich West

Inwiefern können nun kreativwirtschaftliche Unternehmen – als Teil der Wissensökonomie – in Zürich als Scharnier beim strukturellen Übergang von einer fordistischen zur postfordistischen Ökonomie fungieren? Wir untersuchen zunächst empirisch die Wandlung des Industrie-Quartiers Escher Wyss in das Kreativ-Quartier Zürich West und zeigen die Passgenauigkeit der hinterlassenen altindustriellen Standortfaktoren mit den gesuchten Standortqualitäten der neuen Kreativen. Abschließend problematisieren wir den Zusammenhang zwischen der Schaffung von Optionsräumen für kreativökonomisches Handeln und deren temporärer Begrenztheit.

Der ‚culturepreneur‘ oder ‚homo creativus‘ ist auch in Zürich überwiegend in Klein- und Kleinstunternehmen engagiert (vgl. u.a. KLAUS 2006, S. 50). Die Akteure dieser Milieus – sie umfassen in räumlich engen, netzwerkartigen Austauschbeziehungen agierende Freiberufler, kleine und mittlere sowie Groß-Unternehmen (KOLL-SCHRETZENMAYR et al. 2008) – verfolgen charakteristische Raumaneignungs- und -differenzierungsstrategien und besitzen darüber hinaus ganz typische Raumbedarfe (LANGE 2007, S. 29-31). Raum im Sinne des Einfluss- und Gestaltungsraums wird so zu einem Schlüsselelement für die Entwicklung von Kreativwirtschaftsunternehmen. Deshalb sei es für eine Stadt wichtig, entsprechende räumliche Verhältnisse auf Quartiersebene zu schaffen und stadträumliche Situationen für die vielfältigen Akteure der Kreativ- und wissensintensiven Ökonomie zu qualifizieren (BRAKE 2011). Brake schlägt deshalb vor, innerstädtische Quartiere grundsätzlich vor dem Hintergrund ihres Charakters (als Optionsräume mit vielfältigen, offen zugänglichen Angeboten für Kontakte, neue Ideen, Kooperationen u.v.m.) und ihrer Struktur (mit ermöglichenden Voraussetzungen für kleinräumige Nutzungsmischung, öffentlich nutzbare Räume, Zwischennutzungen und Nischen, vernetzte und wenig aufwändige Mobilität) zu diskutieren (BRAKE 2011, S. 84).

3.1 Emergenz des ‚Kreativquartiers‘ Zürich West

Wie viele andere europäische Städte auch, sah sich Zürich spätestens zu Beginn der 1990er Jahre mit Krisenerscheinungen und Bruchlinien zu seinen bisherigen Strategien der städtischen Gestaltung konfrontiert. Die sich im Zuge der „urbanen Revolte" vollziehende soziale und kulturelle Öffnung in den 1980er Jahren unterstützte Werdung und Ausprägung einer neuen urbanen Kultur (SCHMID 2006, S. 216) und ging mit einer Neudefinierung von Nutzungsmustern öffentlicher Räume und einer Reihe von

146

Abbildung 1: „Kreativ-Projekt" in Zürich West: Eisenbahnviadukt – ein neu belebtes Industriedenkmal (Foto: AMT FÜR STÄDTEBAU, STADT ZÜRICH, September 2010)

alternativen Kultureinrichtungen, bspw. der Roten Fabrik, des internationalen Theaterfestivals sowie zahlreichen Clubs und Diskotheken, einher. Von der fordistischen Krise in den 1970er und frühen 1980er Jahren zunächst kaum betroffen (VAN DER HEIDEN & TERHORST 2007, S. 351), fand sich die Stadt gegen Ende der 1980er Jahre nach einem langen Wirtschaftsboom in einem ökonomisch rezessiven Klima wieder (HITZ et al. 1995, S. 215-216). Die durch den Strukturwandel und die v.a. krisenbedingt geringen Investitionsaktivitäten freigezogenen, nun ehemaligen Industrieareale in unmittelbarer Nachbarschaft zu den Arbeiterwohnvierteln ermöglichten die Entfaltung eines Kultur- und Partylebens. Hier konnte sich auch ein neues kreatives Unternehmertum ausbreiten und Cluster der Kreativwirtschaft (KLAUS 2008b, S. 19) hervorbringen. Diese thematischen Cluster finden sich dort, wo spezifische stadträumliche Strukturen Umgebungsqualitäten schaffen und damit vielfältige Anregungen vermitteln können (BRAKE 2011, S. 78).

Das Beispiel des noch recht jungen Kreativ-Quartiers Escher Wyss, heute Züri West genannt, illustriert solche von Brake beschriebenen Qualifizierungsstrategien durch kreativwirtschaftliche Impulswirkung. Einen gravierenden Deindustrialisierungsprozess in den 1980er Jahren durchlaufend, sah sich Escher Wyss Ende der 1980er Jahre mit enormen Arbeitslosenzahlen konfrontiert. In dieser ökonomisch gebeutelten und sozial angespannten Situation hatte sich die Bevölkerung 1992 zunächst gegen eine Überführung der Nutzflächen im niedergehenden Industrieviertel in moderne Büro- und Wohnnutzung ausgesprochen. Dahinter verbargen sich die Angst vor dem industriellen Niedergang und die Überzeugung, auf diese Weise Industriearbeitsplätze vor dem erstarkenden Finanzsektor schützen zu können (WEHRLI-SCHINDLER 2002). Im Reigen harter politischer Aushandlungsprozesse postulierte die damalige Stadträtin: „Zürich ist gebaut!" (KOLL-SCHRETZENMAYR et al. 2008, S. 67) und blockierte damit zunächst potentielle Investitionen und Nachnutzungsinteressen in den brachgefallenen Industriearealen. In dieser planungsrechtlich unbestimmten Situation unterstützten die Arealbesitzer jedoch die Zwischennutzung ihrer Flächen und Gebäude, welche die Pionierunternehmen der Kreativbranche als Chance zu nutzen wussten. Die einsetzende Rezession Anfang der 1990er Jahre verlängerten die temporären Nutzungsnischen (WEHRLI-SCHINDLER 2002). Zur selben Zeit lockerte sich die Gesetzeslage weiter auf. Mit der erstmaligen Bewilligung zweier Loft-Wohnungen (vgl. KOLL-SCHRETZENMAYR et al. 2008, S. 67-68) und der Liberalisierung der Auflagen für das Gastgewerbe folgte eine weitere Pluralisierung des kreativ-kulturellen Lebens im Quartier.

1999 initiierten die größten Grundeigentümer gemeinsam mit den Zürcher Baubehörden die Kooperative Entwicklungsplanung Zürich West, die eine neue Bau- und Zonenordnungsvorlage verabschiedete (WEHRLI-SCHINDLER 2002, S. 8). Sie war Grundlage für zahlreiche Eröffnungen und Ankündigungen eines Potpourris kreativ-kultureller Projekte, u.a. für die 1891 errichtete Schiffbauhalle als neuer Theaterstandort des Schauspielhauses, das gegenwärtig zu den wichtigsten Schweizer (Hoch-)Kulturinstitutionen zählt, das Erlebnisgastronomiehaus Les Halles, die Hochschule der Künste im Toni-Areal oder den Freitag-Tower als unkonventionelles Flagship-Store des gleichnamigen Taschenherstellers. Nach stadteigener Darstellung prägten nun „Umbruch", „Aufbruch" und „Glamour" und damit das enorme Stadtentwicklungspotential der Kreativwirtschaft das Quartier Zürich-West (STADT ZÜRICH 2007, S. 24).

3.2 Kreative Zwischennutzungen als ökonomisches Aufwertungsinstrument?

Das Beispiel Escher Wyss zeigt, dass Kreativwirtschaftsunternehmen sich oft zunächst in Formen von Zwischennutzungen ansiedeln können. Denn durch die Belebung mit Zwischennutzungen – v.a. im kulturellen

Bereich – lassen sich ‚Urbanität' suggerieren, Images und Adressen generieren und in Wert setzen (KLAUS 2008a). Die so geschaffenen Standorte der Kreativen sind dabei jedoch einer enormen Dynamik unterworfen; einerseits durch Mietpreissteigerungen, andererseits durch Lebenszyklen der Kreativunternehmen bzw. deren Dienste/Produkte sowie durch individuelle Unternehmer- bzw. Künstlerbiographien mit sich entsprechend ändernden räumlichen Anforderungen. Dies macht für die ‚Kreativen' ein permanentes Austarieren zwischen ihren Erwartungen an den Optionsraum und den tatsächlich gebotenen raumstrukturellen Möglichkeiten für ihre Aktivitäten notwendig. In ihren empirischen Studien unter Zürcher Kreativunternehmen aus dem Jahre 2006 kommen Koll-Schretzenmayr et al. zu dem Ergebnis, dass „die derzeit von der Kreativwirtschaft begehrten Standorte unerschwinglich geworden seien und Nischen vernichtet wurden" (KOLL-SCHRETZENMAYR et al. 2008, S. 68). Auch Klaus schlussfolgert mit Blick auf die Wechselbeziehungen von Kulturproduktion und Stadtentwicklung in Zürich kritisch, dass mit der Verdrängung preisgünstiger Wohn- und Arbeitsräume für Kreativunternehmen

„… das sozialräumliche Kapital der kulturellen Produktion [verloren geht]. Je trendiger die Quartiere werden, desto [knapper werden] … [d]ie Nischen, Treffpunkte, Arbeits- und Aufführungsräume für die Kreativen. … Während Gentrifizierung für die Kreativen in vielen anderen Städten Umzug in andere Stadtteile bedeutet, wird es in … Zürich immer schwieriger, Ersatz zu finden und die sehr kreative Basis der Stadt zu erhalten." (KLAUS 2008b, S. 24–25)

4. Fazit

Inwiefern kann die Kreativwirtschaft in Zürich Motor der Stadtentwicklung sein? In Form von drei Perspektiven näherten wir uns dieser Frage an. In einer quantitativen Bestimmung zeigten wir, wie die Kreativwirtschaft durch die Erstellung von KWBen als Wirtschaftssektor in Zürich zunächst konstituiert wurde. Die Bedeutung dieses Sektors wurde v.a. durch Zahlen zu den hohen Anteilen der Beschäftigten untermauert, dem jedoch eine vergleichsweise geringe Bruttowertschöpfung gegenübersteht. Weiterhin lässt insbesondere der jüngste Bericht den Bezug auf Fragen von Stadt- und Regionalentwicklung vermissen; der Verweis auf die allgemeinen Potenziale der Kultur- und Kreativwirtschaft in Bezug auf eine Beschäftigungsgenerierung scheint zu genügen (Kap. 1). Nichtsdestotrotz lässt sich die Branche erfolgreich für Positionierungs- und Stadtimagestrategien Zürichs im weltweiten Wettbewerb verwerten (Kap. 2). Für die Transformation des Stadtquartiers Zürich West vom „Elendsquartier" zum „Boomquartier" (WEHRLI-SCHINDLER 2002, S. 8) spielte die Kreativwirtschaft schließlich eine bedeutende Rolle: die vielgestaltigen Unternehmen und Projekte der Kreativökonomie sorgen für attraktive, „urbane" Standortqualitäten, die sowohl dem (Kultur-)Tourismus als auch der Unternehmensansiedlung zuträglich sind. Insofern kann die Kreativwirtschaft durchaus als wichtige Impulsgeberin für städtische Aufwertungsprozesse postindustrieller Stadt(teil-)entwicklung beurteilt werden (Kap. 3).

Die Mehrzahl der von uns diskutierten städtischen, aber auch wissenschaftlichen Publikationen zur Zürcher Kreativwirtschaft bringt sie vornehmlich mit stadtökonomischer Entwicklung in Verbindung. Relevante politische, soziale und räumliche Aspekte werden dagegen kaum thematisiert. Stadtentwicklung umfasst jedoch mehr als Wirtschaftsförderung. So muss eine Gesamtbeurteilung der kreativwirtschaftlichen Bedeutung für die Züricher Stadtentwicklung denn wenigstens ambivalent ausfallen. Aus Perspektive der kreativwirtschaftlichen NischennutzerInnen werden aktuelle Transformationsprozesse eher negativ im Sinne einer sozio-räumlichen Verdrängung konnotiert, die mittel- bis langfristig auch die Kreativen zur Suche nach neuen Optionsräumen und der Entwicklung neuer Raumaneignungsstrategien zwingt.

Die Debatte über eine Neudefinierung von wirtschaftspolitischen Gestaltungsspielräumen in Zürich ist angestoßen, das Konzept der Creative Industries als wichtiger Impulsgeber dafür identifiziert. Allerdings scheinen die „neuen" Wortlaute und Argumente lediglich für altbekannte Ziele zu stehen: Wachstum, Konsum, Immobilienentwicklung. Unsere Analysen der städtischen KWBe, Marketingdokumente und Quartiersentwicklung in Zürich West legen nahe, dass auch Zürich für eine Entwicklung steht, die Peck treffend kritisiert als „a remixed version of this cocktail of urban entrepreneurialism and growth-focused development agendas" (PECK 2005, S. 766).

Literatur

ADORNO T.W. (1975), Gesellschaftstheorie und Kulturkritik. Frankfurt am Main.

ARTHESIA AG (2003), Zürich Themenwelt Weissbuch. Im Auftrag des Amtes für Wirtschaft und Arbeit des Kantons Zürich. Zürich.

BRAKE K. (2011), „Reurbanisierung" - janusköpfiger Paradigmenwechsel. Wissensintensive Ökonomie und neuartige Inwertsetzung städtischer Strukturen. In: BELINA B., GESTRING N., MÜLLER W., STRÄTER D. (Hrsg.), Urbane Differenzen. S. 69-96. Münster.

CURRAH A. (2009), Creativity. In: KITCHIN R., THRIFT N. (Hrsg.), International Encyclopedia of Human Geography. S. 327-333. Oxford.

DIE ZEIT (04.11.2010), Die neue K-Klasse. S. 49-50.

FLORIDA R. (2002a), The Rise of the Creative Class. New York.

FLORIDA R. (2002b), The Rise of the Creative Class. Why cities without gays and rock bands are losing the economic development race. In: Washington Monthly 34, 5, S. 15-25.

FLORIDA R. (2005), Cities and the Creative Class. London.

GIBSON C., KLOCKER N. (2005), The 'Cultural Turn' in Australian Regional Economic Development Discourse: Neoliberalising Creativity? In: Geographical Research, 43, 1, S. 93-102.

HELD T., KRUSE C., SÖNDERMANN M., WECKERLE C. (2005), Kreativwirtschaft Zürich. Synthesebericht. Wirtschaftsförderung von Kanton und Stadt Zürich, Zürich. (www.creativezurich.ch/content/Synthesebericht_KWZ_d_200603_def.pdf; Abfrage am 05.11.2010)

HITZ H., SCHMID C., WOLFF R. (1995), Boom, Konflikt und Krise – Zürichs Entwicklung zur Weltmetropole. In: HITZ H., KEIL R., LEHRER U., RONNEBERGER K., SCHMID C., WOLFF R. (Hrsg.), Capitales Fatales. Urbanisierung und Politik in den Finanzmetropolen Frankfurt und Zürich. S. 208-282. Zürich.

KANTON ZÜRICH (2010), Finanzplatz Zürich 2010. Amt für Wirtschaft und Arbeit des Kantons Zürich. Zürich.

KLAUS P. (2006), Stadt, Kultur, Innovation: Kulturwirtschaft und kreative innovative Kleinstunternehmen in der Stadt Zürich. Zürich.

KLAUS P. (2008a), Industriebrachen und Kulturblüten – Vom Wert und dem Dilemma von Zwischennutzungen. In: disP, 175, 4, S. 73-76.

KLAUS P. (2008b), Urbane Kontexte der Kulturproduktion – Räume der Kreativwirtschaft. In: disP, 175, 4, S. 17-25.

KOLL-SCHRETZENMAYR M., KUNZMANN K.R., HEIDER K. (2008), Zürich: Die Stadt der Kreativen. In: disP, 175, 4, S. 57-72.

KRÄTKE S. (2010), 'Creative Cities' and the Rise of the Dealer Class: A Critique of Richard Florida's Approach to Urban Theory. In: International Journal of Urban and Regional Research, 34, 4, S. 835-853.

LANGE B. (2007), Die Räume der Kreativszenen. Culturepreneurs und ihre Orte in Berlin. Bielefeld.

LEUTENEGGER M. (2009), Zürich. Die Wirtschaftsmetropole der Schweiz. Wirtschaftsförderung der Stadt Zürich, Zürich. (www.stadt-zuerich.ch/content/dam/stzh/prd/Deutsch/Stadtentwicklung/Publikationen_und_Broschueren/Wirtschaftsfoerderung/stadt_publ.dt.pdf; Abfrage am 5.11.2010)

MARKUSEN A. (2006), Urban development and the politics of a creative class: evidence from a study of artists. In: Environment and Planning A, 38, 10, S. 1921-1940.

McCann E. (2007), Inequality and poilitics in the creative city-region: Questions of livability and state strategy. In: International Journal of Urban and Regional Research, 31, 1, S. 188-96.

Peck, J. (2005), Struggling with the Creative Class. In: International Journal of Urban and Regional Research, 29, 4, S. 740-770.

Ponzini D., Rossi U. (2010), Becoming a Creative City: The Entrepreneurial Mayor, Network Politics and the Promise of an Urban Renaissance. In: Urban Studies, 47, 5, S. 1037-1057.

Power D. (2002), "Cultural Industries" in Sweden: an assessment of their place in the Swedish Economy. In: Journal for Economic Geography, 78, 2, S. 103-127.

Schmid C. (2006), Global City Zurich: Paradigms of Urban Development. In: Brenner N., Keil R. (Hrsg.), The Global Cities Reader. S. 161-169. London, New York.

Scott A. J. (1997), The Cultural Economy of Cities. In: International Journal of Urban and Regional Research, 21, 2, S. 323–339.

Scott A. J. (2006), Creative Cities: Conceptual issues and policy questions. In: Journal of Urban Affairs, 28, 1, S. 1-17.

Söndermann M. (2009), Leitfaden zur Erstellung einer statistischen Datengrundlage für die Kulturwirtschaft und eine länderübergreifende Auswertung kulturwirtschaftlicher Daten. Im Auftrag der ad-hoc Arbeitsgruppe Kulturwirtschaft der Wirtschaftsministerkonferenz. Köln. (www.bundesrat.de/cln_109/DE/gremien-konf/fachministerkonf/wmk/Sitzungen/09-12-14-15-WMK/09-12-14-15-leitfaden-9,templateId= raw,property=publicationFile.pdf/09-12-14-15-leitfaden-9.pdf; Abgefragt am 5. 11.2010)

Söndermann M, Weckerle C., Klaus P., Bentz D., Hofstetter C. (2008), Zweiter Zürcher Kreativwirtschaftsbericht. Wirtschaftsförderung der Stadt Zürich; Standortförderung des Kantons Zürich. Zürich. (www.creativezurich.ch/content/publikationen/ Zweiter_ZHKWBericht_200805_korr.pdf; Abgefragt am 5.11.2010)

Stadt Zürich (2007), Quartiersspiegel Escher Wyss. Statistik Stadt Zürich. Zürich.

Thierstein A., Förster A., Lüthi S. (2009), Kreativwirtschaft und Metropolregionen - Konturen einer systemischen Steuerung. In: Lange B., Kalandides A., Stöber B. , Wellmann I. (Hrsg.), Governance der Kreativwirtschaft. Diagnosen und Handlungsoptionen. S. 61-85. Bielefeld.

Van der Heiden N., Terhorst P. (2007), Varieties of glocalisation: the international economic strategies of Amsterdam, Manchester, and Zurich compared. In: Environment and Planning C: Government and Policy, 25, 3, S. 341-356.

Weckerle C. (2008), Kulturwirtschaft Schweiz – Ansätze und Perspektiven. In: disP, 175, 4, S. 7-16.

Weckerle C., Theter H. (2010), Dritter Kreativwirtschaftsbericht Zürich. Stadt Zürich, Stadtentwicklung / Wirtschaftsförderung; Standortförderung des Kantons Zürich. Zürich. (www.creativezurich.ch/content/publikationen/Dritter_ZH_KW_ Bericht_20101019.pdf; Abfrage am 5.11.2010)

Wehrli-Schindler B. (2002), Kulturelle Einrichtungen als Impulsgeber für Stadtentwicklung? In: disP, 150, 3, S. 4-10.

Wirtschaftsministerkonferenz (2008): Beschluss der Wirtschaftsministerkonferenz der Länder am 09./10. Juni 2008 in Regensburg zu Top 5 „Kreativwirtschaft – Verbesserung der Rahmenbedingungen für eine Wachstumsbranche".

HEINZ FASSMANN

ZUWANDERUNG, ABWANDERUNG UND INNERSTÄDTISCHE MIGRATION EIN STADTGEOGRAPHISCHER ÜBERBLICK[1]

Vorbemerkung

Über Migration in die Stadt, aus der Stadt und innerhalb derselben berichtet der folgende Beitrag. Er ist in erster Linie ein zusammenfassender Beitrag, die wenigen empirischen Beispiele dienen nur zur Illustration. Im Mittelpunkt des Beitrags stehen dabei zwei Fragestellungen: welche Migrationen lassen sich im Zusammenhang mit der Stadt beobachten und welche Steuerungsmöglichkeiten stehen der Stadt zur Verfügung.

Der Beitrag greift die demographische Realität der großen Städte Mittel- und Westeuropas auf, ohne jedoch den Bezugsraum und die analysierten Städte exakt abzugrenzen. Das Fehlen einer vergleichbaren und umfassenden Stadtstatistik muss in dem Zusammenhang mit Bedauern erwähnt werden. Analysen, wie die vorliegende, bleiben daher eklektisch, weil für eine exakte Beweisführung die empirischen Grundlagen fehlen. Dennoch erscheint eine zusammenfassende Darstellung der Zuwanderung, der Abwanderung und der innerstädtische Migration hilfreich, insbesondere auch zur Einleitung der nachfolgenden Beiträge dieses Sammelbandes, die sich einzelnen Wanderungen im Detail widmen.

1. Unterschiedliche Wanderungen

Zunächst ist festzustellen, dass sich jene Prophezeiungen als falsch erwiesen haben, die eine demographische Krise der Stadt der industriellen Welt vorhergesagt und eine Counterurbanisierung als die dominante Entwicklungsachse angenommen haben (KOCH 1980; CHAMPION 1989). Das Umgekehrte ist eingetreten: die meisten Städte wachsen, aber sie wachsen nur aufgrund der Zuwanderung. In fast allen Städten West- und Mitteleuropas können die Geburten die Sterbefälle gerade noch ausgleichen,

---

1   Für die Einbringung von wertvollen Hinweisen, Vergleichsdaten und Literaturhinweisen ist Maria Luzia Enengel herzlich zu danken.

nennenswerte und langfristige Geburtenüberschüsse sind nicht mehr zu erwarten. Die Zuwanderung hat eingesetzt, weil die Städte für Zuwanderer nach Überwindung des wirtschaftlichen Strukturwandels und einer Nachfrage nach Arbeitskräften auf den Arbeitsmärkten zunehmend attraktiv geworden sind. Gleichzeitig lässt sich aber auch eine Abwanderung der Bevölkerung in das Stadtumland beobachten, die damit zu einer verstärkten Suburbanisierung beitragen. Und schließlich sind die innerstädtischen Wanderungen zu beachten, die zu einer Umverteilung von Bevölkerung führt und durch Mechanismen zu erklären sind, die meistens in einem anderen Kontext diskutiert wurden (z.B.: Gentrification, Wohnungsneubau, Stadterneuerung, Stadtverfall).

1.1 Wachsende Stadt durch Zuwanderung

Die Zuwanderung in die Stadt ist herkunftsspezifisch und auch rechtlich zweigeteilt. Sie umfasst einerseits die binnenstaatliche Zuwanderung aus dem näheren und weiteren Umland der Stadt und andererseits die Zuwanderung aus dem Ausland. Mit der herkunftsspezifischen Differenzierung sind demographische Unterschiede der Wandernden und deren dominanten Motiven verbunden.

Wanderungsverflechtung mit dem Ausland

In der Öffentlichkeit am meisten diskutiert wird die Zuwanderung aus dem Ausland. Die Abwanderung ins Ausland, auch die Wanderungsverflechtung innerhalb der Stadt und schließlich die Wanderungen aus der Stadt in das Stadtumland bleiben der eng begrenzten Diskussion der Stadtforscher oder der einschlägig Interessierten vorbehalten. Quantitativ betrachtet ist dies überraschend, denn die Zuwanderung aus dem Ausland ist nur ein Teil des gesamten Migrationsgeschehens.

Am Beispiel Wiens soll diese Aussage empirisch untermauert werden. Im Jahr 2008 wanderten rund 42.000 Personen aus dem Ausland zu und rund 28.000 aus dem restlichen Österreich. Gleichzeitig verließen 28.000 Personen die Stadt in Richtung Ausland und 31.000 in Richtung restliches Österreich. Der Wanderungssaldo der Stadt mit dem Ausland ist also positiv (+4.000), mit dem restlichen Österreich jedoch negativ (-3.000). Die Summe der Zu- und Abwanderungen über die Stadtgrenzen hinweg betrug 2008 somit fast 130.000. Hinzu kommen die innerstädtischen Wanderungsvorgänge, die einen Wohnsitzwechsel innerhalb der Bezirke und zwischen den Bezirken beinhalten, in einem Ausmaß von 144.000. In Summe ergeben sich damit 274.000 Zu- und Abwanderungen innerhalb der Stadt sowie zwischen der Stadt und dem engeren und weiteren Außengebiet. Oder anders formuliert: Innerhalb eines Jahres verändern rund 15% der Wohnbevölkerung Wiens ihren Wohnstandort, was dem Bild des immobilen Stadtbewohners vollkommen widerspricht. Im Scheinwerferlicht der politischen Diskussion stehen dabei aber nur die rund 42.000 Zuwanderer aus dem Ausland, lediglich ein Fünftel des gesamten Wanderungsvolumens. Alle anderen Wanderungen bleiben so gut wie unbeachtet.

Die Begründung dafür ist naheliegend. Vor dem Hintergrund eines Nationalstaates, der sich eine eigene ethnisch-kulturelle Identität zurecht gelegt hat und der die gemeinsame Geschichte, die gemeinsame Sprache und Kultur betont, erscheint jeder, der von außen kommt als ein Fremder. Die Zuwanderung aus anderen Landesteilen wird als eine Normalität des gemeinsamen Staates zur Kenntnis genommen und bis auf abwertende Charakterisierungen der provinziellen Herkunft auch nicht weiter in Frage gestellt. Die Zuwanderung aus dem ausländischen, in Fall von Wiens, deutschen Sprachraum wird schon sehr viel mehr thematisiert, obwohl die gemeinsame Sprache und Geschichte ein verbindendes Element darstellen sollte. Besonders deutlich erfolgt die Thematisierung der Zuwanderung aber aus dem nichtdeutschen Sprachraum und dann nochmals akzentuierter und problembehaftet aus dem nicht europäischen Herkunftsraum.

Demographisch betrachtet ist die Zuwanderung aus dem Ausland, ähnlich wie die aus dem Inland, eine für die Stadt vorteilhafte Erscheinung. Die Altersstruktur der Zuwanderer ist weitgehend homogen und kompakt und konzentriert sich auf die Altersgruppen der 20- bis 40-Jährigen. Fast zwei Drittel der Zuwanderung in die Stadt, in dem Fall nach Wien, entfällt auf diese Altersgruppe. In anderen Städten Mittel- und Westeuropas ist die Altersverteilung ähnlich. Das Medianalter der Zugewanderten aus Österreich liegt bei knapp über 25 Jahre, das der Zugewanderten aus dem Ausland bei rund 27 Jahren (2010). Es wandern also vornehmlich junge Menschen zu, die im Rahmen des Familiennachzugs in die Stadt kommen, an einer der Wiener Universitäten studieren und Hochqualifizierte, die in der Stadt die ersten Berufsetappen absolvieren. Sie verlassen teilweise nach Beendigung des Studiums wieder die Stadt oder werden im Rahmen der Berufstätigkeit andere Standorte aufsuchen, aber sie verleihen in der Zeit, in der sie sich in der Stadt aufhalten, dieser Kaufkraft und Vielfalt. Die Altersstruktur der Ab- und Rückwanderer in das Ausland ist ähnlich, aber knapp unter 5 Jahren altersverschoben. Das Medianalter der Ab- und Rückwanderer in das Ausland oder aus Wien in das restliche Österreich liegt in beiden Fällen bei rund 30 Jahren. Darunter befindet sich ein nicht unerheblicher Anteil an Hochqualifizierten, die nach Beendigung des Studiums ins Ausland gehen und damit einen Teil von Brain Circulation, aber auch des österreichischen Brain Drains darstellen.

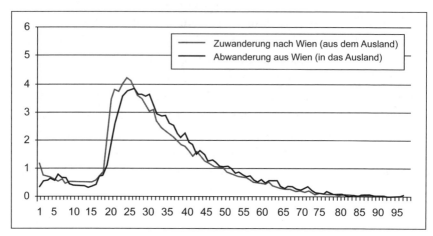

Abbildung 1: Altersprofile der Zuwanderung aus dem Ausland und der Abwanderung in das Ausland (Quelle: Wanderungsstatistik 2010, STATISTIK AUSTRIA)

Die bereits angedeutete, qualifikatorische Differenzierung der Zuwanderung aus dem Ausland ist hervorzustreichen. Die Zuwanderung in die mittel- und westeuropäischen Städte ist in vielen Fällen eine qualifikatorisch zweigeteilte Migration. Auf der einen Seite wandern Studierende, qualifizierte Erwerbstätige zu, die in den wachsenden und zunehmend international ausgerichteten Dienstleistungsbranchen des quartären Sektors Beschäftigung finden. Auf der anderen Seite finden sich aber auch Zuwanderer, die auf niedrig qualifizierten Arbeitsplätzen tätig sind, und die im Rahmen des Familiennachzugs oder eines Asylansuchens in die Stadt gekommen sind. Das Bild der Sanduhr mit einer schlanken Mitte und breiten Schultern oben und unten kennzeichnet den qualifikatorischen Aufbau der städtischen Zuwanderung aus dem Ausland. Das gilt für Wien genauso wie für Frankfurt oder London.

Je stärker eine Stadt dabei in internationale Wirtschaftsbeziehungen eingebunden ist, desto ausgeprägter verläuft diese Differenzierung, desto höher sind aber auch die Ausländeranteile, als eine messbare Größe für eine aktuelle und historisch nicht weit zurückreichende Zuwanderung. Diese Einbettung in internationale Wirtschaftsbeziehungen ist wichtiger als die Stadtgröße selbst, die mit dem Ausländeranteil zwar positiv korreliert, mit einem Koeffizienten von +0,2 aber relativ unbedeutend ist (berechnet aus den Angaben über 148 Städten, die im Raumen von Urban Audit erfasst worden sind). Die Stadt Luxemburg sticht mit einem Ausländeranteil von rund 57% deutlich hervor, davon sind die meisten aber EU-Bürger aus dem benachbarten Ausland, die in den internationalen Organisationen der Stadt tätig sind. Einen Ausländeranteil zwischen 20 und 26% weisen Brüssel, Athen, München, Stuttgart, Frankfurt am Main und Wiesbaden auf.

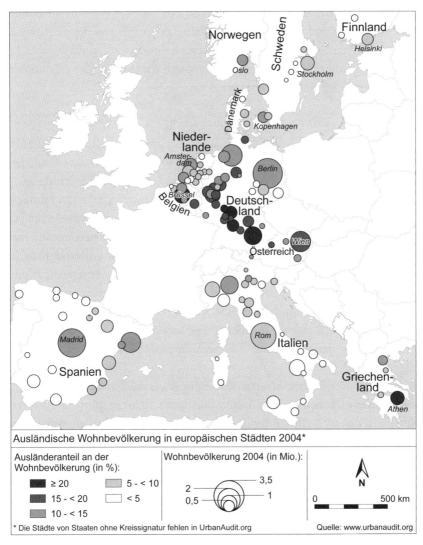

Abbildung 2: Stadtgröße und Ausländeranteil (2004) (Quelle: Urban Audit; Abfrage am 3.11.2011)

Von den 148 im Urban Audit erfassten Städten haben 48 einen Ausländeranteil von über 10%, davon sind zwei Drittel österreichische oder
deutsche Städte. Die langfristigen Effekte einer noch immer nachwir-
kenden Gastarbeitermigration – sowie einer post-kolonialen Migration in
den Städten Frankreichs, Großbritanniens, Belgiens und den Niederlanden
– sind beobachtbar. Über den Familiennachzug reproduzieren sich beide
Zuwanderungen immer wieder aufs Neue, insbesondere dann, wenn Fami-
lienbildungsprozesse innerhalb der eigenen ethnischen Gemeinschaft ablaufen. Holen die Kinder der ehemaligen Gastarbeiter ihre Ehepartner aus
den Herkunftsländern nach, was unabhängig von der jeweiligen nationalen
Migrationssteuerung aufgrund des Menschenrechts auf gemeinsames Fa-
milienleben möglich ist, so reproduziert sich diese Form der eher niedrig
qualifizierten Migration immer wieder.

Binnenorientierte Zu- und Abwanderung

Die Zuwanderung aus dem Inland ist quantitativ betrachtet fast ebenso bedeutsam wie die Zuwanderung aus dem Ausland, aber im öffentlichen
Diskurs so gut wie nicht vorhanden. Auf die Ursachen dafür wurde schon
hingewiesen. Binnenmigration wird vor dem Hintergrund eines ethnisch-
kulturell definierten Nationalstaates weder sonderlich beachtet, noch statistisch thematisiert. Im Rahmen von Wanderungsstatistiken werden zwar
die jährlichen Wanderungsströme registriert, wie groß der Bestand an Zugewanderten an der städtischen Bevölkerung ist, der aus dem näheren oder
weiteren städtischen Umland stammt, kann nicht festgelegt werden. Ein
Indikator, der dem Merkmal „Ausländeranteil" analog ist, ist nicht existent, so dass auch eine vergleichende Statistik über den Anteil der Binnen-
migranten an der städtischen Wohnbevölkerung in Europa nicht anzufer-
tigen ist.

Die europäischen Staaten, die registerbasierte Wanderungsstatistiken
betreiben, erlauben lediglich jahresbezogene demographische Analysen
über die Zu- und Abwanderungen aus dem Inland. Was sich dabei zeigt,
sind strukturelle Gemeinsamkeiten, aber auch Unterschiede zwischen der
Binnen- und der internationalen Zuwanderung. Die binnenorientierte Zuwanderung erfasst abermals im Wesentlichen die Altersgruppen der 20 bis
40-Jährigen, wobei der Effekt des Studienbeginns markant ablesbar ist.
Junge Menschen ziehen in die Stadt, weil sie ein Studium beginnen oder
weil sie in weiterer Folge ihre erste Erwerbstätigkeit aufnehmen. Die Bedeutung der Universitäten als Ankerpunkt einer Zuwanderung ist zu betonen auch deshalb, weil politische Diskussionen über die Universitäten die

finanziellen oder dienstrechtlichen Aspekte in den Vordergrund rücken, der Beitrag der Universität zur Migrationssteuerung einer Stadt aber so gut wie nicht vorkam. Dass bereits 10% der Wiener Wohnbevölkerung Studierende sind, die etwa zur Hälfte auch zugewandert sind, hat die politische Öffentlichkeit noch nicht zur Kenntnis genommen. In weniger diversifizierten Städten oder in Städten, in denen tertiäre Bildungseinrichtungen einen höheren Stellenwert einnehmen, ist dieser Wert selbstverständlich noch deutlich höher. In München studierten im Wintersemester 2011/12 fast 290.000 meist jüngere Menschen, gemessen an der Wohnbevölkerung sind das fast 23% (Bayerisches Landesamt für Statistik und Datenverarbeitung, 2011). In Universitätsstädten wie Heidelberg, Münster oder Cambridge liegt der Wert noch deutlich darüber.

Diese binnenorientierte Zuwanderung ist keine familienorientierte Migration, dahingehend sind auch die Annahmen, wonach die Reurbanisierung Familien erfasst, die dem suburbanen Ambiente und den großen Distanzen zu den Handlungsorten des täglichen Lebens entkommen möchten, unzutreffend. Ebenso beinhaltet die binnenorientierte Land-Stadt Wanderung keine Rück- oder Zuwanderung von älteren Menschen in die städtischen Zentren. Eine Wanderung der Älteren (retirement migration) in die mit sozialer und medizinischer Infrastruktur besser ausgestatteten Zentren kann empirisch nicht festgestellt werden.

Die binnenorientierte Abwanderung aus den Zentren übertrifft die Zuwanderung und ist deutlich älter, demographisch weniger homogen

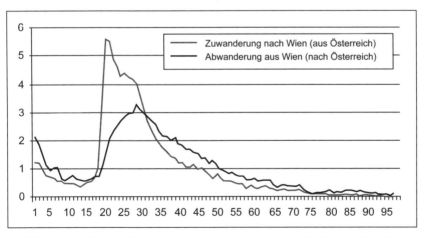

Abbildung 3: Altersprofile der Zuwanderung aus dem Inland und der Abwanderung in das Stadtumland (Quelle: Wanderungsstatistik 2010, STATISTIK AUSTRIA)

159

und weitgehend auf das unmittelbare Stadtumland ausgerichtet. Die Suburbanisierung wird – so kann aus der Altersverteilung geschlossen werden – hauptsächlich von jungen Familien getragen, die für ihren wachsenden Haushalt eine neue Unterkunft suchen. Getragen vom Wunsch des Wohnens im Grünen, im Eigentum und in einer selbstbestimmten Wohnumgebung, wird die Errichtung oder der Kauf eines eigenen Hauses außerhalb der Stadt, dem Kauf oder der Anmietung einer Wohnung in der Stadt vorgezogen. Die Suburbanisierung hat in vielen Stadtregionen Europas eingesetzt, weil mit der Vollmotorisierung die flächige Erschließung des Stadtumlandes möglich wurde und weil eine zunehmende Zahl an Haushalten auch ökonomisch in der Lage ist, sich ein Eigenheim zu leisten. Die lange Zeit beobachtbaren Unterschiede in Europa zwischen den sehr viel stärker suburbanisierten Städten West- und Nordeuropas und den kompakten urbanen Zentren im Osten und Süden beginnen sich langsam aufzulösen. Die Suburbanisierung, und damit ein städtisches Wachstum über die Stadtgrenzen hinaus, ist ein weiterhin beobachtbarer und langfristiger Trend.

Vergleiche sind aber schwierig. Das Ausmaß der Suburbansierung hängt sicherlich mit dem Niveau der Wanderungen aus der Stadt in das Stadtumland zusammen und damit wiederum mit den Neubauaktivitäten im Stadtumland. Wird viel an Bauland aufgeschlossen, existieren günstige Finanzierungen und sind Investoren tätig, die ganze suburbane Siedlungen und nicht nur Einzelobjekte errichten, dann kann man von einer Beschleunigung der Zunahme der Suburbanisierung ausgehen. Das Ausmaß der Suburbanisierung hängt aber auch vom territorialen Zuschnitt der Städte selbst ab. Ist das administrative Territorium groß, so findet eine phänomenologisch definierte Suburbanisierung innerhalb der Stadtgrenzen statt, ohne dies statistisch als Suburbanisierung zu deklarieren (vgl. Beitrag von Posová und Sýkora in diesem Band). Wien ist beispielsweise flächenmäßig eine ausgesprochen große Stadt mit einem Potential an Flächen, die eine suburbane Verbauung auch innerhalb der Stadtgrenzen gestattet. München ist eine flächenmäßig kleinere Stadt mit einer höheren Dichte (4.030 Einwohner je km² im Vergleich zu 3.855 Einwohner je km² in Wien), so dass Suburbanisierung tatsächlich als eine Urbanisierung vor den Stadtgrenzen stattfindet.

Die Suburbanisierung, also die Abwanderung aus der Stadt in das Stadtumland, aber auch die umgekehrte Bewegung, nämlich die Zuwanderung aus dem Inland in die Stadt, folgen einer klaren Distanzabhängigkeit. Die unmittelbaren Stadtumländer sind keine Herkunftsgebiete einer Zuwanderung in die Zentren, denn die Möglichkeit zur Pendelwanderung substituiert eine Abwanderung. Umgekehrt sind sie attraktive Zielorte der suburbanen Abwanderung, denn mögliche Arbeitsstätten und Ausbildungsorte in der Stadt bleiben leicht erreichbar. Wie weit das städtische Pendeleinzugsgebiet und damit die Suburbia hinausreichen, hängt sehr stark von der Erreichbarkeit der städtischen Zentren mit dem motorisierten Individual- und dem öffentlichen Personennahverkehr ab. Mit zunehmender Distanz der Herkunftsgebiete vom städtischen Zielort steigt daher die Zuwanderung zunächst auch an und sinkt in weiterer Folge, weil weiter entfernt liegenden Herkunftsgebiete sich anderen städtischen Zentren zuordnen. Umgekehrt nimmt mit zunehmender Distanz die Abwanderung aus den städtischen Zentren deutlich ab, insbesondere dann, wenn in den weiter entfernten Zielgebieten keine qualifizierten Erwerbsmöglichkeiten vorhanden sind. Die Suburbanisierung wird also durch die durchschnittliche Akzeptanz von Pendeldistanzen und Wegzeiten im Wesentlichen begrenzt, aber auch wieder verschoben, wenn Erreichbarkeiten durch den technischen Fortschritt oder durch den Bau neuer Verkehrsverbindungen verändert werden.

1.2 Innerstädtische Wanderungen

Ein großer Teil der Wanderungen, die mit den Städten als Herkunfts- oder Zielort verbunden sind, finden innerhalb der Stadtgrenzen statt. Wie groß der Anteil ist, hängt jedoch jeweils mit den rechtlichen Gegebenheiten im Segment der Mietwohnungen sowie mit den Preisentwicklungen im Bereich der Eigentumswohnungen zusammen. Je liberaler der Mietwohnungsmarkt verfasst ist und je leichter Mieterhöhungen zu erzielen sind, desto höher wird das quantitative Niveau an innerstädtischen Wanderungen sein. Ebenso gilt: In Städten mit einer wachsenden Bevölkerungszahl und einem begrenzten Eigentumssektor werden Preissteigerungen zu beobachten sein, begleitet von einer Zunahme der innerstädtischen Wanderungen und einer sozialräumlichen Entmischung der Wohnbevölkerung.

Innerstädtische Wanderungen sind altersmäßig breiter gestreut als andere Wanderungen in die Stadt oder aus der Stadt in das Stadtumland. Es handelt sich dabei nicht nur um familienorientierte Wanderungen, sondern auch um Umzüge jüngerer Menschen in billigere, größere oder besser gelegene Wohnungen, aber auch um Wohnungswechsel von älteren Bürgern, die in altersgerechte Wohnformen umziehen. Die innerstädtischen Wanderungskosten sind, sofern die rechtlichen Gegebenheiten einen Wohnungswechsel nicht durch höhere Mieten „bestrafen", vergleichsweise gering. Die Ursachen sind geringere Transaktionskosten (Suchkosten) aufgrund eines belebten Wohnungsmarktes, aber auch niedrige soziale Migrationskosten.

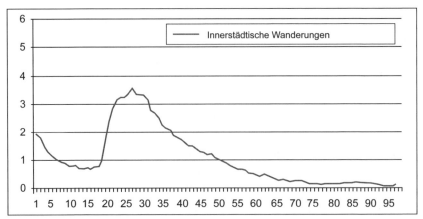

Abbildung 4: Altersprofil der innerstädtischen Wanderer (Quelle: Wanderungsstatistik 2010, Statistik Austria)

Die Mehrheit der innerstädtischen Wanderungen bezieht sich auf einen Wohnungswechsel innerhalb des angestammten Stadtteils (Bezirk, Quartier, Stadtviertel), so dass die soziale Umgebung sehr oft gleich bleibt und keine emotionalen oder sozialen Kosten entstehen. Auch nach einer innerstädtischen Wanderung ist man weiterhin „daheim". Je niedriger solche Migrationskosten sind, desto eher kann migriert werden.

Innerstädtische Wanderungen werden von Prozessen der Stadtentwicklung in einem hohen Ausmaß gesteuert. Die Errichtung einer Wohnhausanlage oder eines neuen Stadtviertels ist fast zwangsläufig von einer Zuwanderung der einziehenden Haushalte begleitet, die aus anderen Stadtteilen stammen oder von außerhalb der Stadt. Im innerstädtischen Bereich ist die Stadterneuerung, insbesondere dann, wenn sie als harte Stadterneuerung mit Abriss und Neubau konzipiert ist, eine „Lokomotive" innerstädtischer Mobilität. Gleiches gilt für Gentrification, an deren Ende der Zuzug von Haushalten und Bevölkerung steht. Dabei ist die Kausalität aber auch immer umgekehrt zu denken. Weil Haushalte und Bevölkerung in ausgewählte Stadtteile ziehen wollen, setzt dort Erneuerung, Sanierung und Neubau ein. Die Dialektik von Ursache und Wirkung lässt bei innerstädtischen Wanderungen die eindeutige Kausalität verschwimmen.

2. Politische Steuerungs- und Gestaltungsprobleme

Die Wanderungen in die Stadt, innerhalb der Stadt und aus der Stadt sind in einem unterschiedlichen Ausmaß steuerbar und verursachen ein differenziertes Bündel an Herausforderungen. Residentielle Segregation durch Zuwanderung, Planungs- und Verteilungsprobleme in der Stadtregion durch Abwanderung sowie Stadtverfall und Stadterneuerung durch innerstädtische Wanderungen sind zu nennen.

2.1 Zuwanderung und Segregation

Die Zuwanderung in die Stadt und Segregation im Wohnbereich sind politisch von der Stadt selbst in der Regel nicht steuerbar. Das gilt insbesondere für die Zuwanderung aus den zum gemeinsamen Nationalstaat zählenden Territorien, aber auch für die Städte in der EU im Zusammenhang mit den EU-internen Wanderungen. Städte können die nationale Migrationssteuerung beeinflussen und ihre Interessen geltend machen, aber sie sind rein technisch und auch rechtlich nicht in der Lage, neue Grenzen und autonome Steuerungen zu errichten und zu implementieren. Was jedoch versucht wird, ist die Implementierung positiver Signale, um besonders die Hochqualifizierten für eine Stadt zu interessieren. So versucht die Stadt Hamburg beispielsweise durch Installierung eines Welcome Centers, den hochqualifizierten Zuwanderern aus Drittstaaten die bürokratischen Mühen der Anmeldung zu nehmen. Ähnliches unternehmen Stuttgart und Frankfurt. Die Stadt Wien hat im Rahmen ihrer Zuwanderungskommission empfohlen, die Stadtaußenpolitik aktiv einzusetzen, um gezielt qualifizierte Drittstaatsangehörige anzuziehen. Nicht durch Abwehr soll Zuwanderungssteuerung erzielt werden, sondern durch Inszenierung und Werbung (vgl. WIENER ZUWANDERUNGSKOMMISSION 2010).

Im Bereich der eher gering qualifizierten Zuwanderung kann die Stadt noch weniger steuern, denn diese erfolgt im Rahmen des Familiennachzugs und dieser ist menschenrechtlich abgesichert und nationalstaatlich geregelt. Was die Stadt im Bereich der gering qualifizierten Zuwanderung lediglich machen kann, ist die gezielte schulische und sprachliche Förderung, die berufliche Qualifizierung und die Vermeidung des Entstehens von segregierten Ausländervierteln. Diese entstehen, weil die meist limitierten finanziellen Möglichkeiten der niedrigqualifizierten Zuwanderer ihre Handlungsmöglichkeiten im Bereich des Wohnens einschränken. Manchmal kommen rechtliche Barrieren hinzu, die der ausländischen Wohnbevölkerung den Zugang zu günstigen und mit öffentlichen Mitteln subventionierten Wohnungen verunmöglichen. Die Folge ist eine verstärkte Konzentration der ausländischen Wohnbevölkerung auf bestimmte Segmente des Wohnungsmarktes und damit meist auch auf spezifische Viertel in der Stadt. Dabei handelt es sich um abgewohnte Miethausquartiere im Stadtkern, aber auch um Unterkünfte in Großwohnanlagen am Stadtrand, die von manchmal von den einheimischen Haushalten gemieden werden. Die zugewanderte Wohnbevölkerung segregiert sich jedenfalls und viele europäische Städten weisen Ghettoisierungstendenzen auf, auch wenn das Ausmaß hinter dem der US-amerikanischen Stadt zurückbleibt (vgl. Arbaci 2007).

Das Problem ist dabei, dass „Ausländerstadtteile" oft auch benachteiligte Stadtteile sind, die über geringeres Prestige, über weniger Arbeitsplätze und über eine schlechte Infrastruktur verfügen. Und sie schaffen weniger Möglichkeiten, mit der Mehrheitsgesellschaft in Kontakt zu treten, was wiederum für einen gegenseitigen Lernprozess hinderlich ist (vgl. Heckmann 1998). Die Abwanderung der sozialen Aufsteiger oder der Teile der Mehrheitsgesellschaft, die sich einen Wegzug sozioökonomisch leisten kann, erhöht indirekt die Segregation.

Die Städte haben unterschiedliche Werkzeuge entwickelt, um Segregation zu vermindern und einen sozialen und ethnischen Mix zu erzeugen. Das europäische Netzwerk CLIP hat dies systematisch untersucht (vgl. Fassmann & Kohlbacher im Druck). Die Maßnahmen beginnen mit der Definition von formellen Quoten bei der Vergabe von Wohnungen an zugewanderte Haushalte. Frankfurt und Stuttgart haben das unter anderem praktiziert. Andere Städte versuchen über Informationsplattformen die Allokationsprozesse räumlich zu verbreitern (Wien) oder über Untervermietung von Wohnungen, die der Stadt gehören oder die sie angemietet hat, die Wohnversorgung der zugewanderten Haushalte zu verbessern und Konzentrationen zu vermeiden (Terrassa, in Katalonien). Schließlich betreiben die meisten Städte im Rahmen dieses Netzwerkes eine Antisegregationspolitik durch Aufwertung von abgewohnten Stadtteilen, um die inländische Bevölkerung wieder zurückzuholen und um einen sozialen und ethnischen Mix zu erzeugen (Antwerpen).

2.2 Planungs- und Verteilungsprobleme durch suburbane Abwanderung

Der gestiegene Wohlstand breiter Bevölkerungsgruppen und der Wunsch nach Wohnen im Grünen haben die Wohnsuburbanisierung weiter gefördert und zu einer flächenhaften Ausbreitung von Wohngebieten in das Stadtumland geführt. Dazu kommen aufgrund des gestiegenen Flächenbedarfs des Einzelhandels, des Gewerbes, der Industrie und teilweise auch des Dienstleistungssektors weitere Verlagerungen aus der Kernstadt in das Stadtumland. Die verstädterten Gebiete im suburbanen Raum sind zu einem weitflächigen, unscharf gegliederten Siedlungssystem geworden. Die „Stadt" dehnt sich über ihre administrativen Grenzen aus und erzeugt eine oft unscharfe und unstrukturierte Raumstruktur („Urban Sprawl").

Mit der Suburbanisierung der Wohnbevölkerung, die hauptsächlich von mittleren und höheren Einkommensgruppen getragen wird, geht den Kernstädten Kaufkraft verloren. In den durchschnittlichen Wohnquartieren der Städte bleiben überdurchschnittlich oft ärmere, ausländische, ältere und arbeitslose Bevölkerungsgruppen zurück. Diese Innenstadtbereiche geraten damit sehr leicht in einen kumulativen Abwertungsprozess („filtering down"). In den betroffenen Stadtteilen verbleiben einkommensschwächere Personen, die aufgrund ihrer soziökonomischen Positionierung einen weiteren Strukturwandel bei den Geschäften vor Ort und bei der öffentlichen Infrastruktur (z.B. Schulen) nach sich ziehen. Das Schließen von Geschäften oder die Abwertung von Schulen stellen aber wiederum ein Signal für die verbliebenen einkommensstärkeren Gruppen dar, ebenfalls wegzuziehen. Es wird weniger in Häuser, Wohnungen, Geschäfte und Infrastruktur investiert, ein Stadtteil beginnt zu verfallen.

Umgekehrt profitieren die suburbanen Teile der Stadtregion von der sozial selektiven Zuwanderung der Stadtbevölkerung. Mit der Zuwanderung erhöhen sich in den stark nachgefragten Standorten die Boden- und Hauspreise, was zu einer längerfristigen Verdrängung der angestammten Bevölkerung führt. Gleichzeitig erhöht sich die Kaufkraft vor Ort, was vorteilhaft für den Einzelhandel, für das Gewerbe und die Gemeinde ist. Die Attraktivität des suburbanen Standortes steigt und so wie der Filtering down Prozess die innerstädtischen Viertel kumulativ abgewertet hat, so führt eine Filtering up Prozess zu einer kumulativen Aufwertung ausgewählter Standorte im Stadtumland. Damit stellt sich die Verteilungsfrage ungleicher sozialer Lasten und ökonomischer Erträge in einem neuen Gewand. Es geht dabei nicht mehr um den Ausgleich zwischen sozialen Klassen, sondern um die Lastenverteilung zwischen räumlichen Einheiten. Kernstadt versus Stadtumland lautet dabei die eine Trennlinie, reiche Stadtumlandgemeinden versus arme oder sozial oder ökologisch belastete Gemeinden die andere. Die bisher entwickelten Mechanismen des Lastenausgleichs (Finanzausgleich) können auf diese neue und räumlich bedingte Verteilungsfrage nicht entsprechend Rücksicht nehmen.

Dazu kommt die planerische Unzulänglichkeit einer gesamthaften, vorausschauenden und ökologisch verantwortungsbewussten Planung für die gesamte Stadtregion. In den meisten europäischen Städten erfolgt die stadtregionale Entwicklung mosaikartig und unkoordiniert. Einzelinteressen von Investoren setzen sich durch und errichten Einzelhandelszentren, Gewerbebetriebe oder ausgelagerte Dienstleistungsunternehmen, die Frage des überregionalen Zusammenhanges bleibt unbeantwortet. Aber auch dort, wo die Gemeinde über eine hohe Planungsautonomie verfügt (Deutschland, Österreich, Schweiz), ist die Entwicklung nicht besser, denn ein Zwang zur stadtregionalen Kooperation kann verfassungsmäßig nicht implementiert werden, und das Ergebnis der regionalen Entwicklung ist abermals ein mosaikartiges und unkoordiniertes. Die verstädterten Gebiete im suburbanen Raum entwickeln sich zu einem Siedlungssystem mit hohen ökologischen und fiskalischen Folgekosten bei Infrastruktur und Verkehr.

In dem Bereich sind die Kernstädte nicht klüger als die Gemeinden im stadtregionalen Umland. Die Errichtung von Planungsverbünden würde eine Einschränkung des autonomen Handlungsspielraums aller Beteiligten zur Folge haben und das wird nur selten akzeptiert. Eine der wenigen und dafür häufig genannten Ausnahmen stellt der Regionalverband Hannover dar, der den rechtlichen Status einer öffentlichen Gebietskörperschaft erlangt hat und damit auch durchsetzbare Kompetenzen im Bereich der Raumentwicklung besitzt. Andere Beispiele sind der Regionalverband Stuttgart, der Regionalverband Saarbrücken und der Regionalverband Frankfurt-Rhein-Main. Für viele Stadtregionen können aber keine Regionalverbände genannt werden, was eben die angesprochene Steuerungsproblematik unterstreicht.

2.3 Stadterneuerung und Stadterweiterung

Während die Möglichkeiten der Stadt, Zu- und Abwanderungen zu steuern, ausgesprochen begrenzt sind, kann sie innerstädtische Wanderungen bis zu einem gewissen Grad autonom beeinflussen. Ein Teil der innerstädtischen Migrationen ist eine Art „Suchmobilität", getragen vom individuellen Wunsch der Haushalte nach einer bedürfnisgerechten Wohnung, nach mehr Wohnraum, mehr Grün oder geringeren Kosten. An der innerstädtischen Suchmobilität beteiligen sich Haushalte nach biographischen Einschnitten (Scheidung, Tod eines Partners, Geburt eines Kindes), nach einem Arbeitsplatzwechsel oder aus sonstigen Motiven heraus. Die unmittelbare stadtpolitische Einflussnahme bleibt in solchen Fällen gering, die mittelbare Einflussnahme über die Steuerung von Stadterneuerung und Stadterweiterung ist aber maßgeblich.

Städte versuchen über unterschiedliche Modelle, die physische Struktur des Gebäudebestandes der Stadt zu erhalten. Das ist in Städten mit einem quantitativ nennenswerten historischen Gebäudebestand eine finanziell und organisatorisch schwierig zu lösende Aufgabe. Setzen die Städte bei der Erneuerung verstärkt auf das private Kapital und lassen sie zur Abgeltung der Kosten für die Sanierung entsprechende Mietpreissteigerungen zu, dann werden damit innerstädtische Wanderungen ausgelöst. Die kapitalschwächeren Haushalte werden die Kosten für die Aufwertung nicht aufbringen können und wegziehen, gleichzeitig wird in die in Wert gesetzten Stadtteile die Zuwanderung von kapitalkräftigeren Haushalten einsetzen. Dieser fast zwangsläufige Prozess wird in Städten, die auf eine sanfte Stadterneuerung setzen und die auch über entsprechende finanzielle, rechtliche oder planerische Instrumente verfügen, gebremst, aber nicht vollständig aufgehalten. Das wäre auch gar nicht zweckmäßig, denn mit der Rückkehr der einkommensstarken Bevölkerungsgruppen wird der Filtering down Prozess der abgewohnten Stadtviertel nicht nur gestoppt, sondern es setzt möglicherweise ein neuer Aufwertungsprozess ein.

Ähnliches ist bei Gentrification zu erwarten, als eine Sonderform der Stadterneuerung. Parallel zum so genannten doppelten Invasions- und Sukzessionszyklus werden unterschiedliche innerstädtische Migrationen zu beobachten sein. Zuerst werden die „Pioniere" (Studenten, Künstler und junge Erwerbstätige) ein abgewohntes Wohngebiet entdecken und zuziehen. Sie werden einfache Sanierungsmaßnahmen durchführen und dem Stadtteil einen eigenen Charakter verleihen, auch durch die Ansiedlung von Geschäften, Szene-Clubs und Kneipen. In der Folge steigen die Mieten und die Alteingesessenen und später auch die Pioniere selbst werden durch Mieterhöhungen verdrängt. Spätestens dann, wenn eine professionelle Gentrification einsetzt, die zu luxussanierten Wohnungen, Dachgeschossausbauten und Neubauten führt, setzt innerstädtische Mobilität ein, mit Zuwanderung von kaufkräftigen Haushalten und einer Abwanderung der weniger kaufkräftigen. Abermals gilt: Solange die Stadt über rechtliche, finanzielle und planerische Eingriffsmöglichkeiten verfügt, kann sie die Intensität dieser Prozesse zumindest beeinflussen und damit das Ausmaß an innerstädtischer Mobilität steuern.

Dies gilt schließlich auch für die Stadterweiterung, womit der Neubau von Geschoßwohnanlagen am Rande der Stadt gemeint ist. Eine neu errichtete Geschoßwohnanlage wirkt gleichsam als Magnet für innerstädtische Migrationen, aber auch für die Zuwanderung von außerhalb, insbesondere dann, wenn die Wohnungen qualitativ besser ausgestattet sind oder durch Objektförderung billiger zu mieten oder zu kaufen sind, als jene Wohnungen auf dem freien Markt. Die Stadt steuert damit die Zuwanderung in ausgewählte Stadtteile unmittelbar. Sie betreibt quantitative und über die Förder- oder Bezugsrichtlinien auch qualitative Migrationssteuerung, auch dann, wenn dies im offiziellen politischen Jargon nicht so genannt wird.

Fazit und Ausblick

Migration macht Stadt: Auf diese einfache Formel lässt sich der Zusammenhang von Stadtwachstum und Zuwanderung reduzieren. Das gilt für das 19. Jahrhundert genauso wie für die Gegenwart, für die Erste Welt genauso wie für die so genannte Dritte Welt. Die Städte brauchen Zuwanderung, um die Abwanderung in das städtische Umland auszugleichen und die negative Geburtenbilanz zu kompensieren. Ohne Zuwanderung aus dem In- und Ausland wäre die Reproduktion der Stadtbevölkerung nicht mehr gewährleistet, was langfristig zur demographischen Schrumpfung und ökonomischer Stagnation führt.

Städte benötigen Migration, sie können die Migrationsprozesse aber nur bedingt steuern. Sie sind Teil eines Nationalstaates, der die Bedingungen der internationalen Zu- und Abwanderung definiert, und damit von ihm abhängig. Die nationalen Zu- und Abwanderungen über die Stadtgrenze, aber auch die bedeutenden Wanderungen innerhalb der Stadt sind überhaupt nicht mit rechtlichen Instrumenten in den Griff zu bekommen. In dem Bereich helfen nur attraktive Wohnungs- und Arbeitsmärkte, einladende Universitäten, ein entsprechendes Image und eine Kultur des Willkommens.

Und dennoch: vor dem Hintergrund einer zunehmend internationalisierten Wirtschaft, einer verstärkten und erwarteten Mobilität der Studierenden und der jungen Erwachsenen und des angesammelten Wohlstandes einer langen Phase ökonomischer Prosperität ist die Vorstellung einer lebenslang sesshaften städtischen Bevölkerung obsolet. Das Kommen, das Bleiben, aber auch das wieder Gehen sind ein Teil der demographischen Realität der Städte der westlichen Welt geworden und sie tun gut daran, dies zu akzeptieren.

Literatur

Arbaci S. (2007), Ethnic Segregation, Housing Systems and Welfare Regimes in Europe. In: European Journal of Housing Policy, 7, 4, S. 401-433.

Castells M. (1993), European Cities, the Information Society and the Global Economy. In: Tijdschrift voor economische en sociale geografie, 84, 4, S. 247-257.

Champion A. G. (Hrsg.) (1989), Counterurbanization - the changing pace and nature of population deconcentration. London, u.a.

Koch R. (1980), „Counterurbanization", also in Western Europe? In: Geyer H. S., Kontuly T. M. (Hrsg.), Differential Urbanization – Integrating Spatial Models. S. 111-121. London, u.a.

Fassmann H., Reeger U. (1999), Einwanderung nach Wien und München: Ähnlichkeiten und Unterschiede (=Münchener Geographische Hefte 84). S. 35-52.

FASSMANN H., KOHLBACHER J. (in Druck), Integrationspolitische Maßnahmen europäischer Städte - Eine Übersicht. Manuskript eingereicht.

FREUND B. (1998), Frankfurt am Main und der Frankfurter Raum als Ziel qualifizierter Migranten. In: Zeitschrift für Wirtschaftsgeographie, 2, S.57-81.

FRIEDRICHS J. (1990), Interethnische Beziehungen und städtische Strukturen. In: ESSER H., FRIEDRICHS J. (Hrsg.), Generation und Identität. Theoretische und empirische Beiträge zur Migrationssoziologie. S. 305-320. Opladen.

GANS P. (1997a), Ausländische Bevölkerung in Großstädten Deutschlands. Regionale Trends und Wirtschaftsmuster. In: Geographische Rundschau, 7–8, S. 399-405.

GANS P. (1997b), Bevölkerungsentwicklung der deutschen Großstädte (1980–1993). In: FRIEDRICHS J. (Hrsg.), Die Städte in den 90er Jahren. S. 12-36. Wiesbaden.

HAUSMANN B. (1991), Marginalisierung statt multikultureller Gesellschaft. Ausländer in Frankfurt am Main. In: Informationen zur Raumentwicklung, 7, 8, S. 439-445.

HÄUSSERMANN H., OSWALD I. (Hrsg.) (1997), Zuwanderung und Stadtentwicklung (=Leviathan Sonderheft 17). Opladen.

HECKMANN, F. (1998), Ethnische Kolonie: Schonraum für Integration oder Verstärker der Ausgrenzung? In: FRIEDRICH-EBERT STIFTUNG (Hrsg.), Ghettos oder ethnische Kolonien? Entwicklungschancen von Stadtteilen mit hohem Zuwandereranteil. S. 29-57. Bonn.

HILLMANN F., WINDZIO M. (Hrsg.) (2008), Migration und städtischer Raum. Chancen und Risiken der Segregation und Integration. Opladen, u.a.

HOFFMANN-AXTHELM D. (1993), Stadt und Einwanderung. Einwanderung als Wurzel der Stadt. In:Stadtbauwelt, 84, 24, S. 1280-1289.

KESSLER U., Ross A. (1991), Ausländer auf dem Wohnungsmarkt einer Großstadt. Das Beispiel Köln. In: Informationen zur Raumentwicklung, 7, 8, S. 429-438.

KRUMMACHER M. et al. (Hrsg.) (1995), Ausländerinnen und Ausländer im Stadtteil. Beispiel Dortmund-Nordstadt. Probleme – Konflikte – notwendige Reformen. Evangelische Fachhochschule Rheinland-Westfalen-Lippe. Bochum.

LICHTENBERGER E. (1984), Gastarbeiter – Leben in zwei Gesellschaften. Wien, Köln.

SACKMANN R. (1997), Migranten und Aufnahmegesellschaften (=Leviathan Sonderheft 17), S. 42-59.

SCHMALS K. M. (Hrsg.) (2000), Migration und Stadt. Entwicklungen, Defizite, Potentiale. Obladen.

STATISTIK AUSTRIA (Hrsg.) (2011), Wanderungsstatistik 2010. Wien.

TREIBEL A. (1990), Migration in modernen Gesellschaften. Soziale Folgen von Einwanderung und Gastarbeit. Grundlagentexte Soziologie. Weinheim, München.

WIENER ZUWANDERUNGSKOMMISSION (2010), Positionen & Empfehlungen der Wiener Zuwanderungskommission 2010. Wien. (www.europaforum.or.at/zuwanderungskommission/Bericht_WZK_2010-2011_finfin.pdf; Abruf am 3.11.2011)

Datenquelle

www.urbanaudit.org (Zugriff am 3.11.2011)

DARINA POSOVÁ, LUDEK SÝKORA

URBANISIERUNG UND SUBURBANISIERUNG

Die Stadtregionen Prag und Wien unter den Rahmenbedingungen
unterschiedlicher politisch-ökonomischer Regime

Einleitung

Dieses Kapitel analysiert, vergleicht und bewertet Urbanisierungs-
und Suburbanisierungstendenzen in den Stadtregionen Prag und Wien in
der Zeit vor und nach dem Fall des Eisernen Vorhangs. Mittels einer komparativen Analyse soll verdeutlicht werden, wie sich der Urbanisierungsprozess einer ehemals kommunistischen, heute postkommunistischen Stadt
von der Urbanisierung einer Stadt unterscheidet, deren Entwicklung nicht
durch Prinzipien eines planwirtschaftlichen Gesellschaftssystems beeinflusst wurde. Die in diesem Kapitel durchge-führte vergleichende Analyse
der Urbanisicrung in den Jahren 1980-2010 zeigt grundsätzliche Unterschiede in der räumlichen Struktur von Metropol(itan)regionen auf und
interpretiert diese unter Hervorhebung der politisch-ökonomischen Rahmenbedingungen des Urbanisierungsprozesses. Wien stellt eine Stadt dar,
deren räumliche Organisation eine langfristige, kontinuierliche Entwicklung unter kapitalistischen Bedingungen widerspiegelt, während Prag ein
Beispiel für die dynamische Reorganisation als Konsequenz der Anpassung
an die revolutio-näre Änderung grundlegender gesellschaftlicher Organisa-
tionsprinzipien darstellt (SÝKORA 2008).

In diesem Kapitel wird zunächst das Grundkonzept der komparativen
Analyse dargestellt. Der folgende methodische Teil widmet sich der Abgrenzung der Stadtregionen sowie deren Unterteilung in Kernraum und Außenzone und danach besonders der Methode der strukturellen Bewertung von
Urbanisierungsformen städtischer Regionen. Der Hauptteil des Kapitels
stellt die komparative Analyse der Urbanisierungsformen in den Stadtregi-

onen Prag und Wien vor. Im Rahmen der vergleichenden Interpretation der Urbanisierungsprozesse, -formen und -verläufe wird den Grundprinzipien von Stadtentwicklung und Wohnungswesen in unterschiedlichen politisch-ökonomischen Systemen besondere Aufmerksamkeit geschenkt.

1. Ziele und grundsätzliche Überlegungen der komparativen Analyse

Wien und Prag werden von uns als Beispiele für einen Vergleich grundlegender Unterschiede der Urbanisierung mitteleuropäischer Metropolregionen herangezogen, die sich auf Grundlage von Sozialismus und Kapitalismus entwickelt haben. Wien dient Prag bis zu einem gewissen Grad auch als Vergleichsmodell zur Identifikation zukünftig möglicher Entwicklungspfade einer Metropolregion. Prag und Wien sind Hauptstädte größenmäßig vergleichbarer Nachbarstaaten in Mitteleuropa, die Städte ähneln einander hinsichtlich ihrer Größe (Einwohnerzahl und Fläche) und ihrer städtebaulichen Struktur, worin sich die kulturelle Nähe beider Nationen widerspiegelt.

Der Vergleich zwischen Prag und Wien orientiert sich an den Unterschieden zwischen einer Stadt, die sich im Umfeld einer marktwirtschaftlich ausgerichteten Ökonomie entwickelt hat, und einer Stadt, deren Urbanisierung durch den Einfluss eines totalitären politischen Systems und der zentralen Planwirtschaft gekennzeichnet war. Strukturelle Unterschiede zwischen den beiden Städten, die durch jahrzehntelange Entwicklung in getrennten politischen Systemen bedingt waren, kennzeichnen die Jahre 1981-1991, während die Periode 1991-2001 bereits im Zeichen der beginnenden Annäherung grundlegender struktureller Entwicklungscharakteristika beider Städte steht – als Folge der Etablierung des Prinzips einer funktionierenden kapitalistischen Gesellschaft und Wirtschaft in der Tschechischen Republik. Die letzte Periode 2001-2010 zeigt, wie sich Prag und Wien im gemeinsamen Kontext einer globalisierten kapitalistischen Wirtschaftsordnung und der europäischen Integration entwickeln.

Die Analyse Wiens dient zugleich der Entdeckung allgemein gültiger Urbanisierungstrends, die in den nächsten Jahren auch in Prag erwartet werden können. Wenn der Sozialismus – in Übereinstimmung mit HAMPL (2005) – als Sonderfall einer Unterbrechung der gesellschaftlichen Entwicklung und deren räumlicher Organisation gewertet wird, dann stellt die Einführung von Demokratie und Marktwirtschaft und deren Folgen für die räumliche Organisation eine grundlegende Reform dar, sowie eine Rückkehr zum „natürlichen" gesellschaftlichen Entwicklungspfad. Die gegenwärtige Situation Wiens wird zugleich als Beispiel dafür angesehen, wie eine der Entwicklungsmöglichkeiten Prags in den nächsten Jahren aussehen kann, wenn v.a. Entwicklungsstrategien angewandt werden, die auf die Verbesserung der Lebensqualität der Einwohner abzielen.

Gegenstand des Vergleichs sind die Formen der Urbanisierung von Metropolregionen, der Charakter der Urbanisierungsprozesse und Faktoren, die den Urbanisierungsprozess beeinflussen. Der Vergleich verfolgt das Ziel, einen Überblick über die räumliche Struktur beider Stadtregionen und deren Änderungsdynamik zu geben. Die primäre Frage ist, in welcher Weise der Stand der Urbanisierung empirisch eindeutig und zutreffend beschrieben werden kann, damit ein Vergleich beider Stadtregionen in den untersuchten Zeitabschnitten möglich ist. Für den Vergleich von Prag und Wien bot sich in erster Linie die Anwendung der Theorie der Phasen der Stadtentwicklung nach Van Den Berg et al. (1982) an. Van Den Berg et al. erstellten ein einfaches Modell, welches unter Verfolgung des Bevölkerungswachstums bzw. -rückgangs in Kern und Umland der Stadtregionen jede Region einem der vier Entwicklungsstadien Urbanisierung, Suburbanisierung, Desurbanisierung oder Reurbanisierung zuordnet. Es handelt sich um eine Methode, die speziell für den Vergleich städtischer Regionen ausgearbeitet und die bereits vielfach für Vergleichszwecke angewandt wurde, zum Beispiel für Wien und Bratislava (Matznetter 2004; Matznetter et al. 2004), ebenso wie für Prag und Wien (Klusáček et al. 2009). Auf Grundlage empirischer Befunde bei der Analyse von Prag und Wien hat sich jedoch gezeigt, dass das Verfahren Van Den Bergs et al. (1982) unter gewissen Umständen zu widersprüchlichen Ergebnissen führt (Sýkora & Posová 2011).

Basierend auf einer Analyse der Unzulänglichkeiten des Modells der Stadtentwicklungsphasen und den Arbeiten Halls und Hays (1980) sowie Cheshires (1995) wurde eine eigene Methode zur Bestimmung der Formen der Urbanisierung von Stadtregionen erarbeitet (Sýkora & Posová 2011), die in der komparativen Analyse angewandt werden soll. Die Methode der strukturellen Bewertung der Urbanisierungsformen von Stadtregionen wird ergänzt durch eine Analyse der Urbanisierungsprozesse von Kernräumen und der Suburbanisierung der Außenzonen unter Betonung des Wohnungsbaus sowie des Umfangs und der Intensität des Bevölkerungszuwachses. Eine komparative Analyse muss sich auf eine vergleichbare Datenbasis und eine vergleichbare territoriale Bezugsbasis stützen. Im folgenden Kapitel wird aus diesem Grund detailliert auf die Abgrenzung von Kern(räum)en und (Umland-)Ringen der Stadtregionen Prag und Wien eingegangen.

Jeder Vergleich erfordert notwendigerweise große Vereinfachungen bei der Auswahl von Vergleichskriterien. Urbanistische Vergleichsstudien verwenden in der Regel Daten zur Bevölkerungsgröße und deren Entwicklung (HALL & HAY 1980; VAN DEN BERG et al. 1982; CHESHIRE 1995; MATZNETTER 2004; MATZNETTER et al. 2004; KLUSÁČEK et al. 2009), häufig ergänzt durch weitere Indikatoren, zum Beispiel die Anzahl der Arbeitsplätze (HALL & HAY 1980; VAN DEN BERG et al. 1982). Im Fall des Vergleichs der inneren Untergliederung der Stadtregionen werden die Bevölkerung und deren Verteilung als ausreichender Indikator zur Erfassung grundlegender struktureller Charakteristika und Trends der Urbanisierung eingeschätzt. Für eine umfassendere Kenntnis des Urbanisierungsprozesses ist es jedoch zielführend, neben der Bevölkerung auch dem Wohnungsbau Aufmerksamkeit zu widmen.

2. Kernraum und Außenzone: die zwei Teile einer Stadtregion

Der strukturelle Vergleich von Stadtregionen untersucht die wechselseitigen Beziehungen zweier grundlegender struktureller Einheiten, nämlich Kernraum und Außenzone. Zur Feststellung der Form des Urbanisierungsprozesses ist es somit nötig, den Kern der Stadtregion und den äußeren Rand einer funktionalen Stadtregion abzugrenzen, die neben dem Kern auch das Umland der Kernstadt umfasst. Zur Abgrenzung des Kerns wurden in Hinblick auf die Nichtübereinstimmung der administrativen Abgrenzung mit der tatsächlichen Ausdehnung der Stadt nicht die administrativen Grenzen der Stadt herangezogen. Der Wiener Kernraum wurde im Jahr 1997 auf Datengrundlage von 1991 abgegrenzt (FUCHS 1997a; 1997b; ÖSTERREICHISCHES STATISTISCHES ZENTRALAMT 1997), dies primär auf Grundlage der Ausdehnung des morphologisch kompakt bebauten Gebiets unter Ergänzung durch ausgesuchte funktionale Kriterien. Der kompakt bebaute Kernraum Wiens überschritt die administrative Stadtgrenze, vor allem im Süden in Richtung Baden, oder endete an dieser (im Nordosten).

Darin unterscheidet sich Wien grundsätzlich von Prag, wo die kompakt bebaute Stadt wegen großzügiger Eingemeindungen in kommunistischer Zeit nicht an die administrative Stadtgrenze heranreicht. In Ermangelung einer offiziellen Abgrenzung des kompakt bebauten Kernraums von Prag wurde die selbst erarbeitete Abgrenzung aus einer früheren Arbeit übernommen (SÝKORA & POSOVÁ 2007), die auch mit dem Abgrenzungsmodus des Wiener Kernraumes korrespondiert und aus dem kontinuierlich bebauten Gebiet der Stadt hervorgeht. Teile davon können auch ausgedehnte unbebaute Flächen sein, zum Beispiel Parks, deren intensive Nutzung durch die Stadtbevölkerung sie funktional jedoch in den Kernraum integriert.

Zur äußeren Abgrenzung der Außenzone - diese ist identisch mit der Grenze der funktionalen Stadtregion - wurden Angaben bezüglich der Erwerbspendler verwendet. Die Abgrenzung der Stadtregion Wien wurde aus der Arbeit von Ingrid FUCHS (1997a; ÖSTERREICHISCHES STATISTISCHES ZENTRALAMT 1997) übernommen. Der Wiener Außenzone wurden alle Gemeinden zugewiesen, die einen kernraumorientierten Tagesauspendleranteil von 30 % oder mehr an allen Beschäftigten am Wohnort haben (Datenbasis 1991). Diese Abgrenzung wird in österreichischen geographischen Arbeiten angewandt (MATZNETTER 2004; MATZNETTER et al. 2004; FASSMANN & HATZ 2007). Der Außenzone der Stadtregion Prag wurden Gemeinden gemäß derselben Kriterien zugeordnet, nur wurden Daten für das Jahr 2001 verwendet. Bei der Abgrenzung des Gebietes wurde auf dessen räumliche Kontinuität geachtet, wodurch auch zwei Gemeinden mit geringerer Pendlerverflechtung hinzugezählt wurden, die jedoch von stärker mit Prag verflochtenen Gebieten umgeben sind. Dagegen wurden vier räumlich isolierte, weiter entfernte Gemeinden nicht miteinbezogen, auch wenn sie das Pendlerkriterium erfüllten (POSOVÁ 2010). Für die Stadtregion Prag wurde im Vergleich mit Wien (Abgrenzung aus 1991) jedoch die aktuellere Abgrenzung aus dem Jahr 2001 angewendet. Diese wurde als geeigneter eingeschätzt, weil in der auf Grundlage der Auspendler 1991 abgegrenzten Stadtregion Prag noch keine ausgeprägte Suburbanisierung zu erkennen war. Im Fall Wiens kam es zwischen den Jahren 1991 und 2001 zu keinen wesentlichen Größenänderungen weder des Kernraums noch der Außenzone, welche den Rahmen des Vergleichs beider Städte ernsthaft gestört hätten. Das bestätigt auch die offizielle österreichische Stadtregionsabgrenzung für 2001, die erst 2010 veröffentlicht wurde (WONKA & LABURDA 2010).

Die Stadtregion Prag erstreckt sich über eine Fläche von 1.549km², davon nimmt die Außenzone 84,7% ein (1.311km²). Die Stadtregion Wien umfasst 5.006km², davon sind 76,8% Außenzone (3.846km²). Den Kernraum Prags bilden 59 im kompakt bebauten Stadtgebiet gelegene Katastralgebiete im Ausmaß von 238km². Die Außenzone Prags setzt sich aus einer inneren Außenzone zusammen, die durch 53 Katastralgebiete gebildet wird und die sich innerhalb des Verwaltungsgebiets der Hauptstadt befindet (sie bildet den äußeren Ring Prags im Ausmaß von 258km²) sowie aus der durch 165 Gemeinden des Bezirks Mittelböhmen gebildeten äußeren Außenzone, die mit der Hauptstadt Prag starke funktionale Verflechtungen aufweist. Der Kernraum Wiens setzt sich aus der administrativ abgegrenzten Hauptstadt Wien (23 Wiener Gemeindebezirke im Ausmaß von 415km²) und 38 niederösterreichischen Gemeinden zusammen, die mit der Hauptstadt einen kompakten Siedlungskörper mit einer Fläche von 1.160km² bilden. Die Außenzone bilden 134 Gemeinden Niederösterreichs und 11 Gemeinden des Burgenlands, die starke funktionale Verflechtungen mit dem Kernraum Wiens haben.

3. Die Klassifizierungsmethode der Urbanisierung von Stadtregionen

Für die komparative Analyse der Urbanisierung[1] in Prag und Wien wird das Verfahren der strukturellen Bewertung von Stadtregionen angewandt, dessen Ziel in der Klassifizierung von Urbanisierungsformen liegt - auf Basis der Entwicklung der gesamten Stadtregion sowie deren zwei strukturellen Subeinheiten Kernraum und Außenzone. Dieses Verfahren strebt nach einer eindeutigen Zuordnung der Gesamtregion zu einer der vier Formen der Urbanisierung, der Suburbanisierung, der Desurbanisierung oder der Reurbanisierung. Unter Urbanisierung wird ein Wachstum der Stadtregion verstanden, an welchem der Kernraum in zunehmendem Ausmaß Anteil hat. Suburbanisierung tritt ein, wenn die Außenzone für das Wachstum der Region verantwortlich ist, während der Anteil des Kernraums abnimmt. Die Formen Desurbanisierung und Reurbanisierung sind jeweils Ausdruck für das Schrumpfen der Stadtregion. Unter diesen Voraussetzungen kennzeichnet Desurbanisierung einen wachsenden Anteil der Außenzone an der gesamten Stadtregion, während bei Reurbanisierung der Kernraum einen Bedeutungsgewinn innerhalb der Stadtregion erfährt. Für die Zuordnung einer Stadtregion zu einem der oben angeführten Formen werden zwei grundlegende Charakteristika verfolgt (vgl. Tab. 1):

1 In diesem Kapitel wird der Begriff „Urbanisierung" in verschiedenen Bedeutungen verwendet. Der Terminus „Urbanisierung" oder „Urbanisierungsprozess" bezeichnet zunächst eine allgemeine Entwicklung von Stadtregionen. In Übereinstimmung mit der internationalen Forschungspraxis wird dieser Begriff von „Urbanisierung" in der Stadtforschung verwendet. Weiterhin kommt der Terminus „Urbanisierung" als Bezeichnung für eine der vier strukturellen Formen der Urbanisierung von Stadtregionen zur Anwendung, wobei zwischen Urbanisierung, Suburbanisierung, Desurbanisierung und Reurbanisierung unterschieden wird. Neben dem Umstand, dass sich eine Stadtregion als Ganzes in einer dieser vier Formen befindet, können in ihr nebeneinander mehrere dieser vier Prozesse, d.h. Urbanisierung, Suburbanisierung, Desurbanisierung und Reurbanisierung, ablaufen. In Wien beispielsweise kommt es zugleich zu einer Urbanisierung des Kernraumes und einer Suburbanisierung der Außenzone.

(1) Wachstum/ Schrumpfung der gesamten Stadtregion;
(2) Zentralisierung/ Dezentralisierung im Inneren der Stadtregion.

	Zentralisierung (wachsender Anteil Kernraum)	Dezentralisierung (wachsender Anteil Außenzone)
Wachstum der Stadtregion	Urbanisierung	Suburbanisierung
Schrumpfung der Stadtregion	Reurbanisierung	Desurbanisierung

Tabelle 1: Klassifizierung der Formen von Urbanisierung
(SÝKORA & POSOVÁ 2011)

Das vorgestellte Klassifikationsschema der Urbanisierungsformen städtischer Regionen vermeidet Widersprüche, die unter Anwendung des Modells der Phasen der Stadtentwicklung in Stadtregionen (VAN DEN BERG et al. 1982) auftraten, in denen ein großes Ungleichgewicht zwischen Kernraum und Außenzone besteht, wie in Prag und Wien (SÝKORA & POSOVÁ 2011; POSOVÁ & SÝKORA 2011). Der Vorteil des vorgestellten Klassifikationsschemas ist die eindeutige Zuordnung von Stadtregionen, wodurch ein Vergleich unterschiedlicher Städte und Zeitperioden ermöglicht wird, wenn auch nur in groben Zügen. Die Methode unterscheidet nicht, ob Urbanisierung oder Suburbanisierung strukturell durch starke, dynamische Veränderungen oder durch Änderungen geringer Intensität erreicht wird. Die komparative Analyse sollte darauf Bezug nehmen, und auch solche Unterschiede erfassen und unterscheiden können: Die Form der Suburbanisierung der Stadtregion könnte sich zum Beispiel erstens nur aufgrund eines moderaten Wachstums feststellen lassen, welches in der Außenzone etwas deutlicher ausfällt, oder zweitens aber im Rahmen eines massiven Zuwachses der Außenzone und einer Stagnation des Kernraumes. Drittens könnte der Entwicklungsschwerpunkt der Stadtregion vom Zentrum hinaus verschoben werden, wenn hohe Zuwachsraten des Kernraums von noch stärkeren Zunahmen der Außenzone übertroffen werden. Neben der Anwendung von Angaben bezüglich des Wachstums von Kernraum, Außenzone und Stadtregion, die auf einer einfachen Kombination von Zuwachs/Schrumpfung der Region und Zentralisierung/Dezentralisierung innerhalb der Region basieren, wird deshalb ebenso sorgfältig das Ausmaß des Zuwachses/der Abnahme in den drei Gebietseinheiten Kernraum, Außenzone und Stadtregion registriert.

Das Verfahren der strukturellen Bewertung der Urbanisierungsformen von Stadtregionen bestimmt für jede Region und einen gegebenen Zeitabschnitt eindeutig eine bestimmte Form des Urbanisierungsprozesses – Urbanisierung, Suburbanisierung, Desurbanisierung oder Reurbanisierung. Eingestuft werden die Gesamtstruktur des metropolitanen Gebietes und die Änderungen seiner Organisation infolge der Entwicklung von Kernraum und Außenzone. Eine mittels struktureller Bewertung getroffene Gesamteinstufung einer Region in die Form Suburbanisierung schließt jedoch nicht aus, dass in der Stadtregion Urbanisierung stattfindet. Jede Bewertung von Urbanisierung und Urbanisierungsprozessen von Stadtregionen sollte deshalb auf zwei Ebenen durchgeführt werden. 1. Ebene: Zunächst betrifft dies eine strukturelle Bewertung der Stadtregion, die der Region als Ganzes eine Form des Urbanisierungsprozesses zuweist. 2. Ebene: Danach ist eine Erfassung aller Formen des Urbanisierungsprozesses nötig, die im betreffenden Gebiet zugleich auftreten können. Stets führen Entstehung oder Zuwachs gesellschaftlicher Aktivitäten, wie Wohnungswesen, Betriebs-, Lager- und Produktionsstätten zu Urbanisierung (im Kernraum) oder Suburbanisierung (in der Außenzone) (GAEBE 1987; FRIEDRICHS 1995; SÝKORA 2003). Bei gleichzeitig ablaufender Urbanisierung und Suburbanisierung kann es in einer Stadtregion zu Urbanisierung kommen, wenn auf Kosten der Außenzone eine Stärkung der Position des Kernraumes stattfindet, obwohl auch die Außenzone wächst, oder umgekehrt zu einer Stärkung der Außenzone auf Kosten des Kernraumes und somit zu Suburbanisierung, und dies bei einem Wachstum des Kernraums.

Den oben angeführten Betrachtungs- und Bewertungsebenen der Urbanisierung zu folgen ist vor allem in Situationen bedeutsam, in denen es zwar zu einem Wachstum des Anteils der Außenzone an der Gesamtregion kommt und diese damit durch den Prozess der Suburbanisierung charakterisiert werden kann, aber dieses relative Wachstum durch wesentlich geringere absolute Zunahmen erreicht wird als im Kernraum verzeichnet werden. Obschon das Gros der Zuwächse den Kernraum der Stadtregion betrifft, führt das höhere Zuwachstempo der Außenzone auch bei niedrigen absoluten Zuwächsen zu einer Verlagerung des regionalen Entwicklungsschwerpunktes vom Kernraum in Richtung Außenzone, und daher ist die Stadtregion vom Gesichtspunkt der gesamtstrukturellen Bewertung als in Suburbanisierung begriffen anzusehen. Dennoch kann der Kernraum in der Gesamtregion eine entscheidende Rolle bezüglich des Investitionsaufkommens, des Neubauvolumens und des absoluten Bevölkerungszuwachses einnehmen. Neben den zur strukturellen Bewertung der Form der Urbanisierung verwendeten, grundlegenden Charakteristika von Zu- und Abnahme der Bevölkerung und der Wohnungen im Kernraum und in der Außenzone soll ebenso auf Ausmaß und Umfang des Zuwachses an Bevölkerung und Wohnungen in Kernraum und Außenzone eingegangen werden.

4. Vergleich der Urbanisierung der Stadtregionen Prag und Wien 1980-2010

Die komparative Analyse der Urbanisierungsprozesse in den Stadtregionen Prag und Wien basiert auf einer Bewertung der Änderungen der Bevölkerungsverteilung (und ergänzend der Wohnungen) in der Periode vor und nach dem Fall des Eisernen Vorhangs zwischen den Jahren 1980/1981, 1991, 2001 und 2010[2]. Grundlage der Bewertung war die Entwicklung der Zuwächse und Abnahmen der Wohnbevölkerung, bzw. Wohnungen in der Stadtregion und in deren zwei Subeinheiten Kernraum und Außenzone. Die Ausgangswerte der Wohnbevölkerung sind Tabelle 2 zu entnehmen.

Zunächst wurden beide Stadtregionen den Urbanisierungsformen zugeordnet. Unter Anwendung der oben vorgestellten, auf den Kriterien Zuwachs/Abnahme der Stadtregion und Zentralisierung/Dezentralisierung innerhalb der Stadtregion gegründeten Methode wurde eine Klassifikation für drei aufeinander folgende Zeitperioden durchgeführt (vgl. Tab. 3). Ergänzend wurde auf Grundlage des Vergleichs von Wachstum und Abnahme im Kernraum und in der Außenzone (Abb. 1) auch eine Bewertung absoluter/relativer Zentralisierung/Dezentralisierung (Tab. 3) vorgenommen. Während die bloße Unterscheidung der Wachstums- und Schrumpfungstrends für eine grundlegende Klassifikation der Urbanisierungsformen ausreicht, erfordert ein detaillierter Vergleich der Urbanisierungstrends von Prag und Wien eine weitaus sorgfältigere methodische Vorgangsweise. Um die Ziele einer komparativen Analyse zu erfüllen, wurde die Wachstums- oder Schrumpfungsintensität für Kernraum, Außenzone und Stadtregion in fünf Niveaus eingeordnet (Tab.4) und zur Bewertung der Veränderungen der Wohnbevölkerung in Prag und Wien für den Zeitraum 1980-2010 zusammengestellt (Tab.5).

2   Prag: 1.11.1980, 3.3.1991, 1.3.2001, 31.12.2010; Wien: 12.5.1981, 15.5.1991, 15.5.2001, 31.12.2010. Angaben zu Prag in den Zeiträumen 1.11.1980 – 3.3.1991 und 1.3.2001 – 31.12.2010 und für Wien in den Zeiträumen 15.5.2001– 31.12.2010 wurden zwecks Vergleichbarkeit auf Zeiträume von zehn Jahren umgerechnet. Datenquelle: Volks-, Häuser- und Wohnungszählung 1980, 1991, 2001; Volkszählung 1981, 1991, 2001; Häuser- und Wohnungszählung 1981, 1991, Gebäude- und Wohnungszählung 2001; Ceský statistický úřad 2010 (www.czso.cz); Statistik Austria 2010 (Alexander Wisbauer).

	Wohnbevölkerung (in Tsd.)				Anteil an der Wohnbevölkerung				Fläche km²	Flächen-anteil (%)
	1980/81	1991	2001	2010	1980/81	1991	2001	2010		
Prag	**1.182**	**1.214**	**1.169**	**1.249**	**89,0**	**89,8**	**88,7**	**85,6**	**496**	**32,0**
Kernraum	1.086	1.111	1.059	1.114	81,8	82,2	80,4	76,3	238	15,4
Außenzone	242	241	259	345	18,2	17,8	19,7	23,7	1.311	84,7
Stadtregion	1.328	1.352	1.318	1.459	100,0	100,0	100,0	100,0	1.549	100,0
Wien	**1.531**	**1.540**	**1.550**	**1.699**	**74,8**	**73,2**	**71,6**	**71,8**	**415**	**8,3**
Kernraum	1.767	1.795	1.825	1.997	86,3	85,4	84,3%	84,4	1.160	23,2
Außenzone	281	308	340	370	13,7	14,6	15,7%	15,6	3.846	76,8
Stadtregion	2.048	2.102	2.165	2.367	100,0	100,0	100,0	100,0	5.006	100,0

Tabelle 2: Größe der Wohnbevölkerung in Prag und Wien (SÝKORA & POSOVÁ 2011)

Während sich die Urbanisierungsformen beider Städte in den Jahren 1980-1991 grundsätzlich unterschieden, manifestierten sich in Prag im Jahrzehnt 1991-2001 die Anfänge der Suburbanisierung, die zu einer Dezentralisierung innerhalb der Stadtregion führten, womit sich ein mit Wien, bzw. mit vergleichbaren kapitalistischen Städten übereinstimmender Trend durchsetzte. Im Zeitraum 2001-2010 unterscheiden sich die Formen der

	Stadtregion	Kernraum	Außenzone	Zentralisierung	Form der Urbanis.	Zentralis./ Dezentralis.
Prag (Bevölkerungsveränderung in Tausend)						
1980 - 1991	24,1 +	24,8 +	-0,7 --	+	Urbanis.	absolute Zentralis.
1991 - 2001	-34,3 --	-52,3 --	17,9 +-	-	Desurb.	absolute Dezentralis.
2001 - 2010	141,8 +	55,3 +	86,5 +	-	Suburb.	relative Dezentralis.
Wien (Bevölkerungsveränderung in Tausend)						
1980 - 1991	54,2 +	27,6 +	26,6 +	-	Suburb.	relative Dezentralis.
1991 - 2001	62,9 +	30,7 +	32,2 +	-	Suburb.	relative Dezentralis.
2001 - 2010	201,7 +	171,6 +	62,9 +	+	Urbanis.	relative Zentralis.

Tabelle 3: Formen der Urbanisierung in den Stadtregionen Prag und Wien

Zuwachs/Abnahme	Symbol
+/- 0-0,5 %	0
+/- 0,5-2 %	+ / -
+/- 2-5 %	++ / --
+/- 5-10 %	+++ / ---
+/- 10-20 %	++++ / ----
+/- 20-40 %	+++++ / -----

Tabelle 4: Intensität der Urbanisierung

Urbanisierung beider Städte neuerlich. Während sich in Prag dynamische Suburbanisierung durchsetzt, verläuft das Wachstum von Kernraum und Außenzone der Stadtregion Wien ausgeglichen und, was den Kernraum betrifft, dynamisch. Suburbanisierung kennzeichnete die Entwicklung Wiens in den Jahren 1981-2001. Am Beginn des 21. Jahrhunderts steht Wien im Zeichen der Urbanisierung, dies vor allem als Folge einer auf Erneuerung des Kernraums zielenden Politik. Demgegenüber durchlief Prag eine relativ radikale Wende, ausgehend von der kommunistischen Urbanisierung,

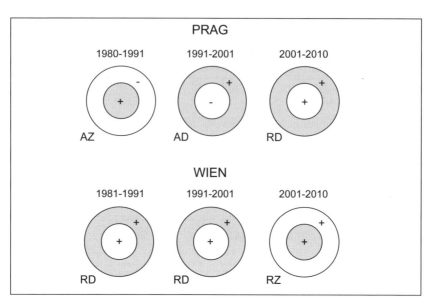

Abbildung 1: Absolute/relative Zentralisierung/Dezentralisierung: Zuwachs und Abnahme der Wohnbevölkerung in Kernraum und Außenzone (A - absolute, R- relative, Z - Zentralisierung, D – Dezentralisierung)

	KR	AZ	SR	KR	AZ	SR
Prag						
1980-1991	2,21%	-0,27%	1,76%	++	0	+
199-2001	-4,70%	7,44%	-2,54%	--	+++	--
2001-2010	5,31%	33,97%	10,95%	+++	+++++	++++
Wien						
1980-1991	1,56%	9,47%	2,65%	+	+++	++
199-2001	1,71%	10,46%	2,99%	+	++++	++
2001-2010	9,77%	9,20%	9,68%	+++	+++	+++

Tabelle 5: Intensitätsvergleich der Urbanisierungsprozesse in den Stadtregionen Prag und Wien (KR...Kernraum, AZ...Außenzone, SR...Stadtregion)

die einen Großwohnsiedlungsbau im Verdichtungsgebiet verfolgte, hin zur Suburbanisierung bis zur Desurbanisierung der 1990er Jahre und einem außerordentlichen Aufschwung dynamischer Dezentralisierung und Suburbanisierung im ersten Jahrzehnt des 21. Jahrhunderts, 2001-2010. In den Jahren 1991-2001 befand sich die Stadtregion Prag im Übergang zwischen Suburbanisierung (gemäß Einstufung nach Wohnungen, dargestellt in Posová & Sýkora 2011) und Desurbanisierung (gemäß Einstufung nach Wohnbevölkerung). Vom Standpunkt der Anzahl an Wohnungen aus gesehen, kam es in der Stadtregion Prag zu Suburbanisierung, weil der Wohnungszuwachs in der Außenzone die Wohnungsverluste im Kernraum übertraf. Die Beurteilung der Änderungen in der Bevölkerungsverteilung basiert auf Angaben zur Wohnbevölkerung mit Hauptwohnsitz. Nicht berücksichtigt sind vorübergehend Anwesende, deren Anzahl in Prag höher ist. In Prag gibt ist eine nicht geringe Anzahl ausländischer Staatsbürger, deren Aufenthaltsstatus in der Volks-, Häuser- und Wohnungszählung 2001 jedoch nicht erhoben wurde. Die Schätzungen der Zahl nicht registrierter Ausländer bewegen sich in Prag um einige Zehntausend (Drbohlav & Lachmanová 2008). Sicherlich spielt auch der Umstand eine Rolle, dass ein Teil der Einwohner der Außenzone Prags keine Hauptwohnsitzmeldung hat (Macešková 2008). Es ist daher zu vermuten, dass sich die Anzahl der in der Stadtregion Prag wohnhaften Personen in den Jahren 1991-2001 zumindest nicht vermindert hat. Ein tatsächlicher Rückgang der Einwohneranzahl der Stadtregion kann damit eher als kurzfristige Abweichung vom langfristigen, durch den Transformationsschock bewirkten Trend der Bevölkerungskonzentration in der Hauptstadtregion gewertet werden. Die Metropol(itan)region Prag als Ganzes befand sich hinsichtlich der Urbanisierungsform in den Jahren 1991-2001 am Übergang zwischen Suburbanisierung und Desurbanisierung.

Die Stadtregion Wien wuchs während aller beobachteten Zeitabschnitte, wobei sich in den ersten zwei Jahrzehnten ein starker Suburbanisierungstrend zeigte, freilich neben sehr großen Gesamtzuwächsen des Kernraums. Am Anfang des 21. Jahrhunderts überwog der Urbanisierungsprozess knapp die Suburbanisierung. Kernraum und Außenzone wuchsen in den Jahren 1981-1991 beinahe gleich um etwa 27.000 Einwohner. In der folgenden Periode 1991-2001 steigerten sich die Zuwächse noch geringfügig auf ein Niveau von über 30.000 Einwohnern. In den Jahren 2001-2010 kam es dann zu einer bedeutenden Änderung. Während sich das Wachstum der Außenzone nicht grundlegend wandelte, verzeichnete der Kernraum einen Zuwachs um mehr als 171.000 Einwohner. Unter Berücksichtigung des entscheidenden Anteils des Kernraums an der Stadtregion (bei 85%) war die Intensität der Bevölkerungszunahme der Außenzone in den Jahren 1981-1991 und 1991-2001 mit etwa 10% mehr als sechs mal so hoch wie die Zuwachsrate des Kernraums, vgl. Tabelle 5. Am Beginn des 21. Jahrhunderts glichen sich die Wachstumsraten von Kernraum und Außenzone an (bei etwas mehr als 9%). Dies stellt die Bedeutung der

Stadtentwicklungsplanung (und der Stadtverwaltung) für die Erneuerung und Stärkung des Kernraums der Stadtregion unter Beweis, wodurch die Entwicklung innerhalb des dichtbebauten Stadtgebietes unterstützt und ein Aufschließen an die Wachstumsraten der Suburbanisierungszone erreicht werden konnte. In Wien werden zugleich größere Wohnbauprojekte auf ehemaligen Industriebrachen oder auf sonstigen, innerstädtisch verfügbaren Freiflächen verwirklicht, Wohnungen ebenso wie Einfamilienhäuser im Vorstadtbereich und am Stadtrand Einfamilienhäuser.

Wien stellt ein gutes Beispiel einer kompakten Stadt mit einem starken Kern dar, um die herum sich eine intensive Suburbanisierung einstellt, wodurch es zu einer Verlagerung des Entwicklungsschwerpunktes der gesamten Stadtregion nach außen kommt. Diese Verlagerung erfolgt unter fortgesetzter Dominanz des Kernraumes, was den Gesamtzuwachs an Wohnungen betrifft (Posová & Sýkora 2011), während die absolute Zunahme der Wohnbevölkerung in den Jahren 1980-2001 in Kernraum und Außenzone etwa gleich ist, und erst ab 2001 der Kernraum fast das gesamte Bevökerungswachstum aufnimmt. In Wien kam es somit parallel zu Urbanisierung und Suburbanisierung, wobei im Hinblick auf die höhere Intensität der Suburbanisierung und den wachsenden Anteil der Außenzone die Stadtregion in den Jahren 1981-2001 als Ganzes suburbanisierte. In den letzten 10 Jahren (2001-2010) urbanisierte die Stadtregion hingegen aufgrund des hohen Zuwachses des Kernraumes und dessen damit wachsendem Anteil an der Gesamtregion.

Die Stadtregion Prag zeigte vor allem im letzten Jahrzehnt 2001-2010 eine größere Wachstumsdynamik. Im Zeitraum 1980-1991 wuchs die Einwohneranzahl noch schwach, dies vor allem aufgrund des von der sozialistischen Wohnbaupolitik betriebenen Großwohnsiedlungsbaus am Rand der kompakt bebauten Stadt. Auch wenn die Einwohnerzahl der Stadtregion im letzten Jahrzehnt des Kommunismus nur langsam zunahm, so war der Wohnungszuwachs groß. Die Jahre 1991-2001 zeigen eine Stagnation in der Gesamtregion bei einer Abnahme der Wohnbevölkerung und der Wohnungen im Kernraum sowie eine beginnende Wachstumsdynamik der Außenzone mit dem Ergebnis einsetzender Suburbanisierung. Die Intensität des Suburbanisierungsprozesses erreichte in den Jahren 2001-2010 ein außergewöhnliches Niveau, als es zugleich mit einem höheren Zuwachs im Kernraum zu einem Wachstum von 11% in der Stadtregion kam. Damit übertraf das Wachstumstempo der Stadtregion Prag die Wachstumsdynamik der Stadtregion Wien.

Die Dynamik der Gesamtänderung blieb in der Stadtregion Prag in den Jahren 1980-2001 niedriger als in Wien, wobei sich deren Voraussetzungen grundsätzlich wandelten. In den Jahren 1980-1991 erfolgten relativ geringe Zuwächse im Kernraum, die aber das gesamte Wachstum der Bevölkerung und die absolute Mehrheit des Wohnungszuwachses in der Stadtregion darstellten. Dieser Trend ist die direkte Fortsetzung der jahrzehntelangen kommunistischen Stadtentwicklung und Stadtpolitik. Eine stärkere Dynamik der Gesamtänderung räumlicher Struktur der Stadtregion Prag vollzog sich erst im Zeitraum 1991-2001, vor allem aufgrund der Verschiebung des Wachstums aus dem Kernraum in die Außenzone, welches jedoch unterhalb des in Wien verzeichneten Niveaus blieb. Zu bedeutenden Umgestaltungen kam es ab 1997 im Zusammenhang mit der sich entfaltenden Suburbanisierung, worüber die im Zeitraum 2001-2010 sehr dynamischen Zuwächse (Tab. 5) deutlich Auskunft geben.

Schlussfolgerungen: Urbanisierung unter den Rahmenbedingungen unterschiedlicher politisch-ökonomischer Regime

Die Entwicklung jeder Stadt ist Ausdruck des zugrunde liegenden politisch-ökonomischen Systems. Mit der Teilung Europas in zwei politische Blöcke fanden sich Prag und Wien nach Ende des Zweiten Weltkrieges auf verschiedenen Seiten des Eisernen Vorhangs wieder. Dementsprechend zeigte die Analyse der Bevölkerungsverteilung in den Jahren 1980-2010 bezüglich der Urbanisierung der Stadtregionen Prag und Wien grundsätzliche Unterschiede. Die Situation Wiens lässt sich in den Jahren 1980-2010 durch einen sich kontinuierlich entwickelnden Suburbanisierungsprozess charakterisieren, jedoch unter Wahrung der grundlegenden Rolle des Kernraums. In Prag wurde die Suburbanisierung nach ihrer frühen Blüte in der Zwischenkriegszeit beendet (RYŠAVÝ et al. 1994). Die Stadtentwicklung vollzog sich in sehr kompakter Weise aufgrund des konzentrierten Großwohnsiedlungsbaus am Rand der dicht bebauten Stadt, während die Außenzone durch Stagnation oder sogar durch Verfall gekennzeichnet war. Zu einer erneuten Entwicklung der Suburbanisierung und damit auch zu Dezentralisierung in der Metropolregion kam es im Anschluss an die gesamtgesellschaftliche Transformation nach 1989. Nach einem Jahrzehnt grundsätzlicher institutioneller Umgestaltungen, in der Stadtentwicklung und Wohnungsbau stagnierten, zeigte sich in den Jahren 2001-2010 eine dynamische Entwicklung der Metropole, die vor allem durch den Prozess der Suburbanisierung verursacht wurde. Die empirischen Analysen verdeutlichen die grundlegenden Unterschiede der Urbanisierung von Prag und Wien.

Das Wohnungswesen Wiens wird von Mietwohnungen dominiert (LICHTENBERGER 2002). Zugleich befindet sich fast ein Viertel des Wiener Wohnungsbestandes im Besitz der Stadt (VORAUER-MISCHER 2007). Die Wurzeln des kommunalen Wohnungsbaus liegen in der sozialdemokratischen Geschichte der Zwischenkriegszeit, im „Roten Wien". Auch nach dem Zweiten Weltkrieg spielte die Errichtung von Gemeindebauten eine bedeutende Rolle und bis heute wird das Stadtbild durch neue Wohnbauten stark geprägt, auch wenn „seit dem Jahr 2004 der Bau neuer Gemeindewohnungen Geschichte ist" (MATZNETTER & VORAUER-MISCHER 2009). LICHTENBERGER (1993a; 1993b) bezeichnet die entscheidende Rolle der Stadtverwaltung beim Wohnungsbau und bei der Stadtentwicklung als „Munizipalsozialismus". Marktwirtschaftliches Wohnungswesen nimmt in Wien zwar einen bedeutenden Anteil ein, ist jedoch nicht die dominierende Bestands- und Errichtungsform von Wohnungen, womit sich Wien von der Mehrheit der westeuropäischen Städte unterscheidet.

Nach dem Zweiten Weltkrieg war das Hauptziel der Wiener Stadtentwicklung und des Wohnungsbaus die Beseitigung von Kriegsschäden. Die Neuerrichtung großer Wohnhausanlagen fand hauptsächlich auf Freiflächen innerhalb der administrativen Grenzen Wiens statt (LICHTENBERGER 2002). Die Suburbanisierung der Agglomeration Wien begann ab den 1960er Jahren wirksam zu werden, erreichte jedoch nicht die Intensität und das Ausmaß anderer westeuropäischer Städte, und der Bevölkerungsanteil der Außenzone an der gesamten Stadtregion ist mit 16 % immer noch gering. Obwohl sich die Außenzone stärker als der Kernraum entwickelte, dominierte unter dem Gesichtspunkt der Anzahl der neuen Wohnungen Wien selbst.

Ab den 1970er Jahren wechselten in Wien Phasen der Stadterweiterung mit Perioden der Stadterneuerung. Neue Wohnbauprojekte entstanden in Wien sowohl im Kernraum in Form von Großbauten und Wohnparks (Urbanisierung), als auch in der Außenzone (Suburbanisierung). Es kam außerdem zu einer Instandsetzung alter Wohnbausubstanz und zur Neunutzung von Industriebrachen und sonstigen Brachflächen (Reurbanisierung). Im Jahr 1974 trat das Stadterneuerungsgesetz in Kraft (SEMERAD 2002). In der Folge wurde die Sanierung ganzer innerstädtischer Bezirke in Angriff genommen (SCHOPPER & HANSELY 1999), wobei an der Revitalisierung waren öffentliche und private Mittel beteiligt (LICHTENBERGER 1990). In der gleichen Periode übernahm die Stadt vermehrt die Gebäudesanierung und überließ die Errichtung neuer Wohnungen privaten Investoren und gemeinnützigen Wohnbauträgern. In Zusammenhang mit dem

Fall des Eisernen Vorhangs erhöhte sich die Wohnungsnachfrage. Schrittweise entstanden neue Wohnparks, oft in Form von „town-in-town"-Konzepten (Hatz & Kucera 2002; Hatz & Weinhold 2009). Sanierung und Wohnungsneubau spiegelten sich in einem massiven Bevölkerungszuwachs des Kernraums wider.

Im kommunistischen Prag wuchs die Stadt in kompakter Form, dies vor allem aufgrund konzentrierter Bebauung mittels großer Wohnbaukomplexe, sogenannter „sídliště"[3] (Musil 2002). In Folge der Umsetzung des staatlichen Konzepts der Urbanisierung und der Anwendung des Systems der Zentralen Orte – „středisková soustava osídlení" – war der Wohnbau in der Außenzone Prags in den Jahren 1980-1991 beschränkt. Neue Wohnungen wurden vor allem vom Staat errichtet, aber durch Investitionen in die Infrastruktur wurde auch der Bau von privatem Wohnraum ermöglicht. Das Programm des komplexen Wohnungsbaus – „program komplexní bytové výstavby" – umfasste den staatlichen Wohnungsbau, die Unterstützung des Genossenschaftswohnbaus, die Grundstücksaufschließung sowie die Errichtung technischer Infrastruktur für Staats-, Betriebs-, Genossenschafts- und Privatwohnungen (Sýkora 2004). In dieser Zeit verkamen die alten innerstädtischen Mietshäuser immer mehr.

Die Tendenz zur Errichtung von Großsiedlungskomplexen kam Anfang der 1990er Jahre langsam zum Stillstand (Sýkora 2004). Im Zentrum Prags nahm die Anzahl der Wohnungen und Einwohner als Ergebnis der kommerziellen Gebäudenutzung ab (Sýkora 2001). Ab 1997 erfolgte jedoch eine erneute Belebung des Wohnungsbaus, vor allem aufgrund des Wirtschaftswachstums, der Erhöhung von Gehältern und Kaufkraft der Einwohner sowie der staatlichen Hilfestellung mittels Hypotheken, Bausparen und weiteren Instrumenten (Sýkora 2004; Sunega 2005). Nunmehr werden im Kernraum der Stadtregion Prag Eigentumswohnungen in Kondominien errichtet, in der Außenzone beschleunigt sich die Suburbanisierung durch die Aktivitäten der Developer von Einfamilienhaussiedlungen (Ouedník & Posová 2006; Sýkora & Ouedník 2007). Obwohl im Kernraum mehr Wohnungen errichtet werden, ist die Außenzone durch eine viel höhere Entwicklungsintensität gekennzeichnet (Sýkora & Posová 2007). Die dynamischen Veränderungen in der Verteilung des Wohnungsbaus auf dem Gebiet der Stadtregion zeigen sich auch in der Bevölkerungsverteilung. Dezentralisierung und Suburbanisierung gewinnen im ersten

---

3   Eine Übersetzung mit „Siedlungen" greift zu kurz, es handelt sich um Großwohnsiedlungen.

Jahrzehnt des 21. Jahrhunderts an Dynamik und bestimmen eindeutig den Wachstumscharakter der Stadtregion Prag.

Die aktive Investitionspolitik der Stadt Wien im Bereich von Wohnungsneubau und Sanierung des Altbaubestandes hat eine bedeutende Alternative zur suburbanen Einfamilienhausbebauung geschaffen. In der Stadtregion Wien haben sich Urbanisierung und Reurbanisierung des Kernraums parallel zur Suburbanisierung der Außenzone entwickelt.

Die Entwicklung in Prag war bis zum Ende der 1980er, Anfang der 1990er Jahre durch die Investitionspolitik des Staates bestimmt, die eindeutig eine Urbanisierung der Kernräume durch Wohnungsneubau bevorzugte. Die Außenzone stagnierte und ihr Anteil an der Stadtregion nahm ab. Nach dem Jahr 1989 zog sich der Staat aus seiner Investitionstätigkeit im Wohnbaubereich deutlich zurück und die Stadt stagnierte bis Mitte der 1990er Jahre. Die Entwicklung der Stadt wurde auf dem Gebiet des Wohnungswesens zur Angelegenheit privater Investitionen, deren räumliche Verteilung die Gemeinden bestimmen. Die Erfüllung des Traums vom Einfamilienhaus wurde für einige Familien Wirklichkeit. Dies geschah nicht nur aufgrund des aufkommenden Wohlstandes der Hauptstadtbewohner, sondern auch wegen des Angebotes restituierter Grundstücke, die in den neuen Flächenwidmungsplänen der Gemeinden im Umkreis der Stadt als Bauland für Einfamilienhäuser ausgewiesen wurden. Ab dem Jahr 1997 lief die Suburbanisierung verstärkt an und wurde zur entscheidenden Kraft bei der Reorganisation und Transformation der Stadtregion. Die Suburbanisierung der Außenzone ergänzt den verhältnismäßig starken Trend der Urbanisierung der Stadt durch den Bau von Eigentumswohnanlagen und Eigenheimen. Die Entwicklung der Stadtregion Prag ist somit durch eine Kombination von Urbanisierung des Kernraumes mit einer Suburbanisierung der Außenzone gekennzeichnet.

Die Autoren danken Walter Matznetter für alle wertvollen Anmerkungen. Darina Posová bearbeitete die erforderliche Datenbasis und Literatur im Rahmen von drei Forschungsaufenthalten an der Universität Wien (Institut für Geographie und Regionalforschung) in Österreich, unterstützt durch Stipendien des Bundesministeriums für Bildung, Wissenschaft und Kultur (Aktion Österreich-Tschechien, Ernst Mach-Stipendien). Dieses Kapitel entstand mit Unterstützung des tschechischen Forschungsprogramms MSM 0021620831 „Geografické systémy a rizikové procesy v kontextu globálních změn a evropské integrace" (Ministerstvo školství, mládeže a tělovýchovy České republiky).

Literatur

BERG VAN DEN L., DREWETT R., KLAASSEN L. H., ROSSI A., VIJVERBERG C. H. T. (1982), A Study of Growth and Decline. Urban Europe, 1. Oxford.

CHESHIRE P. (1995), A new phase of urban development in Western Europe? The evidence for the 1980s. In: Urban Studies, 32, 7, S. 1045-1063.

DRBOHLAV D., LACHMANOVÁ L. (2008), Možné přístupy k odhadu počtu nelegálních migrantů v Česku a zvláště v Praze. In: DRBOHLAV D. (Hrsg.), Nelegální ekonomické aktivity migrantů, S. 176-180. Prag.

FASSMANN H., HATZ G. (2007), The Austrian case study – social inequalities in the Vienna metropolitan region. In: SZIRMAI V. (Hrsg.), Social Inequalities in Urban Areas and Globalization. The Case of Central Europe, S. 51-76. Pécs.

FRIEDRICHS J. (1995), Stadtsoziologie. Opladen.

FUCHS I. (1997a), Stadtregionen 1991 – Das Konzept. In: Statistische Nachrichten, 52, 2, S. 76-83

FUCHS I. (1997b), Stadtregionen 1991. Ausgewählte Grunddaten. In: Statistische Nachrichten, 52, 5, S. 324-338

GAEBE W. (1987), Verdichtungsräume. Strukturen und Prozesse in weltweiten Vergleichen. Stuttgart.

HALL P. G., HAY D. G. (1980), Growth Centres in the European Urban System. London.

HAMPL M. (2005), Geografická organizace společosti v České republice: transformační procesy a jejich obecný kontext. Prag.

HATZ G. (2008), Vienna. In: Cities, 25, 5, S. 310-322.

HATZ G., KUCERA I. (2002), Das „Neue" Wien. In: FASSMANN H., HATZ G. (Hrsg.), Wien. Stadtgeographische Exkursionen. S. 259-281. Wien.

HATZ G., WEINHOLD E. (2009), Die polyzentrische Stadt: Neue urbane Zentren. In: FASSMANN H., HATZ G., MATZNETTER W. (Hrsg.), Wien – städtebauliche Strukturen und gesellschaftliche Entwicklungen. S. 337-384. Wien.

KLUSÁČEK P., MARTINÁT S., MATZNETTER W., WISBAUER A. (2009), Urban development in selected Czech and Austrian city regions. In: Acta Universitatis Palackianae Olomucensis – Geographica, 40, 2, S. 27-57.

LICHTENBERGER E. (1990), Stadtverfall und Stadterneuerung. Wien.

LICHTENBERGER E. (1993a), Immobilienmarkt –Arbeitsmarkt – Wohnungsmarkt. Vergleichende Metropolenforschung: Wien – Budapest – Prag. In: Mitteilungen der Österreichischen Geographischen Gesellschaft, 135, S. 7-40.

LICHTENBERGER E. (1993b), Wien – Prag: Metropolenforschung. Wien.

LICHTENBERGER E. (2002), Österreich. 2. überarbeitete Ausgabe. Darmstadt.

MACEŠKOVÁ M. (2008), Suburbanizace a starosta. In: OUŘEDNÍČEK M., TEMELOVÁ J., MACEŠKOVÁ M., NOVÁK J., PULDOVÁ P., ROMPORTL D., CHUMAN T., ZELENDOVÁ S., KUNCOÁ I., Suburbanizace.cz. S. 63-74. Prag.

MATZNETTER W. (2004), The Vienna and Bratislava urban regions: comparing urban development under (welfare) capitalism and (post-) communism. In: European Spatial Research and Policy, 11, 1, S. 61-77.

MATZNETTER W., NITSCH D., WISBAUER A. (2004), Stadtregionen im Systemvergleich. Räumliche Bevölkerungsentwicklung in und um Wien und Bratislava 1950/51 bis 2001. In: Geographischer Jahresbericht aus Österreich, , 60 & 61, S. 53-76. Wien.

MATZNETTER W., VORAUER-MISCHER K. (2009), Sozialer Wohnbau. In: FASSMANN H., HATZ G., MATZNETTER, W. (Hrsg.), Wien – städtebauliche Strukturen und gesellschaftliche Entwicklungen. S. 245-269. Wien.

Musil J. (2002), Urbanizace českých zemí a socialismus. In: Horská P., Maur E., Musil J. (Hrsg.), Zrod velkoměsta. Urbanizace českých zemí a Evropa. Část třetí. S. 237-297. Prag – Litomyšl.

Ouředníček M., Posová D. (2006), Suburbánní bydlení v Pražském městském regionu: etapy vývoje a prostorové rozmístění. In: Ouředníček M. (Hrsg.), Sociální geografie Pražského městského regionu. S. 96-113. Prag.

Posová D. (2010), Urbanizace a suburbanizace v městských regionech Prahy a Vídně. Dizertační práce. Prag.

Posová D., Sýkora L. (2011), Urbanizace a suburbanizace v městských regionech Prahy a Vídně: strukturální rozdíly v podmínkách odlišných politicko-ekonomických režimů. In: Geografie, 116, 3, S. 276-299.

Ryšavý Z., Link J., Velíšková L. (1994), Proces suburbanizace v souvislostech procesu přeměny osídlení v letech 1869-1991: Česko, Pražská aglomerace (na území okresů Praha, Praha-východ, Praha-západ, Beroun, Kladno, Mělník). In: Územní plánování a urbanismus, 21, 3-4, S. 189-199.

Semerad S. (2002), Stadtverfall und Stadterneuerung. In: Fassmann H., Hatz G. (Hrsg.), Wien. Stadtgeographische Exkursionen. S. 93-112. Wien.

Schopper M., Hansely H. (1999), Wien im Aufbruch. In: Geographische Rundschau, 51, 10, S. 529-534.

Sunega P. (2005), Efektivnost vybraných nástrojů bytové politiky v České republice. In: Sociologický časopis, 41, 2, S. 271-299.

Sýkora L. (2001), Proměny prostorové struktury Prahy v kontextu postkomunistické transformace. In: Hampl M. et al (Hrsg.), Regionální vývoj: specifika české transformace, evropská integrace a obecná teorie. S. 127-166. Prag.

Sýkora L. (2003), Suburbanizace a její společenské důsledky. In: Sociologický časopis, 39, 2, S. 55-71.

Sýkora L. (2004), Mezi státem a trhem: Obecní samospráva a bydlení v České republice. In: Lux M., Zapletalová J. (Hrsg.), Bytová politika: koniec alebo nový začiatok?. S. 43-86. Bratislava.

Sýkora L. (2008), Revolutionary change, evolutionary adaptation and new path dependencies: socialism, capitalism and transformations in urban spatial organizations. In: Strubelt W., Gorzelak G. (Hrsg.), City and Region. Papers in Honour of Jiří Musil. S. 283-295. Leverkusen, Opladen.

Sýkora L., Ouředníček M. (2007), Sprawling post-communist metropolis: commercial and residential suburbanisation in Prague and Brno, the Czech Republic. In: Dijst M., Razin E., Vazquez C. (Hrsg.), Employment Deconcentration in European Metropolitan Areas: Market Forces versus Planning Regulations. S. 209-233.

Sýkora L., Posová D. (2007), Specifika suburbanizace v postsocialistickém kontextu: nová bytová výstavba v metropolitní oblasti Prahy 1997-2005. In: Geografie, 112, 3, S. 334-356.

Sýkora L., Posová D. (2011), Formy urbanizace: kritické zhodnocení modelu stadií vývoje měst a návrh alternativní metody klasifikace forem urbanizace. In: Geografie, 116, 1, S. 1-22.

Vorauer-Mischer K. (2007), Public housing. In: Fassmann H., Hatz G., Patrouch J. F. (Hrsg.), Understanding Vienna. Pathways into the city. Erweiterte 3. Ausgabe. S. 185-210. Wien.

Wonka E., Laburda E. (2010), Stadtregionen 2010 – Das Konzept. In: Statistische Nachrichten, 12, 2010, S.1108-1118.

MATHIEU VAN CRIEKINGEN

DIE GENTRIFIZIERUNG DER RE-URBANISIERUNGSDEBATTE: JUNGE ERWACHSENE IN BRÜSSEL

Einleitung[1]

Gegen Ende des 20. Jahrhunderts wurden in einer Vielzahl von Städten in fortgeschrittenen kapitalistischen Gesellschaften wesentliche Veränderungen in der Altersstruktur und Haushaltszusammensetzung in zentral gelegenen Stadtteilen verzeichnet, ungeachtet der allgemeinen Fortsetzung des suburbanen Bevölkerungswachstums. Auf der theoretischen Ebene haben diese Entwicklungen manche Autoren dazu motiviert, die Idee der ‚Reurbanisierung' wieder zu beleben (OGDEN & HALL 2000; BUTLER 2007; BUZAR et al. 2007a;b). Das Konzept der Reurbanisierung, ursprünglich in den frühen 1980er Jahren eingeführt, um die jüngste Phase der Stadtentwicklung aus einer demographischen Perspektive zu erfassen (siehe LEVER 1993), wird in neueren Arbeiten mit einer relativ breiten Definition verknüpft, die sowohl eine analytische Dimension beinhaltet, wie auch eine normative, politikorientierte Dimension. Von der einen (analytischen) Seite betrachtet, wird Reurbanisierung als ‚Prozess durch den die Innenstadt mit einer Vielzahl von sozialen Gruppen und Lebensstilen neu bevölkert wird' verstanden (BUZAR et al. 2007a, S. 671). Als solches zeigt dieses Konzept mehrere Ähnlichkeiten zu anderen Auffassungen, die bei der Analyse von städtischen Veränderungsprozessen – nicht zuletzt der Gentrifizierung – angewandt werden; dabei handelt es sich um die ‚Transformation einer Arbeitergegend oder einer brachliegenden Fläche im Stadtzentrum in eine mittelständische Wohngegend und/oder Gegend mit kommerzieller Nutzung' (LEES et al. 2007, S. xv). BUZAR et al. (2007a, S. 673) behaupten hingegen, dass ‚Reurbanisierung eine breitere sozialräumliche Verbreitung hat als Gentrifizierung, weil es eine Vielfalt an multidirektionalen Strö-

---

1   Dieser Beitrag ist die gekürzte und überarbeitete Fassung eines Artikels, den der Autor 2010 in „Population, Space and Place" veröffentlicht hat: ‘Gentrifying the Reurbanisation Debate', Not Vice Versa: The Uneven Socio-spatial Implications of Changing Transitions to Adulthood in Brussels.

mungen und soziodemographischen Schichten umfasst, statt die konzentrierte räumliche Kraft einer spezifischen sozialen Schicht darzustellen.'

Von der anderen (normativen) Seite betrachtet, wird Reurbanisierung als ‚umfassende Dynamik der Steigerung der Attraktivität der Innenstadt als Wohngebiet für eine Vielzahl von Bevölkerungsgruppen' begriffen. Diese Darstellung unterstützt letztendlich auch jene weiterreichende Behauptung, die besagt, dass Gentrifizierung die Komplexität der jüngsten Veränderungen in Stadtkern-Vierteln gar nicht umfassen kann, und dass es nun an der Zeit ist, die ‚Gentrifizierungsdebatte zu „reurbanisieren"' (BUZAR et al. 2007a, S. 655).

In der vorliegenden Arbeit nehme ich Abstand von dieser Art von Argumentation. Ich behaupte, dass Forderungen zur ‚Reurbanisierung der Gentrifizierungsdebatte' im besten Fall als ein Plädoyer verstanden werden sollten, den demographischen Voraussetzungen von aktuellen sozialräumlichen Veränderungen in innerstädtischen Vierteln erneute Aufmerksamkeit zu schenken. Allerdings hat die einseitige normative Dimension, die mit der Charakterisierung der Reurbanisierung in neueren Werken verbunden ist, zugleich mit dem weitverbreiteten Bestreben zu tun, die Erkenntnisse über den Klassencharakter vielfältiger Prozesse von den Sichtweisen auf den gegenwärtigen urbanen Wandel zu trennen (SLATER 2006). Als solches scheint ‚Reurbanisierung' durchaus im Einklang mit einem Bündel anderer Begriffe zu stehen – wie zum Beispiel urbaner ‚Aufschwung', ‚Wiederbelebung', ‚Renaissance', oder ‚Wiederaufstieg' – welche dazu tendieren, den sozialräumlichen Wandel in den Städten als einen natürlichen Prozess darzustellen.

Aufbauend auf der analytischen Dimension der ‚Reurbanisierungsdebatte' werde ich gleichzeitig Argumente gegen deren normativen Inhalt liefern. Ich behaupte also, dass eine neuerliche Fokussierung auf die demographischen Dimensionen von Veränderungen, die die Innenstädte betreffen, nicht dazu führen sollte, dass die Analyse dieser Wandlungsprozesse von ihren sozial höchst unterschiedlichen Bedeutungen und Auswirkungen getrennt wird. Meiner Ansicht nach macht die kontinuierliche demographische Diversifizierung der Kernstädte das Konzept der Gentrifizierung, im Sinne eines Schlüsselbegriffs für das Verständnis sozialräumlicher Transformationen an diesen Orten, nicht obsolet. Vielmehr weist dieser Trend auf die Notwendigkeit hin, bestehende Interpretationen von Gentrifizierung mit neuen Erkenntnissen über deren demographische Grundlagen zu ergänzen. Demzufolge behaupte ich, dass die der Gentrifizierungsdebatte inhärente Dimension der sozialen Klasse in das Verständnis des gegenwärtigen demographischen Wandels in den Städten einfließen sollte. Kurz gesagt, ich gebe zu bedenken, dass die Behauptung von Buzar et al. (2007a) auf den Kopf gestellt werden sollte, dass es sich also um die ‚Gentrifizierung der Reurbanisierungsdebatte‘ handelt.

Ich werde diesen Punkt weiter ausführen, indem ich mich auf die Auswirkungen von bestimmten soziodemographischen Entwicklungen im Zusammenhang mit der Reurbanisierung konzentriere – d.h. auf die Veränderungen beim Übergang ins Erwachsenenalter – und aufzeige, wie diese sich auf die sozialräumlichen Strukturen in Brüssel auswirken.

1. Die Gentrifizierung der Urbanisierungsdebatte

Das erneuerte wissenschaftliche Interesse am Konzept der Reurbanisierung ist vor dem Hintergrund einer Wissenslücke zu sehen, die in den jüngsten Beiträgen zur Gentrifizierungsdebatte und in der breiteren Literatur zur Stadtforschung besteht, und zwar in Bezug auf die sozialräumlichen Auswirkungen, die von den Änderungen der Haushaltsgeometrien und der Umgestaltung der Lebensläufe ausgehen. In einer Literaturstudie merkten Buzar u.a. (2005) neulich an, dass die Dynamiken von Haushalten, Familie und Lebenslauf, die im Zusammenhang mit dem Zweiten Demographischen Übergang stehen, bis heute in diesen Werken vernachlässigt wurden, obwohl ‚… die demographischen, kulturellen und wirtschaftlichen Folgen der Dynamiken auf der Ebene der Haushalte eine starke Kraft für die städtische Transformation darstellen‘ (S. 424). Smith (2002) vertritt eine ähnliche Ansicht mit der Beobachtung, dass Bevölkerungsgeographen sich noch nicht sehr intensiv mit der Gentrifizierungsdebatte beschäftigt haben (siehe auch Bondi 1999; Bridge 2003; Karsten 2003; Lees et al. 2007).

Allerdings haben auch solche Perspektiven bereits ihre Vorläufer. In den 1980er und frühen 1990er Jahren wurde – nicht zuletzt von feministischen Autoren (siehe Lees et al. 2007, S. 99-103 für eine Übersicht) – eine Reihe von Argumenten vorgebracht, um die Entstehung von potenziellen Gentrifizierern in den Innenstädten zu erklären. Die Mehrheit dieser Beiträge konzentrierte sich auf Veränderungen in den Haushaltsdemographien, die durch das Erwachsenwerden der neuen Mittelklasse der Baby-Boom-Generationen hervorgerufen wurden. Im Gegensatz dazu ist den sozialräumlichen Auswirkungen von gegenwärtigen Veränderungen beim Übergang ins Erwachsenenalter und bei der Erreichung der Volljährigkeit der auf die Baby-Boomer folgenden Jahrgänge weit weniger Aufmerksamkeit geschenkt worden. Junge Erwachsene, die nach 1965 geboren wurden – und daher seit Mitte der 1980er Jahre in die städtischen Arbeits- und Wohnungsmärkte eintreten – müssen sich mit ganz anderen wirtschaftlichen, sozialen und politischen Bedingungen auseinandersetzen, im Vergleich zu den Bedingungen, welche den Übergang zum Erwachsenenalter in früheren Jahrzehnten geprägt haben. Soziologen und Demographen haben diesbezüglich einen beachtlichen Wissensbestand aufgebaut (siehe z.B. CORIJN & KLIJZING 2001; GALLAND 2004; SETTERSTEN et al. 2005). Diese Werke heben vor allem hervor, dass der Prozess, der zur Übernahme von Erwachsenenrollen führt (d.h. das Erreichen von wirtschaftlicher Unabhängigkeit, wie auch von Familien- und Wohn-Unabhängigkeit) heute weitaus weniger linear und berechenbar verläuft als in den Nachkriegsjahrzehnten. Einige Werke betonen außerdem die Rolle der Wohnungsmarktdynamik für die Mobilität von jungen Menschen – wie zum Beispiel der Anstieg der Wohnungspreise in Ballungsgebieten sowie der schrittweise Rückzug des Staates aus der öffentlichen Wohnungsversorgung seit den 1980er Jahren (FORD et al. 2002; CHAUVEL 2006).

Das Verlassen des Elternhauses ist nicht mehr eng verbunden mit dem Überqueren von mehreren klassischen Übergangsschwellen, wie dem Beenden der Schulzeit, dem Beginn der Berufskarriere, der Verehelichung, und der Geburt des ersten Kindes – und das alles innerhalb einer kurzen Zeitspanne, meistens um das Alter von 20 Jahren. Vielmehr beinhalten die neuen Muster des Übergangs in das Erwachsenenalter oftmals mehrere Bewegungen in und zwischen diversen kurzlebigen, hoch-flexiblen Wohnsituationen außerhalb des Familienverbandes, sowie ausgedehnte Aufenthalte im Elternhaus – inklusive einer Rückkehr nach dem erstmaligen Ausziehen (siehe z.B. SETTERSTEN et al. 2005; CORIJN & KLIJZING 2001; GALLAND 2004).

Wenn man das Ausmaß dieser Veränderungen betrachtet, die auf die Haushalte einwirken, ist es erstaunlich, dass Forscher sich nicht näher mit der Untersuchung von deren sozialräumlichen Auswirkungen befasst haben. Auf den ersten Blick mag hier das Wiederauftauchen der ‚Reurbanisierungs‘-Idee vielversprechend wirken, denn dieses Konzept beinhaltet eine echte Verbindung mit den demographischen Dimensionen des gegenwärtigen städtischen Wandels. Dennoch argumentiere ich gegen einen konzeptionellen Schritt dieser Art, denn aus meiner Sicht entfernen die Forderungen nach einer ‚Reurbanisierung der Gentrifizierungsdebatte‘ zu Unrecht die Dimension der gesellschaftlichen Klasse aus der Diskussion zum städtischen Wandel, während sie (sinnvollerweise) die Demographie wieder einführen.

In der aktuellen Literatur über Reurbanisierung gibt es nur sehr wenig Platz für Überlegungen wie demographische Veränderungen auf unterschiedliche soziale Gruppen in unterschiedlicher Weise einwirken. Diese Lücke fällt besonders auf, wenn man die Schlussfolgerungen betrachtet, die aus der Analyse jener vier Städte (Leipzig, Ljubljana, Bologna und León) gezogen wurden, welche im EU-finanzierten Re-Urban Mobil Programm (2002-2005) als Fallstudien dienten (vgl. www.re-urban.com). Hier heißt es, dass „die beobachteten Prozesse [der Reurbanisierung] den traditionellen Arbeiterklasse-Charakter der untersuchten innerstädtischen Viertel grundlegend verändert haben, welche nun sozial vielfältiger und räumlich fragmentierter sind. Insgesamt stellt die Reurbanisierung eine „Zersplitterung' und Verflüssigung der sozialökonomischen Stadtlandschaft dar" (Buzar et al. 2007a, S. 673). Es ist allerdings ziemlich überraschend, wie wenig über den Einfluss der steigenden Präsenz von alleinlebenden jungen Menschen auf den Wohnungsmarkt, auf das Dienstleistungsangebot oder auf die Einzelhandelsversorgung in den innerstädtischen Vierteln gesagt wird. Dasselbe gilt auch für die sozialökonomischen Profile dieser jungen Einpersonenhaushalte, im Vergleich zu anderen jungen Erwachsenen, die in der Stadt leben, oder zur restlichen Stadtbevölkerung insgesamt. Weiters werden die tatsächlichen Erfahrungen der etablierten Arbeiterbevölkerung hinsichtlich der ‚tiefgreifenden Transformationen' ihrer Lebensumwelt immer wieder vom Forschungsschwerpunkt ferngehalten.

Folglich behaupte ich, dass das Wiederauftauchen des Reurbanisierungskonzepts das Versprechen nicht einlöst, ein umfassendes Verständnis der gegenwärtigen sozialräumlichen Transformationen in Innenstädten zu ermöglichen, denn es übergeht die ungleiche Verteilung der sozialen Kosten und Nutzen dieser Transformationen. Es gibt nun umfangreiche Beweise, die belegen, dass innerstädtische Viertel in ‚wiederauflebenden' Städten zunehmend zu sozial exklusiven Orten werden, und damit wird gezeigt, dass die Realität der städtischen ‚Renaissance' in großem Maße eher mit sozialer Gewalt zusammenhängt als mit sozialökonomischer ‚Fluidität'. In diesem Sinne denke ich, dass den Forderungen nach einer ‚Reurbanisierung der Gentrifizierungsdebatte' Folge zu leisten das Risiko in sich birgt, unaufhaltsam ein klares Bewusstsein der sozialen Differenzierung des soziodemographischen Wandels in innerstädtischen Vierteln zu verlieren, und stattdessen ungenaue, wenn auch politisch korrekte Feststellungen über verallgemeinerte ‚win-win' Situationen einzuführen.

Meiner Ansicht nach bleibt das Konzept der Gentrifizierung bestehen als entscheidender Einstiegspunkt in den facettenreichen und multidirektionalen Strudel des gegenwärtigen städtischen Wandels, weil es die sozialen, wirtschaftlichen, demographischen und politischen Dimensionen dieser Veränderungen im Detail artikuliert, und weil es von den normativen – eigentlich neo-liberalisierten – Zukunftsvisionen der Stadt Abstand nimmt. Was jetzt auf dem Programm steht, ist eine Auffrischung bestehender Sichtweisen auf die demographischen Grundlagen der Gentrifizierung, insbesondere hinsichtlich der Rolle, die in diesen Prozessen von jungen Menschen im Übergang in das Erwachsenenalter gespielt wird. Der nächste Abschnitt dieses Beitrags stellt den Versuch einer solchen Herangehensweise dar – mit Brüssel als Fallstudie.

2. Brüssel: Vom demographischen Wandel zur Miet-Gentrifizierung
Demographische Entwicklung

Nach einem Vierteljahrhundert kontinuierlicher Bevölkerungsverluste gewinnt die Region Brüssel-Hauptstadt (die politisch-institutionelle Abgrenzung des Kerngebiets des Brüsseler Stadtregion) seit Mitte der 1990er Jahre wieder an Einwohnern, und die Stadtbevölkerung zählt seit 2001 über eine Million. In einer parallelen Entwicklung nimmt die suburbane Bevölkerung stetig zu, weshalb die neuen Vorstadtbewohner sich in neuen Wohnsiedlungen in immer weiter entfernten Gemeinden niederlassen müssen. Dementsprechend findet man hier die Charakteristiken der Reurbanisierungsphase der Stadtentwicklung (siehe LEVER 1993) nicht wieder, denn sowohl die Kernstadt wie auch die Vorstädte verzeichnen einen Bevölkerungszuwachs. Weiters ist das Migrationssaldo zwischen der Kernstadt und den vorstädtischen Außenbezirken – im Gegensatz zu dem was ein Zurück-zur-Stadt-Modell voraussetzt – nach wie vor negativ. Die jüngste Wiederbevölkerung der Stadt ist vielmehr mit einem zum Großteil positiven – sogar zunehmenden – Migrationssaldo zwischen der Region Brüssel-Hauptstadt und dem Ausland verbunden. Das positive Verhältnis von Geburten- und Sterbezahlen spielt hier auch eine Rolle, wenn auch eine geringere (Tab. 1). Dies bedeutet, dass internationale Zuwanderung, sowohl aus europäischen Ländern wie auch vielfach aus Ländern der Dritten Welt, den größten Beitrag zum jüngsten Trend der Wiederbevölkerung in der Stadt leistet.

Darüber hinaus wird die demographische Struktur von Brüssel zunehmend weniger familienorientiert, wenn man bedenkt, dass die Zahl der Haushalte, die aus einem Ehepaar (mit oder ohne Kinder) bestehen, im Zeitraum 1981 bis 2004 offensichtlich gesunken ist, während gleichzeitig die Zahl der Einpersonenhaushalte (vor allem alleinlebende Männer), der Haushalte mit alleinerziehenden Eltern (vor allem Mütter mit Kindern)

Zeitraum 2000 bis 2005	Bevölkerungs-zuwachs (Durchschnitt pro Jahr)		Bevölkerungs-verlust (Durchschnitt pro Jahr)	Saldo pro Jahr (in ‰)
Geburten	14.567	Todesfälle	10.095	+4.472 (+4,6‰)
Vorstädte > RBH	11.261	RBH > Vorstädte	18.652	-7.391 (-7,5‰)
übriges Belgien > RBH	9.459	RBH > übriges Belgien	11.855	-2.396 (-2,4‰)
Ausland > RBH	26.696	RBH > Ausland	10.096	+16.600 (+16,9‰)
insgesamt	62.252	insgesamt	50.698	+11.554 (11,7‰)

Tabelle 1: Kennziffern der demographischen Entwicklung, Region Brüssel-Hauptstadt (RBH) (Quelle: FPS Economy – Statistische Abteilung, Melderegister Daten, eigene tabellarische Zusammenstellung des Autors)

Haushaltstyp	1981	2004	Entwicklung 1981-2004 (%)	Anteil 2004 (%)
Alleinlebende Frauen	116.952	128.732	+10,1	26,3
Alleinlebende Männer	71.719	116.946	+63,1	23,9
andere Nicht-Familien-HH	13.463	23.107	+71,6	4,7
Ehepaare, ohne Kind	91.564	65.953	-28,0	13,5
Ehepaare, mit Kind(ern)	112.776	86.408	-23,4	17,7
Mütter mit Kind(ern)	28.998	42.962	+48,2	8,8
Väter mit Kind(ern)	5.167	6.658	+28,9	1,4
andere Familienhaushalte	11.169	18.081	+61,9	3,7
unbekannt	1.970	216	-89,0	0,04
insgesamt	453.778	489.063	+7,8	100

Tabelle 2: Haushaltstypen in der Region Brüssel – Hauptstadt Entwicklung 1981 bis 2004 (Quelle: FPS Economy – Statistische Abteilung, Volkszählung 1981 und 2004, eigene Zusammenstellung des Autors)

und anderer (Nicht-)Familienhaushalte (einschließlich unverheirateter Paare) rapide gestiegen ist (Tab. 2). Der rasche Anstieg der Einpersonenhaushalte in den vergangenen zwei Jahrzehnten ist im Falle der alleinlebenden jungen Erwachsenen besonders auffällig: Zwischen 1981 und 2001 hat sich die Zahl der alleinlebenden Einzelpersonen im Alter zwischen 18 und 34 Jahren sprunghaft um 46,0% erhöht (+48,1% für Männer; +43,2% für Frauen). Im Zeitraum zwischen 1981 und 2001 trug der Zuwachs in der Zahl alleinlebender junger Erwachsener etwa die Hälfte (45%) zum Anstieg der Einpersonenhaushalte in der Region Brüssel-Hauptstadt bei (Volkszählungsdaten, Kalkulation des Autors). Eine solche Ausdehnung der Kategorie alleinlebender junger Erwachsener in den vergangenen zwei Jahrzehnten findet sich in ähnlichen Forschungsergebnissen wieder, insbesondere in britischen und französischen Städten (z.B. OGDEN & HALL 2000; 2004; OGDEN & SCHNOEBELEN 2005).

Wer sind die jungen Erwachsenen in Haushalten außerhalb des Familienverbandes in Brüssel?

Tabelle 3 zeigt die sozioökonomischen, wohnrechtlichen und genderspezifischen Profile von jungen Erwachsenen (18-34), in Haushalten außerhalb des Familienverbandes, in Brüssel 2001, und vergleicht diese mit den Profilen junger Erwachsener in anderen Haushaltstypen sowie mit dem Rest der Stadtbevölkerung.

Diese Kategorie zeigt erstens eine Dominanz der Zahl alleinlebender Männer über die Zahl alleinlebender Frauen. Als solches offenbart diese Diskrepanz eine lokale Maßzahl für die allgemein höhere Neigung von Männern in der westlichen Welt, nach dem Verlassen des Elternhauses alleine zu leben (GALLAND 2004). Die Situation ist umgekehrt für junge Erwachsene in anderen Haushaltstypen, was hauptsächlich mit der größeren Anzahl von (alleinerziehenden) Müttern mit Kindern im Vergleich mit Vätern mit Kindern zusammenhängt.

Die überwiegende Mehrheit junger Erwachsener in Haushalten außerhalb des Familienverbandes ist auf dem Arbeitsmarkt aktiv – wobei hier ein nicht unbedeutender Anteil von arbeitslosen Personen inkludiert ist. Umgekehrt sind nur sehr wenige von ihnen Studierende, was dazu Anlass gibt, den Blick auf die Rolle der jungen Erwachsenen im städtischen Wandel über die Prozesse der ‚Studentifizierung' hinaus auszuweiten (vgl. SMITH 2005). Weiters ist es bei jungen Menschen in Haushalten außerhalb des Familienverbandes etwa 1,5 mal so wahrscheinlich als bei anderen jungen Erwachsenen in der Stadt, dass sie einen höheren Bildungsabschluss besitzen, mit einem maximalen Verhältnis bei Frauen mit einem postgradualen Abschluss. Es dominieren die Angestellten, besonders unter den Frauen in dieser Kategorie. Es kann weiters beobachtet werden, dass junge Erwachsene in Haushalten außerhalb des Familienverbandes ein sehr hohes Maß

| | Junge Erwachsene in Nicht-Familien-Haushalten | | Andere junge Erwachsene | |
	Männer	Frauen	Männer	Frauen
Personen	49.877	39.890	75.942	87.036
Geschlechterverteilung (%)	55,6	44,4	46,6	53,4
Durchschnittsalter (Jahre)	28,1	27,3	25,9	26,2
Position am Arbeitsmarkt (%)				
erwerbstätig	74,2	76,2	58.3	46,2
arbeitslos	17,5	13,8	16,3	20,7
Student/ Schüler	5,8	7,7	22,9	21,3
Sonstige Nicht-Aktive (z.b. Pensionist, Hausfrau)	2,5	2,3	2,5	11,8
Bildungsabschluss (% der Erwerbstätigen)				
Grundschule oder ohne Abschluss	22,3	11,9	32,6	26,8
Sekundarschulabschluss	26,1	21,6	32,4	30,9
Hochschulabschluss (undergraduate)	22,8	32,2	17,3	24,9
Hochschulabschluss (postgraduate)	28,8	34,4	17,7	17,5
Berufliche Stellung (% der Erwerbstätigen)				
Angestellter in der Privatwirtschaft	47,4	56,9	36,8	49.8
Arbeiter in der Privatwirtschaft	17,6	6,3	27,9	12,1
Bediensteter im Öffentlichen Sektor	17,3	24,0	16,4	23.7
Selbstständig	11,3	7,4	11,2	6,8
Firmenleiter	2,5	0,8	2,4	0,9
sonstige	4,0	4,6	5,3	6,8
Wohnmobilität (%)				
zwischen 2000 und 2001 zugezogen	38,2	38,9	16,5	19,0
zwischen 1996 und 2001 zugezogen	89,3	89,8	54,4	63,0
Wohnrechtlicher Status (%)				
Selbstnutzender Eigentümer	14,0	14,7	50,4	44,5
Mieter – privater Vermieter	77,5	78,4	38,6	43,3
Mieter – Sozialwohnung	4,8	3,9	8,6	9,8
Sontiges	3,7	3,0	2,4	2,4

Tabelle 3: Ein Vergleich der sozioökonomischen und wohnrechtlichen Profile junger Erwachsener (18-34), Region Brüssel-Hauptstadt 2001

an Wohnmobilität an den Tag legen: knapp 90% sind während eines Zeitraums von 5 Jahren vor der Volkszählung 2001 umgezogen, und fast 40% in dem Jahr unmittelbar vor der Volkszählung 2001. Diese beachtlich hohen Mobilitätsraten müssen mit dem großen Anteil von privaten Mietern unter den jungen Erwachsenen in Haushalten außerhalb des Familienverbandes (fast 80%) in Verbindung gebracht werden, wobei die meisten kurzfristige Mietverträge haben.

Abschließend ist zu bemerken, dass nicht-belgische EU-15 Staatsbürger unter den jungen Erwachsenen in Haushalten außerhalb des Familienverbandes überrepräsentiert sind, sowohl im Vergleich zu anderen jungen Erwachsenen wie auch zur Gesamtbevölkerung. Diese Erkenntnis weist auf die Anwesenheit in Brüssel von jungen Fachleuten im Auslandsdienst hin, angezogen von der EU und EU-bezogenen internationalen Organisationen mit Hauptsitz in der Stadt (z.B. Praktikanten bei der Kommission, Journalisten, Rechtsexperten, Mitarbeiter von NGOs ...), die typischerweise alleine oder mit einem Partner leben. Nordafrikanische, türkische und kongolesische Staatsbürger hingegen sind unter den jungen Erwachsenen in Haushalten außerhalb des Familienverbandes weniger stark vertreten.

Zusammengefasst zeigen die empirischen Belege, dass junge Erwachsene in Haushalten außerhalb des Familienverbandes in Brüssel im typischen Fall gebildete Menschen sind, Angestellte und in hohem Maße mobile Personen, die ihre Unterkunft von privaten Vermietern mieten. Weiters unterstreichen die Erkenntnisse aus einer jüngeren Studie mit privaten Mietern in Brüssel, dass das verfügbare Einkommen der alleinlebenden Mieter im Alter zwischen 25 und 34 Jahren in der Regel etwas höher ist als für die Gesamtheit aller Mieter in der Stadt (DE KEERSMAECKER 2006). Erkenntnisse dieser Art legen daher nahe, dass die Dimension der sozialen Klasse nach wie vor bei den biographischen Übergängen im frühen Erwachsenenalter einen zentralen Aspekt darstellt. Insofern stimmen sie mit den Forschungsergebnissen aus mehreren Studien im Bereich der Jugendsoziologie überein, in unterschiedlichen nationalen als auch regionalen Kontexten (siehe z.B. JONES 1987; CORIJN & KLIJZING 2001; GALLAND 2004). Diese Werke betonen immer wieder, dass jene Menschen, die im frühen Erwachsenenalter von Wohn-Unabhängigkeit und Lebensstil-Autonomie profitieren, und zwar losgelöst von herkömmlichen Verpflichtungen hinsichtlich Ehe und Kindererziehung, meistens junge Erwachsene aus der Mittelschicht sind. Im Vergleich dazu neigen junge Menschen aus Arbeiterhaushalten weitaus weniger oft dazu, in unabhängige, nicht-familienbezogene Wohnformen einzuziehen (z.B. JONES 1987; CORIJN & KLIJZING 2001; GALLAND 2004; MACDONALD et al. 2005).

Die Geographie junger Erwachsener in Haushalten außerhalb des Familienverbandes

Junge Erwachsene in Haushalten außerhalb des Familienverbandes sind in der Stadt nicht gleichmäßig verteilt. Wie Abbildung 1A illustriert, ist diese Gruppe vor allem in der östlichen Innenstadt und im historischen Stadtkern konzentriert. Dieses räumliche Muster hat sich in den 1990er Jahren konsolidiert, denn in diesen Vierteln hat sich ein Großteil der Zunahme an Haushalten dieser Art im vergangenen Jahrzehnt konzentriert (VAN CRIEKINGEN 2008a). Diese Nachbarschaften umfassen einen großen Bestand an Mietwohnungen, meist in Form von ehemaligen Einfamilienhäusern aus dem 19. Jahrhundert, welche in Wohnungen unterteilt und von privaten Hausherren vermietet werden (das betrifft etwa 60% des lokalen Wohnungsbestands). Somit haben mittelständische junge Erwachsene, die das Elternhaus verlassen, reichliche Möglichkeiten, ihre eigene Wohnkarriere in einer privat gemieteten Wohnung in der Innenstadt zu beginnen. Sehr oft jedoch ist die Zeit der innerstädtischen Miete in den Wohnbiographien und sozialräumlichen Lebensläufen beschränkt, da viele zu einem späteren Zeitpunkt in sozial homogenere Wohngebiete in (sub)urbane Gemeinden außerhalb des Stadtkerns übersiedeln (GRIMMEAU et al. 1998).

Nachbarschaften im wohlhabenden südöstlichen äußeren Ring der Stadt sind für junge Erwachsene in Haushalten außerhalb des Familienverbandes kaum zugänglich. Eigenheimbesitzer der Mittel- und Oberschicht überwiegen in diesen Gegenden, und man findet hier den größten Anteil von jungen Erwachsenen im Elternhaus vor (Abb. 1B). Dieses Muster gibt Aufschluss über die territoriale Dimension des sogenannten 'Tanguy Phänomens', also über die Verlängerung der Wohnabhängigkeit junger Menschen von ihren Eltern. In diesen Nachbarschaften können junge Erwachsene in Familien der Mittel- und Oberschicht einen relativen Mangel an Wohnungsunabhängigkeit und Lebensstilautonomie ausgleichen, indem sie bequeme Lebensbedingungen in mehrheitlich geräumigen Wohnhäusern genießen können. Abbildung 1B zeigt jedoch auch, dass viele junge Erwachsene, die im Elternhaus leben, in der nördlichen und westlichen Innenstadt anzutreffen sind, also in armen Arbeiter- und Migrantenvierteln. Im Kontrast zur romantisierten Figur des bürgerlichen 'Tanguy', welcher das elterliche Nest verlassen will, scheint es, dass der Großteil der jungen Erwachsenen aus Arbeiterfamilien oder mit Migrationshintergrund in diesen Nachbarschaften 'eingesperrt' ist. Sie müssen sich nämlich auf die lokal-sozialen, Familien- oder ethnischen Netzwerke verlassen, um die Folgen hoher Arbeitslosigkeit und steigender Immobilienpreise zu bewältigen.

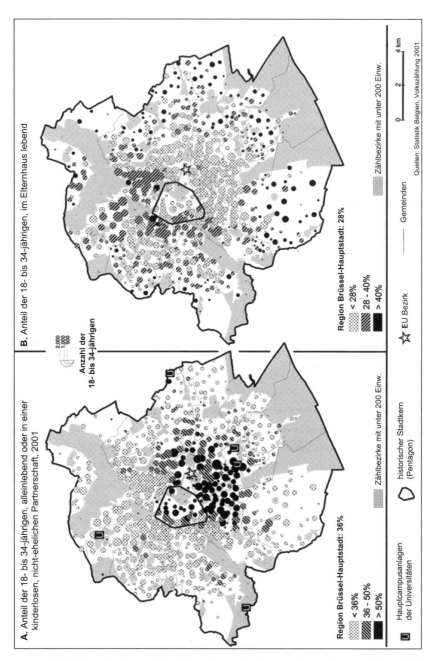

Abbildung 1. Räumliche Verteilung der jungen Erwachsenen (18-34) in der Region Brüssel-Hauptstadt, 2001, (A) in Haushalten außerhalb des Familienverbandes lebend und (B) im Elternhaus lebend (Quelle: eigene Darstellung).

202

Die Auswirkungen auf einkommensschwache Gruppen

Wenn man bedenkt, dass der private Mietwohnungsmarkt auch die Mehrheit der einkommensschwachen Haushalte der Stadt versorgt, so führen die Reinvestitionen in den Mietwohnungsbestand zugunsten mittelständischer junger Erwachsener in den innerstädtischen Vierteln von Brüssel zu einem steigenden Wettbewerb um Wohnraum. Tatsächlich fungiert der Mietwohnungsbestand in der Innenstadt de facto als Anbieter von Sozialwohnungen, denn er ist das einzige Segment des Marktes, welches sich einkommensschwache Haushalte leisten können, angesichts des Mangels an de jure Sozialwohnungen in staatlichem Besitz (diese umfassen nur 8% des Wohnungsbestands, während 30% der Stadtbevölkerung unter der Armutsgrenze leben). Folglich ist die Situation der einkommensschwachen Haushalte auf dem innerstädtischen Wohnungsmarkt im Falle von Mieterhöhungen stark gefährdet, auch wenn die Neuankömmlinge nicht zu den reichsten Kategorien der Stadtbevölkerung zählen. Weiters wirkt die hohe Mobilität der mittelständischen jungen Erwachsenen im privaten Mietwohnungsmarkt in den innerstädtischen Vierteln von Brüssel (siehe Tabelle 3) als kraftvoller Katalysator für steigende Mietkosten, da es im Falle von Mietleerstand keine gesetzlichen Beschränkungen der Miethöhe gibt. In anderen Worten, wie der neue Mietpreis geregelt wird, wenn ein Mieter auszieht und ein neuer Mietvertrag abzuschließen ist, wird gänzlich dem Marktmechanismus innerhalb des individuellen Verhandlungsrahmens zwischen Vermieter und potentiellen Mietern überlassen, wobei die Vermieter zahlreiche Möglichkeiten haben, einen Vertrag frühzeitig zu beenden (z.B. zum Eigenbedarf oder um umfangreiche Sanierungsmaßnahmen umzusetzen) (DE DECKER 2001). Es ist daher zweckmäßig, wenn Vermieter auf die Nachfrage der jungen mittelständischen Erwachsenen nach kleinen, nichtluxuriösen, aber bequemen Wohnungseinheiten in zentralen Gegenden reagieren, indem sie die Ausstattung und die Preise ihrer Immobilien dementsprechend anheben.

In diesem Zusammenhang bringt der steigende Wettbewerb um Wohnflächen in den innerstädtischen Vierteln von Brüssel eine Reihe von nachteiligen Folgen für einkommensschwache Gruppen mit sich. Zu diesen zählen die ausgeprägten Verdrängungskräfte, mit denen junge, der Arbeiterklasse zugehörige Menschen in armen Vierteln konfrontiert sind. In anderen Worten ausgedrückt werden ihre Wohnlaufbahnen – in zunehmendem Maße – stark durch die Übernahme des privaten Mietwohnungsmarktes im Stadtzentrum durch wohlhabendere Gruppen, so zum Beispiel mittelständische junge Erwachsene, eingeschränkt. Überdies führen eskalierende Mietpreisniveaus zu einer Verschlechterung der Lebensbedingungen für einkommensschwache Haushalte in armen Vierteln, z.b. wegen der Verkleinerung von Wohnungen und des Überbelags sowie der Sparzwänge bei unverzichtbaren Haushaltsausgaben wie Bildung oder Gesundheit, weil ein wachsender Anteil des Einkommens den Wohnkosten gewidmet werden muss (in situ Verarmung). Parallele empirische Untersuchungen deuten auch darauf hin, dass die direkte Verdrängung von sozial schwachen Haushalten aus den von Aufwertung betroffenen Vierteln von Brüssel einen realen, wenn auch begrenzten Teil der Migrationsdynamik in der Innenstadt darstellt (VAN CRIEKINGEN 2008b).

Zusätzlich zu den Konsequenzen, die durch die Dynamik des Wohnungsmarktes hervorgerufen werden, trägt der Zustrom von mittelständischen jungen Erwachsenen in Haushalten außerhalb des Familienverbandes in innerstädtische Nachbarschaften auch zu sichtbaren Veränderungen im lokalen Angebot von Einzelhandel und Dienstleistungen bei. Seit den 1990er Jahren wurden die Viertel im historischen Stadtkern und in der östlichen Innenstadt durch die rasche Entstehung neuer Landschaften des ‚trendigen' Verbrauchs umgeformt, rund um eine Reihe von modischen Restaurants, Cafés und Boutiquen. Die detaillierte Analyse einer solchen ‚trendigen' Nachbarschaft im historischen Kern der Stadt hat ergeben, dass die Schlüsselrolle beim Entstehen solcher Landschaften bei den Strategien der Unternehmen liegt, die auf die Marktnische der mittelständischen jungen Erwachsenen abzielen (VAN CRIEKINGEN & FLEURY 2006). Letztlich tragen solche Transformationen in beachtlichem Maße zu dem Druck bei, der von jenen verspürt wird, die neue modische Szenentreffs dieser Art nicht besuchen, und die ein gewisses Gefühl der Vertrautheit mit einem Ort verlieren (so wie ältere Menschen aus der Arbeiterklasse oder junge Menschen mit Migrationshintergrund).

Die Analyse der städtischen Muster und Auswirkungen des Erwachsenwerdens von jungen Menschen in Brüssel weist darauf hin, dass es einen bestimmten Verlauf der Miet-Gentrifizierung gibt, d.i. ein Nachbarschaftswandel, der durch die zunehmende Präsenz von mittelständischen jungen Erwachsenen in Haushalten außerhalb des Familienverbandes im innerstädtischen privaten Mietwohnungsmarkt vorangetrieben wird.

Schlussfolgerung

In einem Versuch, die einseitige Ausrichtung zu überwinden, welche in dem wiederauflebenden wissenschaftlichen Interesse am Konzept der ‚Reurbanisierung' festgestellt wurde – mit anderen Worten, dessen offensichtliche Blindheit gegenüber der sozialen Differenzierung des städtischen demographischen Wandels – zeigt dieser Beitrag, dass die Gentrifizierungsprozesse, die in Brüssel stattfinden, eine spezifische demographische Grundlage haben. Die Reinvestitionen in innerstädtische Nachbarschaften in Brüssel werden hauptsächlich durch das Wachstum der Kategorie mittelständischer junger Erwachsener, die in Haushalten außerhalb des Familienverbandes leben, angetrieben, welche in der Regel nur vorübergehende Affinitäten zum Wohnen im Stadtzentrum haben. Dieser Haushaltstyp verkörpert besondere Bedingungen, abgeleitet von der zunehmenden biographischen Flexibilität in der Zeit des frühen Erwachsenenalters, welche einen Teilaspekt des Zweiten Demographischen Übergangs darstellt.

Die Wohnkarrieren dieser Haushalte sind mehrheitlich auf den privaten Mietwohnungsmarkt im historischen Stadtkern ausgerichtet, aber auch auf den inneren Ring der Vorstädte aus dem 19. Jahrhundert. Dies begründet auch die Entwicklung der Brüsseler Prozesse der Miet-Gentrifizierung, nämlich die Reinvestition in den Markt für privat vermietete Wohnungen unter mittelständischen jungen Erwachsenen. Solche Prozesse der Miet-Gentrifizierung erzeugen zunehmenden Wettbewerb für Wohnraum in der Stadt, und werden von einer Reihe von negativen Folgen begleitet – unter anderem ausschließende und direkt verdrängende Auswirkungen, sowie in situ Verarmung – die andere Bevölkerungsgruppen betreffen, nicht zuletzt die jungen Menschen mit Arbeiter- oder Migrationshintergrund, die zunehmend in weniger gentrifizierten innerstädtischen Vierteln ‚eingesperrt' zu sein scheinen.

Die wissenschaftlichen Belege aus dem Fallbeispiel Brüssel zeigen, dass die räumlichen Veränderungen beim Übergang von jungen Menschen in das Erwachsenenalter für unterschiedliche soziale Gruppen kontrastierende Geographien und unterschiedliche Bedeutungen mit sich bringen, und sogar zur Marginalisierung von einkommensschwachen Einwohnern in innerstädtischen Nachbarschaften beitragen. Dies weist darauf hin, dass es – trotz aller lokal gegebenen Besonderheiten im Hinblick auf den Immobilienmarkt und auf die politischen Antworten auf den soziodemographischen Wandel – überall wesentlich ist, die kontrastierenden sozialräumlichen Auswirkungen dieser Veränderungen zu untersuchen. Wir müssen eine klare Vorstellung davon bewahren, wer von den gegenwärtigen Wellen des städtischen Wandels profitiert, und wer davon auf welche Weise betroffen ist.

Anmerkung der Herausgeber: Wir danken John Wiley & Sons Ltd. als Herausgeber von "Population, Space and Place" für die Erlaubnis, den Artikel von Mathieu Van Criekingen (2009): "'Gentrifying the Re-urbanisation Debate', Not Vice Versa: The Uneven Socio-spatial Implications of Changing Transitions to Adulthood in Brussels" aus dem Englischen ins Deutsche zu übersetzen.

Literatur

BONDI L. (1999), Gender, class, and gentrification: enriching the debate. In: Environment and Planning D, 17, 3, S. 261-282.

BRIDGE G. (2003), Time-space trajectories in provincial gentrification. In: Urban Studies ,40, 12, S. 2545-2556.

BUTLER T. (2007), Re-urbanizing London docklands: Gentrification, suburbanization or new urbanism? In: International Journal of Urban and Regional Research, 31, 4, S. 759-781.

BUZAR S., OGDEN P. E., HALL R. (2005), Households matter: the quiet demography of urban transformation. In: Progress in Human Geography, 29, 4, S. 413-436.

BUZAR S., OGDEN P., HALL R., HAASE A., KABISCH S., STEINFÜHRER S. (2007a), Splintering urban populations: emergent landscapes of reurbanisation in four European cities. In: Urban Studies, 44,4, S. 651-677.

BUZAR S., HALL R., OGDEN P. (2007b), Beyond Gentrification: the demographic reurbanisation of Bologna. In: Environment and Planning A, 39, S. 64–85.

CHAUVEL L. (2006), Les classes moyennes à la dérive. Paris.

CORIJN M., KLIJZING E. (Hrsg.) (2001), Transition to Adulthood in Europe. Dordrecht, The Netherlands.

DE DECKER P. (2001), Jammed between housing and property rights: Belgian private renting in perspective. In: European Journal of Housing Policy, 1, 1, S. 17-39.

DE KEERSMAECKER M.-L. (2006), Observatoire des Loyers – Enquête 2006. Research report. Observatoire Régional de l'Habitat. Brüssel.

FORD J., RUGG J., BURROWS R. (2002), Conceptualising the contemporary role of housing in the transition to adult life in England. In: Urban Studies, 39,13, S. 2455-2467.

GALLAND O. (2004), Sociologie de la jeunesse. Paris.

GRIMMEAU J.-P., VAN CRIEKINGEN M., ROELANDTS M. (1998), Les migrations d'émancipation en Belgique. In: Espace Populations Sociétés, 2, S. 235-247.

JONES G. (1987), Leaving the parental home: an analysis of early housing careers. In: Journal of Social Policy, 16, S. 49-74.

KARSTEN L. (2003), Family gentrifiers: challenging the city as a place simultaneously to build a career and to raise children. In: Urban Studies, 40, 12, S. 2573–2584.

LEES L., SLATER T., WYLY E. K. (2007), Gentrification. London.

LEVER W. F. (1993), Reurbanisation – the policy implications. In: Urban Studies, 30, 2, S. 267-284.

MACDONALD R., SHILDRICK T., WEBSTER C., SIMPSON D. (2005), Growing up in poor neighbourhoods: the significance of class and place in the extended transitions of 'socially excluded' young adults. In: Sociology, 39, 5, S. 873-891.

OGDEN P. E., HALL R. (2000), Households reurbanisation and the rise of living alone in the principal French cities 1975–90. In: Urban Studies, 37, 2, S. 367-390.

OGDEN P. E., HALL R. (2004), The second demographic transition, new household forms and the urban population of France during the 1990s. In: Transactions, Institute of British Geographers, 29, 1, S. 88-105.

OGDEN P. E., SCHNOEBELEN F. (2005), The rise of the small household: demographic change and household structure in Paris. In: Population Space and Place, 11, S. 251-268.

SETTERSTEN R., FURSTENBERG F., RUMBAUT R. (Hrsg.) (2005), On the Frontier of Adulthood. Chicago.

SLATER T. (2006), The eviction of critical perspectives from gentrification research. In: International Journal of Urban and Regional Research, 30, 4, 737-757.

SMITH D. P. (2002), Extending the temporal and spatial limits of gentrification: a research agenda for population geography. In: International Journal of Population Geography, 8, S. 385-394.

SMITH D. P. (2005). 'Studentification': the gentrification factory? In: ATKINSON R., BRIDGE G. (Hrsg.), Gentrification in a Global Context: The New Urban Colonialism. S. 72-89. London.

VAN CRIEKINGEN M. (2008a), Réurbanisation ou gentrification? Nouveaux parcours d'entrée dans la vie adulte et changements urbains à Bruxelles. In: Espaces et Sociétés, 134, 3, S. 149-166.

VAN CRIEKINGEN M. (2008b), Towards a geography of displacement. Moving out of Brussels' gentrifying neighbourhoods. In: Journal of Housing and the Built Environment, 23, 3, S. 199-213.

VAN CRIEKINGEN M., FLEURY A. (2006), La ville branchée: gentrification et dynamiques commerciales à Bruxelles et à Paris. In: Belgeo, 1–2, S.113-134.

VAN CRIEKINGEN M. (2010), 'Gentrifying the Re-urbanisation Debate', Not Vice Versa: The Uneven Socio-spatial Implications of Changing Transitions to Adulthood in Brussels. In: Popul. Space Place, 16, S. 381-394

JOSEF KOHLBACHER, URSULA REEGER
GERINGQUALIFIZIERTE MIGRATION UND SOZIALRÄUMLICHE POLARISATION
Das Fallbeispiel Wien

Einleitung

Metropolen bedürfen vor allem aus demographischen und ökonomischen Gründen der Zuwanderung. Dies gilt auch für die Entwicklung der Wiener Wohnbevölkerung, die noch in den 1970er Jahren durch Stagnation geprägt war. Die Volkszählung wies 1971 eine Bevölkerungszahl von nur noch 1,56 Mio. Menschen in der Bundeshauptstadt aus. Erst in der zweiten Hälfte der 1980er Jahre setzte dann ein deutlicher Umschwung ein, was in erster Linie der starken Zuwanderung zuzuschreiben war. Im Jahr 2008 betrug die Wiener Gesamtbevölkerung 1,680.200 Personen, davon waren 330.600 (19,7%) ausländische Staatsbürger, insgesamt 545.800 Wiener und Wienerinnen wiesen einen Migrationshintergrund auf. Mit Stichtag 1. Oktober 2010 war die Gesamtzahl der Wohnbevölkerung auf 1,712.900 Personen angewachsen.

Die Zuwanderung und innerstädtische sozialräumliche Umschichtungsprozesse stehen in einem Interdependenzverhältnis. Die aktuellen globalen ökonomischen Umstrukturierungen und die damit verbundenen sozialen Modernisierungsprozesse bewirken eine Zunahme sozialer Ungleichheit in urbanen Räumen sowie deren Heterogenisierung. Diese Entwicklung manifestiert sich in Form soziodemographischer Ungleichheiten, in einer wachsenden soziokulturellen Heterogenität sowie auch in einer Zunahme der sozialräumlichen Polarisierung.

Die vielschichtigen Interdependenzen zwischen Arbeits- und Wohnungsmarktpositionierung sowie sozialräumlicher Polarisierung in Wien sollen in diesem Beitrag anhand der Immigration der ehemaligen Gastarbeiter aus dem früheren Jugoslawien und der Türkei einer Analyse unterzogen werden. Das Ziel liegt darin, die Wechselwirkungen zwischen Zuwanderung, politischen Maßnahmen und innerstädtischer Strukturdifferenzierung seit den frühen 1970er Jahren in ihrer Dynamik darzustellen und deren Relevanz für die Veränderungsprozesse sozialräumlicher Polarisierung am Beispiel Wiens herauszuarbeiten.

1. Sozialräumliche Polarisierung – Begriffsbestimmung und Kausalfaktoren

Die Explikation des Phänomens der sozialräumlichen Polarisierung hat verschiedene Kausalfaktoren zu berücksichtigen. Deutlich sichtbar manifestiert sich sozialräumliche Polarisierung in sozialräumlicher Segregation (HAMEDINGER 2002). Segregation repräsentiert ein räumliches Resultat sozialer Ungleichheit. Sozialen Distanzen zwischen Bevölkerungsgruppen entsprechen räumliche Distanzen. Zu den relevanten mikrosoziologischen Determinanten sozialräumlicher Segregation zählt die Segregation auf dem Arbeitsmarkt, d.h., ein ungleicher Zugang zu Berufspositionen und Einkommen. Das Ausmaß der Segregation kann durch lokale Regulationen beeinflusst werden, wobei der Wohnungsmarkt die entscheidende Rolle spielt.

Faktum ist, dass Segregation aus wissenschaftlicher Perspektive per se nicht grundsätzlich negativ oder positiv bewertet werden kann. Die Diskussion darüber ist weitgehend ideologisiert (FASSMANN & KOHLBACHER 2007). Die Konzentration von in- und ausländischen Oberschichten in „Nobelbezirken" beispielsweise wird weder in der wissenschaftlichen Diskussion noch seitens der „political decision-maker" als Problem rezipiert (MUSTERD et al. 1997, S. 295).

Weiters spielt im Kontext der Polarisierung auch die Umstrukturierung der urbanen Ökonomien eine wichtige Rolle. Die Tertiärisierung, der Rückgang bei der Vollzeitbeschäftigung und der Anstieg der atypischen Beschäftigungsverhältnisse, zunehmende Unsicherheiten hinsichtlich des Arbeitsplatzes sowie wachsende Einkommensunterschiede repräsentieren wichtige Facetten sozioökonomischer Polarisierung. Dazu kommen die Reduzierung staatlicher Transfer- und Infrastrukturleistungen sowie eine generelle Spar- und Privatisierungspolitk der Kommunen. Die negativen Folgen des sozialen Rückbaus konzentrieren sich räumlich in benachteiligten Stadtteilen und wirken sich ausgrenzend auf deren Wohnbevölkerung aus.

Einen weiteren wichtigen Faktor bildet die Zuwanderung. Diese hat das sozialräumliche Gefüge der Städte nachhaltig verändert. Strategien und Regulative der nationalen und munizipalen Wohnungs- und Arbeitsmarktpolitik sowie mitgebrachte und sich verfestigende Bildungs- und Qualifikationsdefizite von Zuwanderern bedingen einen im Vergleich zu vielen Inländern niedrigeren sozioökonomischen Status vor allem bestimmter Immigrantengruppen. Daraus resultieren Konzentrationen von zugewanderten ethnischen Minderheiten in bestimmten Stadtteilen, wobei die räumliche Verteilung in Abhängigkeit von der Lage attraktiver (hochpreisiger) und diskriminierter (preisgünstiger) Wohnquartiere einem stadtspezifischen räumlichen Muster folgt. Diese Facette der sozialräumlichen Polarisierung prägt das Bild einer sozial und räumlich gespaltenen Stadt (vgl. HÄUSSERMANN & KAPPHAN 2000, S. 239).

Stadtgeographie und Stadtsoziologie haben den Zusammenhang zwischen der Segregation marginalisierter Gruppen und ökonomischen Standort- und Funktionsorientierungen herausgearbeitet. In diesem Zusammenhang sind die Thesen zur Zwei-, Drei- (z.b. MOLLENKOPF & CASTELLS 1991) und Vierteilung der Stadt (vgl. HARTH et al. 2000) anzuführen.

Weiters spielen im Rahmen der Polarisierung die Suburbanisierung und die zunehmende Ausdifferenzierung der unterschiedlichen Lebensstile eine Rolle. Kaufkräftige Mittelschichten wanderten im Verlauf der 1990er Jahre in das Stadtumland ab. In der Kernstadt verblieben vielfach die Migranten sowie vor allem inländische Unterschichten. Je deutlicher die Manifestationen sozialer Ungleichheit (Einkommensdiskrepanzen, ungleiche Bildungsniveaus) ausfallen, desto ausgeprägter ist auch die Differenzierung der Lebensstile. Und: Differenzen im Lebensstil, bewirken auch in Wien räumliche Distanzen.

2. Die Gastarbeiterwanderung

2.1 Quantitative Entwicklung und Einbürgerungen

Die frühen 1960er Jahre waren durch einen akzentuierten wirtschaftlichen Aufschwung gekennzeichnet, der einen steigenden Arbeitskräftebedarf bedingte. Anwerbeabkommen wurden seitens der Bundeswirtschaftskammer mit der Türkei (1964) und mit Jugoslawien (1966) unterzeichnet. Die Gastarbeiterwanderung war primär durch Pull-Faktoren ausgelöst worden. Nach ihrer Initiierung trugen allerdings Push-Faktoren in den Herkunftsstaaten zu einer Kontinuität des Zuwanderungsstromes bei. Die Mitte der 1960er Jahre ist als die eigentliche Take-off-Phase anzusehen, als jährlich zwischen 10.000 und 15.000 Arbeitskräfte angeworben wurden. Ihre Zahl stieg an der Wende zu den 1970er Jahren auf jährlich zusätzlich 20.000 bis 40.000 Personen und erreichte 1973 ihren Höhepunkt (FASSMANN & MÜNZ 1995, S. 42), um sich danach abzuschwächen.

Tabelle 1 beinhaltet einen Überblick über die quantitative Entwicklung der Gesamtbevölkerung und der aus den beiden Gastarbeiterherkunftsländern stammenden Zuwanderersegmente. Während die Wiener Gesamtbevölkerungszahl in den vier Dekaden zwischen 1971 und 2010 um 79.000 anstieg, hat sich der Stock an ausländischer Wohnbevölkerung im selben Zeitraum nahezu versechsfacht[1]. Die anteilsmäßige Präsenz nichtösterreichischer Staatsbürger ist dabei von 3,8% auf 20,7% gewachsen. Dieser Zuwachs war vor allem in den ersten Analysedekaden auf die Zuwanderung von Gastarbeitern zurückzuführen. 1981 stellten Bürger des ehemaligen Jugoslawien mehr als die Hälfte (51,7%) aller in Wien ansässigen Ausländer. In der folgenden Dekade hat sich ihre anteilsmäßige Präsenz wieder reduziert, um bis 1991 wiederum etwas anzusteigen. Der starke Zuwachs in der exjugoslawischen Community während der Dekade 1991–2001 ist in erster Linie auf die kriegerischen Auseinandersetzungen auf dem Balkan und die daraus resultierende Asylwerbermigration zurückzuführen. Obwohl ihre Absolutzahl einen weiterhin leicht progressiven Trend widerspiegelte, stellten die Exjugoslawen im Jahr 2010 nur mehr ein Drittel der ausländischen Wohnbevölkerung.

	1971	1981	1991	2001	2010
Bevölkerung insg.	1.619,9	1.531,3	1.539,9	1.550,1	1.698,8
ausl. Staatsangeh. insg.	61,6	113,4	196,7	248,3	351,9
in % der WBV	3,8	7,4	12,8	16,0	20,7
darunter:					
(Ex)Jugoslawien	28,7	58,6	87,4	113,5	117,1
in % der WBV	1,8	3,8	5,7	7,3	6,9
in % der ausl. Staatsangeh.	46,6	51,7	44,4	45,7	33,3
Türkei	3,8	19,7	43,9	39,1	42,3
in % der WBV	0,2	1,3	2,8	2,5	2,5
in % der ausl. Staatsangeh.	6,2	17,3	22,3	15,8	12,3

Tabelle 1: Bevölkerungsstand in Wien 1971-2010 nach Staatsbürgerschaft; absolute Angaben in 1.000 (Quellen: 1971-2001: Volkszählung; 2010: Bevölkerungsregister)

1   Für den Zeitraum 1971–1991 sind nur staatsbürgerschaftsbezogene Daten verfügbar. Die Gastarbeiterzuwanderung befindet sich allerdings nach 40 Jahren in einem bereits fortgeschrittenen Stadium, in dem das Kriterium der Staatsbürgerschaft infolge steigender Einbürgerungszahlen nicht mehr die entscheidende Rolle spielt. Die Volkszählung 2001 hat diesem Faktum durch Wiedereinführung des Kriteriums des Geburtslandes Rechnung getragen. Damit wurde der „Migrationshintergrund" statistisch erfassbar.

Eine davon etwas unterschiedliche Entwicklung vollzog sich hinsichtlich der türkischen Zuwanderung. Diese hat absolut und anteilig niemals
das hohe Niveau der (ex)jugoslawischen Immigration erreicht, allerdings
hat sich der Anteil türkischer Staatsbürger an der ausländischen Bevölkerung im Zeitraum 1971–1981 von einem zunächst bescheidenen Wert von
6,2% ausgehend verdreifacht und ist bis 1991 auf 22,3% angestiegen. Seither ist die relative Präsenz der Türken unter den in Wien legal sesshaften
Ausländern kontinuierlich auf nunmehr 12,3% zurückgegangen, während
die Absolutzahl in der unmittelbar vergangenen Dekade wiederum geringfügig (rund + 3.000) anstieg.

Seit 1992 haben knapp 115.000 Bürger des ehemaligen Jugoslawien
und der Türkei den integrationspolitisch wichtigen Schritt der Einbürgerung vollzogen. Sieht man von 1999 ab, so blieben die Einbürgerungszahlen während der gesamten 1990er Jahre relativ konstant. Die Spitzen-
werte bei den Einbürgerungszahlen beider Gruppen wurden 2002 bis 2004
erreicht, seither manifestiert sich ein degressiver Trend. In summa lagen im
Jahr der letzten Volkszählung die Anteilswerte der Eingebürgerten in der
türkischen Herkunftsgruppe bei 30,1%, bei den Exjugoslawen bei 20,5%,
spiegelten also eine deutlich schwächere Einbürgerungsneigung bei den
Letztgenannten wider. Eingebürgerte aus beiden Communities repräsen-
tierten nur etwas über 3% der gesamten Wohnbevölkerung. Im Vergleich
dazu waren eine Dekade später sowohl die Absolutzahlen als auch die Anteilswerte bereits erheblich angestiegen. Die absolute Zahl auf rund 87.000,
die Anteilswerte um fast 13 Prozentpunkte bei den Exjugoslawen sowie um
12 Prozentpunkte in der türkischen Herkunftsgruppe (vgl. Tabelle 2).

	absolut	in % der Wohnbevölkerung	in % der Herkunftsgruppe[1]
2001			
ehemaliges Jugoslawien.	32.204	*2,1*	*20,5*
Türke	16.959	*1,1*	*30,1*
Zusammen:	49.163	*3,2*	*23,1*
2010			
ehemaliges Jugoslawien.	56.726	*3,4*	*32,9*
Türke	30.880	*1,8*	*42,1*
Zusammen:	87.606	*5,2*	*35,6*

*Tabelle 2: Eingebürgerte Migranten aus dem ehemaligen Jugoslawien und der
Türkei 2001 und 2010 (Quelle: Statistik Austria).*
[1] Herkunftsgruppe: alle Personen mit Migrationshintergrund

*2.2 Die Positionierung der unterschichtenden Zuwanderung auf dem
Wiener Wohnungsmarkt: Schlüssel zur sozialräumlichen Polarisierung
und Determinante von deren Persistenz*

Die Wohnungsmarktstrukturen repräsentieren eine wichtige Determinante der sozialräumlichen Polarisierung. Wesentliche Kennzeichen des Wiener Wohnungsmarkts sind dessen Segmentierung, eine im internationalen Vergleich relativ geringe Mobilität und auch schwächere ethnische Segregationstendenzen. Segmentierung bedeutet die Aufspaltung des Wohnungsmarkts in unterschiedliche Teilsegmente mit variierenden Zugangsbedingungen. Für die Teilsegmente bestehen unterschiedliche Rechtstitel und Finanzierungsformen. Folgende Wohnungsmarktsegmente sind also zu unterscheiden:

– Gemeindewohnungen: Mit 220.000 Wohneinheiten besitzt Wien den größten Stock kommunalen Wohnbaus in Europa. Eine zentral gesteuerte Vergabepraxis entscheidet über die Zuweisung, wobei soziale Bedürftigkeit die zentrale Rolle spielt. EU-Richtlinien garantieren, bei Einhaltung bestehender Vergaberichtlinien, seit dem 1.1.2006 den Zugang von ausländischen Bürgern zu Kommunalwohnungen. Zuvor war der Anspruch an die österreichische Staatsbürgerschaft gebunden. Bereits 2002 entfiel in Wien jede dritte der 12.000 Neuvergaben von Gemeindewohnungen auf Eingebürgerte (DER STANDARD, 15.2.2002, S. 11).

– Geförderte Mietwohnungen (Genossenschaftswohnungen): Werden von gemeinnützigen Wohnbauträgern errichtet. Zugangsvoraussetzungen sind eine gültige Aufenthaltsbewilligung, die Volljährigkeit sowie die Einhaltung von Einkommensgrenzen. In- und Ausländer sind hinsichtlich des Zugangs zu den rund 140.000 Wohnungen der „Gemeinnützigen" zwar gleichgestellt, dennoch machen sich finanzielle und Informationsbarrieren für Nichtösterreicher bemerkbar. Erst seit den 1990er Jahren traten immer mehr Neoösterreicher und ausländische Staatsbürger in dieses Segment ein (WIENER ZEITUNG 15./16.2.2002, S. 7).

– Private Mietwohnungen: Diese dominieren vor allem im Altbaubestand. Die Gebäude befinden sich im Besitz von privaten „Hausherren" oder Kapitalgesellschaften, wobei sich die Mietzinsbildung an Lage- und Qualitätsparametern orientiert. Für Ausländer bestanden zu keinem Zeitpunkt legistische Zugangsbeschränkungen. Viele Exjugoslawen und Türken wohnen nach wir vor im gründerzeitlichen Altbau, andere wechselten in den sozialen Wohnbau, in erster Linie in den Kommunalwohnungssektor, über.

- Eigentumswohnungen (und Eigenheime): Aus Gründen der Mittelaufbringung waren und sind diese Wohnungen vor allem Mittel- und Oberschichten zugänglich, werden mit Verfestigung des Aufenthalts aber auch für Migranten immer interessanter.

Die Segmentierung stellt einen wichtigen Faktor im Rahmen der Wiener Stadtentwicklung dar. Sozialpolitische Maßnahmen, eine langjährige Niedrigmietenpolitik sowie die immense Bedeutung des kommunalen Wohnbausegments trugen zu einer Abfederung der Segregation und somit der sozialräumlichen Polarisierung bei.

Im Kontext der Gastarbeiterzuwanderung kamen vor allem relativ schlecht ausgebildete Menschen, viele davon aus ländlichen Regionen. Gastarbeiter wurden überwiegend in für Österreicher unattraktiven und konjunkturanfälligen Branchen, auf unteren Ebenen der Berufshierarchie und im unsicheren sekundären Segment des Arbeitsmarkts beschäftigt und waren arbeitsrechtlich gegenüber Inländern benachteiligt. Die Beschäftigung erfolgte im Baugewerbe, in der Textil- oder Nahrungsmittelindustrie, aber auch in Reinigungsberufen. Die damit einhergehenden niedrigen Einkommen schränkten die Dispositionsmöglichkeiten auf dem Wohnungsmarkt erheblich ein. Die wirtschaftliche Dominanz der Agglomerationsräume schrieb bereits seit den 1960er Jahren ein Muster der dispersen räumlichen Verteilung der Bevölkerung mit Migrationshintergrund fest. Gleichzeitig fand auch innerhalb Wiens eine ungleiche räumliche Verteilung der Gastarbeiter statt.

Die Wohnsituation der exjugoslawischen und türkischen Migranten wurde durch eine „Kumulation sowohl von vertikalen als auch von horizontalen Disparitäten" (GARTNER & MÜLLNER 1998, S. 54) bestimmt, wobei nicht ausschließlich die Struktur des Wohnungsmarkts, sondern auch legistische und faktische (Kausal)faktoren wirksam waren. Sozioökonomische Determinanten waren ebenso relevant wie rechtliche Rahmenbedingungen. Der Wiener Wohnungsmarkt verbannte die Familien türkischer und jugoslawischer Herkunft zum Zeitpunkt ihres Wohnungsmarkteintritts vor allem auf das Teilsegment der Substandardwohnungen. Dies hatte unterschiedliche Ursachen – zunächst einmal rein quantitative. Wien besitzt im österreichischen Vergleich nicht nur den mit Abstand umfangreichsten Bestand an gründerzeitlichem Wohnbaubestand, sondern es besaß auch höchste Präsenz des Substandardsegments. Noch im Jahr 2000 entfielen 9,3% aller Wiener Wohnungen auf die Ausstattungskategorie D, mit deutlichen Massierungen in den Arbeiterbezirken im Gürtelbereich. Diese Wohnungen wurden von inländischen Haushalten immer weniger nachgefragt und waren vor allem auch finanziell leistbar. Alles Gründe, die in den 1970er und 1980er Jahren für einen starken Zustrom von Gastarbeiterhaushalten in dieses Wohnungsmarktsegment sprachen. In den 1970er Jahren entwickelte sich auch in Wien ein Hausbesitzerspekulantentum, dem von kommunaler Seite zunächst nur schwer beizukommen war, das inzwischen aber an Bedeutung verloren hat.

Die Konzentration der Unterschichtzuwanderung im Substandard veränderte sich. Von nachhaltigem Einfluss auf die Wohnsituation war das forcierte „Wegsanieren" des Substandardsegments infolge von Haus- und Blocksanierungen sowie flächenübergreifenden Stadterneuerungsmaßnahmen seit den 1980er Jahren. Von 1995 auf 1996 beispielsweise betrug die Reduktion im Substandardsegment 3,3% (SYNTHESIS 1996). Eine Novellierung des Mietrechtsgesetzes förderte Wohnungsverbesserungen, indem private Hausbesitzer für zusammengelegte und standardmäßig aufgewertete Wohnungen einen frei vereinbarten Mietzins einfordern durften (ROGY & HAUMER 1997, S. 35).

Die Wohnungsmarktpositionierung der Exjugoslawen und Türken war und ist eng an deren Stellung auf dem Wiener Arbeitsmarkt gekoppelt. Gruppenmerkmale, wie der Rechtsstatus oder die Nationalität, sowie individuelle Merkmale (Familiengröße, Einkommen, Wanderungsmotiv, Sozialstatus) üben Einfluss auf die Chance aus, angemessene Wohnungen in bestimmten Wohngegenden zu finden. Diese Faktorenbündel stehen in vielfachen Wechselwirkungen zueinander. Die Armutsgefährdung ist vor allem bei türkischen Haushalten – etwas abgeschwächt auch bei exjugoslawischen – nach wie vor weit höher als in anderen Migrantengruppen oder bei inländischen Haushalten (TILL-TENTSCHERT et al. 2011).

Zwischen den Herkunftsgruppen bestehen zum Teil beträchtliche ökonomisch bedingte Unterschiede der Wohnintegration. Im Gegensatz zur Zuwanderung aus den östlichen Transformationsstaaten verharren vor allem Türken, zum Teil aber auch Exjugoslawen, zu beträchtlichen Teilen noch immer auf ihren marginaleren Wohnungsmarktpositionen (GIFFINGER & REEGER 1997). Die Wohnverhältnisse besitzen einen erheblichen Einfluss auf die gesamte Lebenssituation, da viele Aspekte der Integration von Zuwanderern in einem Konnex zum Wohnen stehen.

Zu den ökonomischen Faktoren kommen restriktive rechtliche Rahmenbedingungen. Die aufenthaltsrechtlichen Bestimmungen erfordern den Nachweis einer „für Inländer ortsüblichen Unterkunft" (Aufenthaltsgesetz §5 Abs 1; FrG 1997), wobei bei Erst- und Verlängerungsanträgen strenge Maßstäbe an die Standards der Wohnungsbeschaffenheit und -größe von ausländischen Staatsbürgern angelegt werden. Die Verfügung über ausreichend großen Wohnraum ist weiters eine Voraussetzung für das Nachholen von Familienmitgliedern. In Vollstreckung dieser Bestimmungen können Ansuchen um Erteilung oder Verlängerung der Aufenthaltsbewilligung auch abgelehnt werden. Hinsichtlich der Effekte der Einbürgerung auf die Wohnstandards von Neoösterreichern liegen divergierende Befunde vor (KOHLBACHER & REEGER 2008).

Die Gesamtheit der sozialen, arbeits- und wohnungsmarktbezogenen sowie rechtlichen Exklusionsmechanismen schuf eine persistente Benachteiligungssituation von türkischen und exjugoslawischen Migrantenhaushalten auf dem Wiener Wohnungsmarkt (TILL-TENTSCHERT et al. 2011). Dieser Teil der Bevölkerung konzentriert sich daher nach wie vor in einem hohen Maße auf Wohngebiete mit älterer, standardmäßig schlecht ausgestatteter Bausubstanz und infrastrukturellen Mängeln sowie in erster Linie auf den privaten Mietshausbestand in bestimmten Bezirken. Angesichts der Struktur des Wohnungsbestands bleibt das Erreichen eines inländeranalogen Wohnstandards auch für bereits lange in Wien ansässige ehemalige „Gastarbeiter" schwierig (vgl. GIFFINGER & REEGER 1997; FASSMANN & HATZ 2004).

3. Die Rolle der kommunalen Wohn- und Integrationspolitik

Ausländerintegration war in den 1960er und 1970er Jahren noch kein Thema, eine Integrationspolitik war nicht existent und Gastarbeiter stellten keine für die Stadtplanung oder Kommunalpolitik relevante Kategorie dar. Seit den 1980er Jahren, als feststand, dass viele ehemalige Gastarbeiter nicht mehr in ihre Heimat zurückkehren würden, begannen sich auch die kommunalpolitischen Entscheidungsträger mit Integrationspolitik auseinanderzusetzen. Seitens der Wiener Kommunalpolitik kann aktive und systematische Zuwanderungspolitik nur eingeschränkt betrieben werden, denn die Gemeinden fungieren primär als ausführende Organe der auf Bundesebene beschlossenen Gesetze und migrationspolitischer Maßnahmen. Sie bewegen sich mit ihren Integrationsstrategien also in einem relativ engen, vorgegebenen Rahmen. Die Wiener Kommunalpolitik war aber keineswegs untätig, vermag sie doch den Wohnungsmarkt viel nachhaltiger zu beeinflussen als Entwicklungen auf dem Arbeitsmarkt, da sich Wohnungspolitik stärker im direkten Einflussbereich der städtischen Entscheidungsträger befindet. Als „größter Hausherr Europas" besitzt die Stadt Wien darüber hinaus einen weit größeren „room to manoeuvre" als die anderen europäischen Stadtverwaltungen.

Die Wiener Wohnbaupolitik der 1980er und 1990er Jahre führte mehrere auch für die Wohnverteilung der Bevölkerung mit Migrationshintergrund folgenreiche Kurswechsel durch: Von der Stadterweiterung „auf der grünen Wiese" wurde ein Wechsel zur Stadterneuerung vollzogen. Im Stadtentwicklungsplan 1994 (STEP 94) erfolgte wieder ein Schwenk in Richtung Stadterweiterung mit einer starken Neubauleistung. Im STEP 05 wurden 13 Zielgebiete der Stadtentwicklung definiert sowie eine Flächenreserve im Nordosten der Stadt als multifunktionale Stadt der Zukunft und Hightech-Zentrum der Region Centrope ausgewiesen. Diversität wurde als ein wichtiges Prinzip des STEP ausgewiesen.

Auf der Bundesebene erfolgte als eine politische Antwort auf den starken Zuzug der frühen 1990er Jahre eine Verschärfung der zuwanderungsrechtlichen Bestimmungen. Die Bundespolitik sowie die Wiener Kommunalpolitik begannen dann Ende der 1990er Jahre den Slogan „Integration vor Neuzuzug" auf ihre Fahnen zu heften. Damit waren die Umrisse einer neuen Zielrichtung für die Migrationspolitik und für den Umgang mit Zuwanderung auch im kommunalpolitischen Bereich klar definiert. Ein Meilenstein in der Wiener Integrationspolitik wurde 1992 mit der Gründung des Wiener Integrationsfonds (WIF) gesetzt. Mit November 1996 wurde erstmals eine amtsführende Stadträtin für Integration eingesetzt. Eine weitere wichtige Maßnahme wurde 1997 mit der Einrichtung einer „Bereichsleitung für Integrationsangelegenheiten" im Magistrat gesetzt. Die Stadt startete im November 2000 eine Integrationskampagne u.a. mit dem Schwerpunkt Wohnen. Seit 2004 ist die Magistratsabteilung 17 für Integration und Diversität zuständig. Ihre vielfältigen Aufgabenbereiche reichen von der Förderung von Vereinen und Initiativen, die integrationsrelevante Projekte durchführen, über Vorschläge für Maßnahmen, die die Integration von Migrantinnen und Migranten erleichtern, bis zur Förderung des Dialogs und der Mediation bei interkulturellen Konflikten.

Die Folgen, die sich aus der Zuwanderung und Integration von Migranten für die Wiener Aufnahmegesellschaft ergaben, waren vielfältig. Seit den 1990er Jahren bestanden seitens der kommunalpolitischen Entscheidungsträger Bestrebungen zu einer Verbesserung der Wohnintegration der Migrantenbevölkerung. Die Wiener Wohnungspolitik strebte stets ein möglichst hohes Ausmaß an Gleichverteilung der zugewanderten Wohnbevölkerung an, wobei das „Dogma der Gleichverteilung" jedoch grundsätzlich umstritten ist (vgl. FASSMANN & KOHLBACHER 2007).

Die Strategien der Stadt lagen zum einen in einer stärkeren „Einbringung" ausländischer Mieter in den Genossenschaftssektor, aber auch in einer partiellen Öffnung der Kommunalwohnungen für Nichtösterreicher (seit 2001 Vergabe von „Notfallswohnungen" auch an ausländische Staatsbürger). Die gemeinnützigen Bauträger standen Zuwanderern im Verlauf der 1990er Jahre immer aufgeschlossener gegenüber.[2] Eine nicht repräsentative Umfrage des Verbands der gemeinnützigen Wohnbauträger wies bereits für 2000 für die seit 1996 errichteten geförderten Mietwohnungen einen Migrantenanteil (ausländische Staatsbürger und Neoösterreicher) von rund 20%[3] aus und dieser Prozess hat sich seither noch wesentlich verstärkt.

Der sanften Stadterneuerung, die wesentlich zu einer Verbesserung der Wohnqualität in Wien beitrug, kommt als explizite kommunale Gegenstrategie gegen sozialräumliche Polarisierungstendenzen eine besondere Bedeutung zu. Sanfte Stadterneuerung berücksichtigt soziale, wirtschaftliche, kulturelle, ästhetische und ökologische Ansprüche. Eine zentrale Aktivität besteht in der bewohnernahen Wohnungssanierung, das heißt, mit der Modernisierung des Wohnungsbestands sollen keine Prozesse der Verdrängung alteingesessener Mieter in Gang gesetzt werden. Die Sockelsanierung stellt dabei die wichtigste Strategie dar, bei welcher für eine Periode von 15 Jahren eine konstante Miete vorgesehen ist. Gebietsbetreuungen nehmen die Aufgabe wahr, die Umgestaltung des öffentlichen Raums und ökologische Maßnahmen zu kombinieren. 4.700 Gebäude mit 201.000 Wohnungen wurden bislang „sanft" renoviert. Der Anteil der Substandardwohnungen hat zwischen 1971 und 2001 von 33% auf 7,6% abgenommen.[4] Wiens führende Rolle bei der Stadterneuerung zeigt, dass diese Strategie Erfolg hat. Die sanfte Stadterneuerung hat sich auch als ökonomischer Faktor erwiesen. Sie bietet nicht nur Potenziale für die Bauindustrie, sondern auch Möglichkeiten für kleinere Unternehmen. Auch privates Investitionskapital begann wieder in den Altbausektor zu fließen (vgl. FASSMANN & KOHLBACHER 2007, auf Basis von Informationen der MA 50).

Die Wiener Kommunalpolitik spricht gerne von einer „geglückten" gleichmäßigen ethnischen Durchmischung der Wiener Wohnbevölkerung. Im Vergleich zu anderen europäischen Metropolen trifft dies un-

2   1995 waren erst rund 2.000 Ausländerhaushalte im geförderten Mietwohnungsbereich wohnhaft, was 3% dieses Wohnungsbestands entsprach. 1999 belief sich die Zahl ausländischer Haushalte in diesem Segment bereits auf 6.600 (rund 5% des Bestands) (SYNTHESIS FORSCHUNGSGESELLSCHAFT 1999).

3   Vgl. dazu MILLMANN-PICHLER (28.4.2003) sowie DIE PRESSE (15.2.2002, S. 10).

4   Zugleich hat sich auch der Anteil an Kleinwohnungen unter 35m[2] von 18,7 auf 7,8% reduziert – eine Entwicklung, die keineswegs ausschließlich positiv zu bewerten ist!

zweifelhaft auch zu. Wie die kartographischen Analysen in Kapitel 4 jedoch zeigen, konnte auch die sanfte Stadterneuerung sozialräumliche Polarisierungprozesse nicht verhindern. Immerhin gelang es mittels des gesellschaftspolitischen Ausgleichs seitens der Stadt Wien, eine extreme Polarisierung auf dem Wohnungsmarkt abzumildern und (mono)ethnische Ghettos zu verhindern.

4. Sozialräumliche Polarisierung in Wien: empirische Befunde 1981–2010

Nach der Analyse der Rahmenbedingungen sozialräumlicher Polarisierung soll nun die Frage beantwortet werden, wie und wo sich sozialräumliche Polarisierung manifestiert. Welche Muster dieses Phänomens waren zu welchen Zeitpunkten feststellbar? Zu diesem Zwecke wurden komparative Analysen der räumlichen Verteilungsmuster von Staatsbürgern aus den ehemaligen Gastarbeiterherkunftsländern in den drei Volkszählungsjahren 1981, 1991, 2001 und für 2010 durchgeführt.

Karte 1 dokumentiert vier unterschiedliche Raumtypen. Im gesamten Analysezeitraum unterdurchschnittliche Anteilswerte dieser Bevölkerungsgruppe sind in den teuren Wohnlagen der westlichen Cottagebezirke, im Süden des Stadtraums sowie großflächig jenseits der Donau, wo Neubaugebiete sowie Einfamilienhausbebauung dominieren, zu finden. Den Gegenpol dazu bildet jene Zone, in der im analogen, immerhin 30-jährigen, Zeitraum stets überdurchschnittliche Anteilswerte an türkischer und (ex-)jugoslawischer Wohnbevölkerung vorherrschten. Diese nahezu ringförmige Zone erstreckt sich vor allem entlang der stark befahrenen Verkehrsader des „Gürtels". Bereits 1981 bestand hier eine Wohnkonzentration der Gastarbeiterbevölkerung im gründerzeitlichen Arbeitermietshausbestand der traditionellen Arbeiterbezirke. In großen Teilen dieser ringförmigen Zone, die sich unmittelbar an die bürgerlichen Innenbezirke anlagert, hat sich bis 2010 nicht viel an dieser Konzentration geändert.

Besonders aufschlussreich ist nun die Analyse jener Gebiete, in denen es zu einem Paradigmenwechsel kam. Jene Zählbezirke, in denen sich ein Wechsel von unter- zu überdurchschnittlichen Anteilswerten von ehemaligen Gastarbeitern vollzog, sind nahezu allesamt in Gürtelnähe, jedenfalls aber in den traditionellen Arbeiterwohnbezirken, zu finden. Sie sind in erster Linie im West- und Südteil dieser Zone lokalisiert und in Form einiger Zählbezirke auch nördlich des Rings der bürgerlichen Innenbezirke. In letzteren finden sich vor allem jene Raumeinheiten, in denen im Analysezeitraum ein Wechsel von über- zu unterdurchschnittlichen Anteilswerten von Unterschichtmigranten stattgefunden hat. In unmittelbarem Zusammenhang mit einer baulichen Aufwertung des gründerzeitlichen Baubestands, der „sanften" Stadterneuerung sowie der Standardanhebung vieler ehemaliger Kategorie-D-Wohnungen, hat hier auch ein partieller Austausch der Bevölkerung stattgefunden. Diese attraktiveren und zentral gelegenen Teile der Stadt wurden von vielen Türken und Exjugoslawen verlassen. In einzelnen, dispers über die Stadt verteilten räumlichen Einheiten, also auch in südlichen und nordöstlichen Stadtteilen, hat sich ein analoger Prozess des Bevölkerungsaustausches vollzogen.

Karte 1 belegt also die Persistenz des sozialräumlichen Polarisationsmusters: Durchgehend unterdurchschnittliche Anteile von Gastarbeiterbevölkerung finden sich in den westlichen Cottagebezirken und in „Transdanubien" sowie weiters an der südlichen Peripherie Wiens, überdurchschnittliche Anteile in der gesamten Gürtelzone sowie darüber hinaus in Teilen der nordöstlichen Arbeiterbezirke. Übergänge von über-zu unterdurchschnittlichen Werten kennzeichnen in erster Linie die als Wohnbe-

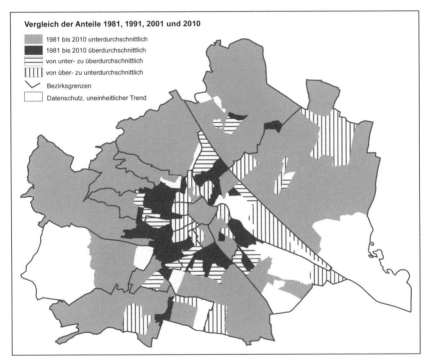

Karte 1: Vergleich der Anteile (ex)jugoslawischer und türkischer Staatsangehöriger in den Zählbezirken mit dem gesamtstädtischen Durchschnitt, 1981–2010 (Quelle: 1981–2001 Volkszählung, 2010 Bevölkerungsregister; eigener Entwurf)

zirke „hippen" bürgerlichen Innenbezirke mit ihrer aufgewerteten gründerzeitlichen Bausubstanz – hier kristallisieren sich Prozesse der Gentrification
heraus. Die konträre Entwicklung – von unter- zu überdurchschnittlich –
findet sich fast ausschließlich in Gürtelnähe.

Im Volkszählungsjahr 2001 wurde erstmals eine Differenzierung der
Bevölkerung mit Migrationshintergrund durchgeführt. Karte 2 beinhaltet also den Vergleich der Wohndistribution der eingebürgerten ehemaligen Gastarbeiter zwischen 2001 und 2010. Die sich bereits in den vorhergehenden Dekaden manifestierenden Konzentrationsmuster bewiesen
ein hohes Ausmaß an Stabilität, zugleich hatten sich die Verteilungsmuster
im gründerzeitlichen Mietwohnungsbestand weiter verdichtet. Die offensichtliche Persistenz der sozialräumlichen Polarisierung manifestiert sich
im Gegensatz zwischen den Wohngebieten der ehemaligen Gastarbeiter
in der ringförmigen Gürtelzone mit konstant überdurchschittlichen Konzentrationen und den Teilräumen im Westen, Süden und Nordosten der

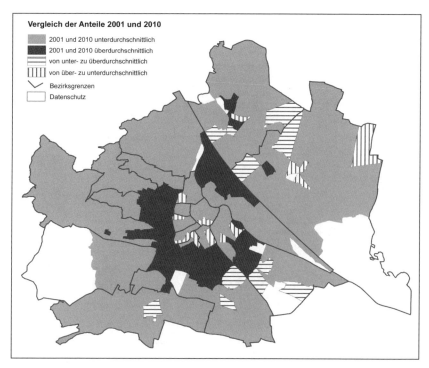

*Karte 2: Vergleich der Anteile eingebürgerter Migranten aus dem ehemaligen
Jugoslawien und der Türkei in den Zählbezirken mit dem gesamtstädtischen
Durchschnitt, 2001 und 2010 (Quelle: 2001 Volkszählung, 2010 Bevölke-
rungsregister; eigener Entwurf)*

Stadt mit zu beiden Zeitpunkten unterdurchschnittlichen Anteilen an eingebürgerter Bevölkerung aus der Türkei und Exjugoslawien. Bis zum Jahre 2010 vollzogen sich Verschiebungen der Wohnverteilung vor allem innerhalb des „Gastarbeitergürtels". Dieser wurde vor allem im südöstlichen Stadtraum noch kompakter, indem sich weitere Zählbezirke mit hohen Anteilen an den Gürtel anlagerten. Darüber hinaus vollzog sich diese Entwicklung auch in einigen räumlichen Einheiten im Nordosten Wiens, was auf eine gewisse Wohndiffusionstendenz der eingebürgerten Türken und Exjugoslawen hinweist. Diese wechselten hier vor allem in das kommunale und genossenschaftliche Wohnbausegment über. Der Wechsel von über- zu unterdurchschnittlichen Werten erfolgte in erster Linie in den bürgerlichen Innenbezirken sowie sehr vereinzelt im Nordosten Wiens.

Es kann also von einer beträchtlichen Persistenz des sozialräumlichen Polarisationsmusters auch bei den Eingebürgerten gesprochen werden: Der Großteil der eingebürgerten Türken und Exjugoslawen blieb traditionellen Wohngebieten treu – die Gründe dafür sind in einer in Österreich im internationalen Vergleich schwächer ausgeprägten Wohnmobilität, in etablierten sozialen Netzwerken sowie, last, but not least, in limitierenden ökonomischen Rahmenbedingungen zu suchen.

Die in den Karten visualisierten räumlichen Polarisierungsprozesse spiegeln sich statistisch auch in einer Analyse der Korrelationskoeffizienten wider (vgl. Tabelle 3). Sowohl im Falle der türkischen als auch der jugoslawischen Herkunftsgruppe manifestiert sich im Vergleich der Jahre 1981 und 1991 eine äußerst hohe räumliche Korrelation der Wohnverteilung auf der Zählbezirksebene. Die komparative Analyse für 1991 und 2001 weist eine sogar weiter ansteigende Korrelation für beide Herkunftsgruppen nach. Für beide Gruppen zusammen ist der Korrelationswert nach wie vor hoch (0,910) und belegt die Stabilität der Wohnverteilung zwischen 1991 und 2001. Die höheren Korrelationswerte für das Jahr 2010 weisen darauf hin, dass die Korrelation der Wohngebiete sich sogar verstärkte. Im Verlauf der Dekade 2001–2010 ist auch in der Gruppe der Eingebürgerten aus beiden Herkunftsgruppen der Korrelationswert angestiegen.

Mittels eines Vergleichs der Korrelationskoeffizienten kann auch nachgewiesen werden, dass es zu einer Zunahme des Zusammenhangs der räumlichen Verteilung der Wohngebiete von Staatsbürgern der Türkei und des ehemaligen Jugoslawien kam. Der entsprechende Korrelationswert stieg von 0,591 im Jahre 1981 auf 0,742 1991 und weiter auf 0,887 für 2001. Seither hat eine Abschwächung des räumlichen Zusammenhangs eingesetzt, was sich in einem Korrelationskoeffizienten von 0,844 für 2010 niederschlägt. Die Korrelationsanalyse weist auch nach, dass der Zusammenhang zwischen der Wohnverteilung der Eingebürgerten und der Nichteingebürgerten seit 2001 in beiden Gruppen anstieg – im Falle der Exjugoslawen stärker (von 0,698 auf 0,845) als bei den Türken (von 0,760 auf 0,837).

Einen illustrativen Indikator der sozialräumlichen Polarisierung stellt eine Analyse der Konzentration der beiden Herkunftsgruppen auf die 240 Wiener Zählbezirke dar. Diese vervollständigt das Bild einer persistenten sozialräumlichen Polarisierung. Am Beginn des Analysezeitraumes lebten mehr als 79% der Exjugoslawen und 86% der türkischen Community in

Staatsbürgerschaft	Türkei	ehemaliges Jugoslawien	zusammen
1981/1991	0,864**	0,853**	0,894**
1991/2001	0,879**	0,867**	0,910**
2001/2010	0,900**	0,924**	0,938**
Zusammenhang zwischen türkischen und exjugoslawischen Staatsangehörigen			
1981	0,591**		
1991	0,742**		
2001	0,887**		
2010	0,844**		
Zusammenhang zwischen Eingebürgerten aus der Türkei und dem ehemaligen Jugoslawien			
2001	0,672**		
2010	0,789**		
Zusammenhang Eingebürgerte/Nichteingebürgerte			
2001	ehemaliges Jugoslawien	0,698**	
	Türkei	0,760**	
2010	ehemaliges Jugoslawien	0,845**	
	Türkei	0,837**	

Tabelle 3: Zusammenhänge zwischen den Anteilen in den Zählbezirken 1981/1991/2001/2010 (Staatsbürgerschaft, für 2001 und 2010 auch eingebürgerte Migranten) (Quellen: 1971-2001: Volkszählung; 2010: Bevölkerungsregister. Zusammenhangsmaß: Pearson Corr. **= auf dem 0.01-Niveau signifikant)

nur 30% aller Wiener Zählbezirke. Im Vergleich dazu traf dies bloß auf 56,2% der Wiener Bevölkerung zu.

Im Jahr 2001 manifestierte sich ein verändertes Bild. Hinsichtlich der gesamten Wohnbevölkerung hatte die Konzentration etwas abgenommen – nun lebten 53,6% in 30% aller Zählbezirke. Kaum reduziert (78,5%) hatte sich die Konzentration in der Herkunftsgruppe aus dem früheren Jugoslawien. Eine akzentuiertere Abschwächung der Konzentration war für die Türken festzustellen. Nur mehr 77,4% waren in 30% aller Zählbezirke wohnhaft. Die nach Gruppen unterschiedliche Wohnkonzentration wird aus einem Vergleich mit den Eingebürgerten aus beiden Herkunftsgruppen deutlich. Die Reduktion der Konzentration bei den eingebürgerten Exjugoslawen war eindeutig stärker. Von diesen bewohnten 62,9% einen Anteil von 30% der Wiener Zählbezirke. Bei den eingebürgerten ehemaligen türkischen Staatsbürgern lag der entsprechende Wert bei 73,7%.

Die Datenanalyse für 2010 dokumentiert, dass im Falle der türkischen Staatsbürger der Prozentsatz der sich in 30% aller Zählbezirke konzentrierenden Bevölkerung seit 2001 praktisch konstant blieb, während sich der entsprechende Wert bei den Exjugoslawen um 4 Prozentpunkte reduzierte.

Conclusio: Sozialräumliche Polarisierung wohin?

Die Analysen im Rahmen dieses Beitrags haben den Nachweis für Prozesse der sozialräumlichen Polarisierung im Kontext der unterschichtenden Arbeitskräftezuwanderung erbracht. Die Verteilung der aus der Türkei und dem ehemaligen Jugoslawien stammenden Wohnbevölkerung weist seit Jahrzehnten eine ausgeprägte Persistenz auf. Das segregierte Wohnen dieser Unterschichtzuwanderung stellt eine Konsequenz aus Arbeitsmarktpositionierung und ökonomisch limitierten Spielräumen auf dem Wohnungsmarkt dar. Die sichtbaren Folgen kristallisieren sich in Form von Polarisierungsmustern zwischen „bevorzugten" und „benachteiligten" Stadtteilen heraus. Sozialräumliche Polarisierung ist also nachweisbar, manifestiert sich allerdings weniger deutlich als in einigen deutschen Städten, ganz zu schweigen von den krassen Polarisierungsprozessen in französischen oder britischen Metropolen. Ethnische Ghettos sind in Wien de facto nicht existent.

Die Zahl der Migranten an beiden Enden der sozialen Strukturpyramide hat in den vergangenen beiden Dekaden zugenommen. Parallel dazu haben sich die Migrationsströme diversifiziert und es kam zu (ethnischen) Unter- und Überschichtungsphänomenen auf dem Arbeits- und Wohnungsmarkt. Statushohe Elitemigranten stehen einer unterschichtenden

Komponente der Migration, zu der nach wie vor die ehemaligen Gastarbeiter zählen, gegenüber. Diesen Gruppen werden auf dem Arbeitsmarkt unterschiedliche Beschäftigungssegmente zugewiesen. Auch in Wien hat sich im Zuge der Tertiärisierung der Arbeitsmarkt gespalten. Von den Prozessen der Globalisierung und Deindustrialisierung sind vor allem die ehemaligen Gastarbeiter betroffen, die sich im Vergleich zu Inländern und den besser ausgebildeten Migranten auch mit höheren Arbeitslosenraten konfrontiert sehen. Der Unter- und Überschichtung auf dem Arbeitsmarkt entsprechen unterschiedliche Segregationsmuster der Wohnstandorte. Ethnische Segregation ist kein neues Phänomen, sondern besitzt eine, wie unsere Analysen zeigen konnten, nun bereits vier Dekaden während Persistenz. Damit einhergehend haben sich aber auch sozial benachteiligte urbane Teilräume entwickelt, die eine Herausforderung für die Kommunalpolitik darstellen.

Der Stadt stehen dabei vor allem zwei Instrumentarien zur Verfügung, deren sie sich auch bedient. Ein erstes und wichtiges Spezifikum Wiens ist die überragende Rolle des sozialen Wohnbaus. Wien hat neben den ehemaligen so genannten „realsozialistischen Staaten" das weltweit höchste Budget in den sozialen Wohnbau investiert. Damit wurde ein erheblicher Stock an Wohnungen geschaffen, der der Stadt einen breiten „room to manoeuvre" zur räumlichen Verteilung ökonomisch schwächerer Schichten bietet. Wie unsere Analysen nachwiesen, haben die eingebürgerten Gastarbeiter „ihre" klassischen Arbeiterbezirke vielfach verlassen und sich inzwischen auch in den südlichen Stadtbezirken sowie in Floridsdorf und Donaustadt angesiedelt – und dies häufig im sozialen Wohnbau!

Ein weiteres wichtiges Instrumentarium ist der Wiener Weg der sanften Stadterneuerung. Gentrification konnte auf diese Art und Weise gemildert, kleinräumigere Verdrängungsprozesse jedoch nicht zur Gänze verhindert werden. Auf jeden Fall bietet diese bewohnerorientierte Variante der Stadterneuerung in Kombination mit dem „Grätzelmanagement" durch Gebietsbetreuungen und die Bezirkspolitik die Möglichkeit, aus der sozialräumlichen Polarisierung resultierende Probleme des Zusammenlebens konstruktiv zu bewältigen. Gerade die globalen Entwicklungen im ökonomischen Sektor und auf dem Arbeitsmarkt sprechen dafür, dass räumliche Polarisierungsmuster auch in Wien in Zukunft ein konstantes Phänomen urbaner Strukturen bleiben werden, es der Wiener Kommunalpolitik aber gelingen könnte, diese Entwicklungen zumindest sozial einigermaßen verträglich zu managen.

Literatur

FASSMANN H., HATZ G. (2004), Fragmentierte Stadt? Sozialräumliche Struktur und Wandel in Wien 1991–2001. In: Mitteilungen der Österreichischen Geographischen Gesellschaft, 146, Wien, S. 61-92.

FASSMANN H., KOHLBACHER J. (2007), CLIP Case Study on Housing and Segregation of Migrants: Vienna, Austria. Wien.

FASSMANN H., MÜNZ R. (1995), Einwanderungsland Österreich? Historische Migrationsmuster, aktuelle Trends und politische Maßnahmen. Wien.

GARTNER B., MÜLLNER A. (1998), Wohnsituation von Ausländer/innen in Graz. Studie im Auftrag des Ausländerbeirates der Stadt Graz. Graz.

GIFFINGER R., REEGER U. (1997), Turks in Austria: Backgrounds, Geographical Distribution and Housing Conditions. In: ÖZÜEKREN S., VAN KEMPEN R. (Hrsg.), Turks in European Cities: Housing and Urban Segregation. S. 41-66. Utrecht.

HAMEDINGER A. (2002), Sozial-räumliche Polarisierung in Städten. Ist das „Quartiersmanagement" eine geeignete stadtplanerische Antwort auf diese Herausforderung? In: SWS-Rundschau, 42, 1, S. 122-138.

HARTH, A., SCHELLER G., TESSIN W. (2000), Soziale Ungleichheit als stadtsoziologisches Thema – ein Überblick. In: HARTH A., SCHELLER G., TESSIN W. (Hrsg.), Stadt und soziale Ungleichheit, S. 16-38. Opladen.

HÄUSSERMANN H., KAPPHAN A. (2000), Berlin: Von der geteilten zur gespaltenen Stadt. Opladen.

KOHLBACHER J., REEGER U. (2008), Staatsbürgerschaftsbonus beim Wohnen? Eine empirische Analyse der Unterschiede zwischen eingebürgerten und nichteingebürgerten Zuwanderern/-innen hinsichtlich ihrer Wohnsituation in Wien (=ISR-Forschungsbericht 35). Wien.

MILLMANN-PICHLER G. (28.4.2003), „Faymann präsentiert Studie „Interethnische Nachbarschaft". (www.wien.gv.at/vtx/vtx-rk-xlink?SEITE=020030428017; Abruf am 9. 1. 2011)

MOLLENKOPF J., CASTELLS M. (1991), Dual City: The Restructuring of New York. New York.

MUSTERD S., OSTENDORF W., Breebaart M. (1997), Muster und Wahrnehmung ethnischer Segregation in Westeuropa. In: HÄUSSERMANN H., OSWALD, I. (Hrsg.), Zuwanderung und Stadtentwicklung (= Leviathan Sonderheft, 17), S. 293–307. Opladen.

DIE PRESSE (15.2.2002), Von Integration und Freundschaft, S. 10.

ROGY A., HAUMER H. V. (1997), Wien wächst aus Substandard. In: KURIER 12.7.1997, S. 35.

DER STANDARD (15.2.2002), Unauffällige Notfallintegration, S. 11.

SYNTHESIS FORSCHUNGSGESELLSCHAFT (Hrsg.) (1996), Wohnversorgung in Wien. Prognose 1997. Wien.

SYNTHESIS FORSCHUNGSGESELLSCHAFT (Hrsg.) (1999), Wohnversorgung in Wien. Vorläufige Daten 1998. Wien.

TILL-TENTSCHERT U. (Projektleitung EU-SILC), TILL M., (Eingliederungsindikatoren), EIFFE F., GLASER T., HEUBERGER R., KAFKA E., LAMEI N., SKINA-TABUE M. (2011), Armutsgefährdung und Lebensbedingungen in Österreich Ergebnisse aus EU-SILC 2009. Studie der Statistik Austria im Auftrag des BMASK. Wien.

WIENER ZEITUNG (15./16.2.2002), Integration im Gemeindebau. Die Stadt Wien hilft Migranten mit leistbaren Wohnungen, S. 7.

WALTER MATZNETTER

GROSSSTADTPOLITIK: VON DER WOHLFAHRTS- ZUR WETTBEWERBSSTADT

Einleitung

Kurz vor Fertigstellung dieses Buches hat Wally Olins, Chairman eines global operierenden Public-Relations-Unternehmens, in der Wiener Stadtzeitung „Falter" (42/2011) ein Interview gegeben, in dem er das geschichtslastige Image von Wien bedauert und seine Dienste für ein zukunftsorientiertes Re-Branding der Stadt anbietet. Im Vorjahr hatte die Greater London Authority seine Firma mit derselben Aufgabe für London betraut, ein Auftrag mit sehr sichtbaren Folgen, wie jeder Besucher Londons bestätigen kann.

Agenden wie diese beschäftigen die Stadtpolitik nunmehr schon seit einigen Jahrzehnten, zuerst um Touristen anzuziehen, später dann die Investoren – was neu ist, ist die europäische bis globale Handlungsebene der Berater. Fremdenverkehrsverbände und Betriebsansiedlungsgesellschaften, als ausgelagerte Unternehmen der lokalen Stadtverwaltungen, haben diese Aufgabe früher allein und mit wechselndem Erfolg bewältigt.

In der dritten Case Study dieses Abschnitts stellt Gerhard Hatz zwei Wiener Varianten der Festivalisierung dar, eine episodische mit Hilfe von internationalen Großevents, sowie eine schleichend zunehmende Bespielung einzelner Stadträume, die zur „Dauerfestivalisierung" führen kann. Während sich die Tradition der Großevents bis zu den Weltausstellungen des 19. Jahrhunderts zurückverfolgen lässt, ist die Planung alljährlicher Events erst in den letzten 20-30 Jahren in professionelle Hände gelegt worden.

Große Events und Festivals haben viele Arbeitsplätze in der kulturellen Ökonomie geschaffen, eine der Wachstumsbranchen der postmodernen Stadt. Auch andere Branchen der postindustriellen Stadtwirtschaft (wie IT-Dienste oder Versicherungen) haben davon profitiert, und verdienen gut an den Dienstleistungen für die Kultur"industrie". In jedem Fall stellen Festivals und Events heute überall ein wichtiges Instrument der Stadtpolitik dar, mit dem Entwicklungen verstärkt oder gebremst werden können, und auf das keine Stadtverwaltung mehr verzichten kann.

Aus der Perspektive der Stadtplanung erscheint das Management von Großereignissen heute als ein effizientes Instrument, um ausgewählte stadtentwicklungspolitische Ziele zügig und ohne gravierende fiskalische oder legitimatorische Widerstände erreichen zu können. Manche wollen im projektbezogenen Stadtmanagement die einzige Möglichkeit erkennen, unter globalisierten Rahmenbedingungen überhaupt (noch) Stadtplanung betreiben zu können. „Perspektivplanung" hat Gerd ALBERS (1993, S. 53, in Anlehnung an Karl Ganser) diese Art von Planungsverständnis genannt, welche seit 1980 die Planungseuphorie der früher dominierenden „Stadtentwicklungsplanung" zurückgedrängt hat. Sie ist gekennzeichnet durch ausgelagerte, privatwirtschaftlich organisierte Planungsgesellschaften, und/oder „Public-Private Partnerships", die flexibel sich bietende Chancen aufgreifen, Bürgerbeteiligung eher vermeiden bzw. diplomatisch einzubinden versuchen, und nur sehr allgemeine Ziele/Zukunftsszenarien verfolgen.

Einen wichtigen Aspekt hat Albers in seiner Charakterisierung der zeitgenössischen Planung nicht ausreichend gewürdigt: die Öffnung der Stadtplanung nach außen, hin zu den Gemeinden des Umlands bis hin zu den Förderagenturen und Städtenetzwerken der Europäischen Union, und darüber hinaus, zu globalen Branding-Unternehmen – um beim Beispiel zu bleiben. Auch Stadtplanung und Stadtpolitik sind zu Tätigkeiten geworden, die sich nur auf mehreren Ebenen zugleich analysieren und betreiben lassen, nicht allein auf der kommunalen.

1. Die historische Handlungsebene der Stadtpolitik

Viele Konzepte der lokalen Politik wurden im Nordamerika der Nachkriegszeit entwickelt und empirisch angewandt, und erst später in Forschung und Lehre von europäischen Sozial- und Politikwissenschaftern übernommen. Sie basieren durchwegs auf der Annahme einer recht autonomen Stadtverwaltung, die zwar nicht viele Kompetenzen hat, aber diese in großer Autonomie vom Zentralstaat ausüben kann.

In ihrer klassischen Gemeindestudie ist das Ehepaar Lynd bereits in den 1920er Jahren der Frage nachgegangen, wie politische Macht in einer Kleinstadt tatsächlich verteilt ist. Am Beispiel von Muncie, Indiana, mit damals etwa 40.000 Einwohnern, beschreiben die Autoren, wie die vielen demokratisch gewählten Institutionen einer amerikanischen Gemeinde (Bürgermeister, Gemeinderat, aber auch Schulbehörde, Polizei und Gericht) mit den gewachsenen Aufgaben einer Industriestadt zurecht kommen. Sinken-

230

de Wählerbeteiligung hätte zur Monopolisierung der Macht in den Händen der lokal dominierenden Partei, den Republikanern, geführt, die ihrerseits Schwierigkeiten hatten, geeignete, nicht korrupte Kandidaten für die schlecht bezahlten Funktionen zu finden (LYND & LYND 1929, S. XXIV).

In den Nachkriegsjahrzehnten trugen die ideologischen Auseinandersetzungen zwischen Elitisten und Pluralisten wesentlich dazu bei, dass „Community Power Studies" ins Zentrum sozialwissenschaftlichen Interesses gerückt sind. Die untersuchten Gemeinden und Städte wurden zu Testgebieten der amerikanischen Demokratie: wenn in der kleinen, überschaubaren Welt der Kommunalpolitik offene oder geschlossene Machtstrukturen nachgewiesen werden konnten, dann ließen sich daraus Schlüsse ziehen auf die Macht- und Entscheidungsstrukturen auf gesamtstaatlicher Ebene – so „bottom up" wurde amerikanische Demokratie gedacht. Das war auch der Grund, warum die Auseinandersetzungen mit derartiger Verbissenheit geführt wurden, was von manchen Beobachtern als „Kalter Krieg" bezeichnet wurde, der erst ab Mitte der 1970er zu Gunsten neuerer und international vergleichender Ansätze überwunden werden konnte (vgl. WASTE 1986).

Bereits 1953 hatte der Soziologe Floyd Hunter mit seinem Buch über die Machtstrukturen in Atlanta, der Hauptstadt von Georgia, die Vorstellung einer offenen, pluralistischen Demokratie auf lokaler Ebene in Frage gestellt. Was er entdeckte, waren informelle Netzwerke der Mächtigen, innerhalb derer neue Projekte entwickelt und diskutiert wurden, bevor sie in den formellen Entscheidungsprozess eingebracht wurden. Hunters Methode war die der Befragung von Experten, die formelle Funktionsträger nach ihrer vermeintlichen Mächtigkeit ordnen sollten – deshalb die Bezeichnung Reputations- oder Elite-Ansatz.

In Reaktion auf Methode und Ergebnisse der Atlanta-Studie haben der Politikwissenschafter Robert Dahl und seine Mitarbeiter die Entscheidungsstrukturen in New Haven, Connecticut, untersucht (vgl. DAHL 1961). Das Ergebnis waren mehrere getrennte Arenen der Macht, die durch demokratische Auswahlverfahren beschickt waren, und zwischen denen keine Überlappungen festgestellt wurden, ganz im Gegensatz zu den Multifunktionären in den Gremien von Atlanta. Erhoben wurden diese Informationen im Zuge von umfangreichen Akten- und Budgetanalysen, deshalb heißt dieser Ansatz Entscheidungsansatz nach der Methode und pluralistischer Ansatz nach seinen Befunden.

Die Auseinandersetzungen zwischen diesen beiden Ansätzen haben viele Kapazitäten gebunden, auch mit dem Ergebnis einer zunehmenden Isolation des amerikanischen Sonderforschungsbereichs „Community Power Studies". Erst in den 1980er Jahren fand eine Annäherung der beiden akademischen Lager statt, mit Hilfe übergreifender Forschungsfragen wie der um Städte als „Growth Machines" (zuerst MOLOTCH 1976), oder später um die „Urban Regime Theory" (z.B. LAURIA 1999).

Schwierig verlief auch die Rezeption der im Prinzip innovativen „Community Power Studies" in der europäischen Stadtforschung. Hier dominierte eine „top-down" Betrachtungsweise der Demokratie. Auf nationalstaatlicher Ebene hatte die Demokratisierung ehemals feudaler und autoritärer Staaten vielfach zuerst stattgefunden, die mittleren und kleinen Gebietskörperschaften konstituierten sich dann als Teile dieses Staates, mit oder ohne direkte Legitimation durch die Wählerschaft. Gemeinden, Städte, Kreise oder Bezirke, Länder hatte es schon zu vor-demokratischen Zeiten gegeben, als verlängerte Arme zentralstaatlicher Macht. Die Handlungsfreiheit europäischer Kommunen und Stadtkommunen war auch im Rahmen demokratischer Verfassungen vielfach beschränkt. Diese Realität und ihre Wahrnehmung haben das sozialwissenschaftliche Interesse an subnationaler und lokaler Politik beträchtlich gemindert.

Anfang der 1980er Jahre hat H.-Jörg SIEWERT die bundesdeutsche Community-Power-Forschung im Vergleich mit den USA als Stiefkind der Sozialwissenschaften bezeichnet, und er begründet das geringe Interesse mit „obrigkeitsstaatlicher Tradition" und dem historischen „Mythos kommunaler Selbstverwaltung" (1982, S. 8). Dieser Vorstellung entsprechend, wurde Kommunal- und Stadtpolitik in Deutschland (und Österreich) bis Ende der 1960er Jahre fast nur aus formal-positionaler, verwaltungswissenschaftlicher Sicht untersucht. Erst die Wertheim-Studien von Thomas ELLWEIN und Ralf ZOLL, erschienen 1969-1982 (teilweiser Reprint 2003), haben den Blick auf die realen Entscheidungsstrukturen einer industriell geprägten Kleinstadt geweitet. Diese hatten sich schon im Jahrzehnt der Untersuchungen stark gewandelt, von einer extremen Dominanz durch Bürgermeister und Honoratioren zu komplexeren Machtstrukturen, in denen die Vereine eine große Rolle spielten. In jedem Fall ist die fiskalische Abhängigkeit von Bund, Ländern und lokalen Unternehmen groß, und die kommunale Autonomie einer Kleinstadt stark eingeschränkt.

Im Zentrum des vorliegenden Buches stehen keine Kleinstädte, sondern die Metropolen Europas. Ihr Stellenwert im Rahmen des Gesamtstaates sollte ein größerer sein, allein auf Grund der Zahl ihrer Einwohner und Arbeitsplätze, aber auch wegen ihrer Position auf den administrativen Ebenen des Staates, am deutlichsten wohl in Form eines „Stadtstaates" oder Bundeslandes, oder einer Metropolregion wie Tassilo Herrschel sie weiter

232

unten in seinem Beitrag über Manchester beschreibt. Doch gerade die Politik großer Städte ist in der deutschsprachigen Forschung schlecht untersucht. Um durchführbar zu bleiben, hat sich lokale Politikforschung meist auf die Planung und Entscheidungsfindung bei einzelnen Großprojekten konzentriert, wie S-Bahn, U-Bahn, und Flughafen in München (GRAUHAN & LINDER 1974), Hochwasserschutz in Wien (REDL & WÖSENDORFER 1980), oder die Neugestaltung von Wolfsburg (HARTH et al. 2010). Selten wurden Stadtentwicklungsprojekte auch über Staatsgrenzen hinweg miteinander verglichen, wie es etwa Sandro CATTACIN (1994) am Beispiel Florenz, Wien und Zürich getan hat.

2. Stadtpolitik auf mehreren Ebenen

Wann immer die Politik europäischer Großstädte untersucht wurde, sind die Beziehungen, Widersprüche und Abhängigkeiten vom Gesamtstaat ein Thema gewesen. In den Metropolen scheint es nie große Illusionen über das Ausmaß der Autonomie, über die Freiheiten lokaler Demokratie gegeben zu haben. Die historischen Erfahrungen von widerständigen Großstädten quer durch Europa mögen dazu beigetragen haben, von der autoritären Beseitigung „roter" Stadtregierungen in der Zwischenkriegszeit bis zur Auflösung des Greater London Council unter Margaret Thatcher 1986.

Im Rahmen des 1972 gegründeten Arbeitskreises „Lokale Politikforschung" (der Deutschen Vereinigung für Politische Wissenschaft) wurde Stadtpolitik von Anfang an als eine von mehreren Ebenen des politischadministrativen Systems angesehen. Die Forschungen von Rolf-Richard Grauhan über München und Hellmut Wollmann über Heidelberg zählen zu den empirischen Gemeindeuntersuchungen mit der höchsten Anzahl berücksichtigter „supralokaler Faktoren" (SIEWERT 1982, S. 24). Dazu zählen v.a. finanzielle Abhängigkeiten, aber auch die regionale Planung und das bestehende Wirtschaftssystem.

In der nordamerikanischen Gemeindeforschung hat Harvey MOLOTCH mit seiner These von der Stadt als „Growth Machine" (zuerst 1976) zur damaligen Zeit ebenfalls eine erweiterte Perspektive auf Stadtpolitik möglich gemacht. Lokales Wachstum um jeden Preis sei das große Dogma amerikanischer Kommunalpolitik, das viele unterschiedliche Interessen vereine. Schon im 19. Jahrhundert wäre der Wettbewerb um neue Kanäle und Eisenbahnen das zentrale Thema in den Rathäusern gewesen, im 20. Jahrhundert waren es dann die Highways. Keine amerikanische Stadt konnte sich diesem Wettbewerb entziehen, viele Wachstumskoalitionen sind tatsächlich erfolgreich gewesen, viele andere sind auf der Strecke geblieben. Aus dem bundesstaatlichen Blickwinkel betrachtet, handelt es sich um ein Nullsummenspiel, bei dem es nur um die regionale Verteilung von Arbeitsplätzen und Bevölkerung geht, das Volkseinkommen der USA insgesamt aber um keinen Dollar erhöht wird (LOGAN & MOLOTCH 1996, S. 321f.). Angesichts der vielen anderen stadtpolitischen Agenden, die dem wirtschaftspolitischen Wachstumsziel untergeordnet werden, ein bescheidenes Ergebnis, findet Molotch.

Die „Growth Machine" Hypothese ist in mehrfacher Hinsicht erfolgreich gewesen. Wenn alle Gemeinden, unabhängig von den Mehrheitsverhältnissen, ein gemeinsames Ziel verfolgen, dann erschienen die Unterschiede in den kommunalpolitischen Strukturen und Abläufen, die Elitisten und Pluralisten so beschäftigt haben, weniger wichtig. Noch bedeutsamer, aus dem Blickwinkel europäischer Stadtpolitik, ist die Erweiterung der Analyse um weitere, überlokale Handlungs- und Entscheidungsebenen, bis hin zum Bundesstaat, aber auch nur bis dorthin.

Ende der 1980er Jahre haben Clarence Stone u.a. eine allgemeinere „Urban Regime Theory" entwickelt, innerhalb derer auf Wachstum eingeschworene Regime wie jene, auf die sich Molotch konzentriert hat, nur eine mögliche Konstellation darstellen. Auch in den Städten der USA ließen sich relativ stabile Machtkonstellationen feststellen, die eher erhaltende, ökologische und sozial ausgleichende Zielsetzungen verfolgen als Wirtschaftswachstum um jeden Preis. Damit eröffnet sich die Frage nach einer adäquaten Typologie von „Urban Regimes", sowohl im historischen Rückblick (ELKIN 1985) als auch im inner-amerikanischen Vergleich (STONE 1987) als auch im internationalen Vergleich (MOSSBERGER-STOKER 2001). Wachstumsregime tauchen in diesen Typologien unter verschiedenen Bezeichnungen auf: „corporate regimes" (STONE 1987), „development regimes" (STONE 1993), „instrumental regimes" (MOSSBERGER & STOKER 2001), „Globalisierungs-Regime" (FRANZ 2000) – sie stellen jeweils einen von meist drei Regime-Typen dar. Die beiden anderen werden als „progressive regimes" und „maintenance regimes" (oder ähnlich) bezeichnet (nach BAHN et al. 2003 bzw. HÄUSSERMANN et al. 2008, S. 352f.).

Erst diese Erweiterung des Spektrums stadtpolitischer Regime hat das Konzept der Urbanen Regime auch außerhalb amerikanischer Städte anwendbar und attraktiv gemacht. Insbesondere britische Politikwissenschafter wie Gerry Stoker und Alan Harding haben sich um die internationale Anwendung und Modifikation des Konzepts große Verdienste erworben. Gerade in Großbritannien gibt es eine Tradition der lokalen Politikfor-

234

schung, die zu ganz anderen Einschätzungen politischer Prioritäten gekommen war. Ich denke an den lokalen Wohlfahrtsstaat der 1970er Jahre, den Ray Pahl mit seinem Konzept des „Urban Managerialism" und später mit dem eines „Starken Korporatismus" zu erfassen versucht hat (z.B. PAHL 1970). Die Beziehungen zwischen den verschiedenen Ebenen des britischen Staates waren schon damals ein wichtiges Thema, und sie wurden von Alan CAWSON und Peter SAUNDERS (1986) in ihrer „Dual Politics" These noch weiter zugespitzt. Auf der lokalen Ebene würden sozialpolitische Forderungen in offenen, demokratischen Verfahren bedient, auf zentralstaatlicher Ebene hingegen würden wirtschaftspolitische Entscheidungen von Interessensvertretern hinter geschlossenen Türen getroffen. Auch wenn dieser Gegensatz zwischen lokaler und nationaler Politik überzeichnet ist (und als Abbild der Konflikte der frühen Thatcher-Jahre zu verstehen ist), so weist er doch darauf hin, dass lokale Politik in Europa immer im Rahmen und in Auseinandersetzung mit nationaler Politik untersucht wurde, und dass die Sicherung des Wirtschaftswachstums in Europa vor allem als gesamtstaatliche Aufgabe angesehen wurde.

3. Regulation auf lokaler und nationaler Ebene

In den amerikanischen Gemeindestudien, insbesondere in den zu einem späteren Zeitpunkt wiederholten Untersuchungen (LYND & LYND 1929; 1937; HUNTER 1953; 1980 u.a.) sind eine Reihe von langfristigen Veränderungen in der Zielsetzung, in den Abhängigkeiten, in der Funktionsweise lokaler Politik festgestellt worden. Diese Veränderungen haben sich immer im Rahmen der US-Verfassung von 1787, einer der ältesten Demokratien weltweit, vollzogen. Deren Bestimmungen garantieren den lokalen Gebietskörperschaften eine hohe fiskalische Autonomie, sowie gewählte Leitungspositionen bei vielen kommunalen Dienstleistungseinrichtungen. Zu den weiteren Besonderheiten amerikanischer Stadtpolitik gehören die starke Repräsentanz kommerzieller Interessen in den Parteien und Gremien, die starke Autonomie bei der Flächenwidmung, und eine bescheidene Rolle des öffentlichen Sektors im Allgemeinen (nach HARDING 2000, S. 587).

Europäische Gemeinden arbeiten heute unter den verschiedensten Rahmenbedingungen, aber sie hatten auch verschiedene Rahmenbedingungen zu verschiedenen Zeiten. Zentralistische Reglungen aus vordemokratischen und autoritären Perioden der nationalen Geschichte sind vielfach beibehalten worden und haben den Entscheidungskorridor eingeschränkt. Nur manche Staaten haben eine stark föderale Struktur, wie

Deutschland, Österreich und die Schweiz. Dementsprechend variieren Stufung und Größe der subnationalen Gebietskörperschaften enorm, ebenso wie deren Aufgabenbereiche und demokratische Legitimation. Was die Großstädte betrifft, ist das Ausmaß der administrativen Fragmentierung ihres Einzugsbereiches von besonderem Interesse. Wie diese Frage gelöst werden soll, ist in jeder Stadtregion einer brennende Frage. Die Case Study von Tassilo Herrschel über die „Manchester City Region" liefert viel Anschauungsmaterial, wie diese Frage in Großbritannien zu unterschiedlichen Zeiten bewältigt wurde.

Mit dem Ziel, politische und ökonomische Entwicklungen der nationalen Ebene zugleich mit den politischen und ökonomischen Entwicklungen der lokalen Ebene analysieren zu können, haben einige Stadtpolitikforscher die Anwendung des Regulationsansatzes vorgeschlagen. Der amerikanische Geograph Mickey Lauria hat diesen Vorschlag in verschiedenen Publikationen (1997; 1999) ausgearbeitet, mit dem Ziel, sowohl das Konzept der „Growth Coalitions" als auch den „Urban Regime"-Ansatz aus ihrer allzu lokalen Verankerung zu lösen und für Einflüsse von und Wechselbeziehungen mit regionalen, nationalen und supranationalen Handlungsebenen zu öffnen. Mehr-Ebenen-Analysen würden nicht nur die Situation in den USA realistischer abbilden, sondern auch deren Anwendung außerhalb Amerikas erst ermöglichen, einschließlich des internationalen Vergleichs. Die britischen Politikwissenschafter Bob Jessop et al. (1999) und Alan Harding (2000, S. 588) plädieren ebenfalls für eine städtische bzw. regionale Anwendung des Regulationsansatzes.

Wie eine empirisch untermauerte Langzeitanalyse einer Metropole, immer im Verhältnis zum übergeordneten Nationalstaat, aussehen kann, das haben Joachim Becker und Andreas Novy (1999) am Beispiel Wien und Österreich gezeigt. Für vier historische Perioden, von 1867 bis heute, werden das Zusammenspiel, aber auch die Konflikte, zwischen dem jeweiligen „Akkumulationsregime" und der jeweiligen „Regulationsweise" dargestellt, und das jeweils für Österreich insgesamt und mit einer gleichwertigen Analyse für die lokale Ebene der Hauptstadt Wien. In dieser Gliederung würden sich die Ergebnisse von „Urban Regime"-Studien im Bereich der lokalen Regulationsweise wiederfinden, inklusive allfälliger „Growth Machines" – die allerdings in Europa seltener zu verzeichnen sind als in den USA.

Perioden erfolgreichen und stabilen Zusammenwirkens zwischen (wirtschaftlichen) Akkumulationsregimen und (politischen) Regulationsweisen werden in der Regulationstheorie Formationen genannt, welche durch Krisenzeiten unterschiedlicher Länge voneinander getrennt sind. Die Jahrzehnte des Wirtschaftswachstums und der politischen Stabilität nach 1945 werden zusammenfassend als „Fordismus" bezeichnet, in Anlehnung an die arbeitsteilige Massenproduktion, die von einem standardisierten Massenkonsum aufgenommen wurde, abgesichert durch eine umfassende Versorgung durch den nationalen Wohlfahrtsstaat. Diese Formation war in allen Staaten Europas wirksam und stellt einen verbindenden Rahmen für alle in diesem Buch behandelten Städte dar, die sich mit ihren lokal spezifischen Akkumulationsregimen und Regulationsweisen in den jeweiligen nationalen Rahmen einfügen, entweder kongruent oder abweichend.

Die stabile Formation des Fordismus ist seit den 1970er Jahren durch krisenhafte Entwicklungen beendet worden, sowohl im Akkumulationsregime als auch in der Regulationsweise, als auch in deren Zusammenspiel. Ein neues Akkumulationsregime bildet sich heraus, und auch neue Formen der Regulation, von einem stabilen Zusammenspiel in Form einer neuen, postfordistischen Formation kann zwar nicht die Rede sein, aber als Sammelbegriff für die Entwicklungsphase der letzten Jahrzehnte hat sich der Begriff durchgesetzt. Dementsprechend variabel sind auch die Zeitpunkte, an denen die Krise des Fordismus beginnt bzw. die Anfänge eines Post-Fordismus zu setzen sind.

Joachim Becker und Andreas Novy machen sich diese unscharfen Übergänge in ihrer regulationistischen Mehr-Ebenen-Analyse zu Nutze, indem sie darauf hinweisen, dass die krisenhaften Übergänge auf unterschiedlichen territorialen Handlungsebenen nicht synchron ablaufen müssen. Wirtschaftliche und politische Veränderungen auf der Ebene des Nationalstaats können den Veränderungen auf der lokalen Ebene vorausgehen, oder es kann eine Großstadt pionierhaft vorangehen. Die erste Variante stellen die Autoren (siehe auch Novy 2011) für ein zunehmend neoliberal regiertes Österreich seit 1986/1989 fest, in dem auf Wiener Ebene immer noch wohlfahrtsorientierte Stadtpolitik betrieben wird. Für die zweite Variante stellt das Rote Wien der Jahre 1919-1934 ein häufig genanntes Beispiel dar, als die Stadtpolitik viele Aufgaben des Wohlfahrtsstaates vorwegnahm, der auf nationaler Ebene erst nach 1945 etabliert wurde.

Die multi-skalare Auffächerung des ursprünglich stark auf nationalstaatlicher Ebene angewandten Regulationsansatzes stellt eine wichtige Leistung der österreichischen Regulationisten dar (vgl. ODMAN 2006), und bietet einen flexiblen Rahmen für die Analyse von Ökonomie und Politik auf mehreren Ebenen. Weitere Handlungsebenen können berücksichtigt werden, supranationale wie die der Europäischen Union, als auch subnationale und substädtische. Der Wirkungsbereich dieser Ebenen ist dabei nicht als territorial fixiert zu betrachten, sondern als Ergebnis permanenter Aushandlungsprozesse, bei denen Konflikte (und Lösungen) sich von einer Ebene auf die andere verlagern können, und auch die Ebenen selbst neu definiert werden können. Über diese „Politics of Scale" gibt es mittlerweile eine intensive Debatte (WISSEN et al. 2008), die für die Analyse von Stadtpolitik wichtige neue Themen anregt (z.B. BRENNER 2004).

4. Entwicklungslinien der Großstadtpolitik in Europa

Das um eine städtische und um eine europäische Ebene erweiterte Konzept des Regulationsansatzes bietet einen guten Rahmen, um weitere für Stadtpolitik relevante Theorien mit den bisher dargestellten „Community Power Studies" und der „Urban Regime Theory" in Beziehung zu setzen. Als Orientierungslinien sollen dabei die drei Ebenen Stadt – Staat – EU dienen, sowie auf der Zeitachse die drei Entwicklungsphasen vor, während und nach dem Fordismus. Es ist schwierig, diese drei Perioden für alle Staaten Europas gemeinsam mit Jahreszahlen zu versehen, aber es genügt, deren Kernzeiten oder „Goldene Zeitalter" anzugeben, um die Zusammenhänge darzustellen.

Die erste, präfordistische Phase ist durch extensive Akkumulation gekennzeichnet, in Form gewerblicher Produktion für große Reiche, in vielen europäischen Ländern koloniale Imperien, die nicht nur als Rohstoffquellen, sondern auch als Absatzmärkte dienten. Die politische Macht ist oft feudal beschränkt und in liberaler Hand, wenige privilegierte Berufsgruppen (Beamte, Militär) kommen in den Genuss sozialpolitischer Absicherung.

In den großen Städten Europas wird die liberale Politik des „laisserfaire" früher beendet als in den sie umgebenden Staaten. Gesundheitliche Gefahren, die sich aus der ungeordneten Zusammenballung von hunderttausenden Menschen ergeben, geben Anlass zu umfangreichen technischen Maßnahmen. Im britischen Public Health Act von 1848 wird die grundlegende technische Infrastruktur jeder Stadt geregelt, von der Kanalisation über die Bauordnung bis zur Bestattung. Ab 1853 lässt Baron Haussmann große Teile des alten Paris durch Neubauten und breite Avenuen ersetzen. Ab 1869 wird in Wien ein neues Donaubett gegraben, um die Stadt vor Hochwasser zu schützen (aber auch um damit etliche Quadratkilometer neues Bauland zu schaffen). Die grundlegende technische Infrastruktur der Städte wird bereits im 19. Jahrhundert geschaffen, aus kommunalen Steuermitteln, von vordemokratischen Eliten, deren oberstes Ziel eine sichere

Stadt ohne Gefahren war, daher der Name „Gefahrenabwehr" für diese Phase der Planung (ALBERS 1993).

Der 1. Weltkrieg steht am Beginn einer langen Periode ökonomischer und politischer Krisen, in der in Europa zahlreiche Nationalstaaten neu gegründet werden, die ihre Volkswirtschaften auf Autarkiekurs bringen, mit immer neuen Handelsbarrieren und Sparmaßnahmen. Schritt für Schritt werden die neu geschaffenen Demokratien Europas durch autoritäre und faschistische Regierungen ersetzt. Die Entwicklung endet im 2. Weltkrieg, begleitet von kriegswirtschaftlichen Investitionen, die in der Spätindustrialisierungsphase des Wiederaufbaus fortgeführt werden.

In den großen Städten Europas bringen die Krisenjahre der Zwischenkriegszeit nicht nur Arbeitslosigkeit und politische Radikalisierung, sie sind auch Jahre der kulturellen Modernisierung und des lokalpolitischen Experiments. In der Stadtplanung werden die rasterförmigen Fluchtlinienpläne der Gründerzeit durch Flächenwidmungspläne ersetzt, ein wichtiger Beitrag zur zweiten Phase der Stadtplanung, der „Auffangplanung" (ALBERS 1993). In den Großstädten werden Elemente des späteren Wohlfahrtsstaates vorweggenommen, im Gesundheitswesen, im Schulwesen, im Sozialen Wohnungsbau. Mit den Worten der Regulationstheorie: Die Regulationsweisen der nationalen und der lokalen Ebene klaffen in diesen Jahren weit auseinander, und sollen erst im Nachkriegsfordismus wieder zueinander finden (vgl. BECKER & NOVY 1999).

Erst nach dem 2. Weltkrieg (und auf Grund der Erfahrungen der langen Krisen) harmonieren Akkumulationsregime und Regulationsweise wieder miteinander, und das auf nationaler wie auch auf lokaler Ebene. In den folgenden 35-40 Jahren des Fordismus boomen Massenproduktion und Massenproduktion, abgesichert von einem Keynesianischen Wohlfahrtsstaat, der in Europa in zumindest drei Varianten auftritt: einem liberalen, einem konservativen und einem sozialdemokratischen Typ (ESPING-ANDERSEN 1990). Die Grundbausteine dieser Wohlfahrtsregime werden damals gelegt, in Großbritannien etwa durch die Beveridge-Kommission 1942, deren Name heute zur Bezeichnung aller einheitlich konzipierten Wohlfahrtssysteme verwendet wird. Demgegenüber stehen Wohlfahrtssysteme des Bismarck-Typs, die seit den 1880er Jahren aus zahlreichen sektoralen Teilversicherungen historisch gewachsen sind; diese Fragmentierung der Leistungen ist ein besonderes Kennzeichen konservativer Regime.

Während des Fordismus werden die Städte zu lokalen Bestandteilen des Wohlfahrtsstaats, der darum bemüht ist, im gesamten Staatsgebiet die gleichen Leistungen anzubieten. Die „Goldenen Jahre des Wohlfahrtsstaats", anzusetzen etwa in den frühen 1970er Jahren, sind zugleich auch die Jahre der umfassendsten Aktivitäten der Stadtpolitik, die oft mit der Erstellung von Stadtentwicklungsplänen verknüpft sind. Damit sollen alle stadtpolitischen Steuerungsinstrumente koordiniert und Wirtschaft und Gesellschaft gesteuert werden. Nach Gerd Albers ist „Entwicklungsplanung" die dritte Phase der Stadtplanung, die damals ihren Höhepunkt erreicht, um in der Folge budgetären und organisatorischen Problemen zum Opfer zu fallen.

Ökonomische und politische Krisen kennzeichnen seit geraumer Zeit das Ende des Fordismus und den Übergang zu postfordistischen Akkumulations- und Regulationsweisen. Spätestens in den 1990er Jahren haben sich flexible Akkumulation, Deregulierung und Neoliberalismus auf nationaler Ebene überall durchgesetzt und zu einer „Aushöhlung" bzw. „Erosion" des Nationalstaates beigetragen (vgl. JESSOP 1995). Das inkludiert auch die Wohlfahrtsstaaten, gleich welcher Ausrichtung, und es kommt zu einer Angleichung zwischen bzw. geringeren Vielfalt von Wohlfahrtsregimen (vgl. BORCHERT 1998).

Der europäische Einigungsprozess hat eine supranationale Handlungsebene eröffnet, auf der auch stadtpolitische und stadtrelevante Entscheidungen getroffen werden. Karsten ZIMMERMANN (2008) unterscheidet deshalb zwischen zweierlei Wirkungen der EU-Politik auf die Städte: durch direkte Förderungen oder Richtlinien einerseits, durch indirekte „Europäisierung" der Normen und Verfahrensweisen (nationaler und) lokaler Politik. Was die direkten Wirkungen betrifft, gibt der Autor einen detaillierten Überblick über die stadtpolitischen Maßnahmen der EU im Bereich der Strukturfonds als auch im Bereich der Umweltpolitik. Die indirekten Wirkungen sind viel schwieriger zu erforschen, etwa mit Hilfe von Diskursanalysen. Auch die EU-Stadtpolitik hat mittlerweile bereits eine „kurze Geschichte". Diese zeichnet Susanne FRANK (2005) in drei Phasen nach: einer umweltpolitische Phase in den 1980er Jahren, eine kohäsionspolitische in den 1990er Jahren, und eine wettbewerbsorientierte Phase in den 2000er Jahren im Zuge der Lissabon-Strategie.

Schon die Proponenten der „Dual Politics"-These (CAWSON & SAUNDERS 1983) haben darauf hingewiesen, dass lokale Politik sich von nationaler Politik deutlich unterschieden kann – vorausgesetzt, diese Ebene ist in ihrer Existenz gesichert. Auch in Österreich und Wien stellen BECKER und NOVY (1999) für die letzten 20 Jahre beträchtliche Ungleichzeitigkeit in der Regulationsweise fest. Sie nennen es „lokalen Keynesianismus" bzw. „Persistenz" des (fordistischen) Wohlfahrtsregimes, welches in Wien langsamer von neoliberaler Politik „erodiert" wird als in Österreich insgesamt. Nichtsdestotrotz sind wichtige Aspekte postfordistischer Regulation auch in einer widerständigen Stadt wie Wien angekommen.

In der Stadtplanungsliteratur wird die jüngste, vierte Phase der Planung als „Urban Management" oder „Perspektivplanung" bezeichnet, die durch Projektbezogenheit, informelle Abläufe, Einbindung der Privatwirtschaft, und umfassende Mediatisierung auffällt (vgl. Albers 1993). In der lokalen Politikforschung werden diese Entwicklungen mit dem Begriff der „Governance" belegt. Teilweise im Gegensatz, teilweise in Zusammenwirken mit formellen Steuerungsformen des „Government" ist eine Vielzahl von Akteuren informell am Ergebnis politischer Aushandlungsprozesse beteiligt. In einem konzeptionellen Beitrag schlägt Florian Koch (2011) eine Typologie des Zusammenwirkens von formellen und informellen Institutionen vor, und illustriert sie mit Beispielen aus der Stadtplanung. Informelle Akteure und Regelungen können formelle Planungsprozesse ergänzen, wie bei public-private Stadtteilverfahren oder beim Lobbying europäischer Städte, aber sie können auch in Opposition zu formalen Planungsverfahren stehen, etwa als Bürgerinitiative, oder formelle Planung hintergehen/unterlaufen, wie im Fall von Korruption. In jedem Fall haben diese Entwicklungen von „Urban Government" zu „Urban Governance" zwei Gesichter: sie erweitern einerseits die Handlungsspielräume der Stadtpolitik, und lassen auf der anderen Seite vormals öffentliche Entscheidungen hinter einer Nebelwand von Datenschutzgründen verschwinden. Die jüngste Phase der Stadtpolitik und Stadtplanung zeigt alle Anzeichen einer „Postdemokratisierung" (Crouch 2008), eine Entwicklung, die nicht nur die Öffentlichkeit vor verschlossenen Polstertüren stehen lässt, sondern auch Stadtforschung wesentlich erschwert.

5. Case Studies Manchester, Budapest, Wien

Die folgenden drei Beiträge greifen viele der hier angeschnittenen Themen der lokalen Politikforschung auf, das ist schon eingangs zum Beitrag von Gerhard Hatz gesagt worden. Die professionelle Festivalisierung von Städten ist eindeutig der jüngsten Phase der Stadtplanung, aber auch der „Urban Governance" zuzuordnen, ein weites Tätigkeitsfeld von kommunalen, privatwirtschaftlichen und informellen Institutionen, die einander ergänzen oder auch Gegenkultur schaffen können (vgl. Sachs Olsen 2011).

Im Beitrag von Tassilo Herrschel geht es um die Re-Skalierung lokaler/regionaler Politik, in einem liberalen Staat, dessen administrative Gliederung sich seit Jahrzehnten in Bewegung befindet. Ermöglicht durch das Fehlen einer verfassungsmäßigen Fixierung, haben wechselnde Regierungen in Großbritannien immer wieder neue Einheiten geschaffen. Diese müssen keine territorial abgrenzbaren Gebiete darstellen, und sie können auch vielfältige nichtstaatliche und informelle Akteure umfassen, ganz im Sinne von „urban governance", in diesem Fall aber von „metropolitan governance", als einer von mehreren Ebenen von „multi-scalar governance". Die hohe Flexibilität, um nicht zu sagen Volatilität, politischer Regionalisierung hat sicherlich zu erhöhter Aufmerksamkeit der britischen Stadtforschung für solche Skalen-Veränderungen beigetragen.

Der Beitrag von Joszef Hegedüs wendet sich einer postsozialistischen Stadt zu, und thematisiert ihr Verhältnis zum ehemals sozialistischen, nunmehr kapitalistischen Gesamtstaat. Auch wenn sich die Wohlfahrtsregime von Esping-Andersen (1990) auf das „alte" Europa beschränken, so können auch die Reformländer auf eine lange Tradition der Wohlfahrtsversorgung aufbauen, die in der sozialistischen Ära wesentlich weiterentwickelt wurde. Joszef Hegedüs beschreibt den sozialistischen Wohlfahrtsstaat als rudimentär, aber sehr zentralistisch, sodass sich eine getrennte Analyse lokaler Politik auch für die Hauptstadt Budapest erübrigt. Die postsozialistische Wende ist in vielerlei Hinsicht eine radikale gewesen: im Wohnungswesen, im Gesundheitswesen, im Ausbildungssystem, überall ist das Ausmaß privater Versorgung heute größer als in den Wohlfahrtsregimen des alten Westens. Die verbleibenden Wohlfahrtsagenden des Staates wurden auf kleine, dezentrale Stadtbezirke verteilt. Beide Entwicklungen, Privatisierung und Dezentralisierung, haben die regionalen Ungleichheiten der Wohlfahrtsversorgung erhöht, innerhalb Ungarns, als auch innerhalb Budapests.

Die Case Studies liegen nicht nur räumlich, sondern auch thematisch weit auseinander, und spannen den Bogen vom Re-Scaling über die Transformation von Wohlfahrtsregimen hin zur Festivalisierung. Jedes dieser Themen ließe sich auch am Beispiel anderer Städten untersuchen. Alles sind heute aktuelle Themen der Stadtpolitik und lokaler Politikforschung. Vor 25 Jahren, am Ende des Fordismus, waren selbst die Begriffe noch unbekannt.

Literaturverzeichnis

ALBERS G. (1993), Über den Wandel im Planungsverständnis. In: WENTZ M. (Hrsg.), Wohn-Stadt. S. 45-55. Frankfurt am Main.

BAHN C., POTZ P., RUDOLPH H. (2003), Urban Regime – Möglichkeiten und Grenzen des Ansatzes (= WZB discussion paper SP III 2003 – 201). Berlin.

BECKER J., NOVY A. (1999), Divergence and Convergence of National and Local Regulation: The Case of Austria and Vienna. In: European Urban and Regional Studies, 5, 2, S. 127-143.

BORCHERT J. (1998), Zur Statik und Dynamik wohlfahrtsstaatlicher Regime. In: LESSENICH S., OSTNER I. (Hrsg.), Welten des Wohlfahrtskapitalismus. Der Sozialstaat in vergleichender Perspektive. S.137-176. Frankfurt am Main.

BRENNER N. (2004), New State Spaces. Urban Governance and the Rescaling of Statehood. Oxford.

CATTACIN S. (1994), Stadtentwicklungspolitik zwischen Demokratie und Komplexität. Zur politischen Organisation der Stadtentwicklung: Florenz, Wien und Zürich im Vergleich. Frankfurt am Main.

CAWSON A., SAUNDERS P. (1983), Corporatism, Competitive Politics and Class Struggle. In: KING R. (Hrsg.), Capital and Politics. S. 8-26. London.

CROUCH C. (2008), Postdemokratie. Frankfurt am Main.

DAHL R. (1961), Who governs? Democracy and power in an American city. New Haven.

ELKIN S. (1985), Twentieth century urban regimes. In: Journal of Urban Affairs, 5, S.11-27.

ELLWEIN T., ZOLL R. (2003), Die Wertheim-Studie. Teilreprint von Band 3 (1972) und vollständiger Reprint von Band 9 (1982) der Reihe „Politisches Verhalten". Opladen.

ESPING-ANDERSEN G. (1990), The Three Worlds of Welfare Capitalism. Cambridge.

FRANK S. (2005), Eine kurze Geschichte der „europäischen Stadtpolitik" – erzählt in drei Sequenzen. In: ALTROCK U., GÜNTNER S., HUNING S., PETER D. (Hrsg.), Zwischen Anpassung und Neuerfindung. Raumplanung und Stadtentwicklung in den Staaten der EU-Osterweiterung. S. 307-322. Cottbus.

FRANZ P. (2000), Suburbanization and the clash of urban regimes. In: European Urban and Regional Studies, 7/2, S. 135-146.

GRAUHAN R.-R., LINDER W. (1974), Politik der Verstädterung. Frankfurt am Main.

HARDING A. (2000), Power and Urban Politics Revisited: The Uses and Abuses of North American Urban Political Economy. In: BRIDGE G., WATSON S. (Hrsg.), A Companion to the City. S. 581-590. Oxford.

HARTH A., HERLYN U., SCHELLER G., TESSIN W. (2010), Stadt als Erlebnis: Wolfsburg. Zur stadtkulturellen Bedeutung von Großprojekten. Wiesbaden.

HÄUSSERMANN H., LÄPPLE D., SIEBEL W. (2008), Stadtpolitik . Frankfurt am Main.

HUNTER F. (1953), Community Power Structure. A Study of Decision Makers. Chapel Hill.

HUNTER F. (1980), Community Power Succession: Atlanta's Policy-makers Revisited. Chapel Hill.

JESSOP B. (1995), Hollowing out the ‚nation-state' and multi-level governance. Wiederabdruck in: KENNETT P. (Hrsg.) (2004), A Handbook of Comparative Social Policy. S. 11-25. Cheltenham.

JESSOP B., PECK J., TICKELL A. (1999), Retooling the Machine: Economic Crisis, State Restructuring, and Urban Politics. In: JONAS A. E. G., WILSON D. (Hrsg.), The Urban Growth Machine. Critical Perspectives Two Decades Later. S.141-159. Albany.

Koch F. (2011), Stadtplanung, Governance und Informalität: Vorschlag einer Typologie. In: Frey O., Koch F. (Hrsg.), Die Zukunft der europäischen Stadt, Stadtpolitik, Stadtplanung und Stadtgesellschaft im Wandel. S. 191-207. Wiesbaden.

Lauria M. (Hrsg.) (1997), Reconstructing Urban Regime Theory: Regulating Urban Politics in a Global Economy. Thousand Oaks.

Lauria M. (1999), Reconstructing Urban Regime Theory: Regulation Theory and Institutional Arrangements. In: Jonas A. E. G., Wilson D. (Hrsg.), The Urban Growth Machine. Critical Perspectives Two Decades Later. S. 125-139. Albany.

Logan J. R., Molotch H. L. (1996), The City as a Growth Machine. Wiederabdruck in: Fainstein S., Campbell S. (Hrsg.), Readings in Urban Theory. S. 291-337. Oxford.

Lynd R. S., Lynd H. M. (1929), Middletown. A Study in Modern American Culture. San Diego.

Lynd R. S., Lynd H. M. (1937), Middletown in Transition. A Study in Cultural Conflicts. New York.

Molotch H. (1976), The City as Growth Machine. In: American Journal of Sociology, 82, 2, S. 309-355.

Mossberger K., Stoker G. (2001), The Evolution of Urban Regime Theory. The Challenge of Conceptualization. In: Urban Affairs Review, 36, 6, S. 810-835.

Novy A. (2011), Unequal diversity – on the political economy of social cohesion in Vienna. In: European Urban and Regional Studies, 18, 3, S. 239-253.

Odman A. (2006), Österreichische Varianten der Regulationstheorie. In: Kurswechsel, 4, 2006, S. 79-90.

Pahl R. (1970), Whose city? and further essays on urban society. London.

Redl L., Wösendorfer H. (1980), Die Donauinsel. Ein Beispiel politischer Planung in Wien. Wien.

Sachs Olsen C. (2011), Re-thinking festivals. A comparative study of the integration/ marginalization of art festivals in the urban regimes of Manchester, Copenhagen and Vienna. Unveröffentlichte Masterarbeit aus Urban Studies (4Cities).

Siewert H.-J. (1982), Überblick über Entstehungsgeschichte und aktuellen Entwicklungsstand der kommunalen Macht- und Entscheidungsforschung. In: Schmals K. M., Siewert H.-J. (Hrsg.), Kommunale Macht- und Entscheidungsstrukturen. S. 5-35. München

Stone C. (1987): Summing up: Urban regimes, development policy, and political arrangements. In: Stone C., Sanders H. (Hrsg.), The Politics of Urban Development. S. 269-290. Lawrence.

Stone C. (1989), Regime Politics: Governing Atlanta, 1946-1988. Lawrence.

Stone C. (1993), Urban regimes and the capacity to govern: A political economy approach. In: Journal of Urban Affairs, 15, 1, S. 1-28.

Waste R. J. (Hrsg.) (1986), Community Power. Directions for Future Research. Beverly Hills.

Wissen M., Röttger B., Heeg S. (Hrsg.) (2008), Politics of Scale. Räume der Globalisierung und Perspektiven emanzipatorischer Politik. Münster.

Zimmermann K. (2008), „Cities for growth, jobs and cohesion". Die implizite Stadtpolitik der EU. In: Heinelt H., Vetter A. (Hrsg.), Lokale Politikforschung heute. S. 79-102. Wiesbaden.

TASSILO HERRSCHEL

MANCHESTER: POLITIK DER MULTI-LEVEL GOVERNANCE EINER METROPOLREGION

Einleitung

Städte, vor allem die größeren Metropolenräume, haben zunehmend an Bedeutung als Zentren und Triebfedern wirtschaftlichen Wachstums und wirtschaftlicher Wettbewerbsfähigkeit auf nationaler wie auch internationaler Ebene gewonnen. Entsprechend argumentiert Edward GLAESER in seinem jüngsten Buch (2011), in dem er postuliert, dass den Metropolen auch weiterhin besondere Unterstützung zuteil kommen muss, da sie allein die wirtschaftliche Entwicklung, aufbauend auf ihrem Entwicklungspotential, vorantreiben können. Dementsprechend stellt er die Unterstützung für weniger produktive ‚Problem'-Regionen (altindustriell, peripher) in Frage. In England (Schottland, Wales und Nord-Irland haben ihre eigenen devolvierten Aufgaben) wird dies besonders deutlich in der so gut wie vollständigen Wiedereinrichtung der regionalen Politikebene im Zuge eines wiederentdeckten Lokalismus. Als einzige Vertreter des regionalen Maßstabes verbleiben die Stadtregionen bzw. City Regions, die als interkommunale Kooperationen mehr oder minder institutionalisiert sein können. Obwohl ‚city region' mit ‚Stadtregion' übersetzt werden kann, gibt es da doch historisch bedingte Unterschiede zu dem von BOUSTEDT (1970) theoretisierten Begriff. Deshalb wird hier der Begriff City Region beibehalten, wie er in entsprechenden theoretischen Betrachtungen wie auch politischen Debatten über das letzten Jahrzehnt hinweg entwickelt wurde.

Nur zwei Metropolenräume – Manchester und Leeds – wurden gerade durch die jetzige konservativ-liberale Regierung offiziell als „City Regions" mit Modellcharakter installiert, doch ist dies imgrunde ein Produkt der Regionalisierungspolitik der vorangegangenen Labour Regierung, die zuletzt gerade auch sich selbst konstituierende City Regions als Wachstumszentren anerkannte. Jedoch behielt dieser Vorgang, wie hier am Beispiel Manchesters vorgestellt, einen im wesentlichen experimentellen Charakter

245

hinsichtlich der Etablierung einer regionalen planungspolitischen Ebene, geschweige denn Verwaltungsebene. Die sich wiederholt abwechselnden Regionalisierungs- und dann wieder Lokalisierungs-Paradigmata, die den jeweiligen politischen Doktrinen der sich abwechselnden Regierungsparteien folgen, lassen sich im Fall der Manchester City Region gut nachzeichnen. Gerade in Großbritannien stehen sich da zentralistische Tradition, mit der Dominanz Londons, den eigenen Indentitäten der vier nationalen Elemente des Vereinigten Königreichs entgegen. Dem wurde mit der Devolution von 1997 letztendlich eine gewisse Rechnung getragen. Weitere räumliche Differenzierungen sind da schon schwieriger. Die Shire counties sind da wohl das am festesten etablierte regionalmaßstäbliche Element, wenn auch am lokalen Ende, gerade innerhalb Englands. Die Rolle und Repräsentanz der zunehmend die Debatte dominierenden metropolitanen Räume ist da noch weniger klar und spiegelt das sich häufiger wechselnde politische Gewicht zwischen Zentralisierung und Dezentralisierung, wider.

1. Die City Region von Manchester – Regionale Identität und Regionsbildung

In der physischen und funktionalen Gliederung der Manchester City Region manifestiert sich der historische Ablauf der Urbanisierung der Region als Folge der rapide expandierenden Textilindustrie in der ersten Hälfte des 19. Jahrhunderts. Das Ergebnis ist eine dichte Bebauung und funktionale Integration über die Kommunalgrenzen hinweg. Daraus ergab sich, dass ‚King Cotton', wie Manchester aufgrund seiner führenden Position in dieser Industrie auch genannt wurde, sich rapide in die Umgebung ausdehnte und dabei das umliegende Land mit seinen kleineren Marktorten, wie etwa Wigan, Bolton oder Oldham, und ländlichen Siedlungen überformte.

Die Metropolregion Manchester hat über die letzten Jahre eine zunehmend energische stadtregionale Agenda betrieben, die vor allem auf einen gewissen Grad an Formalisierung der bestehenden zwischenörtlichen informellen Zusammenarbeit ausgerichtet ist. Dies soll einer größeren Glaubwürdigkeit der City Region und damit auch ihrer Politik dienen, sowie dem internationalen Anspruch der Stadt zugute kommen. Dabei will man sich auf bestehende inter-kommunale, informelle Zusammenarbeit, die eine gewisse Tradition in der Region hat, stützen, sowie auch auf das positive Image von Manchester als ‚trendy' und kreativ, das sich seit den 1990er Jahren entwickelt hat. Die Abwandlung des Namens zu ‚Madchester' spielt darauf an. Hinzu kommt auch noch die globale Präsenz des ursprünglich lokalen Fußballvereins Manchester United. Dies alles lässt die Stadt aus einer sonst eher ‚no-nonsense' Kultur des Nordens Englands heraustreten.

Für die kleineren Städte im Umland Manchesters, die alle eine gemeinsame Geschichte in der Textilindustrie haben und durch alte wirtschaftliche Verflechtungen, wie auch den nachfolgenden Niedergang der Industrie, verbunden sind, verspricht dies ein mögliches ‚Abfärben' des positiven Images von Manchester auf ihre eigenen Entwicklungsmöglichkeiten. Manchesters Rolle als ‚Wiege' der Industriellen Revolution gibt der Stadt (und damit auch der Region) einen sehr hohen internationalen Erkennungswert. Der Name der Stadt ist weit verbreitet, und das wird als Entwicklungskapital genutzt (und benötigt), um die relativ periphere Lage weitab vom Wirtschaftszentrum London und Südost-England zu überwinden. Für Manchester wiederum hat eine stärkere Regionalisierung recht nüchterne, pragmatische Gründe: die Stadt ist funktional wie auch von der Bebauung her längst über ihre engen Gemeindegrenzen hinausgewachsen und benötigt die regionale Ebene zur Verbesserung ihres eigenen Standortprofiles. Vor allem aber benötigt sie zusätzliches Bauland für suburbane Expansion im Wohn- und Gewerbebereich.

Besonders die industrielle Geschichte wird dazu herangezogen, um die eigene städtische und regionale Innovationskapazität als Standortfaktor zu betonen. Die internationalen Ambitionen der Metropolregion kommen auch im „City-Regional Development Plan" von 2006 zum Ausdruck. Dieser trägt nicht nur der bewusst hervorgehobenen stadt-regionalen Perspektive Rechnung, sondern unterstreicht auch, durch Betonung ihrer Gateway-Funktion für den Norden Englands (EVANS & HUTCHINS 2002), die internationalen – sogar globalen – Ambitionen der Metropole. Dem internationalen Flughafen, einem der größten Englands, kommt dabei als Anreiz zum regionalen Denken besondere Bedeutung zu: er ist gemeinsamer Besitz der 10 Kommunen, aus deren Gebiet sich die City Region zusammensetzt, und er wird auch gemeinsam von diesen verwaltet.

In der Manchester City Region leben insgesamt rund 3 Millionen Menschen und die Region ist damit auch wirtschaftlich das wichtigste Zentrum in Nordwest-England. Bedeutungsmäßig kommt sie direkt nach London und seiner Wirtschaftsregion, was den Beitrag zur britischen Wirtschaft betrifft (MANCHESTER ENTERPRISES 2006, S. 3). Diese Strategie wurde durch nationale Maßnahmen entsprechend der neuen ‚Doktrin' über die zentrale Bedeutung der City Regions als Wirtschaftszentren seit Mitte des vorigen Jahrzehnts gefördert. Seit dem Regierungswechsel Mitte 2010 ist diese städtisch fokussierte Sichtweise noch stärker betont worden.

Doch geht dies zu Lasten des konventionellen Regionsverständnisses, ohne jedoch mit einer klaren Strategie dazu aufwarten zu können. Vielmehr wird die über die letzten 20 Jahre eingerichtete, wenn auch nur relativ schwach ausgebaute, regionale Ebene in England wieder abgebaut und durch städtisch zentrierte, freiwillig kooperierende Zusammenschlüsse, die auf bestehenden wirtschaftlichen Verflechtungen, wie auch immer definiert, beruhen sollen (sog. Local Enterprise Partnerships), ersetzt. Diese bilden dann die allgemein einzige Referenz zu einer regionalen Dimension überhaupt. Damit reduziert sich die Governance Struktur auf nun nur mehr zwei Ebenen – die des Zentralstaats und die der Kommunen. Alles andere sind dann lediglich virtuelle Territorien auf Basis freiwilliger informeller Kooperationen ohne eine korrespondierende funktionale Integration in die Verwaltungshierarchie. Die bisher einzigen Ausnahmen, noch auf die vorherige Labour Regierung zurückgehend, sind die beiden rechtlich formalisierten und abgesicherten City Regions von Leeds und Manchester mit Modellcharakter (STORY 2009; HETHERINGTON 2009).

Die entstehende Metropolitanisierung basierte daher auf einer gemeinsamen wirtschaftlichen Struktur und funktionalen Entwicklung, während gleichzeitig individuelle historische Wurzeln einen gewissen Lokalpatriotismus förderten. Regionale Verbundenheit ging einher mit lokaler Individualität und Eigeninteresse. Und dies drückt sich auch heute noch in der internen Dynamik der Manchester City Region aus: während Manchester klar die größte und bedeutendste Stadt der Conurbation ist, ist es doch gleichzeitig in eine eng verflochtene regionale Wirtschaftsstruktur mit anderen, wenn auch kleineren Zentren, eingebunden, die alle eine deutlich ausgeprägte eigene Identität besitzen und diese auch politisch umzusetzen versuchen. Form und Operationalisierung von Governance reflektierte diesen inhärenten Gegensatz zwischen Gemeinsamkeit und auf lokalen Unterschieden beruhender Eigenständigkeit (DEAS & WARD 2002). Dies bedeutet einen Balanceakt zwischen metropolitanen und lokalen Interessen. Auf der einen Seite stehen mehr indirekte und längerfristige lokale Auswirkungen, während es auf der anderen Seite mehr unmittelbar wirkende und sichtbare Effekte sind. Für die Lokalpolitik sind letztere natürlich besonders interessant, da sie Politikerfolge der örtlichen Wählerschaft ,nachweisen'.

Diese Spannungen zeigen sich auch in den pragmatischen Verhandlungen und in der Suche nach Kompromissen um geeignete und allgemein akzeptierbare Verwaltungsstrukturen, die lokale und regionale Interessen verbinden und repräsentieren, ohne die lokalen Möglichkeiten einzuschränken. Natürlich strebt jeder Akteur soweit als möglich eine ‚win win' Situation an, und dabei ist es wichtig, dass den indirekten und oft auch erst längerfristig wirksamen lokalen Vorteilen durch regionale Kooperation hinreichend Wert beigemessen wird. Die Diskussionen drehen sich also weitestgehend um den Grad der gewollten (und notwendigen) Institutionalisierung einer regionalen Dimension, gerade in der Wirtschaftspolitik, und dabei v.a. um die Verteilung von Befugnissen und deren Finanzierung. Die Optionen reichen dabei von einer sehr schwach ausgeprägten Regionalisierung durch gelegentliche ad hoc Kooperationen zwischen einigen Kommunen, wenn deren Interessen dadurch gedient werden, sozusagen eine Form von ‚cooperate-as-you-go', bis zu einer eigenständigen stadtregionalen Ebene als integraler Teil einer multi-level Governance mit einem etwas weiteren Aufgabenbereich. Zwischen diesen beiden Eckpunkten bewegen sich die Bestrebungen der Metropole Manchester, um einen ‚geeigneten' Kompromiss für ihre stadt-regionale Verwaltung und Politik zu finden. Er muss zwischen lokalen und regionalen Interessen und Notwendigkeiten vermitteln können, aber auch hinreichend effektiv und politisch sowohl innerhalb als auch außerhalb der Region glaubwürdig sein. "The complex, and often fraught, relationship between the core city and the other nine districts within the GMC [Greater Manchester Council] area meant that metropolitan loyalties were always divided" (DEAS & WARD 2002, S. 118).

2. Wandel der Governance-Strukturen unter den konservativen Regierungen der 1980er und 1990er Jahre

Natürlich findet dies alles innerhalb der Rahmenbedingungen statt, wie sie von der Zentralregierung festgelegt wurden und wie sie durch parlamentarische Mehrheit jederzeit wieder geändert werden können. Diese Änderungen können, wie zur Zeit für das Jahr 2012 angekündigt, erhebliche Ausmaße annehmen, einschließlich der Abschaffung – oder Einrichtung – ganzer Verwaltungsebenen. Dies hat vielfach politisch-ideologischen Experimentiercharakter und spiegelt gerade in England die seit der größeren Eigenständigkeit von Schottland, Wales und Nordirland noch nicht abgeschlossene Debatte um die Art und Weise, ja die Notwendigkeit einer Regionalisierung in der Governance-Struktur Englands wider. Dieses anhaltende Experimentieren mit der Ausgestaltung von multi-level governance in England erschwert die Findung – und Formulierung – metropolen-spezifischer Lösungen, da sich die ‚Spielregeln' wiederholt und dabei auch recht fundamental geändert haben und weiterhin ändern.

So wendete sich das Blatt zu Beginn der 1980er Jahre gegen stadtregionale Verwaltungen, da diese von der damaligen konservativen Regierung unter Margaret Thatcher als Hochburgen der oppositionellen Labour Party gesehen wurden und dies, vor allem auch unter Ken Livingston in London, von den metropolitan councils auch so kommuniziert wurde und intendiert war. "These tensions were exacerbated in the 1980s by a national political climate unsympathetic to metropolitan government" (DEAS & WARD 2002, S. 118). So kam es dann im Frühjahr 1986 zur parlamentarisch gebilligten Abschaffung aller Metropolregierungen, einschließlich des Greater Manchester Council. Der starke zentralistische, top-down Charakter der Ausgestaltung lokaler und regionaler Verwaltungs- und Politikstrukturen wurde damit sehr deutlich. Solche rapiden und fundamentalen Veränderungen sind in Großbritannien möglich, da es keine verfassungsmäßig geschützte Governance Struktur gibt, sondern allein parlamentarische Willensbildung nach dem Mehrheitswahlrecht für die Einrichtung und Operationalisierung der Verwaltungsebenen verantwortlich ist. Demzufolge können Strukturen und Zuständigkeiten geschaffen und auch wieder ohne weiteres abgeschafft werden. Das Ergebnis sind dann starke Schwankungen in der politischen Maschinerie. So waren die 1980er bis Mitte der 1990er Jahre von einem tiefen Misstrauen seitens der Regierung in London gegenüber den als verschwenderisch und ineffektiv eingeschätzten Kommunalverwaltungen geprägt. Die damals führende neo-liberale Doktrin verlangte den 'minimalen Staat', und das schloss einen Abbau von 'Bürokratie' mit ein. Multi-level governance hatte da wenig Chancen: Alle Macht lag bei der Zentralregierung, der gegenüber, am fernen anderen Ende der Maßstabsskala, die Kommunen nur wenig Machtbefugnisse und Eigenständigkeit besaßen. Dazwischen gab es nichts außer einer Reihe von aufgabenspezifischen semi-staatlichen Behörden, sogenannte Quangos.

Für die Metropolregion Manchester bedeutete dies den Verlust der strategischen Politikebene für die gesamte Region, vor allem für die Planung und Bereitstellung von Infrastruktur, Sozialwohnungen oder Stadtentwicklungsplanung, aber auch zum effektiveren politischen Lobbying. Diese Aufgaben wurden alle entweder an die zehn Kommunen der City Region verteilt oder, soweit es sich um Projekte handelte, an eigens geschaffene aufgabenspezifische Quangos. Die bedeutendste solche Einrichtung vom regional-wirtschaftlichen als auch identitätsstiftenden Gesichtspunkt her, ist der Flughafen, dessen Eigentum im Jahre 1986 vom abgeschafften Greater Manchester Council an die zehn konstituierenden Gemeinde- bzw. Stadtverwaltungen (Abb.1) überging. Dies entpuppte sich als 'bles-

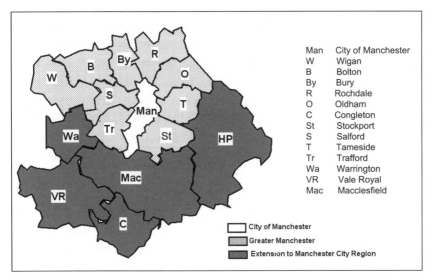

Abbildung 1: Die Kommunen von Greater Manchester und der Manchester City Region (Quelle: eigene Darstellung)

sing in disguise', da damit eine notwendige regelmäßige Kommunikation und strategische Kollaboration aller Beteiligten gefordert war. Man blieb so in Kontakt und andere angeschlossene relevante Bereiche der Wirtschaftsförderung wurden so auch zumindest miterörtert.

In den frühen 1990er Jahren, unter Margaret Thatchers Nachfolger John Major, und damit einer mehr pragmatisch als ideologisch begründeten Politik, begann eine vorsichtige Rückbesinnung auf die regionale Dimension in der öffentlichen Politik. Dies geschah gerade auch unter dem Eindruck der damaligen Rezession und dem zunehmenden Süd-Nord Gefälle in der wirtschaftlichen und sozialen Entwicklung des Landes. Aufbauend auf den alten wirtschaftlichen Planungsregionen der 60er Jahre als rein geographische Grundlage wurden regionale Vertretungen der Zentralregierung in England eingerichtet (Schottland und Wales hatten/haben ihre eigenen regionalen Vertretungen). Diese Government Offices (GO) waren, so bekundete in den 1990er Jahren dem Autor ein Bediensteter des GO Yorkshire and Humberside, die ‚Augen und Ohren' der Regierung in London. Es ging hier also um die Einrichtung (und damit der Anerkennung einer Notwendigkeit) einer regionsnäheren Stelle der Politikanwendung, um den spezifischen Unterschieden besser begegnen und somit Politikmaßnahmen relevanter und effektiver gestalten zu können.

Es ging hingegen nicht um eine Regionalisierung der Politikfindung und -formulierung per se. Ausgangspunkt aller politischer Entscheidungen

251

war und blieb Whitehall in London, und Regionalisierung bedeutete damit eine top-down Implementierung von Politik. Jedoch wurden die Government Offices zunehmend in die regionalen Strukturen und Politik-Netzwerke eingebettet, und sie entwickelten so auch eine gewisse Eigenständigkeit und Differenziertheit als Schaltstellen zwischen der lokalen Ebene einer Region, vor allem auch deren wirtschaftlichen Interessen, und der nationalen Ebene in London. Grad und Umsetzung solcher tatsächlicher ‚Ver-Regionalisierung' variierte zwischen den einzelnen Government Offices und hing nicht zuletzt auch von den Persönlichkeiten und politischen Fähigkeiten der jeweiligen Behördenleitung ab. Jedoch folgte diese Art der Regionalisierung ganz deutlich dem konventionellen Ansatz der territorial, anstatt funktional definierten Regionen mit ihrer strikten geographischen Hierarchisierung: Alle Örtlichkeiten, ob großstädtisch oder ländlich, fanden sich gleichsam als integraler Bestandteil ‚ihrer' Region wieder – und dies allein auf der Grundlage ihrer Lage und somit territorialen Zugehörigkeit. Es gab keine formale Sonderstellung der Metropolenräume, wohl auch vor dem Hintergrund ihrer politischen Mobilisierung als quasinationale Opposition während der späten 1970er und frühen 1980er Jahre. Vielmehr sollten diese in die allgemein zu den Conservatives tendierenden ländlicheren und kleinstädtisch strukturierten Regionen eingebettet und so politisch ‚neutralisiert' werden.

3. Re-Regionalisierung der Governance unter der Labour-Regierung

Erst durch die immer deutlicher werdende wirtschaftliche Bedeutung der städtischen Gebiete, vor allem der Metropolräume, und den sich davon ableitenden Netzwerken und Politikverflechtungen, ergab sich eine zumindest de facto Eigenstellung der großen City Regions. Und diese erkannten auch, dass ein Heraustreten aus dem regionalen Umfeld und eigenständiges Politikmachen auf nationaler und zunehmend auf internationaler (europäischer) Ebene, Vorteile bringen kann. So wurde dem Autor zu jener Zeit von einem Vertreter der Wirtschaftsförderung der Stadt Leeds gesagt ’warum sollen wir uns um die umliegende Region kümmern? Wir sind ohne diese viel besser dran'. Dementsprechend zeigte der ursprüngliche Entwurf des städtischen Entwicklungsplans so gut wie keine Referenzen zum Umland auf. Es blieb im wesentlichen ein ‚white spot' ohne wesentliche Signaturen. Erst auf Drängen des zuständigen Government Offices wurden mit wenig Überzeugung ein paar Informationen zur Region, in der sich die Stadt offiziell ja räumlich befand, eingefügt.

Das allmähliche Erstarken der regionalen Ebene fand seinen vorläufigen Höhepunkt unter der Labour-Regierung ab 1997, wobei diese mit einem konkreten Plan zur Devolution angetreten war. Entsprechend wurden die Regionen jetzt politisch aufgewertet als Träger vor allem von Wettbewerbsbestrebungen und als Vehikel zur Anregung ausländischer Direktinvestitionen. Diese Aufgabe oblag den neuen Regional Development Agencies als regionale, institutionell ‚schlanke' Marketing-Agenturen. Damit war natürlich auch die Grundlage für eine gewisse Nicht-Kooperation zwischen benachbarten Regionen geschaffen, da ‚Erfolg' sich in der Ansiedlung neuer Investoren nur auf dem jeweils eigenen Gebiet ausdrückte. Die Metropolenräume wiederum erfuhren keine gesonderte Behandlung hinsichtlich der Organisation der Governance-Ebenen. Ausnahme war das neue Amt des Bürgermeisters für London und seine 32 Stadtbezirke. Dies geschah vor allem aus wettbewerbspolitischen Gründen, um eine klare Stimme neben Paris oder New York zu haben, wobei eventuell wachsenden politischen Machtansprüchen durch eine ganze Reihe von ‚checks and balances' entgegengewirkt wird. So gab es z.B. weiterhin einen Staatsminister für London. Durch Volksentscheid können solche Bürgermeister auch in anderen Städten eingerichtet werden, doch hat sich in dieser Hinsicht bislang nicht viel getan.

So wie in anderen englischen Metropolenräumen auch, wurde in Manchester ein loser Verband als Forum zur Abstimmung metropolenrelevanter Politiken eingerichtet, die „Association of Greater Manchester Authorities" (AGMA). Das territoriale Verständnis von 'Greater Manchester' blieb so erhalten. Doch änderte sich die administrativ-politische Umsetzung erheblich. Im Unterschied zu anderswo, gab es hier jedoch die gemeinsame Aufgabe der Flughafenverwaltung und -entwicklung. Und das schuf zumindest einen wirklichen Ansatzpunkt, so dass die AGMA doch mehr als nur ein Debattierclub war. Dennoch verlor sie über die Jahre in der Politiklandschaft der Metropole an Profil und Stimme. Erst in allerjüngster Zeit hat sich die AGMA wieder mehr in den Mittelpunkt der Governance-Verantwortlichkeiten rücken können, nachdem die Vorteile eines verstärkt regionalen Ansatzes, vor allem in der Werbung nach außen hin im internationalen Wettbewerb, auch bei den betroffenen kommunalen Entscheidungsträgern erkannt wurde. Zusätzlich bewirkte die neue regionalisierungsfreundliche Agenda der 1997 ins Amt gerückten Labour Regierung in London Rückenwind für eine stärkere Metropolitanisierung auch auf der Regionalebene. So kam es, dass, parallel zu entsprechenden Debatten in der raumwissenschaftlichen Literatur (Herrschel & Newman 2002;

Salet et al. 2003), das Konzept der City-Region auch in die offizielle politische Debatte eingeführt wurde. Diese, durch funktionale und politische Beziehungen zu Netzwerken verknüpft (Provan & Kenis 2008), avancierten zum neuen Modell der Regionalisierung, ob konventionell räumlich institutionalisiert oder als virtueller (Herrschel 2009) 'soft regionalism' (Zhao 1998).

4. Virtuelle Regionalisierung in der Manchester City Region

Für Manchesters stadtregionale Governance bedeutete dies zum einen, auf der lokalen Ebene zu arbeiten, vor allem durch Kooperation mit anderen Kommunen innerhalb wie auch außerhalb des Metropolenraumes, zum anderen, durch politisches Lobbying bei der Zentralregierung Unterstützung zu erzielen. Und hier half die allgemeine Tendenz in der Regionaldebatte, den Metropolenräumen aufgrund ihrer wirtschaftlichen Schlüsselstellung gröeres Gewicht einzuräumen. Dies erfolgte vor allem durch virtuelle Regionalisierung auf der Basis von city-to-city Netzwerkbeziehungen, so wie sie dem „Northern Way" (Liddle 2009) im Norden Englands zugrundeliegen. Der Northern Way ist ein Beispiel des ‚New Regionalism' Ansatzes (Jonas & Ward 2002; Keating 1998), d.h. eine im Grunde virtuelle, auf zwischen-städtischen Funktionsbeziehungen beruhende Region. Entwickelt und veröffentlicht im Jahre 2004, ist der Northern Way das Produkt einer Zusammenarbeit zwischen den drei Regional Development Agencies in Nordengland, die für die konventionellen Regionen Yorkshire and Humberside, North East and North West bis April 2012 zuständig sind. Der Northern Way ist ein strategisches Konzept zur Projizierung und Vermarktung regionaler Wettbewerbsqualitäten, die sich vor allem von den in diesen Regionen liegenden größeren Städten und ihren Umlandgemeinden ableiten. Dazu gehören u.a. Manchester, Liverpool, Leeds und der als Tyne&Wear bezeichnete Raum um Newcastle und Middlesbrough (P&C 2007).

Diese Initiative versucht, die größeren Städte Nordenglands hinter der gemeinsamen wirtschaftspolitischen Zielsetzung zusammenzubringen, ein zumindest virtuelles Gegengewicht zur Großraumregion London im Süden zu schaffen, das nicht von konventionellen raumordnerischen Grenzlinien bestimmt wird, sondern über diese hinweg lediglich durch politische und funktionale Kommunikationslinien definiert wird. Die relevanten Netzwerkakteure kommen aus Politik und Verwaltung, ebenso wie aus der Wirtschaft und anderen Interessensgebieten, ganz im Sinne der Konzeption von Governance. Das Projekt ist ein Versuch, existierende

Potentiale zu bündeln und so ein glaubwürdigeres und überzeugenderes Gegengewicht zu London und Südost-England aufstellen zu können, als das die Städte einzeln und jede für sich bewerkstelligen könnten. Die dazwischen liegenden ausgedehnten nichtstädtischen Gebiete treten dabei in den Hintergrund.

Die Manchester City Region hat aufgrund ihrer Bedeutung eine wichtige Stellung in diesem Arrangement, obwohl alles ohne Institutionalisierung und Territorialisierung abläuft. Es handelt sich hier zwar um eine Form von ‚multi-level governance, da hier bewusst eine Ausdehnung lokaler Interessen auf die regionale Ebene bewirkt werden soll, und sei es auch nur virtuell, doch ist dies nicht fester Bestandteil einer hierarchischen Gliederung des Verwaltungs- und Politikaufbaus. Vielmehr handelt es sich um ein gutes Beispiel von New Regionalism – unscharfe Grenzen, politik-definiert, pragmatisch und temporär. Auf der anderen Seite jedoch hat sich im Fall Manchester auch eine Entwicklung hin zu mehr Instrumentalisierung und formaler Anerkennung der stadtregionalen Ebene eingestellt. So ergab sich nach längeren Bemühungen der AGMA bei der Zentralregierung, dass diese lose Kommunalvereinigung Ende 2009 als eigenständiger regionaler Akteur gesetzlich anerkannt (HETHERINGTON 2009) und im folgenden Jahr als sichtbarer und akzeptierter Bestandteil der Governance Hierarchie formal institutionalisiert geworden ist. Hier haben die erwarteten Vorteile einer nach außen hin markanten und effektiveren regionalen Politik, die internen Sorgen, dass die Stadt Manchester die gesamte Metropolregion zu sehr dominieren und vornehmlich zu ihrem eigenen Vorteil benutzen könnte, ohne hinreichende Vorteile für die anderen Kommunen zu bieten, letztendlich überwogen. Das Tauziehen zwischen den verschiedenen lokalen Eigenheiten und Identitäten der teilnehmenden Kommunen auf der einen Seite und die pragmatische Realisierung des internationalen Erkennungswertes der ‚Marke Manchester', andererseits, geht also weiter.

Die Sorge, im regionalen Ansatz als Kommune vielleicht doch ‚zu kurz' zu kommen, trifft selbst auf die Stadt Manchester zu. So war die Stadt besorgt, dass der zunehmende Stellenwert einer regionalen Agenda in der nationalen Debatte ab Mitte der 1990er Jahre, zusammen mit den dazugehörigen Ansätzen zu einer mehr effektiven Institutionalisierung, etwa durch die Regional Development Agencies, von den Interessen und Bedürfnissen der altindustriellen Kernstädte ablenken könnte. So richtete die Stadt Manchester im Jahre 1995 eine eigene Entwicklungs- und Investitionsgesellschaft ein, die Manchester Investment and Development Agency Services (MIDAS) (HEBBERT & DEAS 2000). Damit sollte die Kernstadt

mit ihren erneuerungsbedürftigen alten Industriegebieten und einem auf-
frischungsbedürftigen Stadtzentrum durch gezielte Anwerbungen neuer
Investitionen unterstützt werden. Lediglich auf einen ‚trickle-down' Effekt regionaler Maßnahmen zu setzen, etwa durch Vermittlung des zuständigen Government Office für North West England und, ab 1997, der
North West Regional Development Agency, schien zu unsicher und zu fern
von städtischer Einflussnahme zu sein. MIDAS versucht effektiv ein Fine-
Tuning der regionalen Initiativen, indem es die Verbindung zwischen Maßnahmen und Initiativen, einschließlich finanzieller Unterstützungen durch
Darlehen etc., auf der regionalen Ebene mit gezielten sub-lokalen Evaluie-
rungs- und Unterstützungsmaßnahmen für ausgewählte Projekte kombi-
niert. Diese proaktive Initiative reflektiert den Mangel and Freiraum innerhalb der engen Umgrenzung des Stadtgebietes von Manchester aufgrund
seiner historischen Entwicklung. Solche liegen in den angrenzenden, weniger dicht bebauten Gemeinden. Gemeindereformen, etwa durch Zusammenschlüsse, scheitern an einem ausgeprägten Lokalpatriotismus. Damit
ist eine inter-kommunale Kooperation nötig, um lokalübergreifend auf regional dimensionierte Entwicklungsprobleme effektiv reagieren zu können.
Dies wurde von den betroffenen Kommunen erkannt, wie die jüngst erfolgte ‚Aufwertung' der dafür zuständigen AGMA zeigt.

Die AGMA ist jetzt an einem weiteren wichtigen Entwicklungspunkt
angelangt, da sie jetzt formal als City Region – genauer gesagt, eine Combined Authority – institutionalisiert und mit dafür vorgesehenen Zuständigkeiten und Rechten von der Regierung in Whitehall ausgestattet wird.
Die Aufgabenbereiche umfassen strategische Zuständigkeiten für Verkehr,
Stadterneuerung und Wirtschaftsentwicklung. Gerade letzteres soll als ko-
ordinierte Zusammenarbeit mit der Greater Manchester Local Enterprise
Partnership erfolgen. Ziel ist es, den lokalen privaten Wirtschaftssektor zu
stärken und Wachstumsbarrieren – und Wachstum ist deklariertes Ziel – zu
entfernen. Die Zuständigkeiten und das Recht, Politik zu machen, wurden
für den AGMA-Nachfolger, die Greater Manchester Combined Authority, so der neue Name der neuen Institution, durch zwei parlamentarische
Rechtsakte, den Local Government Act 2000 und den Local Democracy,
Economic Development and Construction Act 2009, umrissen. Dies ersetzt eine Reihe aufgabenspezifischer Quangos. Damit gibt es dann nach
genau 25 Jahren wieder eine formal institutionalisierte regionale Verwal-
tungsbehörde für die City Region von Greater Manchester. Die demokratische Legitimierung der neuen Organisation erfolgt mittelbar durch Ab-
geordnete, die von den betroffenen Stadt- und Gemeinderäten entsandt

werden. Entscheidungen werden nach Mehrheitsrecht getroffen, womit Kompromissfindung ein inhärent wichtiger Teil der gemeinsamen Verwaltung ist. Insgesamt ist dies ein Beispiel von regionalisiertem Lokalismus, etwas, dass der gegenwärtigen Regierung, wenn auch recht idealisiert, vorschwebt. Doch mag so etwas durch die wirtschaftliche und administrativ-politische Präsenz einer Großstadt eher möglich sein, da sie über andere Wege und Möglichkeiten des Lobbying verfügt und auch schon eher Gehör finden wird, als dies für andere, Räume ohne größere städtische Zentren der Fall ist.

Schlussfolgerungen

Die Rolle, Gestaltung und räumliche Manifestierung der substaatlichen Regierungs- und Verwaltungsebenen, so wie sie im Beispiel der Manchester City Region zum Ausdruck kommen, stand im Mittelpunkt dieses Beitrages. Das Hauptaugenmerk galt der Frage nach der 'angemessensten' Balance zwischen lokalen und regionalen Interessen in einer City Region, und wie weit diese institutionalisiert und operationalisiert werden sollte. Gerade vor dem Hintergrund einer erneuten neo-liberalen Dosis im Verhältnis des britischen Staates zu den Interessen des Kapitals und seiner Verortung, bei der in England jegliche Form konventioneller Regionalisierung zugunsten eines verstärkten Lokalismus abgeschafft wird, stellt sich die Frage nach Zweck und Aufbau einer 'Multi-level Governance'. Welche räumlichen Ebenen werden benötigt, wie sehen die Rollenverteilung und -gewichtung aus? Gerade die 'mittlere', die regionale Ebene, wird dabei immer wieder von beiden Seiten bedrängt: von unten, der lokalen Seite, durch Versuche, kommunale Eigeninteressen zu wahren oder gar auszuweiten, und von 'oben', der zentralstaatlichen Seite, wo Regionen als 'überflüssige' Bürokratie und damit als Kostenfaktor in einem angestrebten neo-liberalen Minimalstaat dargestellt werden. Aber auch die Befürchtungen einer Etablierung verstärkter, mehr sichtbarer politischer Opposition spielen dabei eine Rolle.

Die Achillesferse der Regionalebene ist ihre größenmäßige und inhaltliche Unschärfe. Sie nimmt verschiedene Rollen, Ausdrucksformen und Größenordnungen an. Oftmals sind ihre Funktion und ihr 'Nutzwert' nicht so unmittelbar für den steuerzahlenden Bürger sichtbar, da sich das politische Hauptaugenmerk auf die Dichotomie zwischen lokalem und staatlichem Maßstab konzentriert. Dies nährt auch Befürchtungen einer schleichenden Funktionsübernahme und damit politischer Einflussnahme. Jedoch bietet diese Unschärfe auch Vorteile, indem sie gerade auf der kommunalen Ebene Ausgestaltungsmöglichkeiten erlaubt, die zu einer Einbeziehung regionaler

Gesichts- und Handlungspunkte in die lokale Ebene einladen. Dabei kann dies virtuell durch inter-kommunale Politiknetzwerke geschehen, wobei nur die verknüpften Akteure teilnehmen. Oder aber es kann in mehr konventioneller Form durch eine zusammenhängende Raumeinheit als integraler Teil einer hierarchisch gegliederten multi-level Governance-Struktur geschehen. Während erstere selektiv zwischen potentiellen Kooperanden differenziert, ist letztere weniger diskriminierend. Sie betrachtet die Regionalebene auch als so etwas wie ein Sicherheitsnetz für die im internationalen Wettbewerb exponierten und dafür ungleich ausgestatteten Metropolräume, denen unterschiedliche Erfolg beschieden ist.

Literatur

BOUSTEDT O. (1970), Stadtregionen. In: AKADEMIE FÜR RAUMFORSCHUNG UND LANDESPLANUNG (Hrsg.), Handwörterbuch der Raumforschung und Raumordnung. S. 3207-3237, Hannover.

MANCHESTER ENTERPRISES (2006), The Manchester City Region Development Programme 2006. Accelerating The Economic Growth of The North. Manchester City Region, Manchester, unveröffentlichter Strategiebericht. Manchster. (www.thenorthernway.co.uk/downloaddoc.asp?id=356; Abruf am 20.09.2011)

DEAS I., WARD K. (2002), Metropolitan Manoeuvers: Making Greater Manchester. In: PECK J., WARD K. (Hrsg.), City of Revolution – Restructring Manchester. S. 116-132. Manchester.

EVANS S., HUTCHINS M. (2002), The Development of Strategic Transport Assets in Greater Manchester and Merseyside: Does Local Governance Matter? In: Regional Studies, 36, 4, S. 429-438.

GLAESER E. (2011): The Triumph of the City. Basingstoke.

HEBBERT M., DEAS I. (2000), Greater Manchester – `up and going`? In: Policy and Politics, 28, 1, S. 79-92.

HERRSCHEL T. (2009): Regionalisation, "Virtual" Spaces and "Real" Territories. A View from Europe and North America. In: International Journal of Public Sector Management, 22, 3, S. 272-285.

HERRSCHEL T., NEWMAN P. (2002), Governance of Europe's City Regions. London.

HETHERINGTON P. (2009), Power to the people who don't live in London. In: The Guardian, 23 April 2009. (www.guardian.co.uk/society/joepublic/2009/apr/23/powers-devolution-regions; Abruf am 25.3.2011)

JONAS A., WARD K. (2002), A World of Regionalisms? Towards a US–UK Urban and Regional Policy Framework Comparison. In: Journal of Urban Affairs, 24, 4, S. 377-401.

KEATING M. (1998), The New Regionalism in Western Europe. Cheltenham.

LIDDLE J. (2009), The Northern Way: A Pan-regional Associational Network. In: International Journal of Public Sector Management, 22/3, S. 192-202.

P&C (PRICEWATERHOUSECOOPERS) (2007), The Northern Way. Northern City Visions: A Review of City Region Development Programmes. Unpublished Report. (www.thenorthernway.co.uk; Abruf am 25.3.2011)

Provan K., Kenis G. (2008), Modes of Network Governance: Structure, Management, and Effectiveness. In: Journal of Public Administration Research and Theory, 18, 2, S. 229-252.

Salet W., Thornley A. und Kreukels A. (Hrsg.) (2003), Metropolitan Governance and Spatial Planning. London.

Story C. (2009), Manchester and Leeds win city-region status. In: Inside Housing, 22 April 2009. (www.insidehousing.co.uk/ihstory.aspx?storycode=6504242; Abruf am 25.3.2011)

Zhao Z. (1998), Soft versus Structured Regionalism: Organizational Forms of Cooperation in Asia-Pacific. In: Journal of East Asian Affairs, 12, 1, S. 96-134.

JOZSEF HEGEDÜS
WENDE UND TRANSFORMATION DES SOZIALSYSTEMS
Die post-sozialistische Großstadt am Beispiel Budapests

Folgender Beitrag vergleicht das Sozialsystem sozialistischer und post-sozialistischer Großstädte am Beispiel Budapests. Im ersten Teil der Analyse werden die grundlegenden Zusammenhänge zwischen dem Wohlfahrtsregime und den staatssozialistischen Institutionen vorgestellt und dabei die Aufmerksamkeit darauf gelenkt, dass das „Wohlfahrtssystem" der ungarischen Hauptstadt im Wesentlichen eine lokale Umsetzung des sozialistischen Sozialsystems war und nicht die Konsequenz einer autonomen Stadtpolitik darstellte.

1. Wohlfahrtsregime und Staatssozialismus

Die Grundannahmen einer Theorie des Sozialsystems (Esping-Andersen 1990) können für den Fall des Staatssozialismus nicht angewandt werden, obwohl beide Systeme   das kapitalistische und das sozialistische – im Bereich der öffentlichen Dienst- und Sozialleistungen mit durchaus ähnlichen Herausforderungen konfrontiert waren. Der grundlegende Unterschied bestand darin, dass im sozialistischen System das staatliche Institutionensystem sowohl die Unterschiede zwischen den einzelnen sozialen Gruppen (Arbeitsmarkt) als auch die „Wohlfahrtssysteme" an sich definierte. Dahinter stand wiederum ein- und dieselbe Logik – auch wenn bei konkreten Lösungen sich entweder in einzelnen zeitlichen Abschnitten oder was die einzelnen sozialistischen Länder betraf, gravierende Abweichungen zeigen konnten. Der Staatssozialismus kann so auch als eine spezifische Variante des Wohlfahrtsregimes aufgefasst werden, siehe das „Industrial Achievement-Performance Model" bei Wilensky (1975) oder Aidukaites Modell des autoritären Wohlfahrtstaates (2009). Hervorgekehrt werden muss aber, dass diese Ähnlichkeiten bei den Grundvoraussetzungen der Wohlfahrtseinrichtungen nicht bestanden.

261

Das staatssozialistische System definierte sich selbst immer im Kontext eines militärischen und ökonomischen Wettbewerbs mit den westlichen Marktwirtschaften, mit dem Ziel die Wirtschaftsstruktur mithilfe der Industrialisierung schnell zu verändern – alles noch erweitert um eine soziale, im Grunde genommene egalitäre Ideologie. Konsumansprüche und Lebensstandard der Bevölkerung wurden so (konträr zu den ideologisch fundierten Behauptungen) durchgehend den Zielen der Industrialisierung untergeordnet, was wohl am Besten im Titel eines Buches von Ferenc FEHÉR und Ágnes HELLER und aus dem Jahr 1979 ausgedrückt wird: „Diktatur über die Bedürfnisse". Selbstverständlich wichen die in den einzelnen Ländern entstandenen Systeme aber vom „idealtypischen" Modell ab, was grundsätzlich von zwei Faktoren beeinflusst wurde: einerseits war der Staat aus miteinander „konkurrierenden", bürokratische Teilinteressen vertretenden Organisationen zusammengesetzt, dessen wirtschafts- und gesellschaftspolitische Vorstellungen weitestgehend voneinander abwichen: Interessen, die einzig und allein die kommunistische Partei (und die ihr untergeordneten Massenorganisationen) integrieren konnten; andererseits waren die Unterschiede zwischen den einzelnen Ländern auf die unterschiedliche Gewichtung des Privatsektors (beschränkter Quasi-Markt und die reziprokative, familiäre Sphäre) zurückführbar, da die staatliche Kontrolle von Wirtschaft und Politik nicht allumfassend sein konnte; die konkrete Typologie innerhalb des Rahmens sozialistischer Ökonomien kann über die Art und Weise, wie mit den im System entstehenden „Brüchen und Sprüngen" umgegangen wurde, bestimmt werden.

Bei einer Analyse der Wohlfahrtssysteme der ostmitteleuropäischen sozialistischen Staaten ist es außerordentlich wichtig, die einzelnen „Wohlfahrtsideologien" von den tatsächlichen Umverteilungsmechanismen zu unterscheiden. Auf der ideologischen Ebene votierte das Herrschaftssystem natürlich stets für die Überwindung aller gesellschaftlichen und regionalen Differenzen, für eine Zurückdrängung der Rolle des Eigentums. In der tatsächlichen staatlichen Umverteilung der nur beschränkt zur Verfügung stehenden Güter (Wohnungen, Erholungsmöglichkeiten, Dienstleistungen im Bereich des Gesundheitswesens und der Kultur) entstanden aber beträchtliche Differenzen, die von den quasi-Marktmechanismen nur noch weiter modifiziert wurden und so die Auswirkungen dieser staatlichen Umverteilung manchmal verstärkten oder eben schwächten. Ideologische Elemente schränkten das Repertoire der Politik zwar ein, verunmöglichten aber Lösungen nicht, die eine vermehrte Einbeziehung privatwirtschaftlich organisierter Sektoren zum Ziel hatten (z. B. private Arztpraxen, Bewirtschaftung von privatem Bauernland, später – in den 1980er Jahren – die Einführung kleiner, im Rahmen staatlicher Betriebe organisierter privater Werkstätten und Kleinbetriebe, privater Wohnbau usw.).

Die politischen, rechtlichen und finanziellen Rahmen von Wohlfahrtssystemen werden auf der Ebene von Nationalstaaten entschieden. Städte, ja sogar Großstädte, haben dabei verhältnismäßig wenig Möglichkeiten die inneren Strukturen von Sozialprogrammen zu beeinflussen. Gleichzeitig unterscheiden sich aber die in Großstädten entstandenen Sozialsysteme von den Lösungen, die andere Siedlungstypen kennzeichnen – so wie auch die einzelnen Herausforderungen, von denen die Großstädte (und darunter auch Budapest) betroffen sind, anderer Natur sind, als jene, denen sich die anderen Gemeinden Ungarns stellen müssen. Die stadtsoziologische Fachliteratur spricht mit Vorliebe von Stadtpolitik, ohne zu wissen, inwieweit diese einzelnen Stadtpolitiken konkret mit Entscheidungen auf städtischer Ebene verknüpft sind, d.h. inwieweit Städte auch tatsächlich autonom sind. Städtische Sozialsysteme können ja einfach die lokale Umsetzung einer zentral formulierten Politik mit minimaler lokaler Selbständigkeit sein, können aber auch das Resultat autonomer Entscheidungen sein, die jeglicher Unterstützung der Zentralverwaltung entbehren (so z. B. die Sozialpolitik des „Roten Wien" zwischen den beiden Weltkriegen). Gleichzeitig wiederum kann aber aufgrund einer bestimmten Führungsstruktur städtischer Selbstverwaltungen nicht automatisch auf den Grad der Autonomie zurückgeschlossen werden. Ganz besonders bei Haupt- und Regierungsstädten kann eine Zentralverwaltung – über die zentral verteilten Subventionen für großstädtische Funktionen – einen maßgeblichen Einfluss auf stadtpolitische Entscheidungen haben.

2. Die soziale Infrastruktur der sozialistischen Stadt

Ein beträchtlicher Teil der Eigenheiten der Einrichtungen der sozialistischen Stadt war auf eine Wirtschaftspolitik zurückzuführen, die ein schnelles Industrie- und Wirtschaftswachstum anpeilte. Wichtiges Element der Stadtentwicklung war eine schnelle, aber dennoch von Zeit zu Zeit hinter der Industrialisierung (dem Anwachsen der Industriearbeitsplätze) zurückbleibende Urbanisierung. Grunddilemma der Raumentwicklung war die Frage, in welchem Ausmaß die Investitionen sich auf die bereits bestehenden Industriezentren, in den auf einer Rohstoffbasis errichteten, neuen (sozialistischen) Städten oder eben auf die Regionen konzentrieren sollten, die aus dem Prozess der Industrialisierung herausgefallen waren bzw. hinterherhinkten. In der Realität waren die Entscheidungen aber häufig von

Erwägungen bestimmt, die entweder voluntaristischen, ad hoc-Wirtschaftsbestrebungen oder sehr einseitigen, ideologisch-politische Zielen dienten, also z. B. gegen Großstädte gerichtet waren oder nationalitätenpolitische Interessen in einem sehr engen Sinn durchsetzen wollten.[1] Die Bedeutung des entscheidenden Grundkonflikts konnte aber auch dieser Umstand nie zurückdrängen: Industrialisierung hieß eben einfach Schaffung massenhafter städtischer Arbeitsplätze und Wohnstätten. Die Theorie der Unter-Urbanisierung (KONRÁD & SZELÉNYI 1974; SZELÉNYI 1996) argumentierte, dass im Sinne eines logischen Funktionierens des Systems die Investitionen im Wohnbaubereich notwendigerweise hinter der Zahl der Industriearbeitsplätze zurückblieben, während die Theorie der „overurbanization" hervorhob, dass der Anstieg der Stadtbevölkerung das in Ländern ähnlicher Entwicklung festgestellte Ausmaß überstiegen habe (BUCKELY & MINI 2000).

Die beiden Theorien schließen einander nicht unbedingt nicht aus, obwohl zwischen den statistischen Zahlen zu Wohnbau und Industriearbeitsplätzen – wegen der demographischen Prozesse der späten 1970er Jahre (Verlangsamung des Bevölkerungsanstiegs) sowie mit dem Abschluss der großen makrostrukturellen Veränderungen – ein Gleichgewicht entstand, mehr noch: die Standortpolitik sich langsam aus den Großstädten in Richtung der stark zurückgebliebenen Regionen zu verlagern begann. Aufgrund dessen argumentierte ENYEDI (1990), die Urbanisierung der ostmitteleuropäischen sozialistischen Länder sei im Wesentlichen internationalen globalen Trends gefolgt, hinter denen die gleichen Ursache-Wirkungszusammenhänge operiert hätten, obwohl natürlich in den einzelnen Elementen des Prozesses die Unterschiede der politischen Systeme ihre Spuren hinterlassen hätten.

FRENCH und HAMILTON (1979) folgerten, dass die Binnenstrukturen der sozialistischen Städte vom Modell der westeuropäischen Städte abgewichen seien, was wiederum auf die Unterschiede in den gesellschaftlichen Einrichtungen zurückzuführen sei. Diese Argumentation wurde aber heftig kritisiert, mit dem Argument, sie enthalte zu viele Verallgemeinerungen, habe es doch zwischen den einzelnen osteuropäischen Städten gravierende Unterschiede gegeben (KOSTINSKIY 1998). 20 bis 30 Jahre, in der die In-

---

1   Die Rolle der Nationalitätenpolitik in den baltischen Staaten (TAMMARU, KULU & KASH 2004), das „Selbstverwaltungs"-modell in Ex-Jugoslawien, die brutale Siedlungspolitik in Rumänien, die sog. Systematisierung, usw., zeigen sehr gut die erwähnten Differenzen und Abweichungen, aber hinter allen diesen Phänomen ist die Grundlogik der Funktionsweise des Systems sehr gut festzumachen.

vestitionen sich bereits bestehenden Strukturen anpassen müssen (z. B. Straßenstruktur, Verkehrssystem usw.), gelten ja in der Entwicklung von Städten als kurze Zeit. Nichtsdestotrotz konnten die Vertreter und Vertreterinnen der Theorie der sozialistischen Stadt als ein spezifisches Modell zahlreiche Faktoren ins Treffen führen, die den „Idealtypus" dieses Modells gut umschreiben.

2.1 Das zentralisierte Entscheidungs- und Planungssystem

Ein wichtiges Element des sozialistischen Systems war das zentralisierte Entscheidungsprinzip, das lokalen Autonomien nur äußerst beschränkte Spielräume gewährte. Gleichzeitig schloss aber die „übertriebene Zentralisierung" (KORNAI 1959) partielle Interessen aus diesem System nicht aus. Allerdings durften sie nie offen formuliert werden. Das System der für die Städte konzipierten Pläne (allgemeine Regulierungs- und konkrete Bebauungspläne) waren wichtige Elemente von Entscheidungsmechanismen. Konkrete institutionelle Interessen überschrieben aber häufig diese Übereinkommen, die ja nur Ausdruck eines momentanen Konsenses waren. Die Entscheidungen des einen oder anderen Großbetriebs (dessen Leiter zum Beispiel Mitglied des Zentralkomitees der Partei war) waren von den Vorschriften dieser Pläne oder Maßnahmen in keinster Weise eingeschränkt.

2.2 Die Rückständigkeit des Dienstleistungsektors

Eine wichtige Konsequenz der auf die forcierte industrielle Entwicklung aufbauenden Wirtschaftspolitik des sozialistischen Systems war der Umstand, dass der tertiäre Sektor (Dienstleistungen und Handel) in den Hintergrund gedrängt wurde. Einer der Grundkonflikte des sozialistischen Modells war, dass die Politik einerseits das System mit einer „ständigen Hebung des Lebensstandards" legitimierte, während die Wirtschaftspolitik andererseits gerade darin die wesentliche Hürde für eine schnelle wirtschaftliche Entwicklung sah. Einer der typischen Konflikte in den Plattenbausiedlungen Budapests war, dass die gemeinschaftliche Infrastruktur (Schulen, Kindergärten, kulturelle und Handelseinrichtungen) immer erst mit einer Zeitverzögerung realisiert wurde und in der Regel auch hinter den realen Bedürfnissen hinterherhinkte. Allein im Spätsozialismus veränderte sich die Rolle des Handels- und Dienstleistungssektors, wurde insbesondere mit der marktwirtschaftlichen Öffnung in den 1980er Jahren wichtiger.

2.3 Raumplanung, der Grundstücksmarkt und das Fehlen eines Wohnungsmarktes

Ein weiteres wichtiges Charakteristikum sozialistischer Städte war die Absenz eines Wohnungsmarktes: Bei den raumplanerischen Entscheidungen spielten die Grundstückspreise keine Rolle. Dies führte letztlich zu einer ganz eigentümlichen Raumnutzung, die nicht der für marktwirtschaftliche Gesellschaften charakteristischen Logik folgte, wo die Wohndichte und die Bebauung städtischer Areale von den Zentren weg immer geringer wird (BERTAUD & RENAUD 1997). Tatsächlich spielte der Grundstückspreis (Angebot und Nachfrage) bei den Entwicklungsentscheidungen keine direkte Rolle, allein die Protagonisten des Systems waren sich der Vor- und Nachteile bestimmter Lagen durchaus im Klaren. Obwohl es keinerlei Mechanismen gab, die die Akteure zu einem rationalen Handeln gezwungen hätten, bestimmten doch Preise eines Schattenmarktes ihr Verhalten.

2.4 Die Rolle des öffentlichen Personennahverkehrs

In den sozialistischen Großstädten spielte der billige öffentliche Personennahverkehr eine bestimmende Rolle. Der Konsum und darin der KFZ-Bestand war – im Vergleich zu ähnlich entwickelten Ländern – gering, was sowohl den ökonomischen Prioritäten als auch den ideologischen Entwicklungen entsprach.

2.5 Das Wohnungssystem

Eine der Grundsäulen des sozialistischen Wohnungssystems (des „osteuropäischen Wohnungsmodells") war die staatliche Kontrolle über den Wohnungsmarkt, was nicht nur (und nicht einmal in erster Linie) eine Dominanz von Wohnungen im Staatsbesitz bedeutete, sondern die Kontrolle über Angebot und Nachfrage am Wohnungsmarkt selbst. Größenordnung und Zusammensetzung des Wohnbaus und der Investitionen im Wohnbaubereich waren so abhängig von der Wohnbaupolitik – und weniger vom tatsächlichen Angebot und der tatsächlichen Nachfrage. Im Besonderen gehörte die Manipulation der städtischen Wohnungsmärkte zum Hauptinterventionsbereich einer sozialistischen Wohnungspolitik, weil sich wegen der bereits erwähnten Urbanisierungsprozesse gerade hier die größten Mängel zeigten. Der Ende der 1960er Jahre einsetzende Massenwohnbau – die Plattenbausiedlungen – wurde so zum bestimmenden Charakterzug einer sozialistischen Wohnungspolitik. Die Praxis der Umverteilung des Wohnraumes durchlief gleichzeitig unterschiedliche Phasen, allein „positionale" Interessen (Hegedüs & Tosics 1983) blieben auch so entscheidend. Der technische Erhalt und die laufende Modernisierung des Bestandes staatlicher Wohnungen (der 50% des Gesamtbestandes an Wohnungen ausmachte) unterblieb so – obschon sich auch hier beträchtliche Unterschiede zwischen den Wohnungen der höheren sozialen Gruppen (der Nomenklatur) und den Wohnungen der übrigen Bevölkerungsschichten zeigten. Gleichzeitig funktionierte aber doch auch ein eigener Wohnungsmarkt – gewissermaßen als „crack", als Sprung im System. Hier spielten Einkommensunterschiede und der familiäre oder verwandtschaftliche Hintergrund eine dezisive Rolle: Die sozialistische Wohnungspolitik gewährte diesen Mechanismen – wenn auch restriktiv – einen gewissen Spielraum (vgl. dazu Hegedüs & Tosics 1996).

2.6 Vollbeschäftigung, Einkommensverteilung und Leistbarkeit von Wohnungen und Basisdienstleistungen

Wichtiges Element jener Politik, die die Industrialisierung und die Steigerung des ökonomischen Potenzials in den Vordergrund stellte, war die Vollbeschäftigung, allein der wachsenden und sich ausbreitenden Industrie setzte die Enge des Arbeitskraftangebots Grenzen. Wichtigste Elemente des Sozialsystems der sozialistischen Städte war die verhältnismäßig egalitäre Einkommensverteilungen und die relativ niedrigen Wohnnebenkosten. Diese boten damit mittelbar Garantien dafür, dass jenen Familien, die über ein Einkommen und eine Wohnung (!) verfügten, die Aufbringung der Nebenkosten keine großen finanziellen Probleme bereitete. Dies traf aber auf jene nicht mehr zu, die gerade erst in der ersten Generation in die Stadt zugewandert waren. Diese hatten keinen Zugang zu billigen Wohnungen, und ein beträchtlicher Anteil ihres Einkommens wurde von marktgerechten Mieten (Untermieten) oder Wohnungspreisen aufgezehrt. Weiters gab es wegen der Lücken im Rentensystem auch eine hohe Altersarmut. Einzig und allein die soziale Segregation nach Wohngegenden und -lagen war in den sozialistischen Städten gering, weil die niedrigen Wohnnebenkosten kein Filtrieren nach unten erzwangen.

Die innere Struktur und das Funktionieren des Wohlfahrtssystems der sozialistischen Städte wurden im Wesentlichen von den Urbanisierungsprozessen beeinflusst – in erster Linie von der (Binnen-)Migration und vom natürlichen Bevölkerungswachstum. Zwischen 1950 und 1975 waren die Städte einem beachtlichen Druck ausgesetzt (die Zuwachsrate machte zwischen 3,5 und 4% aus), der erst nach 1975 bis in die 1990er Jahre zurückging (vgl. Abb. 1).

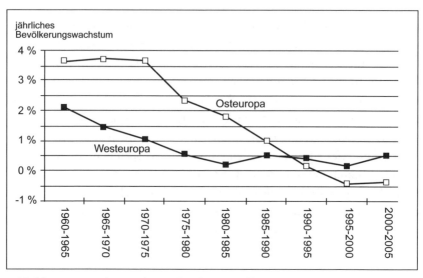

Abbildung 1: Wachstum der städtischen Bevölkerung in West- und Osteuropa 1960-2005 (Quelle: MYKHNENKO & TUROK 2006)

3. Wende und Entwicklung des städtischen Wohlfahrtssystems (am Beispiel Budapests)

Der Kollaps des osteuropäischen Sozialismus 1989/90, das neue politische und ökonomische System positionierte auch die Stadtentwicklung neu. Diese Prozesse gingen von den jeweiligen nationalen Parlamenten aus und verfügten über zwei bestimmende Elemente: Privatisierung und Dezentralisierung.[2]

Die Privatisierung staatlichen Eigentums schuf eine vollkommen neue Situation, wurden doch das infrastrukturelle Vermögen, die Dienstleistungsbetriebe und die Immobilien (sowohl Wohnungen als auch Gewerbe- und Industrieobjekte) an die Kommunen übertragen. Die Privatisierung des staatlichen Vermögens bedeutete aber auch den Ausbau einer lokalen Unternehmerschicht, was der Transformation der örtlichen Ökonomien den Stempel aufdrückte.

Die Dezentralisierung steigerte grundsätzlich die Selbstständigkeit der Städte, im Besonderen der Großstädte – bezüglich der meisten Elemente im Bereich des Wohlfahrtssystems kann aber keinesfalls von einer

---

2   Nicht in allen Ländern der Region kam es zu konsequenten Dezentralisierungsmaß-
     nahmen: In den Ländern des ehemaligen Jugoslawien wurde die Rolle der Gemein-
     deverwaltungen nur in einem beschränkten Maß ausgeweitet.

selbstständigen städtischen Politik gesprochen werden. Die Entwicklung der Großstädte wurde und wird mehr und mehr von globalen und lokalen Marktkräften bestimmt, die die städtischen Selbstverwaltungen nur eingeschränkt beeinflussen können. Die großstädtische Infrastruktur, die urbanen Lebensumstände (Verkehr, Wohnsituation, kulturelle Möglichkeiten, Sicherheit usw.), die ökonomischen und rechtlichen Voraussetzungen von Unternehmen (Steuersystem, zahlungsfähige Nachfrage usw.) beeinflussen die Standortentscheidungen und -entwicklungen der multinationalen und lokalen Wirtschaftsunternehmen wesentlich. Dennoch kann keinesfalls von einem so engen Konnex zwischen finanziellen und ökonomischen Entscheidungen einerseits und Politik andererseits gesprochen werden, wie in der sozialistischen Epoche. Der Wettbewerb zwischen den Städten weist über nationale Grenzen hinaus: schon allein wegen seiner Brisanz können die anstehenden Aufgaben nur die nationale und die lokale Ebene gemeinsam lösen.

3.1 Verwaltung – Hauptstadt, Bezirke und Agglomeration

Das Selbstverwaltungsorganisationsgesetz 1990 führte in Budapest ein auf zwei Ebenen funktionierendes System ein, das die öffentlichen Agenden zwischen einer Selbstverwaltung auf Stadtebene (die die Aufgaben für die ganze Stadt übernahm) und einer Selbstverwaltung auf Bezirksebene aufteilte. Die Trennung der Aufgaben war Ausgangspunkt zahlreicher schwerer Konflikte: Wohnraumzuteilung und soziales Versorgungssystem auf Bezirksebene zum Beispiel führten nicht selten zu „perversen" Verhaltensmustern (z. B. kauften wohlhabendere Bezirke häufig Wohnungen in ärmeren Bezirken, um ihre eigenen Fürsorgefälle dort unterzubringen). Auf eine ganz eigentümliche Weise verkörpert Budapest damit eine äußerst gespaltene, konfliktträchtige Verwaltungsstruktur, in der sehr starke Bezirke gegen die Stadt in ihrer Gesamtheit aufgestellt sind. Ebenso konfliktträchtig ist die Situation bei den zum Budapester Umland gehörenden Gemeinden, die Teil des Komitats Pest sind und in keinster Weise zu einer Kooperation mit der Metropole gezwungen werden können. Die Finanzlage der Budapester Selbstverwaltungen ist darüber hinaus grundsätzlich von Regierungsentscheidungen auf nationaler Ebene abhängig: Obwohl das System der intergouvermentalen Finanzbeziehungen die Möglichkeiten der Stadt und der Bezirke mehr oder weniger eingrenzt, schaffen die Funktionen der Hauptstadt per se wiederum eine ganz spezifische Situation, ist doch die Aufteilung der Lasten zur Finanzierung der über die Kommune hinausweisenden Fragen eine Sache von Verhandlung und Kompromiss zwischen Regierung und Budapest (z. B. so ist der Bau einzelner Donaubrücken von überregionaler Bedeutung, der U-Bahnbau oder die Frage der Subventionierung des ÖPNV immer die Konsequenz willkürlicher Entscheidungen gewesen).

3.2 Ausweitung des Handels- und Finanzsektors

Die Budapester Wirtschaftsstruktur hat seit der Wende einen grundlegenden Wandel durchgemacht, was mit der Liquidierung der großen Staatsbetriebe einherging, an deren Stelle zum Teil die sich in Ungarn ansiedelnden multinationalen Konzerne und unabsehbar viele Kleinunternehmen traten. Neue, moderne Einkaufszentren und Bürohäuser und diese bedienende Logistikzentren entstanden; die Hauptschlagadern der Innenstadt und der Außenbezirke wurden mit zehntausenden Kleinunternehmen, die im wahrsten Sinn des Wortes von einem Tag auf den anderen operierten, bevölkert. Häufig wurden so ganze riesige Industrieareale restrukturiert und von Kleinunternehmen übernommen – so zum Beispiel die Budapester Csepel-Werke.

Die Globalisierung wurde mehr und mehr zu einer wichtigen, Räume gestaltende Kraft. Zwischen den Großstädten der Transformationsgesellschaften in der Region begann ein harter Wettbewerb um die ausländischen Kapitalinvestitionen – die wiederum die wirtschaftliche Rolle der Großstädte (allen voran Budapests) einem radikalen Wandel unterzogen: Regionale Zentren der multinationalen Konzerne entstanden, das hochbezahlte Management war bemüht, sich selbst Wohnraum in Budapest und Umgebung zu sichern – eben dort, wo die sozialen und kulturellen Dienstleistungen, die mit dieser gesellschaftlichen Position einhergehen, gesichert sind.

3.3 Entwicklungen in der Raumstruktur, Grundstücks- und Wohnungspreise

Das Wiederaufleben des Grundstücksmarktes strukturierte die Investitionsentscheidungen neu, was zu einem Aufschwung bei den Investitionen im Bereich des Handels, des Tourismus und der Büroimmobilien führte. Dieser Prozess lief einher mit dem Verfall, ja häufig auch Konkurs der großen Staatsbetriebe. Die Stadtführung wiederum zeigte sich angesichts des Aufkommens der „brown fields" als vollkommen handlungsunfähig – bestenfalls konnten die massenhaft entstehenden Klein- und Mittelbetriebe ihren Raum auffüllen. Der Konkurs der sozialistischen Großbetriebe führte zu Arbeitslosigkeit, vielleicht viel mehr noch zu einem Rückgang der Beschäftigten, die von den dem grauen Wirtschaftsbereich nahestehenden Kleinbetrieben aufgesogen wurden. Räumlich befanden sich diese sich pilzartig entwickelnden Unternehmen entlang der Hauptschlagadern des Stadtzentrums bzw. entlang der Ausfallstraßen.

Der jahrzehntelange Verfall der inneren Stadtbezirke führte zur Ausformung des sog. „rent gaps", was sich wiederum in einer Beschleunigung der Rehabilitierungsmaßnahmen niederschlug – wenn auch langsamer als dies zu erwarten gewesen wäre (siehe dazu den Anhang „Stadterneuerung"). Mit der Aufwertung der Grundstücke und infolge der institutionellen Interessen, die an einer Nutzung dieser Flächen interessiert waren, entstanden die die leeren innerstädtischen Flächen nutzenden Parkplätze und die mit den Stadterneuerungsmaßnahmen in einem engen Konnex stehende ganz eigene Kultureinrichtung der „Ruinenkneipen", in abgewohnten, vor dem Abriss stehenden Immobilien kurzfristig und vorübergehend eingerichtete Treffpunkte, Lokale und Gaststätten.

3.4 Stadtentwicklung und Verkehr

Aufgrund des Vordringens der Marktwirtschaft war eine Kontrolle über den Konsum nicht mehr möglich, wofür der rasante Anstieg der Zahl der PKWs und der parallel damit eintretende komplette Umbau des Verkehrssystems der Hauptstadt ein eindrucksvolles Beispiel darstellte. Der früher durchaus positive „modal-split" verschlechterte sich in der Folge rapide. Infolge der Konflikte zwischen den einzelnen Verwaltungsebenen war der öffentliche Verkehr der Hauptstadt bald unterfinanziert – was naturgemäß zu einer weiteren Verschlechterung der Rolle des ÖPNV führte. Das stadtpolitisch fragmentierte, über zwei Ebenen funktionierende Entscheidungssystem zeigte in zahlreichen anderen Bereichen ebensolche negative Auswirkungen – so z.B. in der Unfähigkeit, eine einheitliche, effiziente Parkregelung einzuführen.

3.5 Die Veränderungen im Wohnungsbereich

Nach der Wende kam es auch am Wohnungsmarkt zu radikalen Veränderungen. Infolge der Dezentralisierung wurden Wohnungsfragen zu Agenden der lokalen Selbstverwaltungen, obwohl die rechtliche Regelung (Wohnungs-, Hypothekengesetz, Kreditvergabe- und Enteignungsrecht usw.) und die Frage der finanziellen Förderungen (Zinsstützung, die wichtigeren Elemente der Wohnbauförderung bzw. -erneuerung) weiter bei der Zentralverwaltung verblieben. Die Wohnungsprivatisierung gehörte aber zu den Entscheidungskompetenzen der Selbstverwaltungen, in Budapest also der magistratischen Bezirksämter: Nach 1993 wurde den in ihren alten staatlichen Mietwohnungen lebenden Personen mit dem Wohnungsgesetz ein Vorkaufsrecht für diese Wohnungen eingeräumt – einige Sonderfälle (bei denkmalgeschützten Wohnungen oder bereits angelaufene Rehabilitierungsmaßnahmen) ausgenommen. In Budapest sank so der Anteil der Mietwohnungen im Besitz der Selbstverwaltungen von rund 50 auf 8%. Typischerweise blieben die Wohnungen im schlechtesten Zustand im Besitz der Bezirke. Entgegen der gesetzgeberischen Absichten blieben auch die Einnahmen aus der Privatisierung nicht im Wohnbausektor, sondern wurden von den Selbstverwaltungen, die unter einem erheblichen budgetären Druck standen, zur Finanzierung der laufenden kommunalen Aufgaben eingesetzt. Mit 1990 war jede Form der Wohnbauförderung oder -subvention zum Erliegen gekommen, der Wohnbau damit praktisch zur Gänze Teil der Marktwirtschaft geworden: Die Baustoffwirtschaft war ebenso privatisiert worden wie die Bauwirtschaft.

In den 1990er Jahren erfuhr der Wohnbau einen drastischen Einbruch, und auch die Richtung der Bautätigkeit nahm eine radikale Kehrtwende: die Suburbanisierung wurde zu einem Massenphänomen. Ein wichtiges Element dieses Prozesses war das Fehlen jeglicher Koordination zwischen den Selbstverwaltungen von Budapest und denen der Umlandgemeinden – und in der Folge ein gnadenloser Wettbewerb unter diesen um die Ansiedlung der aus Budapest abwandernden Familien. Diese Suburbanisierung – wenn auch als Folge des forcierten Plattenwohnbaus der sozialistischen Epoche zu sehen – ging mit durchaus Ernst zu nehmenden gesellschaftlichen Kosten einher.

Die mit dem Jahr 2000 gesetzlich wieder eingeführte Wohnbauförderung verursachte in Budapest und im Stadtumland einen wahren Bauboom, was mit einer Steigerung der Popularität von städtischen Mehrfamilienwohnhäusern (und damit einer Entwicklung in Richtung kompakter Stadt) einherging. Zur gleichen Zeit verblieb aber der soziale Wohnbausektor (obgleich ein Regierungsprogramm zwischen 2000 und 2004 den Ausbau des Bestandes an Sozialwohnungen forciert hatte) auf einem unakzeptabel niedrigen Niveau. Die Wohnungspolitik der einzelnen Selbstverwaltungen setze sich nach wie vor zum Ziel, diese Probleme an andere Selbstverwaltungen weiterzugeben, sie anderen zuzuschanzen als sie zu lösen (Die Fortsetzung der Wohnungsprivatisierung, was mit einer Weitergaben der Probleme gleichzusetzen ist, und die Stadterneuerung hatten eine massenhafte Absiedlung der Armen zur Folge, wobei es aber auch zu direkten Delogierungen kam.).

3.6 Beschäftigung, Basisdienstleistungen

Resultat der Einführung der Marktwirtschaft war eine Transformations-krise. Dies bedeutete, dass die Realeinkommen mehr als ein Jahrzehnt zurückgingen bzw. stagnierten, während die Einkommensschere stark auseinander ging. Das Sozialsystem konnte die aus dem Arbeitsmarkt Herausgefallenen – in Summe eine Million Menschen – nicht wirklich auffangen. Frühpensionen und Sozialhilfe boten nur beschränkte Möglichkeiten dafür, dass die Familien die gestiegenen Wohnkosten aufbringen konnten. Dies alles führte dazu, dass Massen von Familien der Tatsache ins Auge sehen mussten, sich ihre Wohnungen nicht mehr leisten zu können, ihre Schulden mehr und mehr wuchsen. Die Reserven aus den verhältnismäßig billig erworbenen Wohnungsvermögen waren schnell aufgebraucht, nur mit Umzügen in schlechtere oder billigere Wohngegenden konnte ein Teil dieses Vermögens auch realisiert werden. Diese Prozesse führten zum einen Teil zu einer Beschleunigung der Segregation (die Umzüge erfolgten nicht nur in schlechtere Wohngegenden innerhalb der Stadt, sondern auch in Richtung Provinz und abgeschiedene Dörfer), zum anderen zu einer, wenn auch nicht konzentrierten, Präsenz von Armut an der städtischen Peripherie (in den Außenbezirken, in geschlossenen Anlagen). Wegen des Ausbleibens struktureller Reformen nach der Wende stiegen die „offiziellen" Kosten und Gebühren für Dienstleistungen (für Bildung und Gesundheitswesen) über die unmittelbaren Wohnnebenkosten hinausgehend nicht, allein die impliziten Preissteigerungen führten zu erheblichen sozialen Konflikten und gesellschaftlichen Differenzen.

4. Schlussfolgerungen: Post-sozialistisches städtisches Wohlfahrtssystem?

Die post-sozialistische Stadtentwicklung brachte Budapest in eine ganz eigentümliche Lage. Die Rolle in der Ausformulierung und Gestaltung einer eigenen Sozialpolitik einer politisch zutiefst gespaltenen und nur auf die Aufrechterhaltung des institutionellen Netzes im Bereich Bildung, Gesundheitswesen und Verkehr konzentrierten Stadtpolitik, ohne jegliche strategische Ziele und Perspektiven, blieb bestenfalls partiell. Grund dafür war in erster Linie, dass die tragenden Elemente des Sozialsystems von den nationalen Regierungen und dem Parlament formuliert wurden und den Selbstverwaltungen so nur wenig Entscheidungsspielraum blieb. Demgegenüber zeigt das Budapester System zur Obdachlosenversorgung und zur Unterstützung von Haushalten, die die Wohnkosten nicht mehr aufbringen können bzw. die „Netzwerk"-Stiftung (GYŐRI 2002), dass es sehr wohl Bestrebungen in diese Richtung gab, auch wenn die Möglichkeiten beschränkt waren.

Infolge der Privatisierung werden die ökonomischen Prozesse, die Einkommen und die Preise von Marktverhältnissen bestimmt, der Staat ist auf eine reine Wohlfahrtsrolle zurückgedrängt. Damit wird die Theorie des Wohlfahrtsregimes nach Esping-Andersen relevant! Gleichzeitig steht dieser Staat, zum Teil auch als Folge der Wende, unter einem ständigen fiskalischen Druck, was die Finanzierung der öffentlichen Dienstleistungen wie Bildung und Gesundheitswesen sowie die Förderung von Familien, die wegen der Umverteilung über den Markt in eine kritische Lage geraten sind, erheblich erschwert. Damit dieses System finanzierbar bleibt, wären strukturelle Umbauten im Bereich der öffentlichen Dienstleistungen nötig (Festlegung wie weit sich diese Dienstleistungen erstrecken sollen, Erhöhung des Selbstbehaltes, Verbesserung des Wirkungsgrades usw.), was aber immer auf den Widerstand der Betroffenen und der jeweiligen, aktuellen parlamentarischen Opposition stößt. Bis dato müssen wir also von einem „schwachen" Staat sprechen, unfähig zu umfassenden Reformen. Ganz ähnlich stößt auch die Förderung von Familien in prekären Situationen an technische und politische Grenzen. Die typische Reaktion dieser Haushalte auf diesen finanziellen, sie existentiell gefährdenden Druck ist der Verbrauch aller Reserven, die Flucht in die informelle Schattenwirtschaft und im Extremfall der Einsatz verwandtschaftlicher Beziehungen: alles Bereiche, die die staatliche, soziale Umverteilung nicht kontrolliert, und worüber es damit keinerlei genauere Kenntnisse gibt. Damit sind die Programme zur Einkommensaufstockung äußerst segmentiert, an sehr individuelle Aufgaben und Voraussetzungen geknüpft und, was die Einkommensgrenzen betrifft, sehr niedrig angesetzt: Nicht einmal die geförderten Familien sind so materiell abgesichert; sobald sie über keinen informellen wirtschaftlichen Hintergrund oder über verwandtschaftliche Beziehungen verfügen, laufen sie Gefahr, in tiefer Armut zu versinken.

Zwar ist der Grundkonflikt leicht zu durchschauen, dennoch folgt der Umbau des Wohlfahrtssystems nicht der Logik der konstruktivistischen Theorie nach Esping-Andersen. Es kann keine Rede davon sein, dass die sich in den verschiedensten Bereichen zeigenden Restrukturierungsbestrebungen derselben Logik oder Annäherung folgen würden, vielmehr entstehen die einzelnen Reform- oder Nichtreformschritte entlang von parallel ausgeübten, stark abweichenden politischen Machtkonstellationen, aus deren Komponenten schließlich so etwas wie ein Sozialsystem entsteht (Kasza 2002).

Diese Prozesse treten in den Großstädten auf eine ganz eigentümliche Weise auf. Wie weiter oben dargestellt, können die Großstädte, darunter auch Budapest, diese Prozesse wenig gestalten, sie können dessen Auswirkungen nur an lokal spezifische Gegebenheiten anpassen.

Anhang: Stadterneuerung in Budapest

Der Begriff der Stadterneuerung taucht als Konzept Mitte der 1970er Jahre auf, wird aber programmatisch tatsächlich erst ab der zweiten Hälfte der 1980er Jahre umgesetzt, als die ersten Wohnviertel im VII. Bezirk, in der Budapester Innenstadt, rehabilitiert werden. Eigentlich passt die Stadterneuerung nicht in das klassische sozialistische Modell der Stadtentwicklung, die in erster Linie vom Massenwohnbau und von einer Entwicklungspolitik gekennzeichnet wird, die den Raumbedarf für Industrie und Wirtschaft zu sichern hat. Die Stadterneuerung hat sich den quantitativen Ansprüchen der Wohnbaupolitik unterzuordnen, die wiederum die Rehabilitierungsprogramme mit ihrem hohen Sanierungsaufwand für unakzeptabel erachtet. Allein in den 1980er Jahren ist das klassische sozialistische Modell nicht mehr maßgebend. Im Gesellschaftssystem des Spätsozialismus – und dies trifft ganz besonders für das ungarische Entwicklungsmodell zu – tauchen zu dieser Zeit die ersten Risse und Sprünge auf: erhöhtes Gewicht des privaten Sektors, die immer bedeutendere Rolle des Grundstückmarkts, die Überlappungen zwischen der Staats- und der Privatwirtschaft usw. Die Konzepte zur Stadterneuerung, die die Einbeziehung von Privatkapital initiieren, quasi-marktwirtschaftliche Verhältnisse aufbauten, tauchen dabei gerade entlang dieser Risse auf. Gleichzeitig existierten aber keinerlei rechtliche oder institutionelle Voraussetzungen dafür, dass diese Prozesse in einem noch größeren Ausmaß einsetzen hätten können. Welche sozialen Auswirkungen diese Planquadrat-Rehablilitierungsmaßnahmen hatten, illustriert die Tatsache, dass im einzigen, zur Gänze rehabilitierten Block des VII. Bezirks, in Planquadrat 15, schließlich Gruppen mit höherem Sozialstatus einzogen, gewissermaßen als Resultat einer gelenkten Gentrifikation: 70% der Wohnungen wurden von den Stadterneuerungsbüros verteilt, 30% auf der Basis zentraler Zuteilungen.

Allein das sozialistische Stadtmodell der späten 1980er Jahre ist auf die Realisierung einer großflächigen Stadterneuerung nicht vorbereitet. Die Wende schafft zu einem Teil die marktwirtschaftliche Umgebung für eine weitere Stadtentwicklung (mit neuen privaten Akteuren, wie etwa Banken, Developern und Investoren usw.), strukturiert aber auch zum anderen die institutionellen Voraussetzungen für ein Funktionieren der Stadt um, bei denen – vom Standpunkt der Stadterneuerung aus gesehen – die wichtigste Rolle der Wohnraumprivatisierung und, im Falle Budapests, der Dezentralisierung, im Konkreten die (übertriebene) Autonomie auf die Bezirksebene zukommt. Der hinter der Stadtrehabilitierung sich dahinziehende Grundkonflikt könnte wohl am besten mit der Theorie des „Rent Gap" (SMITH 1995) erfasst werden. Ihr zufolge entsteht mit dem Verfall des Wohnungsbestandes und der Infrastruktur sowie einhergehend mit dem städtischen Funktionswandel in räumlich, stadtstrukturell relativ gut positionierten Gebieten eine Schere zwischen der tatsächlichen Nutzung des Raumes und den potenziellen Möglichkeiten. In der sozialistischen Stadtentwicklung spielt diese Schere keine unmittelbar tragende Rolle, weil der Grundstückspreis das Verhalten der Entscheidungsbringer nicht unmittelbar beeinflusst (Allein im Spätsozialismus werden staatliche Entscheidungen bereits sehr wohl von einer Art Schattenpreis beeinflusst). Nach der Wende kommt aber dieser Preisschere bereits im Verhalten der Akteure eine tragende Rolle zu, man könnte sogar sagen, dass die Bestrebungen der unterschiedlichen Akteure, ihren Anteil an dieser Schere zu maximieren, zum Motor der Stadtentwicklung wird. Für institutionelle Lösungen bedarf es sicher noch Jahre: Die Wohnraumprivatisierung und die Bezirksselbstverwaltung erschweren nur den Interessenausgleich zwischen Investoren, in den Wohnungen lebenden Eigentümern, Mietern, Banken, magistratischen Bezirksämtern, non-profit-Organisationen und unabhängigen Denkmalschützern.

Nach der Wende steigt die sozial Differenzierung nach dem Wohnort innerhalb Budapests an, auch die ethnische Segregation, konkret die räumliche Konzentration der Roma-Bevölkerung wird deutlich sichtbar. Die jungen Bevölkerungsgruppen mit hohem Einkommen und hoher Schuhbildung verlassen Budapest, in den heruntergekommenen Stadtteilen ist die Segregation und der Anteil der Roma weiter gestiegen.

Literatur

AIDUKAITE J. (2009), Old welfare state theories and new welfare regimes in Eastern Europe: Challenges and implications, in: Communist and Post-Communist Studies, 42, 1, S. 23-39.

BERTAUD A., RENAUD B. (1997), Socialist cities without land markets. In: Journal of Urban Economics, 41, 1, S. 137-51.

BUCKLEY R., MINI F. (2000), From commissars to mayors: cities in the transition economies. World Bank. Washington.

ENYEDI G. (1990), New basis for regional and urban policies in East-Central Europe. (Discussion papers, Centre for Regional Studies of Hungarian Academy of Sciences, 9) Pécs.

ESPING-ANDERSEN G. (1990), The three worlds of welfare capitalism. New Jersey.

FEHÉR F., HELLER Á. (1979), Diktatur über die Bedürfnisse. Sozialistische Kritik osteuropäischer Gesellschaftsformationen. Hamburg.

FRENCH R. A., HAMILTON F.E.I. (Hrsg.) (1979), The Socialist City: Spatial Structure and Urban Policy. Chichester.

GYÖRI P. (2004), A budapesti díjkompenzáció rendszere [=Das System der Gebührenkompensation in Budapest]. In: PALLAI K. (Hrsg.), The Budapest Model: A Liberal Urban Policy Experiment. S. 253-260. Budapest.

HEGEDÜS J., TOSICS I. (1983), Housing classes and housing policy: some changes in the Budapest housing market. In: International Journal of Urban and Regional Research, Dec 7, S. 467-494.

HEGEDÜS J., TOSICS I. (1991), Gentrification in Eastern Europe: The case of Budapest. In: VAN WEESEP J., MUSTERD S. (Hrsg.), Urban Housing for the Better-Off: Gentrification in Europe, Stedelijke Netwerken. S. 124-136. Utrecht.

HEGEDÜS J., TOSICS I. (1996), Disintegration of East-European Housing Model. In: CLAPHAM D., HEGEDÜS J., KINTREA K., TOSICS I. (Hrsg.), Housing Privatization in Eastern Europe. S. 15-40. Greenwood

KASZA G. (2002), The illusion of the welfare "regime". In: Journal of Social Policy, 31, 2, S. 271-287.

KONRAD G., SZELENY I. (1977), Social Conflicts of Underurbanization. In: HARLOE M. (Hrsg.), Captive Cities. Studies in the Political Economy of Cities and Regions. S. 157-173. Chichester.

KORNAI J. (1959), Over-centralization in economic administration : a critical analysis based on experience in Hungarian light industry. London.

KORNAI J. (1957), A gazdasági vezetés túlzott központosítása. Budapest.

KOSTINSKIY G. (1998), Post-Socialist Metropolises in Transition. ERSA conference papers. (www-sre.wu-wien.ac.at/ersa/ersaconfs/ersa98/papers/433.pdf; Aufruf am 21.10. 2011)

MANCHIN R., SZELÉNYI I. (1984), Social policy and state socialism. In: ESPING–ANDERSEN G., RAINWATER L., REIN M. (Hrsg.), Stagnation and renewal in social policy. S. 102-142. White Plains.

MYKHNENKO V., TUROK, I. (2006), Resurgent Cities? European Urban Trajectories 1960–2005. Presentation at the RGS-IBG Annual International Conference, The Royal Geographical Society Kensington Gore, London. 30th August 2006.

SZELÉNYI I. (1996), Cities under Socialism – and After. In: ANDRUSZ G., HARLOE M., SZELENYI I. (Hrsg.), Cities after Socialism. Urban and Regional Change and Conflict in Post-socialist Societies. S. 286-317. Oxford.

SMITH N. (1995), The new urban frontier. London.

TAMMARU T., KULU H., KASK I. (2004), Urbanization, suburbanization and counterurbanization in Estonia. In: Eurasian Geography and Economics, 45, S. 212-229.

WILENSKY H. (1975), The Welfare State and Equality: Structural and Ideological Roots of Public Expenditures. Berkeley.

.

GERHARD HATZ
DIE FESTIVALISIERUNG DER STADT
Das Beispiel Wien

Einleitung

Festivalisierung, Ausbau kultureller Institutionen, Ästhetisierung der urbanen Umwelt und kulturelle Events sind sicht- und erlebbare Zeichen des strukturellen Wandels europäischer Metropolen. Diese Entwicklung ist nicht nur Ausdruck einer hedonistischen urbanen Lebensstilgesellschaft, sondern auch Indikator einer Transformation der ökonomischen Basis der Städte, gekennzeichnet durch den Übergang von industrieller Produktion über die Dienstleistungsökonomie zu den symbolischen und kulturellen Ökonomien. Neue Denkkategorien und Theorieansätze sind daher notwendig, um die aktuelle Struktur und Entwicklung von Städten zu beschreiben (vgl. BERNDT & PÜTZ 2007). Destinationsmarketing und Erlebnisökonomie (PINE II & GILMORE 1998) definieren Städte als ,Schauplätze', in denen die Marke ,Stadt' dreidimensional inszeniert wird (vgl. HERBRAND 2008). Städte und urbane Räume werden als Symbole von lokaler Bedeutung und Ausdruck universeller Emotionen im Sinne erfolgreicher Mythotypen (vgl. KOZINETS et al. 2008) neu definiert, mit Bedeutungen und Emotionen versehen und vermarktet. Die Produktion der Qualität, des Images und der Erlebnisse des Produktes ,Stadt' sind das Ziel des Destinationsmarketings. Als eine Form von ,urban governance' richtet sich das Destinationsmarketing auf die touristische Vermarktung von Orten und dabei zunehmend auf das materielle und immaterielle Design des Standortes.

Wie in anderen europäischen Metropolen umfasst die ,dreidimensionale Markeninszenierung' des Produktes ,Wien' als Erlebnisraum die komplexe Wechselwirkung materieller, planerischer und emotionaler Dimensionen. Das ,Branding' von Städten und Stadtteilen wird zu einer „magischen Angelegenheit ... in der Träume und Tatsachen miteinander verschmelzen" (KOZINETS et al. 2008, S. 90). So etwa das Image und die Kultur der Stadt, die ästhetische Qualität der historischen Bausubstanz oder moderne ,Starchitektur'. Die Stadt soll nicht nur beworben, sondern

279

auch erlebt und schließlich konsumiert werden. Als Vermittler zwischen Bedeutungen und baulich physischen Repräsentationen besitzen Festivals eine zentrale Kommunikationsfunktion. Durch ihre Fähigkeiten zur Mythenbildung und Bildung beziehungsweise Verstärkung von Identität sind Festivals geeignet, Städte oder Stadträume mit Bedeutungen und Erlebnisqualitäten auszustatten. Bespielte Orte und Themen generieren und/oder verstärken die symbolhafte Bedeutung urbaner Kultur ebenso wie die sensuale und emotionale Erlebnisqualität. Im globalen Städtewettbewerb, aber auch in zunehmend homogenisierten Stadtlandschaften werden symbolische Bedeutungen in Verbindung mit Identität und Erlebnis zum entscheidenden Distinktionsmerkmal des Produktes Stadt. In der Erlebnisökonomie spielen Events eine zentrale Rolle. Das Erlebnis generiert den Zusatznutzen – den Mehrwert - für den Konsumenten. Festivalisierung, Inszenierung der urbanen Kultur sind untrennbar mit (gebauten) Raumproduktionen verbunden.

1. Festivalisierung durch globale Großevents

Unter dem Begriff der Festivalisierung wird eine heterogene Vielfalt an stadtplanerischen Maßnahmen zusammengefasst. Festivals in Form von (Groß)Events dienen dabei nicht nur dazu, die Stadt im globalen Wettbewerb zu positionieren, sondern auch um städtische Infrastrukturprojekte auf Schiene und zu einem Ende zu bringen (vgl. HÄUSSERMANN & SIEBEL 1993). Als ,Leuchtturmprojekte' sollen globale Großevents die Stadt international sichtbar machen. In globalen Rankings der Städte ist die Veranstaltung von Großevents, wie von Olympischen Spielen oder ,Rolling Stones' Konzerten, eines der Evaluierungskriterien (vgl. HALL 2001). Wie andere europäische Metropolen hat auch Wien Großevents für die Planung und Durchführung von Stadtentwicklungsprojekten instrumentalisiert und im Sinne des Destinationsmarketings eingesetzt.

1.1 Die Wiener Donau City – Internationale Gartenausstellung (WIG 1964) und EXPO 1995

Festivalisierung war ein wesentliches Instrument der Entwicklung der Donau City (Vienna DC) als neuer Stadtteil, Entlastungszentrum und Versuch, die Bezirke nordöstlich der Donau funktional stärker an die Kernstadt zu binden. Mit der Veranstaltung der Wiener Internationalen Gartenbauausstellung (WIG) 1964 wurde eine ehemalige Mülldeponie zum Gartengelände – dem Wiener Donaupark – umgestaltet und der Wiener Donauturm fertiggestellt. Nachfolgende stadtplanerische Projekte wie die Errichtung der UNO-City (1979 fertiggestellt, heute Vienna International Center), Konferenzzentrum Austria Center Vienna (bis 1987 errichtet), Donauinsel und der Anschluss an das U-Bahn-Netz hatten Schritt für Schritt zum Ziel, die Donau City als ein zweites, funktionales Stadtzentrum, neben der Innenstadt, zu entwickeln und mit der unmittelbaren Lage an der Donau ein modernes Standortimage zu kommunizieren. Dessen ungeachtet, wohl auch bedingt durch die Randlage Wiens in einem geteilten Europa, blieb eine dynamische Entwicklung des Standortes aus.

Erst im Zuge der politischen Veränderungen 1989/1990 bildete eine von Wien und Budapest gemeinsam für das Jahr 1995 geplante EXPO den Impuls zur Entwicklung des heutigen Areals. Die Nachnutzung des EXPO-Geländes nach der Weltausstellung als multifunktionaler Stadtteil wurde in einem Masterplan festlegt. In Wien war das Gelände im Bereich des Donauturms und der UNO-City als Ausstellungsareal vorgesehen. Per Volksabstimmung 1991 entschieden sich die Wähler allerdings gegen die EXPO. An Stelle des Ausstellungsgeländes wurde in Folge das Nachnutzungskonzept, jedoch mit zeitlicher Verzögerung, umgesetzt: Im Jahr 1992 folgte die Erstellung des Flächenwidmungsplans mit dem Ziel der Schaffung eines international beachteten, urbanen Zentrums mit innovativen Büro- und Wohngebäuden, Forschungs- und Freizeiteinrichtungen. Das Gesamtinvestitionsvolumen beträgt zwischen 1,5 bis 2,0 Mrd. EUR. Seit Beginn des Projektes entstanden mehr als 200.000m² Büroraum, im zugehörigen Wohnpark Vienna DC etwa 1.500 Wohnungen. Rund hundert nationale und internationale Unternehmen der High-Tech-Industrie, der unternehmensbezogenen Dienstleistungen, der Finanzbranche, oder auch Unternehmen im Bereich Forschung und Entwicklung haben sich in der Vienna DC angesiedelt (vgl. HATZ & WEINHOLD 2009). Die Entwicklung der Donau City belegt die Funktion und die Wirkung von Großevents für stadtplanerische Projekte. Der Event selbst, sein Thema sind nur von untergeordneter Bedeutung. Wesentlich sind die Impulse und die Signalfunktion, welche durch den (wenn auch nur geplanten) Event gesetzt werden.

1.2 Die EURO 2008

Stadtmarketing und die thematische Legitimierung stadtplanerischer Vorhaben standen auch hinter den Intentionen zur Bewerbung und Durchführung der Fußballeuropameisterschaft (EURO) 2008 in Österreichs und der Schweiz. Im Unterschied zur geplanten EXPO 1995 fand die Entscheidung für Bewerbung und Durchführung des Events ohne Volksbefragung statt. Wien als die größte der teilnehmenden Städte erwirtschaftete auch das größte Defizit. Wenn auch im Vorfeld bereits mit einem Verlust von 8 Mio. EUR kalkuliert wurde, so übertraf das Ergebnis mit ca. -11,5 Mio. EUR die Verlusterwartungen deutlich (DERSTANDARD.AT, 29.5.2009). Nicht inkludiert in diese Verlustrechnung waren Kosten für die städtische Infrastruktur, wie Müllentsorgung oder die Wiederherstellung von den als ,Fanzone' genutzten Grünanlagen. ,Nutznießer' und ,Sündenbock' der EURO 2008 war der Veranstalter des Events, die UEFA, welche nicht nur die Erlöse aus dem Verkauf der Eintrittskarten sondern auch den Hauptsponsor bestimmte und die Sponsorengelder des Events lukrierte. Strenge Vorgaben und Reglementierungen für die ,Fanzonen' und deren mangelnde Auslastung führten zu Konflikten mit der Gastronomie, deren Generalunternehmen schließlich den Ausgleich anmelden musste. Der in mehrfacher Hinsicht negative Saldo wurde jedoch zumindest aus der Sicht der Stadtregierung mit der ,unbezahlbaren' Werbewirkung des Events mehr als ausgeglichen. Auch die Effekte auf Planungsvorhaben der Stadt waren im Vergleich zur nicht-stattgefundenen EXPO 1995 vergleichsweise gering. Der Event diente zur Beförderung und Rechtfertigung der geplanten und termingerecht fertiggestellten Verlängerung der U-Bahnlinie 2 von der Altstadt zum Austragungsort, dem Ernst-Happel-Stadion im Erholungsgebiet des Wiener Praters. Im Zuge dieses Ausbaus wurde auch eines der wichtigsten Stadtentwicklungsgebiete ,Viertel Zwei' mit einer leistungsfähigen Verkehrsinfrastruktur versorgt.

2. Dauerfestivalisierung urbaner Räume und urbaner Kultur

Die Veranstaltung von Festivals ist ein wesentlicher Produktionsfaktor im Subsystem der städtischen Ökonomien geworden, gebildet aus Kulturalisierung der Ökonomie und Ökonomisierung der Kultur (Löw et al. 2008 S. 123; ZUKIN 1995). Festivals, Events und Kultur stehen in engem Zusammenhang. Im Sinne eines Festes erfüllen Festivals mehrere Funktionen. Sie entsprechen einerseits einem menschlichen Grundbedürfnis und bieten Unterhaltung. Als Kontrapunkt zum raumzeitlichen Alltag besitzen Festivals für deren Besucher eine eskapistische Funktion. Auf der emotionalen Ebene sollen Festivals aber auch ein Gefühl der Bindung und Zugehörigkeit mit und zu dem Thema des Festivals vermitteln und wirken somit identitätsstiftend und –verstärkend. Zusätzlich informieren sie über das Thema des Festivals und bedienen das Bedürfnis ,unter Menschen zu sein' (vgl. HÄUSSERMANN & SIEBEL 1993; DEILE 2004). Mit der Festivalisierung werden Städte zu multisensualen Erlebnisräumen.

Festivals sind ‚Events‘, besondere und temporäre Veranstaltungen. Events können sowohl nicht-kommerzieller als auch kommerzieller Natur sein. Im kommerziellen Sinn ‚funktionieren‘ Events sowohl als Produkt als auch Marketingstrategie. In der Regel ist eine eindeutige Differenzierung nur selten möglich. Während in Wien zahlreiche Großevents wie das Donauinselfest, das Konzert in Schönbrunn oder der Silvesterpfad bei freiem Eintritt besucht werden können, sind auch kommerzielle Festivals nur in den seltensten Fällen kostendeckend und werden durch die öffentliche Hand subventioniert. Die wesentliche Funktion der Festivals liegt somit neben dem Unterhaltungscharakter des Festivals selbst, im Marketing der Stadt, ihrer Kultur und der veranstaltenden Interessensgruppen. Festivals verfolgen somit unterschiedliche Intentionen. Den gemeinsamen Nenner bildet das Stadtmarketing im Allgemeinen oder das Stadtteilmanagement im Besonderen. Festivals sind damit Teil der kulturellen und symbolischen Ökonomien einer Stadt.

In der Stadtplanung zielt die kulturelle Ökonomie primär auf die Planung von und für kulturelle Institutionen, wie Museen, Theater oder Konzerthallen. Die symbolische Ökonomie richtet sich dagegen auf das Ambiente der Stadt, „the look and feel of the city" (ZUKIN 1995, S. 7), und damit auf die Produktion von städtischen Räumen – das symbolische Kapital der Stadt. Die materielle ebenso wie die immaterielle kulturelle Produktion und Reproduktion der Stadt wurde zu einem wesentlichen Wettbewerbsinstrument, um die Stadt global zu positionieren. Die Festivalisierung von Städten ist daher in ihrer komplexen Wechselwirkung zu analysieren und verstehen. Vermarktet werden dabei: das immaterielle Image der Stadt, die immaterielle Kultur der Stadt aber auch die materiellen physischen Repräsentationen der Stadt, etwa die ästhetische Qualität der historischen Bausubstanz oder moderne Architektur global agierender Star-Architekten. Das Produkt Stadt soll nicht nur beworben, verkauft oder konsumiert, sondern auch erlebt werden. Die Festivalisierung von Städten folgt nicht nur materiellen oder planerischen sondern auch immateriellen Prinzipien. Durch das gewählte „Thema" tragen Festivals zur Mythenbildung – dem Image der Stadt bei. Festivals sind ein Medium um die Stadt oder Teile der Stadt mit Bedeutungen zu versehen. Als multisensuale Ereignisse oder Events sprechen sie emotionale und affektive Komponenten – das „Erleben" der Stadt an. Den Erfolg dieser Erlebnisökonomie zeigen die hohen Besucherzahlen von Großevents. Festivals besitzen damit auch identitätsstiftende Distinktionsfunktion. Diese gewinnt nicht nur auf globaler Ebene an Bedeutung. In einer zunehmend amorphen Stadtstruktur, in der die Stadt nicht mehr das Gemeinsame des Alltags ihrer Bewohner bildet, werden Festivals eingesetzt, um die ‚Unique Selling Propositions' (USP) der Stadt mit Bedeutungen aufzuladen und zu ‚Emotional Selling Propositions' (ESP) weiter zu entwickeln. Die Stadt, ihre Kulisse aber auch das alltägliche Kulturangebot werden mittels Festivals thematisiert und inszeniert. Festivals erzeugen Gemeinschaftssinn und verstärken dadurch ihre identitätsstiftende Wirkung. Festivals werden zur temporären Verdichtung des kulturellen Erlebnisses instrumentalisiert und bilden einen zentralen Bestandteil des Destinationsmarketings Wiens.

2.1 Destinationsmarketing Wien: Von USP's zu UESP's

Destinationsmarkting definiert sich als umfassendes Konzept. Die Ziele richten sich nicht nur auf die Vermarktung des Produktes ‚Stadt' sondern auch auf die kulturelle Produktion und Reproduktion der Stadt und die Gestaltung urbaner Räume. Materielle und immaterielle Repräsentationen der Stadt und ihrer Kultur werden auf ihre Verwertbarkeit im Sinne des Destinationsmarketings geprüft und/oder entsprechend adaptiert.

Das Destinationsmarketing für Wien definiert fünf Markenbausteine, wobei eine Verschiebung in Richtung Erlebnisökonomie und eine entsprechende Adaptierung der Markenbausteine stattgefunden hat. Die USP's der Stadt wurden zu UESP's – Unique Experiential Selling Propositions erweitert (WienTourismus 2009, S.16). Vermarktet wird dabei vor allem das historisch-kulturelle Erbe der Stadt. Die primären Markenbausteine beziehen sich auf die ‚Hochkultur' der Stadt, ihr imperiales Erbe, ihr klassisches Musik- und Kulturangebot. Das Neujahrskonzert – in mehr als 70 Länder übertragen und von ca. 45 Mio. Zusehern konsumiert, die Wiener Philharmoniker, die Wiener Sängerknaben, die Spanische Hofreitschule gelten dabei international als hochwertige Qualitätsprodukte und sind – neben den Baudenkmälern der vergangenen Epochen – jene wesentlichen Kulturexporte, welche der Stadt auch heute noch ihr internationales Image, Renommee und einen Bekanntheitsgrad verleihen, welcher die Positionierung Wiens im globalen Städtesystem bei weitem übersteigt (vgl. Hatz 2010b; Hatz 2011). Der ‚Wiener Ball' ist nicht nur Exportgut – ‚typische' Wiener Bälle werden auch in New York oder Tokio als Marketingstrategie veranstaltet – sondern wie das historische Stadtzentrum als ‚Weltkulturerbe' mit einem globalen Gütesiegel versehen, ebenso wie Wiens Reputation als europäische Hauptstadt der Musik (UNESCO 2008, S. 30).

Destinationsmarketing folgt der Logik von Umwegrentabilitäten gesetzter Strategien und Maßnahmen. Ziel des Tourismusmarketings 2011 war es, die Zahl der Nächtigungen von 10,2 Mio. pro Jahr auf 11 Mio. zu steigern und für die Hotellerie ein Umsatzplus von 100 Mio. zu erwirtschaften (WienTourismus 2010). Die als Benchmark gesetzten Werte aus dem Jahr 2008 verweisen aber auch auf die bedingte Wirksamkeit des Destinationsmarketings. Auf Grund der globalen Wirtschaftsentwicklung war in den Folgejahren ein deutlicher Rückgang der Nächtigungszahlen zu verzeichnen. Die Produktion des Images und des Erlebnisses der Stadt spiegelt ökonomische Interessen und Machtverhältnisse der ‚key actors‘ wieder. Folgend der Konzeption des Destinationsmanagement definiert sich Wien-Tourismus als Ausgleich der Interessen von Stadtregierung, Tourismusindustrie und Interessensvertretungen auf der einen Seite und den Wünschen der ‚Konsumenten‘ – in diesem Fall der Touristen – auf der anderen Seite. Die Produktion des Tourismuskonzeptes und damit des Images der Stadt erfolgt durch eine Strategiegruppe, zusammengesetzt aus Interessensvertretern von Sparten der Tourismusindustrie und der Wiener Wirtschaft.

2.2 Die symbolische Ökonomie der Stadt

Mit der ‚Professionalisierung‘ der so genannten ‚Event-Kultur‘ lösen sich Festivals aus der kulturellen Produktion der Stadt. Als Events dienen sie dem Export des kulturellen Images und werden nicht mehr von den Kulturschaffenden der Stadt inszeniert, sondern an PR-Agenturen ausgelagert und von diesen veranstaltet. Sie stellen oft keine Spezifika der Stadt dar, sondern werden auch in anderen Städten veranstaltet und entsprechen dem Bedarf einer Freizeit- und Erlebnisgesellschaft. Die Stadt bildet jedoch die ‚Kulisse‘ dieser Events und wird in Form eines ‚Product-Placements‘ – im Sinne einer ‚doppelten Codierung‘ der urbanen Kultur mit vermarktet.

Eine professionelle Festivalisierung der Stadt kann in Wien seit Mitte der 1980er Jahre festgestellt werden. Insgesamt werden von der Stadt Wien jährlich ca. 12 Mio. EUR in Großevents investiert (Konrad 2010). Autochthone Feste wurden zu professionalisierten Events (wie z.B. die Neuinszenierung des traditionellen ‚Christkindlmarkt‘ als ‚Adventzauber‘), neue Events wurden generiert, darunter das ‚Sommernachtskonzert Schönbrunn‘. Im Jahr 2004 erstmals veranstaltet, ist es heute als Crossover Marketing Event ein fester Bestandteil im jährlichen Festivalzyklus der Stadt. Dazu kamen globale Events, welche zum ‚Standardrepertoire‘ der europäischen Eventkultur gehören. Dazu zählen etwa die ‚Design Week', die ‚Fashion Week' oder das Filmfestival ‚Viennale'. Zu diesen globalisierten Events zählen auch Festivals der Darstellenden Kunst, wie jenes des Impuls-Tanz Festivals. Die Globalisierung der urbanen Festivalkultur wird dabei auf zwei Ebenen sichtbar. Tanzfestivals gehören heute zum Standardrepertoire jeder größeren Metropole. Für die Performances werden global agierenden Choreographen und Kompanien angeworben. Besuchern des Festivals wird mit dem ImpulsTanzfestival ein Ausschnitt internationaler Trends und Tendenzen angeboten. Kritiker sehen darin jedoch eine entstehende Problematik für eine autochthone Kulturproduktion und dem damit verbundenen kulturellen Distinktionsmerkmal der Stadt (vgl. GESCHÄFTSGRUPPE KULTUR UND WISSENSCHAFT DER STADT WIEN 2010).

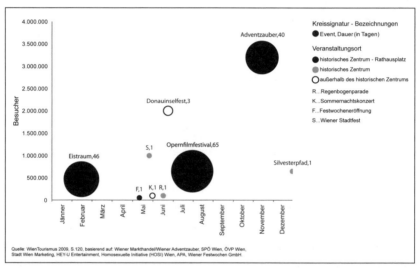

Abbildung 1: Wiener Großevents 2008-2009 (> 50.000 Besucher)

3. Festivalisierung und urbaner Raum

Mit der Festivalisierung der Stadt entstehen Implikationen auf den physischen Stadtraum. Neben ‚Gemeinschaft' und ‚Bedeutungshaftigkeit' des Anlasses zählt die äußere Form zu den zentralen Bestandteilen von Festivals als verdichtete Sonderformen von Festen. Ein wesentliches Merkmal ist die Differenzqualität der äußeren Form und ihre kulturelle Konnotation als ‚Besonderheit'. Dazu gehört, neben etwa Tanz, Musik, Kontemplation oder Exzess, auch der Ort des Festes als aussagekräftige Äußerlichkeit (DIEL 2004, S. 9). Neben der ‚Bespielbarkeit' sind ein festlicher Rahmen und der repräsentative Charakter bestimmende Faktoren festivalisierter Raumkonfigurationen. Direkte und indirekte Wechselwirkungen zwischen dem urbanen Raum und der Festivalisierung von Städten – den kulturellen und symbolischen Ökonomien der Stadt – sind daher gegeben.

Kulturelle Inszenierung und Festivalisierung transformieren öffentliche Räume in repräsentative, kommerzialisierte und privatisierte Räume. Festivalisierung ist ein Instrument der Kontrolle über den öffentlichen Raum und implizit ein Instrument, um ein Image einer sicheren und sauberen Stadt zu kommunizieren (vgl. ZUKIN 2010, S. 230ff.). Festivalisierung ist damit auch eine Repräsentation von Machtverhältnissen in der urbanen Gesellschaft. Festivalisierung des öffentlichen Raumes ist verknüpft mit der Problematik, wessen Kultur für wen im öffentlichen Raum repräsentiert wird. Für das historische Stadtzentrum scheint diese Frage zu Gunsten der etablierten (Hoch)Kultur und Inszenierung des historischbaulichen Erbes entschieden.

3.1 Das historische Stadtzentrum

Mittels Festivals und eines festlichen Rahmens werden Sichtbarkeit und Prestige des Standortes erhöht. Festivals machen den Raum erlebbar und versehen ihn mit emotionalen Bedeutungen. Die Mehrzahl der Events und Festivals in Wien ist räumlich in der einen oder anderen Form mit den bedeutendsten Sehenswürdigkeiten und dem historischem Stadtzentrum verbunden (vgl. Abb. 1). Kulturelle und symbolische Produktion des Images der Stadt verliefen dabei synchron. Im historischen Stadtzentrum konzentrieren sich die Symbole österreichischer Identität und des kulturellen Erbes der Stadt. Die Reproduktion des historischen Stadtzentrums als Imageträger der Stadt und Kulisse der festivalisierten Stadt begann Mitte der 1970er Jahre. Schritt für Schritt wurde die historische Bausubstanz unter Schutz gestellt und das repräsentative Ambiente bis ins kleinste Detail geregelt. Mit der Ausweisung einer „Schutzzone" wurde das gesamte historische Stadtzentrum unter Denkmalschutz gestellt und im Jahr 2001 erfolgte die Verleihung des Prädikats ‚Weltkulturerbe' durch die UNESCO. Um die Altstadt wurde eine Pufferzone gelegt und Sichtachsen zum historischen Stadtzentrum definiert. Auch die gemischte Nutzungsstruktur der Altstadt schien durch die Ausweisung einer Wohnzone, welche eine Umwandlung von Wohn- in Büroflächen untersagt, schützenswert.

Die Produktion der kulturellen und symbolischen Ökonomien restrukturierte das historische Stadtzentrum und deren Bedeutung als funktionelles Zentrum der Stadt. Restriktive Bestimmungen zum Erhalt der historischen Bausubstanz ebenso wie die Errichtung der Wohnzone verhindern die Erweiterung von Büroflächen und die Adaptierung von existierenden Büroräumen an moderne Anforderungen. Banken und Versicherungen zogen zunächst ihre back-office Bereiche, später auch ihre Headquarters aus dem historischen Zentrum ab. Ihnen folgten Institutionen der öffentlichen Verwaltung und der Stadtregierung. Implizit wird die Festivalisierung zu einem dynamischen Faktor des Wiener Büromarktes. Durch die Relokation von Standorten aus dem historischen Stadtzentrum wird eine Nachfrage nach neuen dezentralen Büroflächen generiert (vgl. Colliers Columbus 2006; Hatz 2009).

Kulturelle Institutionen expandieren und/oder werden neu interpretiert. Das im Jahr 2001 eröffnete ‚MuseumsQuartier' ordnet sich unter den zehn größten Kulturbezirken Europas ein. Dazu kommen neue Museen, welche den durch die Festivalisierung erzeugten Erwartungshaltungen entsprechen sollen, so ein ‚Sisi Museum' in der Wiener Hofburg, die Eröffnung des Hauses der Musik oder des Mozarthauses Wien. Ein ehemaliges Musicaltheater – das ‚Theater an der Wien' wurde als Neues Opernhaus neu definiert und als Aufführungsort in die Festivals der Wiener Festwochen oder des Osterklanges integriert. Zusätzlich expandieren Unternehmen und Institutionen der Kulturindustrie und der Kulturproduktion. Hinter den denkmalgeschützten Fassaden ersetzen Hotels ehemalige Nutzungen durch Banken, Versicherungsunternehmen und öffentliche Institutionen. So wird im ehemaligen Stadtpalais ‚Theophil Hansen' die frühere Nutzung durch Magistratsabteilungen der Stadt Wien von einer Neunutzung durch die deutsche Luxushotelkette ‚Kempinski' abgelöst. Der Funktion des repräsentativen Gebäudes des ehemaligen k.u.k. Kriegsministeriums als ‚Headquarter' einer der führenden Banken in Österreich folgt die Übernahme durch das 5-Sterne Hotel ‚Park Hyatt'.

Kulturelle Repräsentationen im öffentlichen Raum dienen auch als Instrument, jene Repräsentationen von ‚Urbanität', welche nicht mit der kulturellen Repräsentation kohärent sind, aus dem Ambiente der historischen Altstadt auszuschließen. Optionen und urbane Freiräume für alternative Entwicklungsmöglichkeiten werden zunehmend eingeschränkt. Mit der Ausbreitung kultureller Institutionen erfolgt eine zunehmende Kommerzialisierung und Privatisierung des öffentlichen Raumes. Die Frage, ‚wem' der öffentliche Raum im Museumsquartier ‚gehört', ist für den Besucher nicht ersichtlich und ebenso nicht entschieden. Sicherheitsdienste können Straßenkünstler aus diesem Bereich ‚entfernen', ein Verbot des Genusses von mitgebrachten Getränken im öffentlichen Raum des Museums-Quartier' führte im Jahr 2009 zu einer Protestkundgebung.

Historische Parkanlagen in der Altstadt stehen unter Denkmalschutz und damit auch Freiflächen, wie etwa Rasenanlagen. Zunehmend wird die Einschränkung des öffentlichen Raumes zu einem Problem, vor allem für die jugendlichen Besucher und Bewohner der Stadt. Implizit werden diese Bevölkerungsgruppen aus der kulturellen Inszenierung der historischen Altstadt ausgeschlossen. Aber auch symbolische und kulturelle Ökonomien stehen zunehmend in Konflikt miteinander. Die Errichtung einer Konzerthalle für die ‚Wiener Sängerknaben‘, eine der bedeutendsten kulturellen Institutionen der Stadt, steht in Konflikt mit der denkmalgeschützten Parkanlage des Augartens.

Kunst dient als Mittel zur Repräsentation eines idealisierten Ambientes idealisierter urbaner Kultur und als Repräsentation von Machtverhältnissen. Die Neudefinition des Karlsplatzes zu einem Kunstplatz Karlsplatz erfolgte weniger durch die Errichtung neuer Kulturdenkmäler, sondern mehr durch die Inszenierungen derselben. Die Umgestaltung einer unterirdischen Fußgängerpassage als ‚Kunstpassage Karlsplatz‘ dient auch zur Produktion eines sauberen und sicheren Ambientes. Damit soll eine Drogenszene, welche sich in und um den Karlsplatz etabliert hat, aus diesem urbanen Raum verdrängt werden. Seit 2010 wird der Platz durch ein ‚Rockfestival‘ und Inszenierungen im Rahmen der Wiener Festwochen erleb- und sichtbar gemacht, im Winter übernimmt ein Adventmarkt diese Funktion.

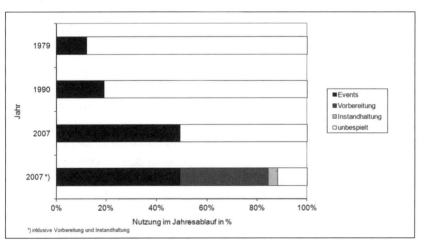

Abbildung 2: Festivalisierung des Rathausplatzes (nach HOFER 2008)

Zur Umsetzung der kulturellen UESP's durch Festivalisierung und Bespielung des öffentlichen Raumes gehört etwa die ganzjährigen Inszenierungen des Rathausplatzes (vgl. Abb. 2; HOFER 2008) oder die raumzeitliche Ausbreitung von Adventmärkten im Winter. In vermehrtem Ausmaß wird auch die Wiener Ringstraße in die Festivalisierung mit einbezogen. Öffentlicher Raum wird der Öffentlichkeit entzogen und als inszenierter Erlebnisraum zurückgegeben. Mit der Bespielung wird der öffentliche Raum als kommerzialisierter und kontrollierter, sicherer und sauberer Event ‚privatisiert'. Die Prämisse des historisierenden Designs gilt auch für kommerzialisierte Bereiche des öffentlichen Raumes. Die Neugestaltung der Fußgängerzone im Hauptgeschäftszentrum der Altstadt entspricht der Logik einer geplanten Shopping Mall. Hinter historischen Fassaden etablieren sich internationale Filialketten, welche ihre Geschäftslokale ebenfalls als erlebnisorientierte ‚Eventlocations' neu konzipieren. Für die Konsumenten – Touristen oder die Bewohner der Stadt – wird das historische Stadtzentrum zum ‚Festsaal' individueller Festivalisierungen. Bedeutungen und Erlebnisse gestalten die Altstadt als einen eskapistischen Ort, an dem in raumzeitlicher Distinktion zum Alltäglichen eine exklusive Freizeit verbracht wird (HATZ 2010b).

4. Festivalisierung – ein Standortfaktor?

Städte instrumentalisieren die Veranstaltung von globalen Großevents nicht nur als Anlass und für die Umsetzung stadtplanerischer Maßnahmen. Die zunehmende Bedeutung des Prestiges, der Identität und ‚Sichtbarkeit' von Städten ist im globalen Standortwettbewerb zu einem wesentlichen Kriterium geworden. Globale Großevents und lokale Festivals werden in die Marketingstrategien der Städte integriert, um die Sichtbarkeit der Stadt ‚nach außen' zu erhöhen und um ‚nach innen' die Politik der Stadtplanung positiv zu konnotieren und zu vermarkten. Ein von ‚Mercer' – einem global operierenden Consultingunternehmen – jährlich durchgeführtes Ranking listete Wien in den Jahren 2009 und 2010 als Stadt mit der höchsten Lebensqualität weltweit. Ausschlaggebend waren vor allem beste Bewertungen des Faktors ‚Theater and musical performances'. (www.mercer.com; HATZ 2010a). Ein Zusammenhang zwischen der Positionierung Wiens in Bezug auf Lebensqualität, der kulturellen Performance der Stadt und ihrer Sichtbarkeit als Wirtschaftsstandort scheint jedoch nicht unmittelbar gegeben. Der ‚European City Monitor' beispielsweise reiht Wien in Bezug auf die Attraktivität als Investitionsstandort von insgesamt 38 bewerteten europäischen Metropolen im Mittel auf den 22. Rangplatz (CUSHMAN & WAKEFIELD 2010). Der Erfolg der Stadt liegt in der Produktion des Destinationsmarketings. Seit 2005 führt Wien weltweit im Ranking der Städte als Veranstaltungsort internationaler Kongresse und hat dabei prominente europäische Metropolen wie Paris überholt. Auch gemessen an der Zahl der Konferenzteilnehmer ist Wien nicht nur europa- sondern auch weltweit die führende Kongressmetropole (vgl. ICCA 2010). Die Zahl der Festivals wird mittlerweile jedoch unüberschaubar. Mit der raumzeitlichen Ubiquität der Performances nimmt die Sichtbarkeit ab, die ursprüngliche Funktion des Festivals als Fest, einen Gegensatz zum Alltag herzustellen und Aufmerksamkeit zu produzieren, geht verloren. Nur wenige ‚Leuchtturmevents' werden über die Stadtgrenzen hinaus wahrgenommen und registriert, viele der Events sind nicht im Bewusstsein der Touristen verankert. Das Destinationsmarketing Wiens verfolgt dabei ambivalente Ziele. Kleinere Festivals sollen in Großevents zusammengefasst und so über die Stadtgrenzen hinaus in einem internationalen Tourismusmarkt kommuniziert und neuen Lebensstilgruppen ein lebensstilgerechtes ‚Erleben' der Stadt angeboten werden (WienTourismus 2009). Die Festivalisierung selbst generiert neue Bedeutungen und einen neuen Mythos Wiens als Festivalstadt.

Literatur

BERNDT C., PÜTZ R. (Hrsg.) (2007), Kulturelle Geographien. Zur Beschäftigung mit Raum und Ort nach dem Cultural Turn. Bielefeld.
COLLIERS COLUMBUS, COLLIERS INTERNATIONAL (2006), Real Estate Market Report. Austria 2006. Wien.
CUSHMAN & WAKEFIELD (2010), European Cities Monitor 2010. Cushman & Wakefield European Research Group. London.
DER STANDARD (29.5.2009), Plus und Minus nach der Euro. Bilanz: Wien produziert das größte Defizit.
DEILE L. (2004), Feste – Eine Definition. In: MAURER M. (Hrsg.), Das Fest. Beiträge zu seiner Theorie und Systematik. S. 1-18. Köln.
GESCHÄFTSGRUPPE KULTUR UND WISSENSCHAFT DER STADT WIEN (2010), Wien denkt weiter. Thesenpapier „Kultur. Für Wien. Für morgen. Für fast alle." (http://wien-denkt-weiter.at/wp-content/uploads/2010/04/wien_denkt_weiter_kultur_fuer_wien.pdf; Abfrage am 27.2.2011)
HALL P. (2001), Global City-Regions in the Twenty-first Century. In: SCOTT A. J. (Hrsg.), Global City-regions. Trends, Theory, Policy. S. 59-77. Oxford.
HÄUSSERMANN H., SIEBEL W. (Hrsg.) (1993), Festivalisierung der Stadtpolitik. Stadtentwicklung durch große Projekte. (=Leviathan, Zeitschrift für Sozialwissenschaft, Sonderheft 13/1993). Opladen.
HATZ G. (2009), Kultur als Instrument der Stadtplanung. In: FASSMANN H., HATZ G., MATZNETTER W. (Hrsg.), Wien – Städtebauliche Struktur und gesellschaftliche Entwicklungen. S. 299-336. Wien.

HATZ G., WEINHOLD E. (2009), Die polyzentrische Stadt: Neue Urbane Zentren. In: FASSMANN H., HATZ G., MATZNETTER W. (Hrsg.), Wien – Städtebauliche Struktur und gesellschaftliche Entwicklungen. S. 337-384. Wien.

HATZ G. (2010a), The city with the best quality of living worldwide. Theorizing and evaluating concepts and Vienna's performances of livability. Paper presented at the 10th International Conference on Urban History. Ghent, 1st - 4th September 2010.

HATZ G. (2010b), Bedeutungen der Wiener City. Ergebnisse einer Befragung von Studierenden an Wiener Universitäten zu räumlichen Repräsentationen, Image und Nutzung der Wiener City. Projektbericht erstellt für: Magistratsabteilung 19 – Architektur und Stadtgestaltung. Wien.

HATZ G. (2011), City Centers – Heterotopias of Belonging. Paper distributed at the Annual RC21 Conference 2011: The struggle to belong. Dealing with diversity in 21st century urban settings. Amsterdam (The Netherlands), July 7-9 2011.

HERBRAND N. O. (Hrsg.) (2008), Schauplätze dreidimensionaler Markeninszenierung. Innovative Strategien und Erfolgsmodelle erlebnisorientierter Markeninszenierung. Stuttgart.

HOFER G. (2008), Die Festivalisierung der Stadt am Beispiel des Wiener Rathausplatzes. Diplomarbeit, Universität Wien. Fakultät für Geowissenschaften, Geographie und Astronomie. Wien.

ICCA (International Congress and Convention Association) (2010), Statistics Report 2000–2009. The International Association Meetings Market. Abstract for non-members. Amsterdam: International Congress and Convention Association.

KONRAD C. (2010), Kultur und Geld. Eine Analyse der Kulturausgaben der Stadt Wien. Studie im Auftrag der IG Kultur Wien. Wien.

KOZINETS R. V., SHERRY JR. J. F., DE BERRY-SPENCE B., DUHACHEK A., NUTTAVUTHISIT K., STORM D. (2008), „Themed Flagship Brand Stores in the New Millennium": Theorie, Praxis, Ausblicke. In: HELLMANN K.-U., ZURSTIEGE G. (Hrsg.), Räume des Konsums. Über den Funktionswandel von Räumlichkeit im Zeitalter des Konsumismus. S. 87–118. Wiesbaden.

LÖW M., STEETS S., STOETZER S. (2008), Einführung in die Stadt- und Raumsoziologie. Opladen.

PINE II J. B., GILMORE J. H. (1999), The Experience Economy. Work Is Theater & Every Business a Stage. Boston.

UNESCO (2008), Operational Guidelines for the Implementation of the World Heritage Convention. Paris.

WIENTOURISMUS (Hrsg.) (2009), Tourismuskonzept 2015. Langfassung. WienTourismus. Wien.

WIENTOURISMUS (Hrsg.) (2010), Marketingkonzept 2011. WienTourismus. Wien.

ZUKIN S. (1995), The culture of cities. Oxford.

ZUKIN S. (2010), The naked city. New York.

Onlinequelle

www.mercer.com (Zugriff am 20. 7. 2010)

WALTER MATZNETTER, ROBERT MUSIL

EUROPÄISCHE METROPOLEN DER PERIPHERIE

1. Vorbedingungen der Peripherisierung Europas

Zentrum und Peripherie

Das Zentrum-Peripherie-Modell beschreibt die ungleiche Verteilung von Macht, Ressourcen in einem relationalem Verhältnis zwischen verschiedenen Räumen. In dem Ansatz der Weltwirtschaft von Fernand Braudel, der neben Immanuel Wallerstein eine wichtige theoretische Grundlage für die Übertragung dieses Modells auf die Ebene eines internationalen Städtenetzwerkes geleistet hat, sind die Verflechtungen zwischen den Städten die enscheidenden Faktoren für deren Positionierung in einem hierarchischen System. Zwischen dem Zentrum, das durch eine Stadt oder wenige Städte gebildet wird, und den Räumen, die die Peripherie bilden, existiert eine Reihe von Städten, die als vermittelnde Relaisstadt, als Semiperipherie eine Vermittlerrolle für die funktionale Verknüpfung dieser beiden Einheiten hat (vgl. BRAUDEL 1986; WALLERSTEIN 1986). Die Bedeutung einer Stadt resultiert aus ihrer Rolle für die Funktionalität in dieser Archipel-Ökonomie, sowohl als Stadt des Zentrums, indem es zur Steuerung der Weltwirtschaft[1] beiträgt, als auch als semiperipheres Zentrum, indem es Räume, Regionen oder Territorien als Peripherie in ein übergeordnetes System einbindet.

Dieser Zugang impliziert ein wechselseitiges Verhältnis zwischen der Quantität und der Qualität der Einbindung in das hierarchische Netzwerk einerseits und der wirtschaftlichen und sozialen Struktur andererseits. An diesem Verhältnis zwischen externen Relationen und internen Strukturen zeigt sich die Nähe zum Global City-Ansatz besonders deutlich (vgl. Beitrag MUSIL in diesem Band).

---

1   Die Weltwirtschaft umfasst in Braudels historischem Ansatz nicht die ganze Welt, sondern ein übergeordnetes, ökonomisches System, das größer ist als die größten politischen Einheiten. Der Mittelmeerraum war im 15. Jahrhundert eine Weltwirtschaft, dessen Zusammenhalt auf Handelsbeziehungen basierte, die von dem Stadtstaat Venedig kontrolliert wurden (BRAUDEL 1986).

Die dichotome Abgrenzung und Definition von Zentrum und Peripherie stellt einen Schwachpunkt dieses Konzepts dar, weil damit die Übertragbarkeit eines historisch-strukturalistischen Ansatzes auf gegenwärtige multiskalare Strukturen in Frage zu stellen ist. Ohne einer Operationalisierung der Zuordnung von Räumen zu einer Kategorie Zentrum oder Peripherie – nach relationalen Kriterien, die ja die Peripherisierung bedingen – ist dieses weniger ein Modell als vielmehr eine hermeneutische Metapher (Vanolo 2010, S. 30). Gemäß Wallerstein unterscheiden sich Zentrum und Peripherie durch unterschiedliche Qualitäten der Einbindung in eine Weltwirtschaft, doch wie kann eine Stadt eingestuft werden? Die Schwierigkeit einer Zuordnung liegt nicht nur im relationalen Zugang, sondern auch in der Berücksichtigung der unterschiedlichen Maßstabsebenen: Eine Stadt mag als Zentrum eines Landes gelten, im europäischen Kontext ist diese Stadt jedoch der Peripherie zuzuordnen. Ebenso können Städte, die „im Schatten" (d.h. in räumlicher Nähe) zu einer hochrangigen Global City liegen zu Unrecht als peripher eingestuft werden (Derudder 2003, S. 283). Ben Derudder hat vorgeschlagen, die World-City-Formation als Prozess des Zentrums, die Mega-City-Formation (also ein Stadtwachstum ohne übergeordnete/globale Verflechtungen) als Prozess der Peripherie zu bezeichnen (Derudder 2003, S. 284).

In diesem Beitrag werden zwei Zugänge gewählt, um sich dem Phänomen der Metropolen in der Peripherie Europas anzunähern: einerseits werden die historischen Faktoren umrissen, die die strukturellen Grundlagen der gegenwärtigen Peripherie bilden. Selbst wenn man sich damit dem Vorwurf aussetzt, Zentrum und Peripherie als Metapher zu verwenden, ist es aus unserer Sicht unumgänglich, die historischen Strukturen, die für das zentral-periphere Gefälle Europas ausschlaggebend sind, zu berücksichtigen. Diese weisen, wie noch zu zeigen sein wird, beträchtliche Persistenzen auf und können nicht aus dem relationalen Zentrum-Peripherie-Dualismus erklärt werden, bzw. basieren auf historischen, nicht mehr existenten Dualismen. Andererseits werden Verflechtungsindikatoren (der GaWC-Gruppe) berücksichtigt und in den Kontext der historischen und politischen Strukturen gestellt.

Welche Peripherie?

Die Peripherie des europäischen Städtesystems spiegelt sich in dem Gefälle der Dichte des Städtenetzwerkes wider: der ökonomische Kernraum, weist eine hohe Städtedichte auf; Stein Rokkan spricht in diesem Zusammenhang von einem „städteübersähten Zentrum" (Rokkan 2000, S. 197).

Dem stehen Räume gegenüber, die ein deutlich weitmaschigeres Städtenetz aufweisen. Hier stehen schwache Städtenetzwerke starken territorialen Zentren gegenüber. Hohenberg und Lees sprechen in diesem Zusammenhang von einem „Rheinischen" und „Pariser" Typus des Stadtsystems im Kernraum, dem ein „Peripherer" Typus gegenübersteht (Hohenberg & Lees 1995, S. 245-247).

Dieses periphere Stadtmodell umfasst im Groben drei europäische Großregionen: erstens die südliche bzw. südwestliche Peripherie (Iberische Halbinsel sowie weite Teile der Apennin-Halbinsel); zweitens den nördlichen Teil Skandinaviens, jedoch eher aufgrund der geringen Bevölkerungsdichte und weniger wegen der ökonomischen Randlage; drittens das

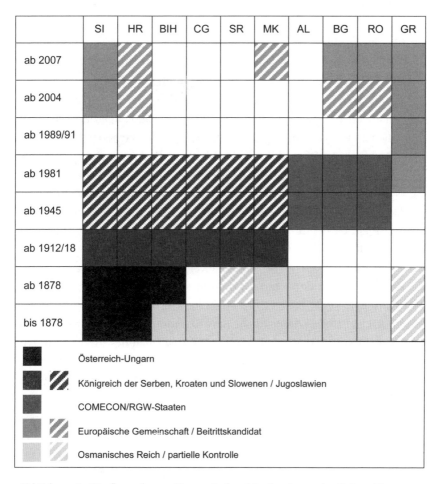

Abbildung 1: Einflusssphären Europäischer Mächte im südöstlichen Europa (W. Matznetter)

östliche, insbesondere das südöstliche Europa (vgl. dazu das Umschlagbild). Dass dieses Muster in seinen Grundzügen auf das Mittelalter zurückgeht zeigt sich an an der Elbe-Leitha-Linie besonders deutlich, in der ab 1500 die ostwärts gelegenen Gebiete sich am Beginn einer zweiten Leibeigenschaft sahen: insbesondere im östlichen Europa hat der ausgeprägte Feudalismus bzw. die Macht der Großgrundbesitzer eine intensive Urbanisierung – wie im nordwestlichen Zentralraum Europas – verhindert (Szücs 1990, S. 15).

In diesem Beitrag sowie in den ergänzenden Stadtportraits wird der Fokus auf die südöstliche Peripherie Europas gelegt. Trotz gewisser Gemeinsamkeiten mit der südwestlichen Peripherie wie eben der geringen Dichte des Städtenetzwerkes oder der Verzögerung der ökonomischen Umbrüche gegenüber dem Zentrum (wie etwa bei der Früh-Industrialisierung oder der Tertiärisierung) gibt es ein wichtiges Unterscheidungsmerkmal: die fragile Staatlichkeit in der südöstlichen Peripherie Europas. Während auf der Iberischen Halbinsel in Folge der Reconquista in Spanien und Portugal stabile Territorialstaaten entstanden, die sich überdies zu bedeutenden Kolonialreichen entwickeln konnten, blieb die südöstliche Peripherie des Kontinents über Jahrhunderte im unmittelbaren Einfluss der Machtsphäre externer Mächte; während für die südwestliche Peripherie Europas das Jahr 1492 den Beginn der Neuzeit und den Beginn der atlantischen Expansion bedeutet, bedeutet für die südöstliche Peripherie das Jahr 1526 mit der Schlacht bei Mohács und der Besteigung des ungarischen Thrones durch die Habsburger den Beginn einer Jahrhunderte andauernden Marginalisierung (Szücs 1990, S. 54).

Bis zum Vorabend des Ersten Weltkrieges war die Region nahezu vollständig von der österreichisch-ungarischen Monarchie sowie vom Osmanischen Reich beherrscht, wobei letztere Macht bis 1878 (Berliner Kongress) jegliche gesellschaftliche oder ökonomische Modernisierung verhinderte. Dass sich in dieser Region keine Anzeichen des frühen Industrialisierungsprozesses (also vor 1850) erkennen lassen, ist wohl Ausdruck der hohen politischen Außenabhängigkeit. Der Staatsbildungsprozess setzte in der Region somit partiell ab 1878, verstärkt mit dem Ende des Ersten Weltkrieges ein; der Höhepunkt der territorialen Fragmentierung erfolgte in den Jahren nach dem Fall des Eisernen Vorhanges. Ausgehend vom Beitritt Sloweniens 2004, Bulgariens und Rumäniens 2007 findet derzeit eine sukzessive Integration dieser Region in die Europäische Union statt; mit Kroatien und Makedonien werden derzeit Beitrittsverhandlungen geführt (vgl. Abbildung 1).

2. Kleine Nationalstaaten, geringe Bevölkerungsdichte, späte Erschließung

In der ersten Hälfte des 19. Jahrhunderts, als auch in Mitteleuropa die ersten Dampfmaschinen montiert und die ersten Eisenbahnen gebaut wurden, waren große Teile Südosteuropas unter osmanischer, im Westbalkan auch unter habsburgischer Herrschaft. Im Rahmen dieser Imperien zählten diese Provinzen zu den peripheren Landesteilen, in denen Innovationen erst mit großer Verzögerung eingeführt wurden. Der Großteil der Bevölkerung lebte von der Landwirtschaft, wirtschaftlicher Fortschritt fand hauptsächlich in Form einer Ausweitung der bewirtschafteten Flächen statt, und selbst die Aufhebung der Grundherrschaft erfolgte sehr spät und unvollständig (vgl. MILWARD & SAUL 1977, S. 449). Für die Ausweitung der Landwirtschaft war die geringe Siedlungsdichte von Vorteil, für das Wachstum Zentraler Orte war sie ein Hindernis und als Absatzmarkt für gewerblich-industrielle Produkte waren diese Länder nicht attraktiv.

Einzelne Nationalstaaten konnten sich zwischen den drei osteuropäischen Großmächten Russland, Österreich-Ungarn und Osmanischem Reich dennoch bereits vor dem Berliner Kongress (1878) etablieren: Serbien (1817), Griechenland (1830), Rumänien (1861) – Montenegro und Bulgarien erst nach dem Berliner Kongress, Albanien erst 1912. Für die wirtschaftliche Entwicklung bedeutsam wurde die Erhebung von Belgrad, Athen, Bukarest und Sofia zu den Hauptstädten dieser ansonsten sehr dünn besiedelten und städtearmen Staaten. In jedem Fall nahmen alle diese Hauptstädte in kurzer Zeit stark an Bevölkerung zu, und wurden zu Primate Cities ihres jeweiligen Staates. Als Mark JEFFERSON (1939) seine „Law of the Primate City" publiziert, sind Rumänien, die Türkei und Bulgarien auf den Plätzen 6, 9 und 20 seiner Liste (und Österreich, Dänemark und Ungarn auf den ersten 3 Plätzen).

Bis zu den Balkankriegen 1912/1913 und dem 1. Weltkrieg kurz danach verläuft die wirtschaftliche Entwicklung Südosteuropas äußerst schleppend, sowohl in den jungen und kleinen Nationalstaaten als auch in den okkupierten Gebieten. Verglichen mit den damals wenig entwickelten Mittelmeerländern Italien und Spanien, wird das Volkseinkommen der Balkanstaaten auf die Hälfte bis zwei Drittel der dortigen, ohnehin niedrigen pro-Kopf-Werte geschätzt (MILWARD & SAUL 1977, S. 462). Die wenigen Ansätze einer Industrialisierung erfolgen von den Hauptstädten aus – mit Ausnahme rohstoffgebundener Betriebe, wie auf den rumänischen Ölfeldern. Die Hauptstädte waren auch die ersten Städte, die spät, aber doch einen Anschluss an das europäische Eisenbahnnetz erhielten: Bukarest (1878), Belgrad (1884), Sofia (1888), Athen (1916), anschließende Neben-

bahnen gab es ganz wenige. Nur im Zaristischen Russland war die Eisen-
bahndichte Ende des 19. Jahrhunderts geringer (vgl. Abb.2).

Die schlechte und verspätete Verkehrsanbindung der südosteuropäischen Peripherie hat alle nationalen Bemühungen um den Aufbau einer
Exportwirtschaft untergraben, ganz abgesehen von den Handelsrestrik-
tionen und Tarifbarrieren, die von den selbst wenig entwickelten Großmächten in der Region immer wieder aufgerichtet wurden. Günstiger war
die Situation in den ehemaligen Kronländern der Donaumonarchie, in
denen seit den späten 1880er Jahren umfangreiche Infrastrukturinvestiti-
onen getätigt wurden (BALTZAREK 2005). So betrug die Dichte des Eisenbahnnetzes gemessen in Kilometern pro 100.000 Einwohner vor dem Ersten Weltkrieg in Siebenbürgen 96km und in Slawonien 82km. Bulgarien
verfügte dagegen nur über eine Dichte von 43km, Serbien nur von 31km
(SCHMIT 2003).

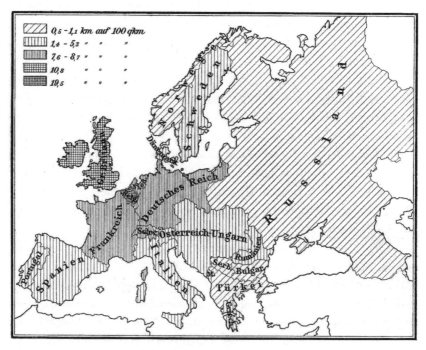

Abbildung 2: Dichte des Eisenbahnnetzes in Europa 1896 (Quelle: Geogra-
phisches Handbuch zu Andrees Handatlas, vierte Auflage, Bielefeld und Leip-
zig, Velhagen und Klasing, 1902)

3. Größere Staaten und Wirtschaftsbündnisse am Rande Europas

Insbesondere in Südosteuropa hat der 1. Weltkrieg eine völlig andere Landschaft politischer Einheiten geschaffen, die erst nach 1989/1991 in ihre alten Teile zerfallen sind. Jugoslawien bildete eine neue, mittelgroße Volkswirtschaft, deren späte und eigenständige Industrialisierung und Modernisierung von wechselnden politischen Eliten durch 70 Jahre betrieben wurde. Große regionale Unterschiede im regionalen BIP/Kopf waren ein langlebiges Merkmal Jugoslawiens, mit einem Verhältnis von 1:4 zwischen Mazedonien und Slowenien kurz vor dem Zerfall.

Rumänien war nach Fläche, Bevölkerung und Wirtschaftskraft der größte Staat geworden, unter Einschluss von vormals russischen, ungarischen und österreichischen Gebieten, woraus sich ebenfalls starke regionale Unterschiede ergaben. Auch in Rumänien stellte die Industrialisierung des Landes ein vorrangiges Ziel der liberalen Regierungen der Zwischenkriegszeit dar (SCHARR & GRÄF 2008, S. 85). Gestützt auf wichtige Rohstoffe (Erze und Erdöl), wurde dieses Ziel durchaus erreicht, und Rumänien blieb das am meisten entwickelte Land in der Großregion, mit einem Vorsprung vor Bulgarien, Griechenland und dem 1912 gegründeten Albanien.

Die Jahre zwischen den Weltkriegen sind am Balkan wirtschaftlich gute Jahre gewesen, mit industriellem Wachstum und steigendem Lebensstandard. Die regionale Verteilung, mit der meist eine ethnische Verteilungsfrage verknüpft war, blieb ungelöst bzw. wurde durch autoritäre Machtübernahme gelöst, in Jugoslawien 1929, in Bulgarien 1935 und in Rumänien 1938. Wie stark diese Staaten trotz aller Fortschritte gegenüber West- und Mitteleuropa zurückfallen, zeigt ein simpler Indikator für Konnektivität, die Anzahl der Postsendungen pro Einwohner: in allen südosteuropäischen Ländern betrug dieser Wert zwischen 17 und 23, in Italien 49, und in Mittel- und Westeuropa zwischen 114 im Deutschland und 148 in Großbritannien. Bezogen auf ein damals modernes Mittel der Kommunikation waren die Balkanländer auch in den 1920er Jahren die periphersten Staaten Europas (HICKMANN 1929, S. 88).

4. Stadtentwicklung in den planwirtschaftlichen Systemen

Bei der Konferenz von Jalta 1945 waren die Einflusssphären in Südosteuropa zwischen Churchill und Stalin in der Weise informell geregelt worden, dass Rumänien und Bulgarien der sowjetischen Sphäre, Griechenland der britischen, und Jugoslawien (und Ungarn) 50 zu 50 der sowjetischen und der britischen Sphäre zugeordnet wurden. Auf Grundlage dieser Notiz sind kommunistische Regierungen in Rumänien und Bulgarien gebildet worden, die sich später zu supranationaler Zusammenarbeit im COMECON verpflichtet haben. Tito-Jugoslawien entwickelte nach dem Bruch mit Stalin 1948 ein eigenständiges, auf dezentraler Selbstverwaltung basierendes Wirtschaftssystem. Albanien ging seinen Weg in die perfekte Isolation, nur Griechenland blieb eine kleine, periphere kapitalistische Volkswirtschaft.

Wie Joszef Hegedüs (in diesem Band) am Beispiel Ungarn beschreibt, hatte in allen kommunistischen Planwirtschaften die Industrialisierung absoluten Vorrang vor allen anderen Investitionen. Stadtentwicklung und Wohnungsbau wurden nur insoweit vorangetrieben als es für die Industrialisierung notwendig war, etwa in den sozialistischen „Neuen Städten" wie Dunaújváros in Ungarn, oder Dimitrovgrad in Bulgarien. In der Sowjetunion lebte ein Viertel der städtischen Bevölkerung in solchen Neuen Städten, in Ungarn waren es knapp 4% (Szirmai 1998, S. 172), Ähnlich niedrige Werte dürften auch für Rumänien und Bulgarien gelten. Der Städtebau hinkte der Industrialisierung nach, dieses Phänomen haben György Konrad und Ivan Szelenyi (1977) in ihrer These von der „Unter-Urbanisierung" sozialistischer Länder zusammengefasst.

Ein bauliches Merkmal ehemals sozialistischer Städte stellen die allgegenwärtigen „Plattenbauten" dar, die ab den späten 1960er Jahren mit Hilfe standardisierter Fertigteile in großen Komplexen errichtet wurden. Sie haben nicht nur den Städten der Tschechoslowakei 30 zusätzliche Jahre des kompakten Städtebaus und der verzögerten Suburbanisierung beschert (vgl. Matznetter et al. 2004; Klusáček et al. 2009; Kapeller 2009), sondern auch den Städten Jugoslawiens, Rumäniens und Bulgariens.

Am Ende der sozialistischen Ära kann von „Unter-Urbanisierung" keine Rede mehr sein. Manche Balkanländer haben einen sehr hohen Urbanisierungsgrad erreicht, wie Bulgarien mit fast 70% städtischer Bevölkerung, Mazedonien mit 62%, Kroatien fast 58%, Rumänien mit 56% oder Serbien/Montenegro mit über 52%. In allen diesen Ländern trägt eine vergleichsweise große Hauptstadt zu diesem Ausmaß an Verstädterung bei: Sofia 21%, Skopje 42%, Zagreb und Bukarest je 16%, Belgrad 27% (Zahlen für 2000, aus: Tsenkova 2006, S. 29).

György Enyedi (1994, S. 56) hat die historische Entwicklung des ost- und südosteuropäischen Städtenetzes von 1930 bis 1980 kartographisch dargestellt. Dabei zeigt sich recht deutlich das geringe Wachstum der Städte, sowohl was ihre Anzahl, als auch was ihre Größe betrifft, in den durch Weltkrieg und Planwirtschaft geprägten Jahrzehnten bis 1960. Nur 2 Städte hatten 1930 die 100.000 Einwohner-Marke in Jugoslawien überschritten: Belgrad und Zagreb; dasselbe galt für Rumänien, wo zwar Bukarest 650.000 Einwohner hatte, aber daneben nur Galați mit mehr als 100.000 eingezeichnet ist; dasselbe in Bulgarien, wo nur Sofia und Plovdiv mit mehr als 100.000 Einwohnern aufscheinen. Bis 1960 hat sich die Zahl dieser „Großstädte" in Jugoslawien verdreifacht, in Rumänien versechsfacht, in Bulgarien verdoppelt.

In den folgenden Jahrzehnten des sozialistischen Städtebaus, den 1960er und 1970er Jahren, ist die Zahl der 100.000er Städte in Jugoslawien auf 14 angewachsen, in Rumänien auf 18, in Bulgarien auf 7. Im internationalen Vergleich sind diese Zuwächse dennoch bescheiden, und die marktwirtschaftliche Transformation nach 1989 trifft auf ein relativ weitmaschiges Städtesystem, das sehr bald von schrumpfenden Städten durchsetzt ist (OSWALT & RIENIETS 2006, S. 20, 152ff.). In Enyedis Interpretation haben die 44 Jahre sozialistischer Planwirtschaft keinen grundlegend neuen Stadttyp geschaffen, sie haben nur bewirkt, dass viele Aspekte der Stadtentwicklung beträchtlich verzögert wurden.

5. Die europäische Peripherie im Zeitalter der Globalisierung und Europäisierung

Seit den politischen Veränderungen der 1990er Jahre sind die Städte Südosteuropas in das Netzwerk globaler Kapital-, Personal- und Informationsverflechtungen integriert worden. Es waren vor allem die (neugeschaffenen) Hauptstädte, die das Ziel von ausländischen Direktinvestitionen (ADI) waren, wie Bukarest mit 62% aller ADI in Rumänien (HELLER & IANOS 2004) sowie Sofia mit 61% der ADI in Bulgarien – Tendenz steigend (GÖLER & LEHMEIER 2011, S. 35). In den kleineren Staaten ist diese Konzentration wahrscheinlich noch extremer. Hand in Hand mit diesen Kapitalflüssen ist der Anteil der Hauptstädte am jeweiligen BIP gestiegen, von 12% auf knapp 22% in Bukarest, von weniger als 27% auf 31% in Sofia (ebd.).

Die Peripherie im Global-City-Netzwerk

Zwei Dekaden nach dem Zusammenbruch der planwirtschaftlichen Systeme sind die Städte der südöstlichen Peripherie im Netzwerk der Global Cities gut verankert. Zwischen 2000 und 2008 haben alle Städte im südöstlichen Europa überdies an „Connectivity" gewonnen (vgl. Abbildung 1, Beitrag MUSIL in diesem Band; sowie TAYLOR et al. 2011). Istanbul verfügt über die stärkste Connectivity (0,53), gefolgt von Budapest sowie

Athen (beide 0,48). Auffällig ist, dass jene Städte die schwächsten Werte ausweisen, die in ex-jugoslawischen Staaten liegen: Zagreb (0,26), Ljubljana (0,25), Belgrad (0,17) und Skopje (0,11). Im Mittelfeld befinden sich Bukarest (0,40) und Sofia (0,32).

Damit ist die Frage zu stellen, welche Aussagekraft die Connectivity im Global-City-Netzwerk für die periphere Stellung der Region im europäischen Städtesystem haben? Vergleicht man diese mit der südlichen und westlichen Peripherie Europas (also Süditalien, Spanien und Portugal), so liegen die Werte – abgesehen von Madrid und Barcelona (für ein regionales Zentrum) – auf einem vergleichbaren Niveau.

Die periphere Stellung lässt sich an zwei Aspekten zeigen: erstens an der geringeren Dichte bzw. der geringen Anzahl an Global Cities. Im südöstlichen Europa existiert keine einzige Global City, die nicht zugleich Hauptstadt eines Staates und damit immer als primärer Marktzugang eine gewisse internationale Bedeutung haben muss. Der Großteil der fortgeschrittenen Dienstleistungen des jeweiligen Landes sind fast nur in der Hauptstadt zu finden, während die übrigen Landesteile inklusive ihrer Städte eine deutlich traditionellere, industriell bis agrarisch ausgerichtete Wirtschaftsstruktur aufweisen. Diese innere, regionale Polarisierung von Staaten ist ein besonderes Merkmal der europäischen Peripherien, deren stärkste Ausprägung in Südosteuropa zu finden ist.

Zweitens an der Diskrepanz zwischen der Bevölkerungszahl und der Bedeutung der Stadt als Global City. Istanbul besitzt zwar die gleiche Connectivity wie Rom oder Lissabon, zählt allerdings um ein Vielfaches mehr Einwohner. Und Belgrad ist nahezu auf dem gleichen Rang wie Bologna (0,16), aber bei der vierfachen Einwohnerzahl. Ein Vergleich mit kleineren Städten des europäischen Zentralraumes (Basel, Zürich, Frankfurt am Main) würde diese Diskrepanz noch deutlicher aufzeigen.

Fazit

Die südöstliche Peripherie Europas wies zu Beginn des 20. Jahrhundets eine beträchtliche Rückständigkeit hinsichtlich der technologisch-wirtschaftlichen Entwicklung, als auch der Anbindung an den europäischen Zentralraum auf. Daran hat sich bis in die Gegenwart nichts geändert. Dass der Zusammenbruch der planwirtschaftlichen Systeme mit der Globalisierung zeitlich zusammenfällt ist sicherlich kein Zufall gewesen. Die verspätete Einbindung der exkommunistischen Länder in die Globalwirtschaft hat die Transformation dieser Ökonomien erschwert; dies gilt insbesondere für den Westbalkan, wo die fragile Staatlichkeit die Entwicklung zusätzlich behindert hat. In dieser Sitation ist es westlichen Unternehmen – allen voran den Banken – leicht gefallen, durch Fusionen und Übernahmen Einfluss und Marktanteile in der Region zu sichern (vgl. HOFBAUER 2003). In der Terminologie Wallersteins wurde dieser Raum zur „Peripherie ausgerichtet", wobei die nationalen Hauptstädte als Marktzugang eine Schlüsselrolle einnehmen.

Diese Entwicklungen spiegeln sich in der Struktur des Städtesystems wider; denn es macht einen Unterschied, zu welchem Zeitpunkt die Globalisierung Länder erfasst und auf welches vorhandene Städtesystem sie trifft. Ein zentrales Merkmal des europäischen Städtesystems sind die vielen mittelgroßen Städte (200.000 bis 2 Millionen) mittleren Global-City-Ranges sowie eine sehr geringe Zahl an höchstrangigen Global Cities. Sie liegen im Zentralraum in sehr geringer Distanz zueinander. Diese Eigenschaften treffen auf das Städtesystem der südöstlichen Peripherie nicht zu.

Stellt man die World-City-Formation und die Mega-City-Formation als zwei Prozesse, die konstitutiv für das Zentrum bzw. die Peripherie eines internationalen Städtesystems stehen, so dominiert in der Peripherie Europas sicher letzteres. Wir finden zwar in den (jungen) Hauptstädten der Region gering ausgeprägte Global Cityness. Dies sagt für sich genommen etwas über die Quantität der Verflechtung bzw. die Ausstattung mit global orientierten Dienstleistungsunternehmen, aber nichts über Funktion, über die Qualiltät der Einbindung in das europäische bzw. das globale Städtenetzwerk aus. Dieser Aspekt ist für die Abgrenzung von Zentrum und Peripherie aber ausschlaggebend.

Die drei in der Folge vorgestellten Städte – Istanbul, Bukarest und Belgrad – sind periphere Metropolen dieser Region, die einerseits von sehr unterschiedlichen Rahmenbedingungen geprägt worden sind, andererseits die darin beschriebenen Prozesse Ausdruck der historischen und gegenwärtigen Peripherisierung sind.

Literatur

BALTZAREK F. (2005), Finanzrevolutionen, Industrialisierung und Crédit-Mobilier-Banken in der Habsburgermonarchie. In: RATHKOLB O., VENUS T. und ZIMMERL U. (Hrsg.), 150 Jahre österreichische Bankengeschichte im Zentrum Europas. Bank Austria Creditanstalt. S. 12-36. Wien.

BRAUDEL F. (1986), Sozialgeschichte des 15.-18. Jahrhunderts. Aufbruch zur Weltwirtschaft. München.

DERUDDER B. (2003), Viewing the capitalist world-system through (inter-)city lenses: rationale, methodology and first results. In: Belgeo, 3, S. 269-287.

ENYEDI G. (1994), Der Wandel postsozialistischer Städte, In: Mitteilungen der Österreichischen Geographischen Gesellschaft, 136, S. 53-70.

GÖLER D., LEHMEIER H. (2011), Balkanmetropolen. Urbane Entwicklungen in Belgrad, Bukarest und Sofia. In: Geographische Rundschau, 4, S. 34-41.

HICKMANN A.L., neubearbeitet von FISCHER A. (1929), Prof. Hickmann's Geographisch-Statistischer Universal-Atlas, Wien.

HELLER W., IANOS I. (2004), Spatial patterns of economy and migration in post-socialist Romania, In: Europa Regional, 12, 1, S. 4-12.

HOFBAUER H. (2003). Osterweiterung. Vom Drang nach Osten zur peripheren EU-Integration. Wien.

HOHENBERG P., LEES L. (1995), The Making of Urban Europe. 1000-1994. Cambridge.

JEFFERSON M. (1939), The Law of the Primate City, In: The Geographical Review, 29, S. 226-232.

KAPELLER V. (Hrsg.) (2009), Plattenbausiedlungen. Erneuerung des baukulturellen Erbes in Wien und Bratislava. Stuttgart.

KONRÁD G., SZELÉNYI I. (1977), Social Conflicts of Underurbanization. In: HARLOE M. (Hrsg.), Captive Cities. Studies in the Political Economy of Cities and Regions. S. 157-173. Chichester.

KLUSÁČEK P., MARTINÁT S., MATZNETTER W., WISBAUER A. (2009), Urban Development in Selected Czech and Austrian City Regions, AUPO Acta Universitatis Palackianae Olomoucensis – Geographica, 40, 2, S.27-57.

MATZNETTER W., NITSCH D., WISBAUER A. (2004), Stadtregionen im Systemvergleich. Räumliche Bevölkerungsentwicklung in und um Wien und Bratislava 1950/51 bis 2001. In: Geographischer Jahresbericht aus Österreich, 60/61, S. 53-76.

MILWARD A. S., SAUL S. B. (1977), The Development of the Economies of Continental Europe 1850-1914. London.

OSWALT P., RIENIETS T. (Hrsg.) (2006), Atlas of shrinking cities. Ostfildern.

ROKKAN S. (2000), Staat, Nation und Demokratie in Europa. In: FLORA P. (Hrsg.), Die Theorie Stein Rokkans aus seinen gesammelten Werkten. Frankfurt am Main.

SCHARR K., GRÄF R. (2008), Rumänien. Geschichte und Geographie. Wien.

SCHMIT J. (2003), Die Geschichte der Wiener Börse. Ein Vierteljahrtausend Wertpapierhandel. Wien.

SZÜCS J. (1990), Die drei historischen Regionen Europas. Frankfurt am Main.

SZIRMAI V. (1998), „Socialist" Cities (New Towns) in the Postsocialist Era. In: ENYEDI G. (Hrsg.), Sial Change and Urban Restructuring in Central Europe. Budapest.

TAYLOR P. J., NI P., DERUDDER B., HOYLER M., HUANG J., WITLOX F. (Hrsg.) (2011), Global Urban Analysis: A Survey of Cities in Globalization, London.

TSENKOVA S. (2006), Beyond transitions: Understanding urban chnage in post-socialist cities. In: TSENKOVA S., NEDOVIC´-BUDIC´ Z. (Hrsg.), The Urban Mosaic of Post-Socialist Europe. S. 21-50. Heidelberg.

VANOLO, A. (2010), The border between core and periphery: geographical representations of the world system. In: Tijdschrift voor Economische en Sociale Geografie, 101, 1, S. 26-36.

WALLERSTEIN I. (1986), Das moderne Weltsystem – die Anfänge kapitalistischer Landwirtschaft und die europäische Weltökonomie im 16. Jahrhundert. Frankfurt am Main.

Datenquelle

www.urbanaudit.org (Zugriff am 3. 10. 2011)

MARTIN SEGER

ISTANBUL, METROPOLE IN EUROPAS PERIPHERIE

1. Peripherie oder Zentrum, eine Frage des Blickwinkels

1.1 Die Türkei und Istanbul im Rahmen ihres europäischen Umfeldes

Ein zur Peripherie abfallender Gradient von Wohlfahrts- und Entwicklungsindikatoren kennzeichnet die Metropolen im Osten bzw. im Südosten Europas. Istanbul ist nicht nur die entfernteste der Städte in Tabelle 1, sie weist auch die „schlechtesten" Entwicklungsdaten auf. Das weist u. a. auf die Schwellenland-Situation der Türkei als Ganzes hin, während Defizite bei anderen Städten zum Teil als Folge der Entwicklung im ehemaligen Ostblock gedeutet werden können. Der Zentrum-Peripherie-Gradient, der durch die Daten in Tab. 1 sichtbar wird, kommt auch im Human Development Index (HDI) zum Ausdruck. Danach liegen Rumänien und Bulgarien bei einem Wert von 0,75 (Österreich: 0,85), während jener der Türkei unter 0,70 liegt. Andererseits ist das Bruttoinlandsprodukt in der Türkei, nach Kaufkraftparitäten gewichtet, bereits höher als jenes in den neuen EU-Staaten Rumänien und Bulgarien.

Istanbul schneidet im Metropolenvergleich nach ausgewählten Merkmalen (Tab. 1) nicht gut ab, und den südostwärtigen Gradienten sinkenden Entwicklungsstandes könnte man wohl in den Nahen Osten weiterführen. Was die BIP-pro Kopf-Werte anlangt, zeigen diese nicht nur die wirtschaftliche Potenz der Metropole an: Gerade bei Istanbul bestimmen das niedrige Lohnniveau, die geringe Beschäftigungsquote und der informelle Sektor die Distanz zu den mitteleuropäischen Städten.

Die Metropole Istanbul sieht sich im Gegensatz zu diesen Strukturmerkmalen als ein pulsierendes Zentrum und wirtschaftlich wie politisch als dominante Stadt der Türkei. Dem entsprechend betont man in Istanbul andere Merkmale, um die Bedeutung der Stadt zu beschreiben. Das bezieht sich vordergründig auf die Bevölkerungszahl, nach der (bei rund 13 Mio. Einwohnern 2011) keine europäische Metropole mithalten kann. Aber auch nach dem Bruttoinlandsprodukt der Stadt (als absoluter Wert, vgl. Pricewaterhouse & Coopers 2009), ist Istanbul nach Lon-

305

don, Paris, Moskau und Madrid die Nummer 5 unter Europas Metropolen. Dass Istanbul die Nr. 4 weltweit ist, bezogen auf die Zahl der US-Dollar-Milliardäre (nach Moskau, New York und London), wollen wir als Ausdruck eines sehr wirtschaftsliberalen Klimas werten (vgl. ISTANBUL CHAMBER OF COMMERCE 2010).

	BIP pro Kopf in Euro	Bevölkerung pro km²	Säuglings-sterblichkeit*	Beschäftigte im Dienstleistungs-sektor (in %)
Bratislava	17.400	290	49	76
Ljubljana	20.300	195	24	71
Zagreb	18.700	1.220	49	73
Bukarest	7.800	1.200	94	68
Istanbul	7.700	2.360	119	56

*Tabelle 1: Zentrum und Peripherie: Metropolen Südosteuropas im Vergleich für 2005; *) je 10.000 Lebendgeburten (CENSUS 2001, MUSIL 2011)*

1.2 Istanbul: Primate City und wichtige Eurometropole

Die eurozentrische Sicht zeigt, dass Istanbul, die Stadt auf zwei Kontinenten und in der äußersten Peripherie des Kontinentes gelegen, eine beträchtliche soziökonomische- und Entwicklungsdistanz zu den zentraleuropäischen Metropolen aufweist. Zugleich aber, und das ist die andere Seite der Bewertung der Stadt, ist Istanbul nicht nur die eindeutige Primate City der Türkei, sondern (speziell seit der Implosion der Sowjetunion 1989) auch ein transnationales Zentrum für den südosteuropäisch-nahöstlichen Raum, mit Wirkung in das vielfach turkstämmige Gebiet Zentralasiens.

Die Primate-City-Position von Istanbul wird durch die folgenden Fakten unterstrichen:

– 40% des Steueraufkommens des Staates kommen aus Istanbul, und 27% der türkischen Wirtschaftsleistung; über 50% der Wirtschaftskraft des Tertiären Sektors der Türkei kommen aus der Metropole am Bosporus (OECD POLICY BRIEF 2008).

– 86% der Banken und Versicherungen der Türkei haben ihren Hauptsitz in Istanbul, nur der staatliche Finanzapparat hat sein Zentrum in Ankara. Von den 500 größten Industriebetrieben der Türkei haben knapp die Hälfte ihren Firmensitz in Istanbul. 55% des Außenhandelsvolumens des Staates werden über Istanbul abgewickelt, und von den 22.000 ausländischen Firmen in der Türkei befinden sich 13.500 in Istanbul (HÜRRIYET, 2.1.2011).

So bietet sich die paradoxe Situation, dass Istanbul zwar im Vergleich etwa mit den Wohlfahrtsstandards hochentwickelter europäischer Metropolen nicht gut abschneidet, dennoch aber eine Spitzenposition im Städtenetz der Türkei einnimmt, die weit über deren Grenzen hinausreicht.

Es folgen Eckdaten zu dieser Position und zur metropolitanen Entwicklung (ISTANBUL CHAMBER OF COMMERCE 2010):

- Bevölkerungszunahme 2000–2010 von 10,0 Mio. auf 12,9 Mio., d. h. um knapp 3 Mio. Einwohner oder um 13% in einer Dekade.
- Bereits 1990–2000 hat die Bevölkerung um 2,7 Mio. in einer Dekade zugenommen, was einem ähnlichen Prozentsatz entspricht. Von 1980 (4,7 Mio. Einwohner) bis 1990 betrug die Zunahme 2,6 Mio. oder 18%.
- Das BIP pro Kopf liegt 2006 bei 10.350 USD, das entspricht dem 1,5-fachen des Durchschnittswertes der Türkei und einer Zunahme 2004–2006 um 29%, erwirtschaftet zu 70% durch den Tertiären Sektor (STATISTICAL YEARBOOK 2009), was als Ausdruck eines hochrangigen Standortes gewertet wird.
- 30% des BIP stammen aus dem Industriellen Sektor, bis in die 1970er Jahre lag dieser Wert bei 50%: Istanbul ist als Industriestadt in den Nachkriegsjahrzehnten groß geworden.
- Die Erwerbsquote (der Bevölkerung über 15 Jahren, 2008) liegt bei 46,5%. Dieser vergleichsweise niedrige Wert kommt durch den geringen Anteil weiblicher Erwerbstätiger zustande: Erwerbsquote bei Männern 71%, bei Frauen 24% (2000). Auch die informelle Beschäftigung drückt die offizielle Erwerbsquote.
- Zwischen 1980 und 2010 ist die Bevölkerungszahl nicht nur um das 2,7-fache gewachsen, der Anteil Istanbuls an der Bevölkerungszahl der Türkei ist in der gleichen Zeit von 10% auf 17% angestiegen. Er lag 1950 unter 6%.
- Über 60% der Bevölkerung sind nicht in Istanbul geboren. Der überwiegende Teil der Zuwanderer stammt aus der Schwarzmeerregion Anatoliens, ein großer Teil aus Zentral- und Ostanatolien. Die Nettozuwanderung macht einen großen Teil der Bevölkerungszunahme aus.
- Keine Metropolregion im OECD-Raum weist (zwischen 1995 und 2002) ein so starkes Bevölkerungswachstum auf wie Istanbul, auf den Plätzen zwei und drei folgen bezeichnenderweise Izmir und Ankara.

2. Jüngste Entwicklung der Stadt unter postmodern-globalen Aspekten

2.1 Neoliberale Politik ermöglicht die Transformation von Istanbul zur Weltstadt

Die sprunghafte Entwicklung der jüngsten Zeit manifestiert sich nicht nur in modernen Shopping-Malls und extrem teuren Immobilien, sondern auch in Office-Towers der Finanz- und Wirtschaftswelt. All das geht auf wirtschaftspolitische Incentives der türkischen Regierung in Ankara zurück, die es verstanden hat, das Entwicklungspotenzial von Istanbul in einer Zeit der Globalisierung zu erkennen und nutzbar zu machen. In Verbindung mit den politischen und wirtschaftlichen Eliten hat die türkische Regierung jene neoliberalen gesetzlichen Grundlagen geschaffen, aufgrund derer die Stadt für das internationale Finanzkapital interessant wurde.

Zu Beginn dieser Entwicklung entstanden in den 1980er Jahren unter dem Eindruck von Bevölkerungswachstum, Wohnungsknappheit und Wirtschaftskrise eine Reihe von Maßnahmen, die über eine Mass Housing Administration (MHA) die Finanzierung und den Bau von großen Wohnungsprojekten sicherstellten. In der Folge ermunterte man die nationale wie internationale Großfinanz, sich im Immobiliensektor zu etablieren: Weite Flächen öffentlichen Landes in der Peripherie wie in der Stadt wurden privatisiert, mit entsprechenden Renditen (GENI 2007). So wurde der Wohnbausektor zu einem Objekt profitabler Investitionen nicht nur für die Grundstücksspekulation, sondern auch für die Bauindustrie selbst, bei der, der Größe der Projekte entsprechend, nur mehr Konzerne zum Zug kommen konnten.

Die heutigen Ikonen der postmodernen Metropole, die Towers, Malls und Gated Cities (AKGÜN/GÜLÜMSER & BAYCAN 2010) sind so das höchstrangige Segment einer groß angelegten baulichen Transformation, die ihre Wurzeln in wirtschaftspolitischen wie raumordnungsbezogenen Entscheidungen hat. Begleitet wurde diese neoliberale Politik durch eine umfangreiche Autoverkehrs-Infrastruktur, deren zwei Autobahnringe für den West-Ost-Verkehr am Bosporus dazu führten, dass das hochwertige Areal beiderseits der Wasserstraße nun bestens erreichbar wurde.

2.2 „Elite Localities" (Shopping Malls und Gated Communities) als Produkt von Globalisierung und Segregation

Die Jahre ab 1980 werden im Rahmen der jüngeren Stadtentwicklung als zweite Take-off-Periode von Istanbul beschrieben, in der durch globale Aspekte der Urbanisierung die Transformation zur Weltstadt vor sich geht. Dieser Strukturwandel ist durch die Verstärkung der Primate-

308

City-Funktion und durch die Entwicklung globaler ökonomischer Beziehungen gekennzeichnet (ERKIP 2000), bzw. durch neue quartäre und tertiäre Segmente auf dem Arbeitsmarkt. Eine Wechselwirkung positiver Zusammenhänge hat so eine neue bildungsorientierte und einkommensstarke Mittelschicht entstehen lassen. Mehrheitlich jüngeren Jahrgängen zuordenbar, wird diesen ein „neuer lifestyle" zugeschrieben (vgl. dazu PALENCSAR & STRMENIK 2010), wie er generell die urbanen Zentren der globalisierten Welt kennzeichnet.

Dem in seiner Spannweite sehr unterschiedlichen neuen Wohlstand entsprechen korrespondierend hohe Ausgaben im Bereich der „Daseinsfunktionen", von denen das Wohnen und der Konsum auf verschiedenen Ebenen zu mittlerweile globalen Merkmalen einer neuen Urbanität führen: Zu unterschiedlich exklusiven Gated Communities und Shopping Malls. Das ist, weil weit verbreitet, an sich nichts Besonderes. Warum diese Entwicklung für Istanbul dennoch eine Zäsur darstellt, wird wie folgt begründet:

–   Exklusion: Gated Communities und Shopping Malls sind eine Fortsetzung jener gesellschaftlichen Segregation, die die jüngere Entwicklung von Istanbul grundsätzlich kennzeichnet (Gecekondu-Bewohner versus übrige Gesellschaft). Das Ausmaß der Exklusion wird über das Preisniveau geregelt, beim Wohnen bezahlt man u. a. für die Sicherheit. Es ist evident, dass die Tendenz zu Gated Communities dort besonders groß ist, wo soziale Disparitäten und Einkommensunterschiede gravierend sind. Das eben ist auch in Istanbul der Fall: Die oberen 20% der Haushalte verfügten bereits 1996 über zwei Drittel aller Haushalts-Einkommen.

–   Distanz des Neuen zum Alten: Vor dem „Take off" zur Weltstadt war die Stadtstruktur von Istanbul, einem „Schwellenland" entsprechend, eher einfach und durch Innovations- und Kapitalmangel gekennzeichnet. Im Gegensatz zu entwickelteren Städten tritt das Neue vor diesem Hintergrund besonders in Erscheinung und prägt so das Image der Stadt. So stellt ein viel verwendetes Logo der Stadt einen neuen Dualismus dar: Neben den Minaretten wird die Skyline der Office-Türme gezeigt.

–   Global-lokaler Immobilienmarkt: Getragen von der neuen Nachfrage, haben globale wie nationale „Developer", vielfach in wechselseitiger Verbindung von Finanzkapital und potenten Hochbau-Holdings, eine neue Dimension des Immobilienmarktes in Istanbul erzeugt. Das Produkt sind Elite Localities (GENI 2007), die wirtschaftliche Wertschöpfung reicht über die bloße Projektrealisierung hinaus und umfasst vielfach ein ganzes Bündel von Serviceangeboten, die Lebensführung wie die Freizeitaktivitäten betreffend. Dies sowie die Aufgaben der Baulandgewinnung und der Projektrealisierung werden unter dem Begriff des postmodernen urbanen Managements zusammengefasst.

– Räumliche Effekte, „Place" und „Space": Die Standorte (Place) der Shopping Malls orientieren sich auffällig an der nordwärtigen CBD-Achse und bilden so einen metropolitanen Schwerpunkt im Bereich Şişli-Levent-Maslak (vgl. Abb. 1). Andere Standorte markieren Subzentren in der fragmentierten Stadt (Bakırköy) oder an den großen Stadt-Autobahnen. Letzteres trifft vornehmlich auf den jungen asiatischen Teil der Stadt zu, in dem die zwei Autobahnringe und zwei radiale

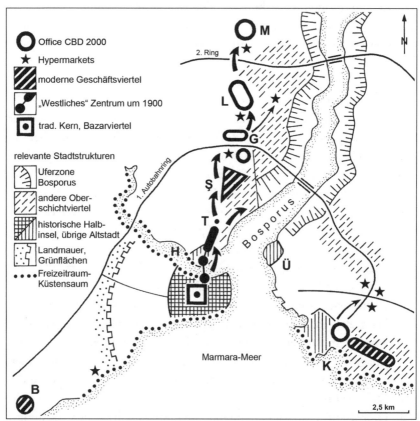

Abbildung 1: Das moderne Zentrum der Stadt als sukzessive Kette von CBD-Bereichen (B Bakırköy, G Gayrettepe, H Haliç/Goldenes Horn, K Kadıköy - Brückenkopf, L Levent, M Maslak, Ş Şişli, T Taksim-Platz, U Üsküdar, „westliches" Zentrum 1900 vgl. Abb. 4) (Quelle: SEGER & PALENCAR 2006)

310

Achsen Leitlinien der metropolitanen Entwicklung sind. Bei der Lage (Space) der Gated Communities ist zwischen jenen im urbanen Bereich und jenem am Stadtrand zu unterscheiden. Bei Ersteren legen die Bodenpreise eine Nutzung durch mehrgeschoßiges Bauen nahe, und so entstehen vertikale Gated Communities (z. B. in Kadıköy, Şişli, Beşiktaş und Maslak, vgl. Abb. 1), variierend von Luxus-Appartment-Hochhäusern bis zu Komplexen, bei denen einfach nur der Zugang kontrolliert wird. Die Projekte am Rand der geschlossenen Bebauung sind ein Teil der regulären postmodernen Stadtentwicklung, die aus einem Mosaik von Developer-Aktivitäten besteht. Spektakulär dabei sind: Das Überrollen der alten Gecekondu-Peripherie der Stadt, der Luxus (die Exklusivität) wie der Maßstab (die Größenordnung) der Projekte, und eine inselhafte neue Fragmentierung. Auffallend sind extrem abgelegene Anlagen, von denn nur einige einen guten Autobahnanschluss haben.

3. Weltstadt durch zwei Jahrtausende

3.1 Standortkonstanz trotz wechselnder Machthaber

Was an Istanbul, dieser alten Metropole so fasziniert, ist nicht nur die schiere Größe, sondern auch die Persistenz, mit der sich der Standort am Bosporus in der Liga der Weltstädte behaupten konnte – obwohl die zugehörigen Akteure mehrmals ausgewechselt wurden. Wir rekapitulieren: Byzanz war bereits eine bedeutende Weltstadt im Rahmen der damaligen Weltsicht, den wirklichen Aufstieg erlangte Konstantinopel als Zentrum des oströmischen Reiches. Unter Kaiser Justinian (565 n. Chr.) und auch danach war die Stadt Primate City der bekannten Welt, mit schrumpfender Macht im 14. und 15. Jahrhundert.

1453 erfolgte die Eroberung durch die Osmanen, unter denen die Stadt erneut Weltgeltung erlangte. Das zugehörige Territorium etwa zur Zeit der 2. Belagerung Wiens durch die Türken 1683, ist beeindruckend. Es umfasst neben Kleinasien und dem fruchtbaren Halbmond (Levante, Irak) die Südküste des Mittelmeeres und insbesondere den gesamten Balkan. Die Leistungen sowohl der byzantinischen als auch der osmanischen Epoche in Istanbul sind heute Highlights in der Liste des Weltkulturerbes. Sie sind Attraktoren des boomenden Städtetourismus, der die Stadt daneben als Einkaufsparadies und wegen des (z. T. künstlich hochgehaltenen) orientalisch-islamischen Flairs liebt. 6,6 Mio. Ankünfte verzeichnet Istanbul 2008. Knapp ein Viertel der ausländischen Ankünfte im Tourismusland Türkei (2009: 27 Mio. Ankünfte) entfallen auf den Besuch der Stadt am Bosporus. Zählt man die Inlandsankünfte in Istanbul mit, so kommt man auf 10 Mio. Besucher jährlich, die Tourismuseinkünfte der Stadt belaufen sich auf 25% der gesamten Branche.

Mit dem Ende des 1. Weltkrieges verlor Istanbul seinen imperialen Background (wie Wien und Berlin), und mehr noch: Die Hauptstadt der neuen Türkei wurde die zentralanatolische Steppen-Kleinstadt Ankara. Nach einer Verfalls- und Stagnationsphase, auch bedingt durch den erzwungenen Exodus eines Großteiles der nicht türkischen Bevölkerung in den 1920er und 1950er Jahren, beginnt der neuerliche Aufstieg von Istanbul mit einer Industrialisierung, die etwa die Zeit von 1950 bis 1970 prägte (LEITNER 1981). Etwa ab 1980 erfolgt der jüngste Modernisierungsschub. Die Entwicklungsphasen der Stadt in der 2. Hälfte des 20. Jahrhunderts und die zugehörigen gesellschaftlichen wie räumlichen Implikationen zeigt Abbildung 2, ebenso die Revitalisierung und Ökologisierung der Stadt, und die Absiedelung großer Teile der küstennahen Industrie- und Gewerbebetriebe. In Abbildung 2 kommt auch das phasenhafte Wachstum der Wohn- und Betriebsgebiete zum Ausdruck – ebenso wie die funktionale Differenzierung und Fragmentierung der Stadt. Die Entwicklung zur modernen Metropole wird von mehreren türkischen Autoren beschrieben (vgl. KEYDER 1999; ALVAREZ & YARÇAN 2010 sowie GÜVENC 2010).

3.2 Lagevorteile im sich ändernden geopolitischen Umfeld

Heute ist Istanbul nicht nur Primate City der Türkei und eine von vier Städten Europas mit mehr als 10 Mio. Einwohnern (neben Moskau, Paris und Groß-London), sondern auch ein Teil des Global-City-Netzwerkes. Was, stellt sich die Frage, ist die Ursache dafür, dass unter den hier zugehörigen Städten nur Istanbul sich rühmen kann, eine solche Bedeutung bereits seit beinahe zwei Jahrtausenden auszuüben?

Gewiss spielt der topographische Standort eine große Rolle: Die Situation am Schnittpunkt eines transkontinentalen Landweges mit den Schifffahrtswegen in das Mittelmeer wie in das Schwarze Meer, und zu den zugehörigen Hinterländern, stellt eine Triple-A-Verkehrslage dar (SEGER & PALENCSAR 2001). Daneben ist Istanbul eben eine Stadt, deren Bewohner seit jeher, besonders aber im 19. Jahrhundert, von den Entwicklungen in Europa beeinflusst waren bzw. diese sich zu eigen gemacht hatten. Keine andere Stadt im osmanischen Reich war auch nur annähernd so „westlich-modern" wie Istanbul um 1900; die Stadt hat damals einen wesentlichen Modernisierungsvorsprung erhalten. Darin liegt wohl auch der Umstand egründet, dass eben hier die industrielle Entwicklung

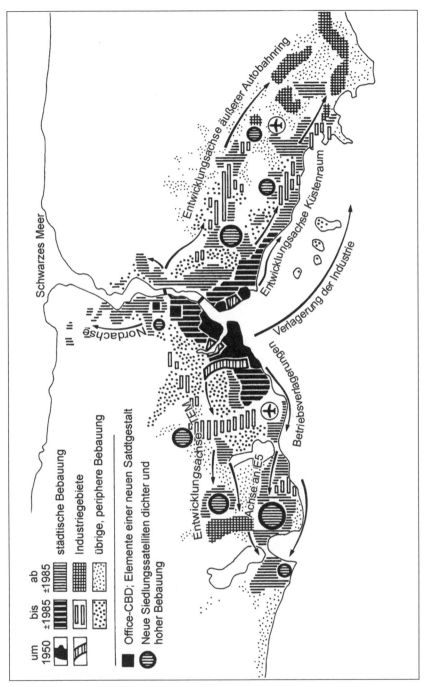

Abbildung 2: Metropolitane Entwicklung 1950–2010. Wachstum und Umbau, funktionelle Differenzierung und Fragmentierung, Achsen und Siedlungs-Satelliten (Quelle: SEGER & PALENCSAR 2006)

des Landes ab etwa 1950 ansetzen konnte, Grundlage für die folgende Primacy der Stadt und Basis für die jüngsten Transformationen.

Daneben ist die Lage von Istanbul für die Türkei als Ganzes von größter geopolitischer Bedeutung, die Stadt und der benachbarte „europäische" Teil der Türkei sind der topographische „Fuß in der Tür" nach EU-Europa. Von einer Zugehörigkeit erwartet man sich weniger massive Geldflüsse (die die EU nicht zu leisten vermöchte) als massiven politischen Einfluss alleine schon aufgrund der Bevölkerungszahl. Der Beitritt der Türkei wird von den USA kräftig unterstützt, ja sogar eingefordert. Das ist unter anderem insoferne verständlich, als die Türkei während der Jahrzehnte des Kalten Krieges, an der Südflanke der UdSSR gelegen, einer der verlässlichsten Verbündeten der USA war. Dazu passt, dass zwischen 1965 und 2000, den Wiki-Leaks-Enthüllungen zufolge, von keinem anderen Land so viele Depeschen nach Washington gingen, wie aus der Türkei.

3.3 Istanbul Kulturhauptstadt Europas 2010

Als zum Teil politisch motiviert ist auch die Bemühung Istanbuls, Kulturhauptstadt Europas zu sein, zu sehen. Sowohl die historische Entwicklung als auch die rezente Kraft der Metropole lassen die Stadt (und nicht automatisch auch den Staat) ohne Zweifel als Bestandteil des Kontinents erscheinen. Mit dem Prädikat „Kulturhauptstadt" verfolgt Istanbul ein konkretes politisches Ziel: Den Staat näher an Europa heranzubringen (URBAN AGE 2009; BILGIN et al. 2010). Entsprechend umfangreich, vielschichtig und modern war dann auch das Kulturprogramm des Jahres 2010, in dem klassisch Osmanisch-Islamisches, türkische Avantgarde und europäische Hochkultur präsentiert wurde. Mit der so überreichen Betonung der Bedeutung der Stadt – als kulturelle Weltstadt in der Vergangenheit wie als Focus kultureller Events in der Gegenwart – sollte ohne Zweifel auch der Staat als Ganzes positiv besetzt erscheinen.

4. Zur Stadtstruktur: Segregation und Zentren-Abfolge

Die administrative Begrenzung der Stadt Istanbul ist seit einigen Jahren identisch mit den Grenzen der Provinz Istanbul, die im Rahmen der statistischen NUTS-2-Gliederungen der Türkei die Bezeichnung TR10 trägt. Stadt und Provinz sind nach 32 Bezirken gegliedert, deren Verwaltungsbehörden die unterste Ebene der staatlichen Hierarchie darstellen, von der Stadt- bzw. Provinzverwaltung überlagert. Die Siedlungsfläche der Metropole erstreckt sich vornehmlich entlang der Küste des Marmara-Meeres, in einer Bandstadt von über 100 km Länge. Im Osten überschreitet die Agglomeration die Provinzgrenze und reicht bis in die moderne Industriezone von Kocaeli. Zwei im Wesentlichen küstenparallele Autobahnen erschließen das Hinterland sowie den Bosporus-Raum. Die südlichere der beiden Autobahnen (E5) umschließt das Siedlungsgebiet der 1970er Jahre und quert den Bosporus in einer 1974 fertig gestellten Brücke. Die Brücke des nördlicheren Autobahnringes TEM (Trans Europa Motorway) wurde 1988 fertig gestellt. Etwa 40% der Bevölkerung leben auf der asiatischen Seite des Bosporus, der heute von über 100.000 Fahrzeugen täglich gequert wird; 60.000 davon entfallen auf die stadtnähere der beiden Brücken. Daneben besteht ein seit jeher intensiver Personen-Fährverkehr, der den Bosporus quert. Die mehrfach gewundene Wasserstraße trägt zudem einen intensiven Frachtverkehr, in dem der Öltransport aus dem russischen Schwarzmeerhafen Noworossijsk dominiert. Zu den spektakulärsten Projekten der Verkehrsinfrastruktur zählt die Untertunnelung des Bosporus für den Schienenverkehr zwischen Europa und Asien, und an eine dritte Bosporusbrücke wird gedacht.

4.1 Fragmentierung durch sozioökonomische Segregation

Die Wohngebiete der Stadt Istanbul sind durch eine starke segregative Tendenz gekennzeichnet, die anhand des Bildungsniveaus in den einzelnen Stadtbezirken demonstriert wird. Das Ranking der Bezirke kommt dabei durch die Anteile der Maturanten und Akademiker einerseits, und durch den Anteil der Analphabeten andererseits zustande. In Abbildung 3 fallen drei „Oberschicht-Standorte" (dunkle Schraffur) auf, deren östlicher den Kern des asiatischen Stadtteiles (Kadıköy) darstellt. In der Mitte liegt Beşiktaş, Wohngebiet der westlich orientierten Bevölkerung seit den 1880er Jahren; im Westen liegt das Neubauviertel von Bakırköy. Alle drei gehobenen Wohngebiete liegen an der Küste, und die Wasserfront ist generell ein begehrter Wohnstandort. Das Hinterland dagegen ist das Wohngebiet der einfachen Bevölkerungsschichten, der anatolischen Zuwanderer, das Gebiet des ehemaligen Gürtels der Gecekondu-Siedlungen, heute vielfach durch den Sozialwohnungsbau oder durch die Entwicklungen im Gecekondu selbst aufgewertet. In diesem Ring breiter Bevölkerungsschichten – oder ihn überspringend – stößt der rezente Bauboom in unterschiedlicher Form in das Umland vor.

4.2 Wie ein offenes Buch: Metropolitane Entwicklung anhand der Kette von CBD-Strukturen

Das Alleinstellungsmerkmal der Metropole am Bosporus gegenüber anderen großen Zentren in Europa besteht ohne Zweifel auch in der multikulturellen Komposition des Stadtkörpers, in welchem das Byzantinische und das Osmanische, die Einflüsse Europas und letztlich die postmodernglobalen Landmarken zusammenwirken. Wie in einem offenen Buch lesend, vermag man die Entwicklung der Stadt nachzuvollziehen, wenn man die Lage und die Abfolge der „Central Business Areas" aus den einzelnen Perioden der metropolitanen Existenz betrachtet. Dies gelingt deshalb, weil die zentralen Stadtgebiete im historischen Ablauf nicht durch Umbau erneuert wurden: Die neuen städtischen Zentren entstanden vielmehr jeweils auf neuem Terrain, das Alte sich selbst überlassend. So entstand eine Abfolge von CBD-Bereichen, von der Zentrumsstruktur um 1900 (zweipolig, Abb. 4) bis zur CBD-Differenzierung im Jahr 2010 (Abb. 1).

Istanbul um 1900: Osmanisch-europäische Zweipoligkeit

Bis in die zweite Hälfte des 19. Jahrhunderts war Istanbul eine monozentrische Stadt: An den Topkapi-Palast des Sultans in Akropolis-Lage

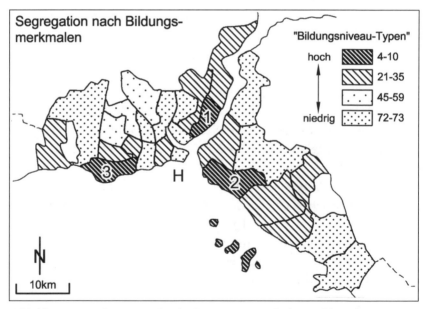

Abbildung 3: Fraktionierte Stadt: Segregation nach dem Bildungsniveau. Census 2000 nach Stadtbezirken. 1 Beşiktaş, 2 Kadıköy, 3 Bakırköy, H Historische Halbinsel (Quelle: SEGER & PALENCAR 2006)

schließen der Stadtkern mit Verwaltungsfunktionen und der große Bedeckte Bazar an. Der Sultan hat Topkapi zugunsten der Dolmabahçe-Residenz am Bosporus bereits 1854 verlassen. Der zunehmende politische, kulturelle und technologische Einfluss Europas wird in der Folge spürbar: 1869 Bahnbaukonzession an Moritz Hirsch, Bankier aus Belgien, und ab 1888 verkehrt der Orient-Express zwischen Paris und Istanbul. Beiderseits der Galatabrücke am Goldenen Horn entsteht ein nach der Bausubstanz europäisch geprägter CBD, der wichtige wirtschaftliche Funktionen, so das Bankenviertel, umfasst. Der Stadtkern wird damit zweipolig: Dem alten Handelsviertel des Bazars steht nun ein international orientierter CBD gegenüber. Gleichzeitig entsteht nördlich davon, in Galata-Pera, eine gründerzeitlich-europäische Bebauung, von der modernen Oberschicht

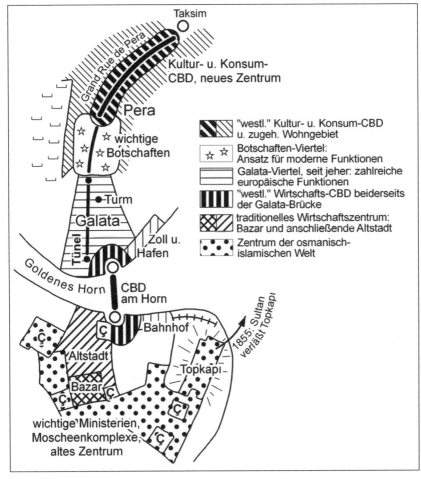

Abbildung 4: Zweipoliges Zentrum um 1900 (Quelle: SEGER 2010)

multiethnischer Provenienz bewohnt, und von den Europäern in der Stadt. Zentrum dieser z.T. griechisch-armenisch-jüdischen Bürgerstadt wird die Istiklal-Straße, der Kultur- und Konsum-CBD, der sich im nordwärtigen Anschluss an das Areal der europäischen Botschaften entwickelt hat.

Der wirtschaftliche wie der kulturelle Gegensatz zwischen dem alten Kern auf der „historischen Halbinsel" und den neuen Strukturen in Pera rechtfertigt es, von einer Zweipoligkeit zu sprechen. Diese Entwicklung wurde durch die Verlagerung der Hauptstadtfunktionen nach Ankara abrupt unterbrochen und durch die wirtschaftliche Stagnation gleichsam eingefroren, bis etwa um 1980. Wesentlich ist, dass die nordwärtige Richtung prestigeträchtiger Stadtteile, die später beibehalten werden sollte, bereits um 1900 vorgegeben wurde.

4.3 Istanbul ab 2000: CBD-Differenzierung als Ausdruck der Globalisierung

Um das Jahr 2000, und damit ein Jahrhundert nach der Modernisierung um 1900, setzt erneut ein Entwicklungsschub interner und externer Kräfte ein, der zu einer Reihe neuer CBD-Strukturen führt. Es entsteht eine Achse unterschiedlich alter und zum Teil funktional differenzierter Zentrumsstrukturen. Diese „Nordachse" ist das Rückgrat der modernen Stadtstruktur, von der Citystraße um 1900 bis zu den Office-Türmen in Levent und Maslak. Die einem gehobenen Publikum dienende CBD-Kette ist der moderne Teil einer erneuten Zweipoligkeit, deren vormals orientalisch-osmanischer Counterpart die Weltkulturerbe- und Tourismusstadt der „Historischen Halbinsel" darstellt, das alte Stanbul.

Abbildung 1 zeigt die folgend erwähnten Bereiche: Der Stadtteil Şişli wurde zur modernen Shopping-Area (auch für das konsumstarke touristische Publikum), und nördlich davon entwickelte sich der internationale, globale Down-Town-Mix aus Office-Towers und Shopping Malls, flankiert von den Türmen der Hochfinanz (Gayrettepe, Levent, Maslak). Die City-Straße aus 1900 (Istiklal), südlich des Taksim-Platzes gelegen, wurde revitalisiert, und die genannten Areale sind der globalisiert-moderne Pol der Stadt, dem einige Teilzentren (Kadıköy) zur Seite stehen. Die Altstadt (die historische Halbinsel) führt daneben eine solide, aber mehrschichtige Existenz: Sie wird vom internationalen Städtetourismus (Weltkulturerbe) ebenso getragen wie von diversen jüngeren Bazarfunktionen; abseits davon sind Blightphänomene nicht zu übersehen.

Daneben zeigt Abbildung 1 die wichtigen Strukturelemente der inneren Stadtbereiche von Istanbul: Den Bosporus und das Goldene Horn, die

Altstadt südlich davon, mit der großen Landmauer im Westen. Die CBD-Nordachse setzt dort an, wo die City-Straße von 1900 geendet hat, am Taksim-Platz. Nicht zufällig verläuft parallel dazu Istanbuls erste U-Bahn-Linie. Stadtautobahnen und Bosporusbrücken verbinden die Nordachse mit dem übrigen Stadtkörper. Ausgedehnte neue Grünzonen an der Küste sind ebenso ein Zeichen der Transformation der Stadt wie der Siedlungsboom in Bosporus-Nähe.

Fazit

Im Vergleich mit den europäischen Metropolen fällt Istanbul mehrfach aus der Reihe. Das gilt zum einen für die Wohlfahrtsindikatoren. Ein soziales Netz im Sinne der postindustriellen europäischen Staaten existiert nicht, und große Einkommensunterschiede spiegeln ein ausgeprägt liberales Wirtschaftsklima wider. Wie in anderen Schwellenländern setzt eine Sozialgesetzgebung beim öffentlichen Sektor, bei modernen Industriebetrieben und bei ausländischen Unternehmungen an. Ein weiteres Differenzialkriterium zu europäischen Metropolen ist das Ausmaß des Bevölkerungswachstums und der Zuwanderung, hervorgerufen durch die Primate-City-Funktion in einem Staat mit (noch) hohem Geburtenüberschuss und mit einem Strukturwandel, der zur Landflucht zwingt.

Wenn auch Ankara die Hauptstadt des Landes ist, so ist doch Istanbul das wirtschaftliche und demographische Zentrum der Türkei. Hier befinden sich die meisten Headquarters der Finanzwirtschaft und der Industrie, und Istanbul ist eine der am raschesten wachsenden OECD-Metroregionen. Dies auch weil die internationale und globalisierte Wirtschaft zum überwiegenden Teil hier lokalisiert ist. Ein liberales Wirtschaftsklima, ein moderates Lohnniveau und die Lagevorteile der Stadt tragen dazu bei. Zu Letzterem zählt auch eine fehlende Konkurrenz so dass die Stadt auf zwei Kontinenten über eine große zentralörtliche Reichweite in Südosteuropa wie im Nahen Osten verfügt.

Durch 2000 Jahre Weltstadt hat Istanbul seine Struktur und seine Stadtgestalt mehrfach verändert. Das gilt nicht nur für den Übergang von Hauptstadt Ostroms zu jener des osmanischen Reiches, sondern auch für jüngere Modernisierungen. Dazu gehört die Europäisierung in den Jahrzehnten der Gründerzeit, die zu einer zweipoligen Stadtstruktur geführt hat. Dazu zählt auch der postindustriell-globalisierte Aufschwung, den das moderne Istanbul heute zeigt. Dessen Office-CBD's kontrastieren zum osmanischen Weltkulturerbe der Altstadt am Bosporus. Beide Positionen stehen für das Branding, für die Unverwechselbarkeit der „Marke Istanbul".

Literatur

AKGÜN/GÜLÜMSER A., BAYCAN T. (2010), The new real estate actors of Istanbul. Istanbul.

ALVAREZ M., YARCAN Ş. (2010), Istanbul as a world city: a cultural perspective. In: International Journal of Culture, Tourism and Hospitality Research, 4, 3, S. 266-276.

BILGIN I., et al. (2010), Istanbul 1910-2010: City, Built Environment and Architectural Culture Exhibition. Ausstellungskatalog im Rahmen der Veranstaltungen „Istanbul. Kulturhauptstadt Europas 2010". Bilgi Universität. Istanbul.

ERKIP F. (2000), Global transformations versus local dynamics in Istanbul: Planning in a fragmented metropolis. In: Cities, 17, S. 371-377.

GENI S. (2007), Producing Elite Localities: The Rise of Gated Communities in Istanbul. In: Urban Studies, 44, S. 771-798.

GÜVENC M. (2010), Istanbul 1910–2010. Une approche historique et socio-spatiale. In: Urbanisme, 374, S. 47-51.

ISTANBUL CHAMBER OF COMMERCE (2010), Macro Economic Indications. Publication 2010/1. Istanbul.

KEYDER Ç. (Hrsg.) (1999), Istanbul. Between the Global and the Local. Lanham.

LEITNER W. (1981), Der Wandel der urbanen Raumorganisation in der Stadt am Goldenen Horn. Modell der kosmopolitisch überformten orientalischen Stadt. In: Arb. Inst. Geogr. Univ. Graz, 24, S. 51-97.

MUSIL, R. (2011), Wiener Direktinvestitionen in Mittel- und Südosteuropa. In: JORDAN P. (Hrsg.), Atlas Ost- und Südosteuropa. Blatt 3.6-G11. Stuttgart.

OECD POLICY BRIEF (2008), OECD Territorial Reviews: Istanbul, Turkey.

PALENCSAR F., STRMENIK M. (2010), Gated Communities in Istanbul. In: Geographische Rundschau, 1, S. 20-26.

PRICEWATERHOUSE & COOPERS (2009), List of cities by GDP (www.en.wikipedia.org/wiki/List_of_cities_by_GDP; Abruf am 12.11.2010)

SEGER M. (2010), Stadtentwicklung und Segregation im Großraum Istanbul. In: Geographische Rundschau, 1, S. 12-18.

SEGER M., PALENCSAR F. (2001), Istanbul am Kreuzweg maritimen und kontinentalen Verkehrs. In: Standort. Zeitschrift für Angew. Geographie, 2, S. 33-39.

SEGER M., PALENCSAR F. (2006), Istanbul. Metropole zwischen den Kontinenten. Stuttgart, Berlin.

URBAN AGE ISTANBUL (2009), Istanbul City of Intersections. Newspaper of the Urban Age Conference at Istanbul. Istanbul.

JOACHIM VOSSEN
BUKAREST – STADTENTWICKLUNG UND STADTPLANUNG AN DER PERIPHERIE EUROPAS

Einleitung

Wer die Stadt Bukarest in ihrer Entwicklung und ihren gegenwärtigen Strukturen verstehen will, muss sich mit zentralen Elementen ihrer städtischen Strukturwerdung bekanntmachen. Seit ihrer erstmaligen schriftlichen Erwähnung im Jahre 1459 blickt die Stadt auf eine äußerst unruhige und bewegte Vergangenheit zurück (GEORGESCU 1984). Dabei war die städtische Entwicklung bis gegen Ende des 19. Jahrhunderts durch die militärisch-politische Dominanz angrenzender Mächte geprägt, die mit Tributpflichten und regelmäßig auftretenden Kriegen sowie mit ständig wechselnden Besatzungsmächten verbunden waren. Brände und Erdbeben bis in das vorige Jahrhundert vervollständigen die leidvolle Chronik. Mircea Eliade charakterisiert dieses ‚rumänische Phänomen‘ wenn er schreibt:

> „These people do not know the respite, calmness and joy of creating in time. Incessantly attacked, they can only think while defending themselves. Their history is more than a series of struggles for independence or honour: it is a permanent war, for centuries on end, for their own survival." (ELIADE 1992, S. 25)

1. Unterdrückte Entwicklung einer peripheren Stadt: Byzanz nach Byzanz (1625–1768)

Die von Wilkür und Ausbeutung geprägte osmanische Vorherrschaft bildete für die Stadtentwicklung den entscheidenden Hintergrund über einen Zeitraum von nahezu 400 Jahren. Die Unberechenbarkeit der Herrscher und Beamten sowie die erbarmungslose Ausbeutung durch die einheimischen Fürsten als ihre Verwalter, Rivalitäten innerhalb des Adels und immer wieder einfallende marodierende bewaffnete Horden, verhinderten eine prosperierende Stadtentwicklung. In dieser historischen Situation entwickelte sich ein sehr heterogenes Stadtbild von Bukarest. Hierbei lassen sich zwei deutlich voneinander unterscheidbare Räume herausarbeiten. Dies ist zum einen eine kompakte Innenstadt und zum anderen eine sie umgebende dörflich geprägte Stadtregion, die, als „Stadtdorf-Region" bezeichnet werden kann.

Die von Adel und Fürstentum geprägte kompakte Stadt wurde bestimmt durch eine lockere Ansammlung repräsentativer Pracht- und Sakralbauten. Solitäre, großvolumige Einzelbauten bestimmten das Bild. Dabei wurden die engen Beziehungen sowohl zur Kultur Westeuropas als auch zur byzantinischen und orientalischen Welt deutlich. Hier manifestierten sich die imperialen byzantinischen Visionen eines walachischen Fürstentums, das sich als Repräsentant und Bollwerk der abendländischen zeitgenössischen Kultur nach dem Fall von Konstantinopel sah. Ziel oder Leitidee war es, das christliche Byzanz wiederherzustellen, diesmal jedoch an der Donau. Für diese Entwicklungsphase scheint denn auch der Begriff der post- oder nachbyzantinischen Stadt gerechtfertigt. Im Straßenbild äußerte sich dies durch gehäufte Kirchen- und Klostergründungen sowie durch die großen Handelszitadellen, die Hanuri. Der rumänische Historiker Iorga spricht in diesem Zusammenhang von einem „Byzanz nach Byzanz" (Iorga 1972).

Als Russland 1768 unter der Zarin Katharina unter anderem die Moldau und die Walachei unter russische Militärverwaltung stellte, begann der allmähliche Verfall des Einflusses des Osmanischen Reiches in der Walachei. Im Interesse gesamteuropäischer machtpolitischer Bestrebungen verzichtete Russland jedoch auf eine Annexion der rumänischen Länder, behielt sich aber das Recht kontinuierlicher Einflußnahme vor. Von nun an verstärkte sich der europäische Einfluss in Bukarest. Im Rahmen der antiottomanischen Kriege entstanden die ersten europäischen Konsulate in Bukarest. 1782 eröffnet Russland, 1783 Österreich, 1785 Preußen, 1798 Frankreich und 1803 England jeweils eine Vertretung in der Stadt.

2. Die Entstehung einer europäischen Metropole im Zeitalter des Nationalismus
2.1 Neue politische Rahmenbedingungen: Der wachsende Staat

Mit dem nachlassenden Einfluss des Osmanischen Reiches und der intensiven Einflussnahme Russlands veränderten sich sprunghaft die politischen und gesellschaftlichen Verhältnisse in Bukarest. Neben dem bisherigen orientalischen bzw. byzantinischen Lebensstil entwickelte sich parallel ein immer dominanter werdender europäischer Einfluss. Schrittweise legte die Stadt ihr byzantinisches Kleid ab, um den urbanen Charakter okzidentaler Städte anzunehmen.

Die Bedeutung der Stadt nimmt 1861 durch die Vereinigung der beiden Fürstentümer zu, deren gemeinsame Hauptstadt Bukarest wurde. Die gesamte Administration, Parlament, Zoll, Regierung, Verwaltung, Militär, etc. wurde nach Bukarest verlagert. Durch die große Bedeutungszunahme, nimmt die Bevölkerung, die Fläche, die Anzahl der Gebäude und die Qualität der Infrastruktur sprunghaft zu. Aus zwei kontinuierlich von ausländischen Mächten abhängigen Vasallenländern – die Walachei und Moldawien –, geprägt durch Jahrhunderte lange Ausbeutung und innere politische Streitigkeiten, war zumindest äußerlich betrachtet ein unabhängiger Nationalstaat geworden, der sich in seiner weiteren Entwicklung stark an die westlichen Mächte anlehnte.

Die volle politische Souveränität hatte für den Aufbau der nationalen Wirtschaft und Industrie positive Effekte. Die staatlichen Investitionen in die wirtschaftliche Entwicklung des Landes nahmen bei gleichzeitiger Konsolidierung der Staatsfinanzen zu. Die Zahl der Industrieunternehmen im gesamten Land wuchs auf mehr als das Doppelte. Vor allem ein 1887 unter Brătianu in Kraft getretenes Gesetz zur Belebung der nationalen Industrie, welches größeren Firmen Vorteile wie zollfreie Einfuhr von Maschinen und Rohmaterial, Steuerfreiheiten, Transportbegünstigungen und zum Teil auch Grundstücke zusicherte, verfehlte nicht seine Wirkung. 1893 profitierten allein 114 industrielle Unternehmen mit 6.141 Arbeitern von diesem Programm (Kraus 1896).

Ein vergleichbarer Prozess zu den Ereignissen von 1861 wiederholte sich dann nach dem Ersten Weltkrieg. Mit dem Kriegsende und dem Sieg der Entente-Mächte vergrößerte sich das Staatsgebiet Rumäniens und schloss ebenfalls Siebenbürgen, die Bukowina, Bessarabien und die Süd-Dobrudscha ein.

2.2 Nachholende Industrialisierung

Bukarest war zur Hauptstadt eines Landes geworden, dessen Fläche und Einwohnerzahl sich mehr als verdoppelt hatte. In Bukarest nahmen die administrativen und wirtschaftlichen Institutionen mit ihren Angestelltenzahlen abermals sprunghaft zu. Auch der Prozess der Industrialisierung nahm in der nun folgenden Zwischenkriegszeit eine höhere Geschwindigkeit an. Während noch 1913 ca. 440 Millionen Goldlei in den industriellen Sektor investiert wurden, waren es 1936 schon 950 Millionen. Der wachsende Bankensektor investierte in industrielle Unternehmen. Innerhalb des Landes nahm Bukarest eine dominierende Stellung als Produktionsstandort ein: Rund 17% der industriellen Produktion des gesamten Landes stammte

1938 aus Bukarest. Allein die Textilindustrie beschäftigte 1938 in Bukarest 17.911 Personen (GIURESCU 1966). Die Stadt avancierte in der Zwischenkriegszeit zur Industriestadt und erweiterte ihre Fläche von 2.290ha im Jahre 1846 auf 7.800ha im Jahre 1939. Dabei stieg die Bevölkerungszahl von 162.000 (1866) auf 973.596 Einwohner im Jahr 1940. Die Bevölkerungszunahme der Stadt fand dabei im wesentlichen nicht durch die natürliche Bevölkerungszunahme, sondern vor allem durch Zuwanderung statt.

Vor dem Hintergrund der jungen Monarchie und der damit verbundenen stabileren politischen Verhältnisse entwickelte sich die Hauptstadt sprunghaft zum Repräsentanten einer modernen technischen und ästhetischen europäischen Großstadt. Explosionsartig entstand eine Vielzahl neuer Gebäude bzw. städtebaulicher Verwirklichungen, welche sowohl in der zweiten Hälfte des 19. Jahrhunderts als auch im beginnenden 20. Jahrhundert vor allem dem Geschmack und dem Stil der oberen Gesellschaftsschichten entsprachen, die sich möglichst schnell und durch großartige Inszenierungen im Stadtbild als fortschrittliche Europäer legitimieren wollten. Vor allem in den Bezirken der Innenstadt ließ sich eine Ära der allgemeinen Stil- und Materialinflation beobachten. Die Möglichkeiten städtebaulich den Anschluss an die westliche Welt zu finden, was über Jahrhunderte nicht möglich gewesen war, sollte nun in kürzester Zeit, quasi über Nacht, verwirklicht werden.

2.2 Europäischer Geist – der große Stil wird nachgeholt

Die Geschwindigkeit der „Verwestlichung" war so hoch geworden, dass selbst eher westlich orientierte Intellektuelle und Literaten davor warnten, Fortschritte durch allzu große Sprünge zu realisieren und eine „übereilte Zivilisierung" durchzuführen, die aus dem Land ein neues Amerika machen würde und nur zu einer oberflächlichen Verwestlichung führe. In ähnlicher Richtung äußert sich Eliade zu den damals vorherrschenden Strömungen innerhalb der rumänischen Kultur. Sein Kommentar lässt sich jedoch wie eine Beschreibung der städtischen Entwicklung der Bukarester Innenstadt lesen:

„Ein Wille von erschreckender, verrückter Schöpfung; die einzige Hälfte des Jahrhunderts, in der auch die Rumänen Größenwahnsinnige wurden, indem sie sich als das Zentrum der universalen Beachtung glaubten und in dem sie innerhalb von 20 Jahren das erreichen wollten, was andere beglückte und reiche Staaten in 300 Jahren realisiert hatten. Das, was die ganze Epoche charakterisiert, ist der Hunger nach Monumentalem, nach Grandiosem [...]" (ELIADE 1990, S. 167).

324

Was die entstehenden überdimensionierten, überladenen Bauten des damaligen Bukarest demonstrierten, war nicht nur der Drang nach moderner Europäisierung, sondern auch ein Stück nachholender europäischer Kulturgeschichte, verbunden mit einem großen Maß an Nostalgie. Man imitierte Königtum, Gotik, heile Welt und die Spielzeuge waren die Gebäude, die aussahen wie aus Zuckerguss und die nur zur Parade, zur Demonstration da waren.

In der Innenstadt wurden seit dem Ende des 19. Jahrhunderts eine Vielzahl von mehrgeschossigen, imposanten, teilweise auch stilistisch überladenen öffentlichen und privaten Bauwerken errichtet, die neben den Boulevards der Stadt den Ruf eines ‚micul Paris‘, d.h. eines kleinen Paris einbrachten. Nach französischem Vorbild entstanden die prächtigen sogenannten „hôtel particuliers" wie etwa Palatul Cantacuzino, Casa Monteoru und Palatul Sturza entlang der Calea Victoriei. Die neuen Gebäude des Innenstadtbereiches wurden entsprechend dem herrschenden europäischen Stilekanon (Klassizismus, Historismus etc.) geschaffen, wobei häufig auf eine übertriebene Mischung von adaptierten und applizierten historischen Formen zurückgegriffen wurde. Vor allem an den aufwändigen Gliederungen, Türmen, Bögen etc. zeigten sich mannigfache verspielte Besonderheiten. In vorher noch nie da gewesenem Ausmaß erschienen im gesamten Innenstadtgebiet übertrieben palastartige Fassaden. Es wurden in kürzester Zeit große Hotels mit internationalem Standard gebaut.

Einschneidend und mit einer ebenso deutlichen symbolischen Aussage, entwickelten sich auch die in die Stadtstruktur eingeführten großen Boulevards im Stile einer Haussmanisierung. Sie spiegelten die Grundtendenz Bukarests, sich zu einer Stadt des Verkehrs, der Bewegung großer Menschenmengen, d. h. der Mobilität zu entwickeln. Breite Bürgersteige als Medien des fließenden Promenierens, des sich ständigen Bewegens waren symptomatisch für den sich nun anders zeigenden öffentlichen Raum. Die Platzvorstellung mittelalterlicher Ausprägung wurde quasi übersprungen, und man verwirklichte vor allem Vor- und Verkehrsplätze. Kleinere Schmuckplätze wurden zur Auflockerung und zur Aufwertung des häufig noch ärmlich erscheinenden Stadtraumes eingesetzt.

Waren bis dahin die Versuche gescheitert in Bukarest eine symmetrische, geordnete Stadtstruktur zu schaffen, traten nun mit den Boulevards zumindest isolierte lineare Elemente zur Ordnung und Verknüpfung der schnell wachsenden Stadt auf. Dabei wurde der Boulevard für Bukarest eine Selbstdarstellungsform; er trat in Konkurrenz zu anderen Hauptstädten und avancierte zum Vorzeigeobjekt, in dem die geistige und wirtschaftliche Elite ein Äquivalent zum feudalen Hof finden konnte. Der Boulevard wurde zur respektablen Verkehrsarterie und sollte gemeinsam mit den anliegenden Gebäuden zu Bühne und zum Ornament der erstarkten bürgerlichen Kultur und demonstrierte den urbanen Standard der Stadt. Dies war für Bukarest besonders wichtig, da die Stadt immer noch unter ihrem postbyzantinischen Image litt. Das Bürgertum fand im Boulevard seine symbolische Repräsentanz im öffentlichen Schauspiel der Straße, im demonstrativen Luxus (HARTUNG 1997).

Neben den üppigen ausufernden Baustilen entstanden in Bukarest aber auch moderne Architekturströmungen, die durch neue Materialen und Techniken wie Stahl und Stahlbetonbau nicht nur konstruktiv, sondern auch gestalterisch geprägt wurden. Das Motto war wie schon 1896 von Sullivan und der Chicagoer Schule formuliert: „form follows function". Es entwickelte sich eine Ingenieurbaukunst, die dem üppigen Gestaltreichtum des Ornaments die Einfachheit, Klarheit und Kargheit der Formensprache gegenüberstellte. Rechtwinklige Raumvolumina mit eingestreuten gerundeten Oberflächen und die Betonung der Horizontalen im Wechsel mit vertikalen Elementen gaben dem urbanen Raum ein spezifisches Bild und der Architektur eine dynamische Erscheinung. Bukarest entwickelte sich zu diesem Zeitpunkt zu einem bedeutenden Vertreter der Moderne. Herausragendes Beispiel für diesen Baustil ist bis heute der Boulevard Magheru-Balcescu (in den 30er Jahren Bulevardul Brătianu, vgl. Abb. 1), auf dem ein weitreichendes, homogenes urbanes Ensemble nach modernen Gesichtspunkten entstand, das in anderen europäischen Städten aufgrund der schon vorhandenen Architektur in diesem Ausmaß so nicht möglich gewesen wäre. Hier entstanden die modernen Baublocks mit drei bis vier oder sieben bis elf Stockwerken, teilweise mit zurückweichenden oberen Etagen.

Die Zeit der Europäisierung im Bereich der Innenstadt stellte eine Phase großer Umwälzungen bzw. regelrechter stilistischer Transformationen dar. Gemessen an den vorigen Jahrhunderten fand in Bukarest ein regelrechter Triumphzug der Architektur und Stadtplanung statt. Aber wie bei jedem Triumphzug bleiben im Hintergrund der Paraden und Siegesfeiern die Schlachtfelder. Dies war in Bukarest nicht anders, denn auf die veränderten politischen, gesellschaftlichen und wirtschaftlichen Verhältnisse wurde nicht im gesamten Stadtgebiet gleich reagiert.

Die Stadt des 19. und beginnenden 20. Jahrhunderts war vor allem in den dörflichen Teilen von Missständen wie Überbelegung, Spekulation und infrastruktureller Unterversorgung geprägt. Abgeschirmt durch die räumlichen Hüllen der neuen städtischen Strukturen, führten die meisten Menschen weiterhin ein schlichtes, einfaches Leben in den Randbereichen der ausufernden Stadt. Während man in den Innenstadtbereichen soweit wie möglich planerische Konzepte verwirklichte, ließ man die Stadt in den dahinter liegenden und peripheren Stadtregionen, vor allem um die neu entstandenen Industrieregionen, wie in den Jahrhunderten zuvor ohne planerische Konzepte und damit weitgehend sich selbst überlassen.

Abbildung 1: Bulevardul Brătianu in den 1930er Jahren
(Quelle: VOSSEN 2004)

3. Die sozialistisch geprägte Stadt

3.1 Dynamisches Stadtwachstum im Sozialismus

Die nächste große urbanistische Metamorphose oder Transformation erlebte Bukarest in den Jahren der sozialistischen Überformung. Rumänien war mit der Besetzung durch die Sowjetunion schnell unter entsprechendem Einfluss geraten. Mit der 1945 in Jalta besiegelten Aufteilung Ost- und Südosteuropas zwischen der Sowjetunion, Großbritannien und den USA wurde der Staat endgültig der sowjetischen Interessensphäre zugeordnet. Obwohl ursprünglich eigenständige, freie demokratische Staaten vorgesehen waren, hatten die kommunistischen Parteien mit tatkräftiger

327

sowjetischer Unterstützung schon soweit ihren Einfluss geltend gemacht, dass noch 1945 eine kommunistisch bestimmte Regierung existierte und 1946 unter massiver Manipulation ein Wahlsieg der Kommunisten zustande kam (VÖLKL 1995).

1950 folgte der erste Fünfjahresplan für die wirtschaftliche Entwicklung Rumäniens, und die Investitionen, besonders in der Schwerindustrie, stiegen sprunghaft an. Das Land sollte sich von einem Agrarland zu einem Industriestaat entwickeln. Der Anteil Bukarests an der Industrialisierung des Landes war dabei bis in die sechziger Jahre sehr hoch, verringerte sich in der weiteren Entwicklung jedoch mit der zunehmenden Industrialisierung des gesamten Landes.

Die Anzahl der Beschäftigten in der Industrie entwickelte sich – bei ständig steigenden Bevölkerungszahlen in Bukarest – von 110.700 im Jahr 1965 bis auf 447.900 im Jahr 1982 (VOSSEN 2004, S. 216). Die zunehmende Zahl der Arbeitsplätze in der Stadt einerseits und die Strukturprobleme in den ländlichen Bereichen andererseits waren dabei wie zu Beginn des 20. Jahrhunderts die entscheidenden Push- bzw. Pull-Faktoren für die ständigen Wanderungsströme nach Bukarest.

Die Stellung der Stadt als höchstrangiges Zentrum des Landes wurde in dieser Periode weiter ausgebaut. Neben den politischen und administrativen Funktionen entwickelte sie sich zum herausragenden Zentrum wissenschaftlicher und kultureller Einrichtungen Rumäniens. Unzählige Forschungsinstitute der Rumänischen Akademie der Wissenschaften, die Fakultäten der Universität, Bibliotheken, Verlage, Museen, Orchester, Theaterensembles, Krankenhäuser etc. wurden neu gegründet oder ausgebaut. Die Hauptstadt des Landes nahm ständig an Bedeutung zu und vergrößerte den Abstand zu den nächstgrößeren rumänischen Zentren.

Obwohl seit 1945 mit unterschiedlichen Maßnahmen die Gründung neuer Wohnsitze seitens der Stadt verhindert werden sollte, war die Zuwanderung in der frühen Nachkriegszeit nach wie vor ungebrochen. Das Munizipium Bukarest überschritt im Jahr 1948 die Million-Einwohnergrenze bei einer Fläche von 32.783ha. Das eigentliche Stadtgebiet mit seinen noch bestehenden vier Sektoren verfügte im selben Jahr jedoch noch über 886.100 Einwohner bei einer Fläche von 9.997ha und einer Bevölkerungsdichte von nur 88,6 Einw./ha (INSTITUTUL CENTRAL DE STATISTIC 1948). Im Vergleich zu 1930 bedeutete dies eine Bevölkerungszunahme von 398.400 Personen in nur 18 Jahren, was einem durchschnittlichen jährlichen Zuwachs von etwas mehr als 22.000 Personen entsprach. 1983 hatte man mit 1.995 Mio. Einwohnern fast die Zweimillionengrenze erreicht.

3.2 Städtebauliche Konzepte und Überprägung der Stadtstruktur

Die politische Wende spiegelte sich massiv wider in den gewaltigen baulichen Realisationen, den industriellen Plattformen, den neuen Stadtvierteln und Wohnensembles, den Infrastrukturausstattungen sowie den monumentalen solitären Gebäuden für Politik, Bildung, Kultur, Wissenschaft etc. Gerade Straßen, die Magistrale und uniforme Wohnblocks entsprachen dabei den Grundvoraussetzungen der neuen sozialistischen Zukunft. Individual- und Privathäuser standen im Widerspruch zur kollektiven Natur der neuen Gesellschaft. Reduzierung des Pendlerverkehrs, autarke Stadtteile, die sinnvolle Zuordnung von Funktionen und höhere Grünflächenanteile sollten traditionell bestehende Probleme in der Stadt lösen und die Lebensqualität der Bevölkerung steigern.

Durch diese Eingriffe und Veränderungen hatte sich die bis dahin vorhandene Stadtstruktur völlig umgekehrt. Bukarest entwickelte sich nun konzentrisch, in alle Himmelsrichtungen nahezu gleichmäßig. Die dicht besiedelten Bezirke der Innenstadt gerieten dabei gegenüber den Außenbezirken der ehemaligen dörflichen Stadtregion ins Hintertreffen, die sich zu peripheren Wohngebieten entwickelt hatten. Dichte, aber nicht geschlossene Wohnbebauung in Form der neu entstandenen Stadtviertel sowie das Vorhandensein industrieller Plattformen prägten nun diesen äußeren Bereich. Strenge Gebäudeformen und ein hierarchisiertes Dienstleistungsnetz verdrängten vollständig das bis dahin lebendige, organisch gewachsene ‚Wirrwarr‘ der ehemaligen „mahala-Region". Der demographische Schwerpunkt hat sich vom Stadtzentrum an die Peripherie verlagert.

Der in seiner Masse imponierende Städtebau hatte nicht nur die Versorgung der Bevölkerung mit Wohnraum, sondern auch erzieherische bzw. ideologische Aufgaben zum Ziel. Klassenunterschiede sollten u. a. durch die Nivellierung der baulichen und architektonischen Gestalt eliminiert werden. Der Stadtraum sollte gerade die aus ländlichen Regionen migrierenden Einwohner zu sozialistischen Menschen erziehen, die keinen individuellen Lebensstil, sondern ein Leben in der Gemeinschaft führen sollten. Die Persönlichkeit und das Kollektiv sollten durch die neuen Wohnformen eine Einheit werden. Nach einer Reihe von kleineren Experimenten, u. a. im Bezirk Băneasa im Norden der Stadt, entstanden beginnend mit den 1970er Jahren die neuen Stadtviertel Drumul Taberei, Ghencea, Giuleşti-Crângaşi, Bucureştii Noi, Colentina-Fundeni, Baltă Alba-Titan, Berceni und Ferentari-Alexandria. Sämtliche dieser Viertel verfügten über Einwohnerzahlen zwischen 100.000 und 250.000, die sich in der Gegenwart bis auf ca. ca. 450.000 Einwohner (Balta Albă-Titan) weiterentwickelten (vgl. Abb. 2).

Abbildung 2: Industrieregionen und Wohnviertel im gegenwärtigen Bukarest (VOSSEN 2004)

Der sich unter sozialistischen Vorzeichen entwickelnde Städtebau war dabei im Grunde keine Neuerfindung, sondern fußte — zumindest in seiner Ausgangsform — auf dem modernen Städtebau, der seine Artikulation schon 1933 in der „Charta von Athen" fand, die eng verbunden mit dem Namen Le Corbusier ist. Mit Le Corbusier entwickelten sich die Vorstellungen einer modernen Stadt, die im krassen Gegensatz zu den bis dahin vertretenen Idealen der kompakten Stadt mit einer kontinuierlich geschlossenen Straßenfront standen.

Vergleichbare Leitideen wurden auch für die Planungen für die Entwicklung Bukarests aufgegriffen. Betrachtet man in einigen Auszügen die Grundsätze und Ziele der „Charta" etwas näher, so werden Parallelen zu den Grundlagen der ,sozialistischen' Planungen deutlich. Gefordert wurden zum Beispiel:

- Erhöhung der Wohndichte mit Hilfe von Hochbauten,
- Errichtung weit auseinander liegender Hochbauten mit dazwischenliegenden Freiflächen,
- Rationelle Ausstattung der Viertel mit Anlagen für Spiel und Sport für Kinder, Jugendliche und Erwachsene,
- Abriss alter, ungesunder Häuserblocks und Elendsquartiere sowie ihr Ersatz durch Grünflächen,
- verstärkte Einrichtung von Parks, Sportanlagen, Stadien, Strandbädern etc.,
- Trennung der Industriezonen von den Wohngebieten durch Grünzüge,
- Einrichtung guter Verkehrsverbindungen zwischen der Innenstadt und den Wohnvierteln,
- Klassifizierung der Verkehrsstraßen gemäß ihres Charakters sowie ihrer Belastung und Funktion (Wohnstraßen, Durchgangsstraßen, Hauptverkehrsstraßen),
- Erhaltung historischen Erbgutes sofern dies einem allgemeinen Interesse entspricht und gesunden Lebensbedingungen der Bevölkerung nicht entgegensteht (HILPERT 1988).

Verursacht durch die vergleichbaren schlechten Lebensbedingungen in vielen Großstädten, welche ihrerseits durch die zu große Bevölkerungsdichte in den historischen Kernen und in Stadtgebieten industrieller Expansion des 19. Jahrhunderts entstanden waren, fanden diese Forderungen sowohl europaweit als auch in Bukarest ihre Befürwortung.

3.3 Der „große Baustil" der europäischen Moderne als Leitidee der sozialistischen Stadtplanung

Es entstand das Konzept der funktionsentmischten Stadt, welches stark auf den Massenverkehr ausgerichtet war, der im Gegensatz zur linearen Erschließung der öffentlichen Verkehrsmittel nun auch die Fläche erschließen und so zu einer neuen Vorstellung der Raumorganisation führen konnte. Die Trennung der verschiedenen Funktionen Arbeiten, Wohnen, Verkehr und Freizeit wurde bestimmend und sollte so wenig wie möglich durch Kompromisse eingeschränkt werden. Nutzungen von Vorder- und Hintergebäuden und die Mischungen von Funktionen wurden aufgegeben. Anstelle eines städtischen Kontinuums entstand das Leitbild der gegliederten und aufgelockerten Stadt, die ihre Wohngebiete in die Randbereiche verlegte, aber dort mit einer vertikalen Ausdehnung der Gebäude eine hohe Bevölkerungsdichte erreichte. War in vorhergehenden Jahrhunderten das additive Prinzip schon intensiv angewandt worden, setzte es sich hier in moderner Art und Weise fort. Nur in den älteren, zentralen Regionen der Stadt erhielt sich durch die entlang der Straßen praktizierte Paraventbebauung, welches das „Durcheinander" der dahinter liegenden Viertel sollte, eine geschlossene Straßenfront.

Daneben griff man in der Stadtplanung mit der Einrichtung von monumentalen öffentlichen Gebäuden an Plätzen und am Ende von Sichtachsen sowie mit der Einrichtung von Magistralen auf üppige Raumkonzeptionen des „Großen Baustils" zurück, wie er aus dem 18. und 19. Jahrhundert bekannt war. Auch wenn man dies nicht wahrhaben wollte, schloss man damit unter einem anderen Namen nahtlos an den Städtebau der Europäisierung an. Die sozialistische Stadtästhetik Bukarests gestaltete und kontrollierte den öffentlichen Raum und damit das öffentliche Leben. Die Magistrale als festgefügter Straßenraum mit nebeneinanderstehenden, geordneten Gebäudekomplexen war eine gleichförmige, formenstrenge und großräumige Komposition, die wie der öffentliche Raum im

Abbildung 3: Paraventbebauung. Piaţa 30 Decembrie (GUSTI 1965)

18. Jahrhundert zum Ausdruck einer höheren, diesmal jedoch sozialistischen Ordnung wurde. Weitläufige, beeindruckende Sichtachsen ohne Verhältnis zu den traditionellen städtischen Strukturen wurden in die Stadt eingeschnitten. In den „Wohnhausparavents" der Magistralen wiederholte sich die inszenierte, verhüllende Architektur des Boulevards (vgl. Abb. 3). Das „steinerne Gedächtnis" der Stadt sollte auf diese Weise, bis zu ihrer endgültigen und vollkommenen Umwandlung, verdeckt werden. Dahinter führten jedoch noch viele Menschen weiterhin ihr einfaches Leben in den kleinen einstöckigen Häusern der ehemaligen „mahala"-Region und entzogen bzw. widersetzten sich dem neu angestrebten Menschenbild. Hier versuchten sie, soweit dies in einem gut durchorganisierten Überwachungsstaat überhaupt möglich war, wie in vorherigen Jahrhunderten unbehelligt von der „Geschichte" zu leben. Sie mussten sich jedoch ähnlich wie die Menschen in den Jahrhunderten zuvor, als geduldige Menge, als Statisten versammeln, wenn die politische Führungselite einen öffentlichen Rahmen brauchte. Dieser wurde vor allem durch die vorhandenen oder neu geschaffenen Plätze geschaffen. Sie waren programmatische Bekenntnisse, eine Demonstration staatlicher Macht und Autorität.

Einschränkungen und Probleme traten schon in der frühen Zeit des neuen, einseitigen Leitbildes auf. Der Massenwohnungsbau schaffte zwar schnell eine große Anzahl von guten Wohnräumen, und das war in den 1950er Jahren mehr als notwendig, er konnte aber ansonsten der Bevölkerung nicht viel bieten. Die neu errichteten Wohnanlagen waren von der Innenstadt durch Verkehrsachsen abgetrennt, das unmittelbare Umfeld war von einer mangelhaften Infastruktur geprägt: Geschäfte, in denen Waren fehlten, Gasthäuser die für die Bewohner unbezahlbar waren sowie ein öffentlicher Raum, der von verwarlosten Grünflächen um die Gebäudekomplexe geprägt war. Die isolierte, schematische Verteilung der Gebäude, die funktionelle Einseitigkeit und die mangelnde Funktionstüchtigkeit führten zu Identifizierungsproblemen und wurden als alltägliche Belastung und ästhetischer Missgriff erlebt.

Die sozialistische Überformung der Stadt überzog Bukarest mit einem neuen Raster, welches die vorhergehende Europäisierung in ihrem Überformungsumfang bei weitem übertraf, aber noch nicht vollständig transformierte. Die Wandlungen konzentrierten sich vor allem auf die Peripherie und einige große Radialen, während die Innenstadt noch in großen Teilen unangetastet blieb. Dies änderte sich jedoch sprunghaft mit dem Erdbeben von 1977, das viele rumänische Städte und ganz besonders Bukarest heimsuchte.

4. Totalitarismus – die zerstörte Innenstadt

Im Verlauf der Regierungszeit Ceaucescus (1967-1989) verstärkten sich die negativen Auswirkungen der verfehlten Wirtschaftpolitik in Rumänien. Produkte und Nahrungsmittel wurde rationiert und es herrschte vor allem in den Städten in allen Bereichen großer Mangel. Aufgrund eines drückenden Energiemangels wurde das Straßenlicht in den Dörfern vollständig heruntergefahren, und im städtischen Raum konnten nur noch – wie vor 200 Jahren – die Hauptstraßen teilweise beleuchtet werden. Für die Wohnungen, die ohnehin schon eine schlechte Isolierung aufwiesen, wurde eine Zimmertemperatur von 16 Grad festgesetzt, die nicht überschritten werden durfte, und auch den Stromverbrauch schränkte man ein. Die Glühbirnen durften 25 Watt nicht überschreiten. Viele Betriebe mussten wegen mangelnder Energie- und Materialversorgung ihre Produktion phasenweise einstellen.

Wie Zynismus musste es erscheinen, dass um Ceaucescu – im Gegensatz zu den miserablen gesellschaftlichen und wirtschaftlichen Verhältnissen – ein ungeheuerlicher Personenkult aufgebaut wurde. Der Generalsekretär ließ sich als ‚Größter der rumänischen Fürsten‘ und ‚Genius der Karpaten‘ verehren. Schriftsteller, Musiker und Künstler hatten ihren Beitrag zur Verherrlichung des „Conducătorul", des Führers, beizusteuern. Ceaucescu wurde mit mythischen Qualitäten ausgestattet. Nahezu täglich änderte man seine Biographie im Interesse seiner Glorifizierung, und sein Geburtstag hatte längst die gleiche Wertigkeit wie die großen offiziellen Feiertage erreicht (Treptow 1996).

Hatte Ceaucescu vor dem Erdbeben noch einen gewissen Respekt vor den bestehenden innerstädtischen Strukturen Bukarests gezeigt, wurde es nach dem Erdbeben von 1977 zum erklärten Ziel, die traditionelle städtische Architektur nahezu vollständig zu ersetzen. Es entwickelten sich seine Ideen von einem kollossalen politisch-administrativen Zentrum für Bukarest. Hierbei sollte ein latentes Strukturprinzip der Architekturgeschichte, nämlich die Schaffung von „überbietender" Architektur, auf die Spitze getrieben werden. Wie es für totalitäre Regime der Vergangenheit durchaus üblich war, wurden dabei vorhandene ‚baupolitische Tatsachen‘, Kirchen, Repräsentationsgebäude, ja sogar Oberflächenformen, durch Gegenbauten neutralisiert, verdeckt oder abgetragen.

Betroffen war ein Gebiet im Herzen der Stadt von ca. 4,5 km Länge und 500 bis 2.500 m Breite. 1984 begann die radikale Demolierung in den zentralen und traditionellen Wohnbezirke Bukarests, von denen sich die Stadt bis heute nicht erholen konnte. Ohne jede Rücksicht auf die existierende

Bebauung verwirklichte man eine zentrale Sichtachse im absolutistischen Stil. Alles, was den neuen Strukturen im Wege stand, wurde dem Erdboden gleichgemacht. Der Innenstadtbereich ähnelte einer Stadt nach einem Bombenangriff. Rund 20-25% der Fläche der Innenstadt und mit ihnen eine der ältesten Bezirke der Stadt verschwanden innerhalb weniger Jahre spurlos von der Erdoberfläche (VOSSEN 2004).

An ihre Stelle traten neue Symbole monumentaler Machtdemonstration mit einer deutlichen politischen Ikonographie. Kern und dominierendes Element ist das Haus des Volkes (Casa Poporului), mit dessen Bau ca. 70.000 Arbeiter beschäftigt waren. Vom Palast ausgehend, erstreckt sich Richtung Osten eine lange Pracht- bzw. Paradestraße an, die mit großzügigen Baumreihen, Wasserfontänen und breiten Gehwegen ausgestattet ist (vgl. Abb. 4).

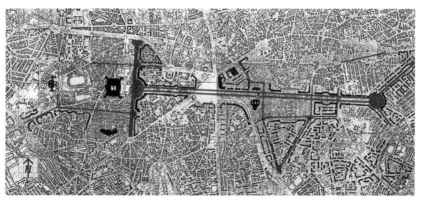

Abbildung 4: Die neue Sichtachse verlief ohne Rücksicht auf die bestehenden Strukturen (UNIUNEA ARCHITECTILOR DIN ROMANIA 1995)

Die neuen Strukturen waren ausschließlich von Ceaucescu unberechenbarem Willen geprägt. Wie kaum ein anderer Machthaber vor ihm, hat er an die Bedeutung und die Aussagekraft von gebauten Strukturen geglaubt und seine Vorstellungen in der Stadt verwirklicht. Nach den großen Eingriffen im 19. Jahrhundert und der sozialistischen Transformation im 20. Jahrhundert erschien mit diesen brutalen Einschnitten in relativ kurzer historischer Zeit ein dritter Einfluss, der dem direkten Stadtzentrum einen totalitären Stempel aufdrückte. Es hatte sich schon bis zu den 1970er Jahren deutlich gezeigt, dass die Bauten vorheriger Machthaber bzw. Bauherren übertrumpft werden sollten und mussten. In diesem neuen Abschnitt jedoch wurden nicht nur Bauten übertroffen, sondern weiträumig und gezielt vernichtet. Dabei galt der Angriff nicht allein der morphologischen Struktur der Stadt. Sie war „nur" der äußere Rahmen des eigentlichen Ziels. Hier sollte ganz offensichtlich Vergangenheit, bis hin zu archäologischen Schichten, ausgelöscht werden. Die Respektlosigkeit und Feindschaft gegenüber der Tradition und Geschichte machte vor nichts und niemandem Halt und wurde besonders deutlich in den Veränderungen des neu entstehenden Zentrums.

Bei der Neuplanung der Innenstadt Bukarests als Repräsentationsstätte der Macht hatten Fragen der Stadtplanung, wie Verkehrs- oder Versorgungsprobleme, keine Bedeutung. Ceauceşcus Leidenschaft für monumentale Bauten ließ ihn „banalen" Fragen vollkommen gleichgültig gegenüberstehen. Das neue politisch-administrative Zentrum, welches regelrecht in die bestehenden Viertel und Straßen „implantiert" ist, hat daher aus Sicht der bestehenden konzentrischen Stadtstruktur zu einem unfunktionalen Riss zwischen traditionellen Straßen und Boulevards geführt und wirkt wie ein Fremdkörper (VOSSEN 2001). In west-östlicher Richtung der Hauptstadt ausgerichtet, unterbricht es wichtige gewachsene Straßenstrukturen, die sich über Jahrhunderte in nord-südlicher Richtung ausgebildet hatten.

5. Die Neuorientierung vor der Jahrtausendwende

Innerhalb der Bukarester Stadtplanung mußte nach dem politischen Umsturz eine Neuorientierung stattfinden. Aufgrund der anhaltenden Finanzknappheit konzentriert sich die Stadtplanung heute auf die notwendigsten Maßnahmen, die teilweise noch an ältere Planungsgrundlagen anknüpfen. Hierzu gehören vor allem die Weiterführung der angefangenen Wohnbauprojekte, sie wurden kontinuierlich zu Ende geführt.

Neben den städtischen Arbeiten entwickelte sich nach 1989 ein großer Baudruck durch private Investoren. Da ein Masterplan für die Stadt noch nicht existierte, mussten viele Projekte vor dem Hintergrund kleinräumiger Detailpläne entschieden werden. Der jeweilige Bauträger musste in diesem Fall einen Plan seines Bauvorhabens vorlegen, in dem die bauliche Umgebung integriert sein sollte. Von Seiten der Stadt wurden dann auf dieser Grundlage — jeweils von Fall zu Fall — Änderungen gefordert oder Baugenehmigungen erteilt (VOSSEN 2004). Der Nachteil dieser Genehmigungspraxis lag in der Gefahr, dass aufgrund von Entscheidungen auf der Mikroebene eine unzusammenhängende, funktional nicht sinnvolle Stadtstruktur entsteht. Gebäude des Dienstleistungssektors findet man auf diese Weise unter Umständen nicht in der dafür vorgesehenen Innenstadt, sondern z. B. in einem Übergangsbereich, wo gerade zufällig ein freies Grundstück für die Erschließung zur Verfügung stand.

Hinzu kam, dass Baumaßnahmen häufig auf politischen Druck an den bestehenden Planungsgesetzen vorbei im Interesse der Einwerbung von Investitionen genehmigt wurden. Die verantwortlichen Architekten der Stadt, die eine funktionierende Stadtstruktur realisieren wollten, hatten hier meist keine Chance, ihre Vorstellungen durchzusetzen. Eine weitere Variante dieser Phase Bukarester Stadtentwicklung stellten auch die illegalen Bauprojekte dar, die oftmals ungeahnte Ausmaße annahmen. Bezeichnendes Beispiel war ein Großhandel, der gegen Ende der 1990er Jahre ohne Baugenehmigung ein Gelände für 800 Firmen mit ca. 7.500 Angestellten errichtete.

Abbildung 5: BANKOREX – die symbolträchtige neue Stadtkrone von Bukarest (VOSSEN 2004)

Für den unangetastet gebliebenen Teil des Innenstadtbereiches standen ab 1990 Maßnahmen zur repräsentativen Umgestaltung der Stadt durch private wie auch öffentliche Investitionen im Vordergrund. Sie sollen den schnellen Anschluss Bukarests an den Entwicklungsstand einer internationalen Metropole demonstrieren. Hierzu gehört u. a. das im internationalen Stil erbaute Hochhaus der damals bedeutendsten rumänischen Bank BANCOREX, welches – gewollt oder ungewollt – die symbolträchtige Stadtkrone Bukarests bildete. Deutlich wird dies vor allem auch im Bereich des tertiären Sektors, der bei der Umwandlung der gesellschaft-

lichen und wirtschaftlichen Strukturen in den Ländern Ost- und Südosteuropas aufgrund seiner nur geringen „Altlasten" am schnellsten auf
die neuen Bedingungen reagieren konnte. Mit einer Vielzahl von Neugründungen höherwertiger Ladengeschäfte mit attraktiven Schaufenstern,
Ladeneinrichtungen und einem guten Warenangebot wird der Innenstadtbereich deutlich aufgewertet. Leuchtreklamen und Werbeflächen bestimmten immer mehr den Zentrumsbereich. Der traditionelle, architek-
tonisch anspruchsvolle Baubestand wurde ansprechend renoviert, und
Fußgängerregionen wurden nach modernem Muster durch bauliche Maßnahmen vor dem in Bukarest oft als aufdringlich empfundenen ruhenden
Verkehr geschützt. Aber auch in den Außenbereichen Bukarests entstanden
neue Bauvorhaben, die sich als Residenzparks vollkommen am westlichen
Muster der Einfamilienhaussiedlungen orientieren und eine neue „erneute"
Blickrichtung gen Okzident manifest werden lassen. Durch die neuen
klaren Formen sollte die neue Geisteshaltung der Marktwirtschaft mit ihren
ökonomischen und rationalen Vorstellungen aufgegriffen werden. Überall
deutete sich sehr schnell die Übernahme westeuropäischer Stadtmuster im
Verhältnis 1:1 an.

Dies galt auch für das historische Stadtzentrum, das durch die Bau-
aktivitäten des Diktators vollkommen zerschnitten und in weiten Bereichen
umgewandelt und zerstört worden war. Ein europaweit beachteter städtebaulicher Wettbewerb sollte hier Abhilfe schaffen und die Stadt mit den
Notwendigkeiten einer zukünftigen europäischen Großstadt ausstatten.

Entsprechend den Vorschlägen des Wettbewerbsgewinners, eines
deutschen Architekturbüros, soll der betroffene Bezirk nicht vollkommen
umgestaltet werden. Der Palast und die Achse Bulevardul Unirii bleiben
als historisches Erbe bestehen. Aus diesem Grund sollen die baulichen Tatsachen, die entstandene Sichtachse und die sie flankierenden monumentalen Gebäude erhalten bleiben. Die Wiederherstellung urbaner Qualität sollte nach diesem Entwurf nicht durch weitere Abrissmaßnahmen,
sondern vor allem durch die Addition neuer städtebaulicher Elemente erreicht werden (Von Gerkan, Marg und Partner 1996). So entsteht unter
anderem eine moderne Sykline, welche die Wunden einer despotischen
Stadtentwicklung zurückdrängen soll und an moderne, westliche Entwicklungen anschließt. Der städtische Raum Bukarests befand sich am
Ende des 20. Jahrhunderts damit ganz im Fahrwasser des westeuropäischen
Urbanismus.

Literatur

BLAGA L. (1982), Zum Wesen der Rumänischen Volksseele. Bucureti.

CĂLINESCU G. (1998), Die nationale Eigenart. In: BOTEZ V., MIHĂESCU, ŞARAMBEI N. (Hrsg.), Wer sind die Rumänen? S. 141-159. Bukarest.

ELIADE M. (1992), The Romanians. A Concise History. Bukarest.

ELIADE M. (1990), Profetism Românesc, 1. Itinerariu spiritual. Scrisori către un provincial. Destinul culturii româneşti. Bukarest.

GEORGESCU V. (1984), Istoria Românilor. De la origini până în zilele noastre. (=American Romanian Academy of Art and Sciences Publications, IV). Oakland.

GIURESCU C. C. (1966), Istoria Bucureştilor din cele mai vechi timpuri pîn în zilele noastre. Bukarest.

GUSTI G.(1965), Arhitectura în România. Bukarest.

HARTUNG K. (1977), Corso-Avenue-Boulevard. Die Utopie des Boulevards. In: SIEDLER VERLAG (Hrsg.), Boulevards: die Bühnen der Welt. Berlin.

HILPERT T. (Hrsg.) (1988), Le Corbusiers ‚Charta von Athen'. Texte und Dokumente. Braunschweig, Wiesbaden.

INSTITUL CENTRAL DE STATISTICA (1948), Populaţia şi clădirile municipiului Bucureşti în 1948. Bukarest.

IORGA N.(1972), Bizanţ după Bizanţ. Bukarest.

KRAUS H. (1896), Rumänien und Bukarest. Leipzig.

KUNISCH, R. (1861), Bukarest und Stambul. Skizzen aus Ungarn, Rumänien und der Türkei. Berlin.

SFÎNŢESCU C. (1932), Pentru Bucureşti. Noi studii urbanistice. Delimitări, zonificare, circulaţie, estetică. Bukarest.

TREPTOW K. (Hg.) (1996), A History of Romania. Iaşi.

VÖLKL E. (1995), Rumänien. Vom 19. Jahrhundert bis in die Gegenwart. Regensburg.

VON GERKAN, MARK UND PARTNER (Architekturbüro) (1996), Wettbewerbsbeitrag Bucureşti 2000 – Erläuterungsbericht (unveröffentlicht). Hamburg.

UNIUNEA ARCHITECŢILOR DIN ROMÂNIA (Hrsg.) (1995), Concurs Internaţional de Urbanism — Bucureti 2000. Bukarest.

VOSSEN J. (2004), Bukarest – Entwicklung des Stadtraums. Berlin.

VOSSEN J. (2001), Bukarest: Rumäniens Hauptstadt im Übergang zum 21. Jahrhundert. In: Geographische Rundschau, 11, S. 18-22.

DANIEL GÖLER, HOLGER LEHMEIER

BELGRAD – PERIPHERE METROPOLE IM EUROPÄISCHEN STÄDTESYSTEM?

Einleitung

„Belgrade is unique, not only because of its ideal site on two rivers, but also because it represents a synthesis of several metropolises."
(ALBERTO MORAVIA 1968, zit. nach: GAŠIĆ 2010, S. 235)

Es dürfte neben der Höflichkeit des geladenen Gastes auch der Beobachtungsgabe des Literaten Alberto Moravia geschuldet sein, dass er Belgrad bei einem offiziellen Besuch 1968 – verkürzt und frei wiedergegeben – als eine einzigartige Synthese unterschiedlicher Metropolen charakterisierte. Hinsichtlich der Stadttopographie Belgrads muss dazu gar nicht das Bild des Palimpsests bemüht werden, welches auf die Überprägungen eines städtischen Gefüges durch die Einflüsse unterschiedlicher Epochen hinweist und die städtische Morphologie quasi über ein historisches Schichtenmodell erklärt. Solche Überformungen sind eine Regelhaftigkeit für eine so bedeutende Metropole mit einer Jahrhunderte langen und wechselvollen Historie, wie das in Belgrad der Fall ist.

Vielleicht ist es sogar das Besondere an Belgrad, dass jener mehrfache Wandel aus heutiger Sicht gar nicht unbedingt an ‚Überprägungen' im engeren Sinn festzumachen ist, sondern eher an gezielt vollzogenen Auslöschungen bestehender Strukturen und additiven Entwicklungen aus unterschiedlichen Epochen sichtbar wird. So erinnert in Belgrads Altstadt – und spätestens hier hat Moravia Recht – nur sehr wenig an das osmanische Erbe. Vielmehr dominiert dort heute eine Architektursprache, die unschwer an die städtebaulichen Vorbilder Wien, Paris oder Berlin erinnert. Dazu treten sozialistische Bauten sowie Gestaltungselemente, die dem Kontext einer ubiquitär verbreiteten, postmodernen Stadtgestaltung des Globalisierungszeitalters zuzuordnen sind.

Über die aus der Zeit der vorletzten Jahrhundertwende stammenden Anlehnungen hinaus sollen hier sowohl ältere als auch jüngere Stadtentwicklungsphasen thematisiert werden. Der Analyserahmen beinhaltet genetische und funktionale Bezüge: Neben der historischen Begründungstiefe ist es Aufgabe eines stadtgeographischen Portraits der ‚weißen Stadt‘, schwerpunkthaft die jüngsten sozio-ökonomischen Transformationsprozesse an ausgewählten Exempeln aufzuarbeiten und darüber hinaus Fragen der funktionalen Positionierung der 1,75-Millionen-Balkanmetropole Belgrad im europäischen Städtesystem nachzugehen.

1. Stadtwerdung und Stadtentwicklung Belgrads in wechselnden Kontexten

1.1 Urbane Traditionen bis ins 20. Jahrhundert

Für den überwiegenden Teil seiner Geschichte und bis in das 20. Jahrhundert hinein war Belgrad eine Grenzstadt zwischen Orient und Okzident. Die Höhen rechts des Flusses Save unmittelbar vor seiner Mündung in die Donau dienten schon in der Antike als Standort für eine Festungsanlage. Die Flüsse stellten auch eine Zeit lang die Grenzlinien zwischen den imperialen Mächten der Region, Österreich-Ungarn und dem Osmanischen Reich dar. Während das Habsburgerreich des 18. Jahrhunderts am linken Saveufer mit der Grenzstadt Zemun endete, fand sich mit Belgrad eine Grenzbefestigung der ‚Europäischen Türkei‘ am jenseitigen Ufer. Die Festung Kalemegdan, deren heutiger Name aus der osmanischen Periode übernommen wurde, gilt als der wesentliche Siedlungskern der Stadt Belgrad. Über die Jahrhunderte war die Befestigung, von der aus weite Talgebiete im Übergangsbereich zur pannonischen Tiefebene kontrolliert werden konnten, oft umkämpft, wechselte mehrmals die Besitzer und wurde fortwährend erneuert und nach Zerstörungen wieder aufgebaut.

Zu Beginn des 19. Jahrhunderts führte eine Serie von Aufständen zur schrittweisen Herauslösung Serbiens aus dem imperialen Verbund des Osmanischen Reichs und schließlich gegen Ende des Jahrhunderts zur Unabhängigkeit. In diese Zeit fällt die eigentliche Stadtwerdung Belgrads, das um 1800 eine ärmliche und unbedeutende osmanische Provinzstadt, aber immerhin der größte zentrale Ort einer ländlich geprägten Region war. Erst die 1841 vorgenommene Ernennung zur serbischen Hauptstadt zog eine umfangreiche städtebauliche Erneuerung nach sich. Die ersten Masterpläne für Belgrad von 1867, 1878 und 1893 orientieren sich zunächst stark an österreich-ungarischen Vorbildern. Nach der Jahrhundertwende kamen die wesentlichen Einflüsse aus Frankreich (DAMLJANOVIĆ CONLEY 2010, S. 45f.).

Spätestens seit der vollständigen Unabhängigkeit Serbiens und der Gründung des Königreichs Serbien (1882-1918) hatte der Bruch mit der osmanischen Vergangenheit oberste städtebauliche Priorität. Ähnlich wie im gesamten post-osmanischen Raum Südosteuropas stand die Zeit zwischen Nationalstaatsgründung und Erstem Weltkrieg im Zeichen der Ent-Orientalisierung bzw. Europäisierung (HÖPKEN 2010, S. 73f.). Diese gesellschaftlichen Neuorientierungen zeigten sich v.a. in den umfangreichen Umgestaltungen der Hauptstädte. Neben Bukarest und Sofia kann Belgrad als ein für diese Prozesse typisches Beispiel gelten. Die zuvor zahlreichen Moscheen mussten orthodoxen Kirchengebäuden weichen. Axiale Straßengrundrisse, Parkanlagen und steinerne, z.T. mehrgeschossige Wohngebäude verdrängten schnell und gründlich alle Überbleibsel der osmanischen Stadt.

Währenddessen stieg die Einwohnerzahl rasch an. Aus den 25.000 Einwohnern von 1866 waren 1914 etwa 100.000 geworden. Zunächst wurde das Bevölkerungswachstum ebenfalls als Zeichen des Fortschritts gesehen. Schnell zeigten sich aber erhebliche Probleme, vor allem in den rasch und ungeplant wachsenden Außenbezirken, die dennoch die allgegenwärtige Wohnungsnot nicht beheben konnten. Der Großteil der Stadtbevölkerung lebte in desaströsen hygienischen Bedingungen und äußerst beengten Wohnverhältnissen. Folglich galt Belgrad um die Jahrhundertwende als eine der am stärksten von Tuberkulose betroffenen Städte der Welt (MIŠKOVIĆ 2008, S. 306).

Die Balkankriege und vor allem der Erste Weltkrieg stellten wichtige Einschnitte für die Belgrader Stadtentwicklung dar. Zunächst stoppte die unsichere ökonomische und politische Situation die Verwirklichung des 1912 durch den französischen Städteplaner Alan Chambon erstellten Masterplans (DAMLJANOVIĆ CONLEY 2010, S. 52). Deutlich gravierender wogen die schweren Kriegsschäden durch österreichische und deutsche Truppen, die die Stadt mehrmals besetzten (HIRT 2009, S. 294).

In der Zwischenkriegszeit wurde die Tradition Belgrads als Kapitale und Steuerungszentrum fortgeführt und erweitert. Die Hauptstadt des Königreichs der Serben, Kroaten und Slowenen und später des Königreichs Jugoslawien wurde als Sitz einer neuen imperialen Macht inszeniert, die das Machtvakuum des untergegangenen Österreich-Ungarn und des Osmanischen Reichs ausfüllte. Die monarchischen Machthaber griffen wiederum aktiv in städteplanerische Prozesse im inneren Stadtbereich ein und setzten auf monumentale Architektur. Indes nahm die Bevölkerungszahl weiter rapide zu und überstieg um 1935 bereits 315.000 (DAMLJANOVIĆ CONLEY 2010, S. 53).

Der Zweite Weltkrieg bedingte abermals erhebliche Zerstörungen in der Stadt. Ein Bombardement der deutschen Luftwaffe und die nachfolgenden Brände vernichteten Hunderte von Gebäuden, darunter das Neue Schloss und die Nationalbibliothek. Im späteren Verlauf des Krieges wurde Belgrad bis Ende 1944 von deutschen Truppen besetzt (HIRT 2009).

1.2 Belgrad im Sozialismus

Die wesentliche städtebauliche Aufgabe der späten 1940er und frühen 1950er Jahre war daher der Wiederaufbau der kriegszerstörten Strukturen. Im kommunistischen Jugoslawien setzte sich der Einwohnerzuwachs weiter fort. In seiner Funktion als Hauptstadt übte Belgrad weiterhin eine beträchtliche Sogwirkung auf den gesamten jugoslawischen Raum aus, die auch viele nicht-serbische Migranten in die Stadt brachte. Zudem gab es ein hohes natürliches Bevölkerungswachstum. Im Zuge des rasanten Bevölkerungsanstiegs wurde schon Mitte der 1960er Jahre die Millionengrenze erreicht. 1991 hatte Belgrad 1,6 Mio. Einwohner (HIRT 2009, S. 294ff.).

Der enorme Wohnungsbedarf in der frühen sozialistischen Zeit war ein drängendes Problem, was zu einem umfangreichen Stadtentwicklungsprojekt auf den bis dato wenig bebauten Bereichen westlich der Save führte. Dort, in Novi Beograd, sollte zunächst ein repräsentatives Regierungsviertel entstehen; ab 1948 errichtete man auch einige Verwaltungsgebäude. In Anbetracht der anhaltenden Wohnungsnot wurde dann ab 1960 schwerpunkthaft Wohnraum geschaffen, zunächst Quartiere für etwa 250.000 Einwohner. Bei den Planungen dienten die im sozialistischen Städtebau üblichen Mikrorayons als Grundeinheiten. Pro Einheit wurden in Novi Beograd Wohnungen für jeweils 6.000 Menschen einschließlich aller für das tägliche Leben notwendigen Läden und Dienstleistungen geschaffen. Entlang einer zentralen Achse wurden wichtige Gebäude politischer, kultureller und sozialer Institutionen angeordnet.

Das Prestigeprojekt Novi Beograd stellt trotz wesentlicher Elemente der sozialistischen Stadt (FRENCH & HAMILTON 1979) kein typisches Beispiel für sozialistische Stadtentwicklung dar, was vor allem auf die vergleichsweise gute wirtschaftliche Lage Jugoslawiens und die weltweite Vernetzung der einheimischen Architekten zurückzuführen ist. So war die Ausstattung mit Dienstleistungseinrichtungen exzellent und die architektonische Gestaltung hob sich deutlich von der anderswo üblichen, extremen Monotonie sozialistischer Großbauprojekte ab (BLAGOJEVIĆ 2004).

1.3 Die jugoslawische Transformation

Im Gegensatz zu anderen ehemals kommunistischen Staaten lässt sich der Eintritt ins post-sozialistische Zeitalter für Serbien nur schwer fixieren. Ein eindeutiges symbolisches Wendeereignis – man denke an Rumänien und die spektakuläre Liquidation des Ehepaares Ceaucescu Ende 1989 – fehlt in Serbien. Das gilt auch im formalen Sinn, wo im Falle der Sowjetunion oder der DDR der Beginn post-sozialistischen Ära sogar durch einen konkreten verfassungsrechtlichen Akt markiert wird. Der Ausgangspunkt für die Transformationsprozesse in Jugoslawien kann dagegen mit den Zerfallskriegen nach 1991 in Zusammenhang gebracht werden. In der Folge prägten v.a. „neue institutionelle Arrangements" (VUJOŠEVIĆ & NEDOVIĆ-BUDIĆ 2006, S. 275) den gesellschaftlichen Alltag. Politische oder volkswirtschaftliche Reformen in Serbien – als Nachfolger Jugoslawiens – blieben in den 1990er Jahren allerdings auf ein Minimum beschränkt. Wird der Transformationseintritt dann auf den Sturz des langjährigen Präsidenten Slobodan Milošević im Jahr 2000 bezogen, so bedeutet das im Vergleich zum übrigen Ost- und Südosteuropa einen zehn Jahre späteren Beginn der politischen, gesellschaftlichen und wirtschaftlichen Veränderungsprozesse. Während sich die Transformationsländer Ostmitteleuropas neu positionierten, waren die 1990er Jahre für Serbien eine verlorene Dekade, die zudem mit erheblichen Entwicklungsblockaden verbunden war. Neben Kriegsbeteiligungen und NATO-Bombardements 1999 ist v.a. das UN-Embargo zu nennen, welches dem an sich hohen internationalen Integrationsgrad Jugoslawiens nachhaltigen Schaden zufügte. Das erklärt das Paradoxon, dass die mit Abstand erfolgreichste Volkswirtschaft des sozialistischen Balkans in den vergangenen zwei Jahrzehnten den Anschluss verloren hat.

Serbien befindet sich nach wie vor in einer Phase der De-Industrialisierung. Schlüsselprobleme im sektoralen Wandel sind die großbetrieblichen und schwerindustriellen Strukturen (ZEKOVIĆ 2006, S. 166). Zwar hat die Beschäftigung im industriellen Sektor Belgrads zwischen 1988 und 2005 um 52% abgenommen (GÖLER et al. 2006, S. 113), was mehr oder weniger auch dem serbischen Durchschnitt entspricht. Dennoch herrscht immer noch ein relativ hoher Industriebesatz, d.h. der Beschäftigungsrückgang im sekundären Sektor konnte bislang kaum kompensiert werden bzw. suchte sein Ventil in der weit verbreiteten Schattenwirtschaft, die immerhin etwa 40% zum Nationalprodukt beiträgt (ZEKOVIĆ 2006, S. 167) und vorwiegend dem tertiären Sektor zuzurechnen sein dürfte.

Von den Folgen des verzögerten und diskontinuierlichen Transformationspfades erholt sich Serbien erst in den letzten Jahren. Die Einführung der Visafreiheit seitens der Europäischen Union sowie die zunehmende Akzeptanz der Perspektive einer EU-Annäherung in Serbien selbst sind deutliche Indikatoren der Re-Integration (BREY 2011).

2. Elemente post-jugoslawischer bzw. post-sozialistischer Stadtentwicklung

Belgrads Stadtentwicklung stagnierte in den 1990er Jahren: Weitgehender Stillstand, schleichende Verfallsprozesse und Kriegszerstörungen sind Resultate eines instabilen Handlungsrahmens. Mit Blick auf (stadt-) planerische Belange zählen VUJOŠEVIĆ und NEDOVIĆ-BUDIĆ diesbezüglich 13 „contextual difficulties" (2006, S. 281) von der fehlenden Legitimität von Planung im Allgemeinen bis zu Korruption und Klientelwirtschaft im Speziellen auf.

Gleichwohl lässt sich auch für die vormals jugoslawische bzw. nun serbische Hauptstadt das Diktum „Postsozialistische[r] Stadtentwicklungen zwischen nachholender Suburbanisierung und eigenem Weg" (BURDACK et al. 2001) annehmen. Das beinhaltet zwar durchaus Kernaussagen des Modernisierungsparadigmas, signalisiert jedoch zugleich die nur bedingte Zulässigkeit von Analogien mit anderen Metropolen.

Belgrad verzeichnet seit 1990 insgesamt eine leichte Bevölkerungszunahme. Jene resultiert sowohl aus einer beständigen Zuwanderung aus den ländlichen Regionen Serbiens als auch infolge der Kriegshandlungen temporär aus Flucht und Vertreibung; deren Größenordnung wird bei HIRT (2009, S. 298) mit 100.000 angegeben. Beides führte bislang zum Ausgleich der leicht negativen natürlichen Bevölkerungsbilanz (-0,13% in 2009; INSTITUTE FOR INFORMATICS AND STATISTICS 2010, S. 16), so dass die Einwohnerzahl aktuell auf 1,75 Mio. geschätzt wird. Zudem herrschen in Belgrad nach wie vor relativ beengte Wohnverhältnisse: Die durchschnittliche Wohnfläche pro Einwohner ist vergleichsweise gering, erhöht sich jedoch – ein Modernisierungseffekt – mit zunehmendem Wohlstand. Ein deshalb eigentlich zu erwartender, extrem in die Fläche ausgreifender ‚urban sprawl' blieb in Belgrad bislang allerdings mehr oder weniger aus. Die zunehmende Nachfrage nach Wohnraum kommt vielmehr in einer massiven inneren Verdichtung zum Ausdruck. Dafür drängte sich das für eine Großwohnsiedlung locker bebaute Novi Beograd auf. Dort war der Anschluss an notwendige Infrastrukturen bereits vorhanden und so konnten Wohnungen für die Zuwanderungen der 1990er besonders rasch gebaut werden. Zwischen den älteren sozialistischen Blocks finden sich heute allenthalben neuere Appartementhäuser und teilweise den bestehenden Baukörpern vorgesetzte Zeilenbebauung mit Handelseinrichtungen.

2.1 Suburbanisierung und informeller Wohnungsbau

In Belgrad hielten sich suburbane Entwicklungen, wie in anderen ‚Balkanmetroplen' auch (GÖLER & LEHMEIER 2011, S. 38), bislang in Grenzen. Offensichtlich fehlen nach wie vor die Voraussetzungen für eine massenhafte Wohnsuburbanisierung, wie demographisches und ökonomisches Wachstum oder die Zunahme des Privatvermögens und der Individualmotorisierung. Das ist in Belgrad so nicht gegeben: Die Kapitalausstattung der privaten Haushalte ist begrenzt, der Motorisierungsgrad ist – auch wenn das tägliche Straßenbild einen anderen Eindruck vermittelt – verglichen mit westeuropäischen oder gar nordamerikanischen Metropolen niedrig und die ungewisse Perspektive während der 1990er hemmte Investitionen in Immobilien. Dafür scheint städtebauliche Informalität, die u.a. aus der Schwäche der Planungsautoritäten resultiert, umso verbreiteter.

Die Grenze zwischen informell und illegal ist schwer zu ziehen. Definitiv illegal ist das Siedeln auf spontan und/oder unrechtmäßig okkupiertem Land. Bewohner informeller Siedlungen dagegen verfügen in der Regel über einen Rechtstitel über das Grundstück. Lediglich die Gebäude werden ohne Genehmigung errichtet. So unterscheidet eine Expertise bezüglich informellen Wohnens in Serbien bzw. in Belgrad (UN-HABITAT 2006, S. 11) zwischen Slum-ähnlichen Arealen und individuell errichteten, dauerhaften Bauten auf parzelliertem Land. Bei Ersteren handelt es sich in der Regel um Roma-Siedlungen, die sich meist in integrierten Lagen z.B. auf innerstädtischen Brach- oder (öffentlichen) Marginalflächen entlang von Bahnlinien und Autobahnen oder in Parkanlagen befinden. Zweitere entsprechen nach Lage und Physiognomie suburbanen ‚Eigenheimsiedlungen'. Solche umschließen ringförmig, aber diskontinuierlich das Stadtgebiet Belgrads (Abb. 1).

Das Belgrad südöstlich vorgelagerte Kaluđerica ist eine jener informellen Siedlungen im engeren suburbanen Raum der Agglomeration. Das Erscheinungsbild solcher Areale ist uniform: Die Bebauung ist stark verdichtet, dreigeschossige Einzel- oder Doppelhäuser mit kleinen Gartengrundstücken dominieren. Die schmalen Erschließungsstraßen werden, zumindest in Kaluđerica, mittlerweile von öffentlichen Buslinien bedient. Die Anbindung an technische Infrastruktur ist gegeben. Versorgungsmöglichkeiten in Form kleiner Märkte und Einkaufsläden oder Bildungseinrichtungen wie Schule und Kindergarten gruppieren sich in Subzentren. Allerdings ist gerade die soziale Infrastruktur völlig unzureichend.

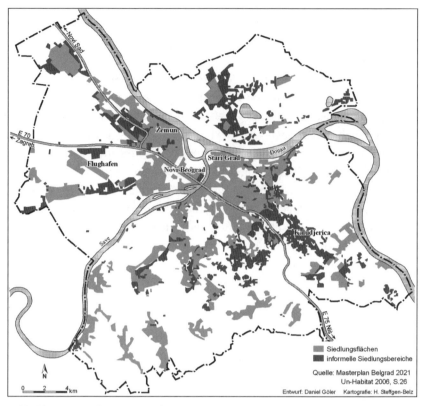

Abbildung 1: Informelle Siedlungsbereiche in Belgrad (eigene Darstellung)

Вовić (2004, S. 47) vermutet in Kaluđerica die größte informelle Siedlung Serbiens mit ca. 70.000 Einwohnern, bezieht sich wohl aber auf den gesamten südöstlichen Quadranten aus Abbildung 1, der nahezu zusammenhängend bebaut ist und in dem keine administrativen Grenzen mehr erkennbar sind. Die Einwohnerzahl von Kaluđerica, eines Teils jener „mehr oder weniger illegalen Teppichbebauung" (Вовić 2004, S. 45), wird jedenfalls mit gut 22.000 angegeben (Republički Zavod Za Statistiku 2002).

Ein signifikantes Wachstum der ehemals dörflichen Siedlung setzte in den 1960ern ein und verstärkte sich in den 1970er und 1980er Jahren; im Jahr 2000 stammte knapp die Hälfte des Gebäudebestandes allein aus den 1970ern. Das Hügelland südöstlich Belgrads wurde durch die Aufsiedlung physiognomisch und funktional sukzessive in die Agglomeration Belgrad einbezogen. Die Dynamik scheint bis heute ungebrochen.

Informeller Siedlungsbau lässt sich mit vielfältigen und teilweise spektakulären Spielarten in allen Transformationskontexten nachweisen (z.B. Becker et al. 2005; Bouzarovski et al. 2011). Hervorzuheben im (post-)

348

jugoslawischen Fall ist die tiefe gesellschaftliche Verwurzelung informellen Wohnens, welches dort kein neues Phänomen ist, sondern auf eine lange Tradition zurückblickt. So berichtet bereits BÜSCHENFELD (1981, S. 70f) von staatlicherseits letztlich nolens volens geduldeten illegalen Siedlungstätigkeiten im sozialistischen Jugoslawien. GAŠIĆ weist auf „massenhafte informelle Bautätigkeit an der Peripherie und außerhalb des Stadtgebietes" Belgrads bereits zur Zwischenkriegszeit hin (2010, S. 234). Und ZEGARAC (1999, S. 365) letztlich sieht illegales Bauen sogar als integralen Teil des gesamten Urbanisierungsprozesses Belgrads. Angesichts der Kriegszerstörungen, der rasch zunehmenden Einwohnerzahl und der beschränkten finanziellen Möglichkeiten waren die an sich illegalen Bautätigkeiten schon nach dem Zweiten Weltkrieg für den Staat ein willkommenes Ventil zur Lösung des akuten Wohnungsproblems (MÜNNICH 2010, S. 280f). So wurde das Stadtwachstum neben dem staatlich kontrollierten, geplanten Wohnungswesen von einem ausgeprägten privaten, unregulierten Wohnungsmarktsegment getragen (LE NORMAND 2009, S. 62f). Die neuen Wohnviertel, die auch bei der Errichtung des sozialistischen Novi Beograd entstanden sind, wurden nachträglich legalisiert, indem sie in die späteren Masterpläne zur Stadtentwicklung aufgenommen wurden.

Informelle Siedlungstätigkeiten sind also pfadabhängige Elemente post-sozialistischer Transformationsgeographien und, ganz ähnlich wie im Entwicklungskontext, Ausdruck einer Dynamik, die mit planerischen Mitteln nicht zu bewältigen ist. Informalität im Wohnungswesen stellte, vergleichbar mit der im sozialistischem Raum verbreiteten ‚second economy' (BORÉN & GENTILE 2007, S. 99), eine Art Parallelwelt und Substitut für systembedingte Mängel dar. Das ist ganz offensichtlich bis zum heutigen Tag so geblieben.

2.2 Die Emergenz des Einzelhandels zwischen Internationalisierung und Banalisierung

Offiziell verfügt Belgrad über einen schier unglaublichen Geschäftsbesatz: Auf knapp 50 Einwohner kommt ein Großhandels-, Einzelhandels- oder Reparaturbetrieb (INSTITUTE FOR INFORMATICS AND STATISTICS 2010, S. 212). Das mag teilweise Unschärfen an der statistischen Erfassung liegen, deutet jedoch auf einen immer noch sehr kleinteilig organisierten Handelssektor hin. Im internationalen Vergleich liegt Belgrad mit 0,78m² Verkaufsfläche pro Einwohner deutlich hinter Wien oder Budapest (1,4 bzw. 1,6m²/ Einw.; LOVRETA 2008, S. 66). Neben kleinen inhabergeführten Geschäften, offenen Märkten oder (v.a. seit den 1990ern) zahllosen Kiosken, die eine dichte Nahversorgung gewährleisten, treten seit der Jahrhundertwende zunehmend großflächige Einzelhandelsformate nationaler und internationaler Konzerne auf den Belgrader Markt. Insofern zeichnet sich seit einigen Jahren das vermehrte Aufkommen post-moderner Formen des Handels auch in Serbiens Hauptstadt ab. Solche kapitalintensiven und von ausreichender Kaufkraft sowie insgesamt stabilen Verhältnissen abhängigen ‚Konsumtempel' sind ein deutlicher Indikator für einen sehr weit fortgeschrittenen postsozialistischen Wandel. Aus westlicher Sicht unüblich sind dagegen die Standortmuster der Shoppingcenter in der Agglomeration Belgrad. Sie sind weniger im suburbanen Raum zu finden, sondern überwiegend in Form von Nachverdichtungen in städtebaulich integrierten Lagen (Abb. 2).

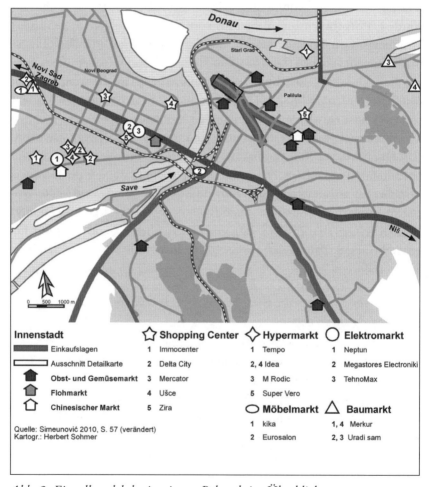

Abb. 2: Einzelhandelsdestinationen Belgrads im Überblick

350

Die Mehrheit der Shopping-Malls findet sich in Novi Beograd (SIMEUNOVIĆ 2010, S. 57). Das hängt mit der verfügbaren Fläche und der Nähe zu potentiellen Kunden bzw. der Erreichbarkeit zusammen. Angesichts des relativ begrenzten motorisierten Individualverkehrs ist eine leistungsfähige ÖPNV-Anbindung entscheidender als ein großes Parkhaus. (Erst) im Jahr 2002 eröffnete die slowenische Mercator-Gruppe ein Shopping-Center, welches sich in Konzeption, Größe und Branchenmix sehr deutlich von den zwar umgestalteten, dennoch aber deutlich sichtbar der jugoslawischen Zeit entstammenden Centern in Innenstadtlage unterschied. Weitere folgten, ebenso andere ,westliche' Formate wie (Bau- oder Elektro-)Fachmärkte, SB-Warenhäuser oder Hypermärkte.

Ein gutes Beispiel ist das 2009 eröffnete Ušće-Center, ein Investment der serbischen MPC Holding mit 35.000m² Verkaufsfläche auf fünf Ebenen. Es befindet sich auf dem linken Save-Ufer in sehr prominenter Lage an der Schnittstelle zwischen Alt- und Neu-Belgrad. Das benachbarte Hochhaus war Sitz des Zentralkomitees der kommunistischen Partei bzw. später der sozialistischen Partei Serbiens, bevor der Turm 1999 von NATO-Bombardements getroffen wurde. Heute findet sich dort u.a. der Firmensitz der MPC, die auf dem Areal konsequent das Konzept einer Mischung aus Handel (83% der Fläche), Freizeiteinrichtungen wie Multiplex-Kino, Bowlinghalle und Gastronomie verfolgt hat. Hauptwarengruppen sind Bekleidung und Schuhe. Der Branchenmix wird von einem Elektrofach- und einem Verbrauchermarkt sowie – meist in kleineren Einheiten – hochwertigen Angeboten und Dienstleistungen im Wellness- und Beauty-Bereich ergänzt. Zum Konzept gehört offensichtlich auch die Betriebsgrößenstruktur, denn die einzelnen Ladenlokale sind, verglichen mit dem 2007 eröffneten Projekt Delta-City, deutlich größer (SIMEUNOVIĆ 2010, S. 91). Eine Million Besucher im ersten Monat (COLLIERS INTERNATIONAL 2009, S. 2) belegen die Attraktivität des Ušće-Centers, wenngleich der Besuch dieser oder anderer Shopping Malls nicht unbedingt gezielten Einkäufen, sondern häufig einfach dem Zeitvertreib dient.

Solche Großinvestments sind Beleg einer auch in Südosteuropa fortschreitenden Internationalisierung der Handelsstrukturen, mit der die Austauschbarkeit und Banalisierung des Angebots einhergeht: Auch in Belgrader Malls sind die Filialen internationaler Marken vertreten und der Kunde könnte diese Sortimente in gleicher Weise – möglicherweise sogar zu einem günstigeren Preis – in Berlin, London oder Paris erstehen.

Das betrifft gleichermaßen die Innenstadt. Hier, insbesondere in den 1a-Lagen, finden sich qualitativ hochwertige und teilweise exklusive Ange-

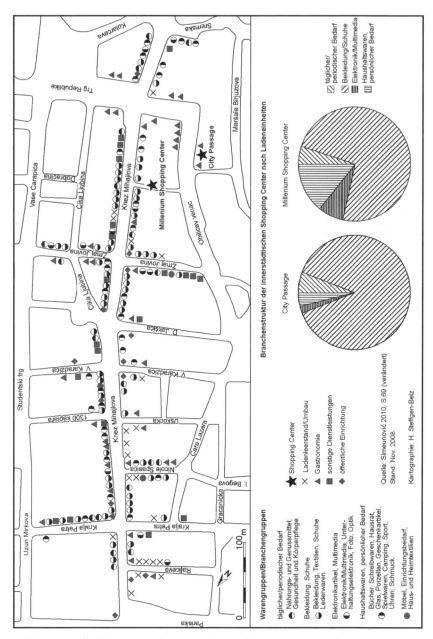

Abb. 3: Geschäftsbesatz in der zentralen Fußgängerzone (nach SIMEUNOVIĆ 2010, S. 69; verändert)

bote. Bezeichnend dafür ist die Präsenz internationaler Marken quasi von A(rmani) bis Z(ara) in der ‚Knez Mihaijlova‘, der zentralen Fußgänger-zone und Flaniermeile im Zentrum Belgrads (Abb. 3). Einschließlich

352

Abb. 4: IKEA Belgrad (Aufnahme: V. SIMEUNOVIĆ 2009)

Nebenstraßen finden sich hier 13.400m² Verkaufsfläche in 280 Geschäften, dazu mehr als 40 Gastronomiebetriebe, 25 weitere Dienstleister sowie 13 öffentliche Einrichtungen (SIMEUNOVIĆ 2010, S. 68). Insgesamt ist das hier lokalisierte Angebot also wesentlich breiter gefächert, gleichwohl es ebenfalls vom Textilsektor dominiert wird. Die Leerstandsquote im kartierten Ausschnitt beträgt beachtliche 20%. Das deutet einerseits auf strukturelle Schwächen (evident in den beiden gänzlich unattraktiven Shopping Centers „City-Passage" und „Millenium"), andererseits aber auch auf die aktuelle Dynamik (insbesondere im Falle mehrerer Großbaustellen im westlichen Teil) hin. Die Aufwertungstendenzen im Einzelhandel Belgrads kennen einige Besonderheiten. So ist die Frage der Internationalisierung dahingehend zu präzisieren, dass zwar die entsprechenden Marken schon sehr lange präsent sind, häufig jedoch über Intermediäre. Der Markteintritt erfolgt wegen des geringeren Risikos für den ausländischen Investor in der

Regel über das Franchisesystem, weswegen der Anteil ausländischen Kapitals mit 15% immer noch relativ niedrig liegt (LOVRETA 2008, S. 20).

Definitiv kein ausländisches Investment ist die ‚IKEA-Filiale' am Rande eines Flohmarktes in Novi Beograd (Abb. 4). Hier hat sich eine private Kleinunternehmerin die Popularität der Marke zu Nutzen gemacht, indem sie auf 20m² Waren aus dem Dekorations-, Lampen- oder Hausratsortiment des schwedischen Global Players feilbietet. Darüber hinaus können alle im Katalog – der an Belgrader Kiosken neben Hochglanz-Einrichtungsmagazinen als Bestseller verkauft wird – gelisteten Artikel bestellt werden, die dann gegen einen Aufpreis von Angestellten in einem entsprechenden Möbelhaus in Ungarn besorgt werden (SIMEUNOVIĆ 2010, S. 99f). Selbstverständlich handelt es sich hier um ein nicht autorisiertes, temporäres Übergangsphänomen. Der schwedische Konzern, der im Übrigen bis in die 1990er mit einem kleinen Geschäft in Belgrad vertreten war und sich dann wegen der politischen Probleme zurückgezogen hatte, steht unmittelbar vor dem abermaligen Markteintritt und dürfte diese bemerkenswerte Facette der Transformation dann nicht mehr neben sich dulden.

Es ist müßig darauf hinzuweisen, dass sich auch der Konsument im Spannungsfeld zwischen Wandel und Bewahrung bewegt. Selbstverständlich sind die großen Center stark frequentiert. Wieweit sie aber tatsächlich Kaufkraft binden und ob sie eher Konkurrenz oder Ergänzung zur Innenstadt darstellen, ist in dem rasch expandierenden Markt noch nicht klar auszumachen. Die serbischen Konsummuster jedenfalls haben sich bisher nur wenig geändert. Sie sind speziell im Lebensmittelbereich immer noch vom täglichen Einkauf in der Nachbarschaft geprägt, was neben dem Faktor Mobilität auch am günstigeren Preisniveau liegt (SIMEUNOVIĆ 2010).

3. Belgrad – Europäische Metropole oder Steuerungszentrum im Balkanraum?

Belgrad ist keine Global City. Aber wieweit ist die Agglomeration tatsächlich eine europäische Metropole? BLOTEVOGEL (2005, S. 644ff) und ganz ähnlich BRONGER (2004, S. 31f) sehen generelle Metropolen-relevante Faktoren in der erweiterten wirtschaftlich und politisch definierten Entscheidungs- und Kontrollfunktion, in Fragen von Innovation und Wettbewerbsfähigkeit einschließlich einer herausgehobenen Stellung im kulturell-gesellschaftlichen Bereich sowie den sog. Gateway-Funktionen.

Einige der vorstehenden Ausführungen sprechen zweifelsohne dafür, Belgrad aufgrund seiner demographischen und funktionalen Primacy als eigenständige Metropole zwischen den von ZÖPEL (2010, S. 295) so bezeichneten „Südosteuropa-relevanten Metropolen Wien und Athen" zu sehen. Das ist zunächst v.a. die Einwohnerzahl; bald ein Viertel der Einwohner Serbiens lebt hier (GÖLER & LEHMEIER 2011, S. 35). Belgrad ist damit die zweitgrößte Agglomeration im postsozialistischen Südosteuropa. Die Lage an zwei paneuropäischen Korridoren (VII und X) deutet zudem auf eine hohe Verkehrswertigkeit hin. Aus ökonomischer Sicht sind Internationalisierungstendenzen zu nennen, welche nicht allein den Einzelhandel, sondern speziell auch den Banken- und Versicherungssektor prägen. Das mündet nicht zuletzt in einem respektablen Zuwachs von 1 Mio. m² neuer Büro- und Handelsflächen zwischen 2000 und 2005 (HIRT 2009, S. 300). So findet die Wachstumsdynamik im ersten Jahrzehnt des 21. Jahrhunderts nach der Depression der 1990er Jahre ihre physiognomische Entsprechung. Auch in kulturellen Belangen wird Belgrad gemeinhin Potential eingeräumt (HIRT 2009, S. 309); unzweifelhaft verfügt Belgrad über hochrangige Institutionen aus Kultur und Wissenschaft. Und fast schon legendär ist die pulsierende Club-Szene, die wegen des guten Rufes und dem günstigen Preisniveau Partygänger z.b. aus dem nicht gerade nahen Zagreb anlockt.

Gegen die Einordnung als europäisch relevante Metropole spricht, dass in Belgrad kontinental oder gar global bedeutende wirtschaftliche Steuerungsfunktionen fehlen. Das Aufkommen an Fluggästen als Indikator für einen ausgeprägten Geschäftsreiseverkehr ist verhältnismäßig gering: Die lediglich 2,65 Mio. Fluggäste (2008) am internationalen Flughafen Nikola Tesla sind im globalen und selbst im europäischen Maßstab marginal und werden im regionalen Zusammenhang um den Faktor 2 (Bukarest), 3 (Budapest) bzw. 6 (Athen) übertroffen.[1] Allerdings gewährleistet die JAT, die nationale Luftfahrtgesellschaft Serbiens, mit teilweise mehrfachen täglichen Verbindungen nach Podgorica und Tivat (Montenegro), Sarajewo (Bosnien und Herzegowina), Skopje und Ohrid (Mazedonien) und Ljubljana (Slowenien) sowie entsprechenden Anschlüssen zu weiteren internationalen Destinationen via Belgrad immerhin die Konnektivität im ex-jugoslawischen Raum.[2]

Die Studie ,Metropolitan areas in Europe' (BBSR 2011, S. 97) gelangt ebenfalls zu einer ambivalenten Gesamteinschätzung. Die im europäischen Vergleich eingeschränkte Metropoleigenschaft der Agglomeration fußt hier vorwiegend auf den Sektoren Kultur/Sport, Wirtschaft und Politik. Belgrad hat allerdings keine im europäischen Maßstab bedeutenden Funktionen in den Bereichen Transport/Verkehr oder Wissenschaft/Forschung. Abseits

1   Zahlen nach www.flugplandaten.de (Abruf letztmals am 17.5.2011)
2   www.jat.com (Abruf letztmals am am 1.7.2011)

des europäischen Kernraums gelegen, ist die Agglomeration einem in Osteuropa vermehrt auftretenden Metropolraum-Typ zuzurechnen, in dem die metropolitanen Funktionen im nationalen Kontext zwar konzentriert sind, der aber insgesamt einen erheblichen Rückstand auf den europäischen Zentralraum hat (BBSR 2011, S. 85).

So mag die Metropolfunktion Belgrads im europäischen Maßstab gegenwärtig sektoral unterschiedlich nuanciert und insgesamt begrenzt sein. Innerhalb Südosteuropas hat die ehemalige Hauptstadt Jugoslawiens und heutige Kapitale Serbiens nach wie vor eine ausgeprägte Steuerungsfunktion im westlichen Balkanraum. Im politischen Sinn reicht die direkte Einflusssphäre Belgrads bis in serbisch besiedelte Gebiete im Kosovo oder v.a. in die Republika Srpska, dem serbisch dominierten Teil des an sich souveränen Staates Bosnien und Herzegowina. Weiterhin ist Belgrad Sitz einiger mittlerer und größerer Unternehmen, deren Firmenhistorie mindestens in die jugoslawische Zeit reicht und die auch heute noch im gesamten ex-jugoslawischen Raum aktive Geschäftsbeziehungen und weitreichende Verflechtungen aufweisen. Ganz offensichtlich ist die langfristig bestehende, generelle Regionalkompetenz und Marktkenntnis solcher Unternehmen – ähnlich wie im Fall der slowenische Mercator-Gruppe (VODLAN & VIDA 2008, S. 147) – ein Wettbewerbsvorteil gegenüber völlig marktfernen internationalen Mitbewerbern. Die in jugoslawischer Zeit etablierten geschäftlichen Netzwerke zeigen also weitreichende Persistenzen.

Manche transnationalen Belgrader Unternehmen sind außerdem im gesamten südosteuropäischen Raum tätig. Hier ist das derzeit größte Privatunternehmen Serbiens, die „Delta Holding", zu nennen, die in den letzten Jahren in die EU-Staaten Bulgarien und Slowenien sowie nach Albanien expandierte.[3] Weitere Markteintritte im osteuropäischen Raum sind geplant. Das 1991 gegründete Unternehmen war zunächst im Einzelhandelsbereich tätig und konnte sich im Rahmen einiger Privatisierungen in den 1990ern eine herausragende Marktposition im Land schaffen. Seitdem diversifizierte sich Delta beständig und bietet mittlerweile zusätzliche Finanz- und Versicherungsdienstleistungen an. Eine genauere Betrachtung der Firmengeschichte und des begleitenden Medienechos bringt jedoch einige Besonderheiten zu Tage. Der Erfolg dieses und anderer serbischer Großunternehmen wird oft mit dem Vorwurf undurchsichtiger Kontakte zu Regierungskreisen und Vorteilsnahmen bei Privatisierungen in Verbindung gebracht (SIMEUNOVIĆ 2010, S. 125). Damit würden Markt-

---

3   www.deltaholding.rs (Abruf letztmals am 12.07.2011)

eintritte ausländischer transnationaler Unternehmen in Serbien und eine fortschreitende Liberalisierung der Märkte behindert, was wiederum gegen eine zügige und weit reichende Eingliederung Belgrads in globalisierte Wirtschaftskreisläufe spräche. Die regionale Steuerungsfunktion der dort ansässigen Firmen für den post-jugoslawischen Raum würde hingegen zumindest mittelfristig gestärkt.

Im Gegensatz zu anderen urbanen Räumen Ost- und Südosteuropas hat Belgrad also schon seit langem eine hervorgehobene Stellung für eine ganze Großregion. Die politische und wirtschaftliche Integration in wechselnde Systeme ist Bestandteil der Stadtgeschichte. Vor dem Hintergrund solcher Pfadabhängigkeiten stellt Belgrad sicherlich keine strukturelle Peripherie dar, sondern ist eher dem Typus eines ‚schlafenden Riesen' zuzurechnen, dessen Vergangenheit und Gegenwart noch von Einflüssen des Postsozialismus und der Transformation geprägt ist und dessen Perspektive definitiv in der Europäischen Union liegt.

Literatur

BBSR (BUNDESINSTITUT FÜR BAU-, STADT- UND RAUMFORSCHUNG) (2011), Metropolitan areas in Europe (= BBSR-Online-Publikation 01/2011). Bonn.

BECKER H., BLÖCHL A., DOKA D., GÖLER D., KARAGUNI M., KÖPPEN B., MAI R. (2005), Industriesquatter in Tirana. In: Europa Regional, 13, 1, S. 12-20.

BLAGOJEVIĆ L. (2004), Novi Beograd oder die Hauptstadt von Niemandsland. In: StadtBauwelt, 163, S. 34-41.

BLOTEVOGEL H.-H. (2005), Metropolregionen. In: AKADEMIE FÜR RAUMFORSCHUNG UND LANDESPLANUNG (Hrsg), Handwörterbuch der Raumordnung. 4. Auflage. S. 642-647. Hannover.

BOBIĆ M. (2004), Belgrad: Eine Multiple Edge City. In: StadtBauwelt, 163, S. 42-49.

BORÉN T., GENTILE M. (2007), Metropolitan Processes in Post-communist States: An Introduction. In: Geografiska Annaler, B 89, 2, S. 95-110.

BOUZAROVSKI S., SALUKVADZE J., GENTILE M. (2011), A socially resilient urban transition? The contested landscapes of apartment building extensions in two post-communist cities, Urban Studies, Urban Studies 48, 13, S. 2689-2714.

BREY H. (2011), Serbiens mühsamer Weg in die EU. In: Geographische Rundschau, 63, 4, S. 20–26.

BRONGER D. (2004), Metropolen Megastädte Global Cities. Die Metropolisierung der Erde. Darmstadt.

BURDACK J., HERFERT G., RUDOLPH R. (2005), Die metropolitane Peripherie zwischen suburbanen und posturbanen Entwicklungen. In: BURDACK J., HERFERT G., RUDOLPH R. (Hrsg.), Europäische metropolitane Peripherien (=Beiträge zur Regionalen Geographie, 61). S. 8-25. Leipzig.

BÜSCHENFELD H. (1981), Jugoslawien. Stuttgart.

COLLIERS INTERNATIONAL (2009), Colliers International Market Overview Serbia Retail Second Half 2009. Belgrad.

DAMLJANOVIĆ CONLEY T. (2010), Belgrade. In: GUNZBURGER MAKAŠ E., DAMLJANOVIĆ CONLEY T. (Hrsg.), Capital Cities in the Aftermath of Empires. Planning in Central and Southeastern Europe. S. 45-60. London, New York.

FRENCH R. A., HAMILTON F. E. (1979), Is there a Socialist City? In: FRENCH R. A., HAMILTON F. E. (Hrsg.), The Socialist City. Spatial Structure and Urban Policy. S. 1–21. Chichester, New York, Brisbane, Toronto.

GAŠIĆ R. (2010), Europäische Einflüsse auf die Urbanisierung Belgrads 1918-1941. In: BOHN T. M., CALIĆ M.-J. (Hrsg.), Urbanisierung und Stadtentwicklung in Südosteuropa vom 19. bis zum 21. Jahrhundert (=Südosteuropa-Jahrbuch, 37). S. 233-243. München, Berlin.

GÖLER D., LEHMEIER H., (2011), Balkanmetropolen. Urbane Entwicklungen in Belgrad, Bukarest und Sofia. In: Geographische Rundschau, 63, 4, S. 34-41.

GÖLER D., GRČIĆ M., RATKAJ I. (2007), Tendenzen der jüngeren industriellen Entwicklung in Serbien und ihre regionale Differenzierung – untersucht mit einem quantitativen Analyseansatz. In: Mitt. d. Österr. Geogr. Ges., 149, S. 109-132.

HIRT S. (2009), City Profile Belgrade, Serbia. In: Cities, 26, S. 293-303.

HÖPKEN W. (2010), Die „südosteuropäische Stadt". In: BOHN T. M., CALIC M.-J. (Hrsg.), Urbanisierung und Stadtentwicklung in Südosteuropa vom 19. bis zum 21. Jahrhundert (= Südosteuropa-Jahrbuch, 37). S. 67-91. München, Berlin.

INSTITUTE FOR INFORMATICS AND STATISTICS (2010), Statistical Yearbook of Belgrade 2009. Belgrad.

LE NORMAND B. (2009), Urban development in Belgrade, 1945-1972. In: Informationen zur modernen Stadtgeschichte, H. 1, S. 60-69.

LOVRETA S. (2008), Strategija razvoja trgovine Beograda, Belgrad.

MIŠKOVIĆ N. (2008), Basare und Boulevards. Belgrad im 19. Jahrhundert (= Zur Kunde Südosteuropas, II/29). Wien, Köln, Weimar.

MÜNNICH N. (2010), Ein „Dritter Weg"? Öffentliche Räume, Lebenswelten und Formen von Mitbestimmung im Belgrad der 1960er Jahre. In: BOHN T. M., CALIC M.-J. (Hrsg.), Urbanisierung und Stadtentwicklung in Südosteuropa vom 19. bis zum 21. Jahrhundert (= Südosteuropa-Jahrbuch, 37). S. 267-286. München, Berlin.

REPUBLIČKI ZAVOD ZA STATISTIKU (2002), Popis stanovništva, domainstava i stanova u 2002, dokumentacioni materijal. Belgrad.

SIMEUNOVIĆ V. (2010), Serbiens Einzelhandel im Umbruch – Aktuelle Entwicklungen am Beispiel der Hauptstadt Belgrad. Unveröffentlichte Magisterarbeit. Erlangen.

UN-HABITAT (2006), Four Strategic Themes for the Housing Policy in Serbia. Belgrad.

VODLAN M., VIDA I. (2008), Multinationals in Central and Eastern Europe: A Case Study of International Expansions by a Slowenian Retailer. In: European Retail Research, 22, S. 137-157.

VUJOŠEVIĆ M., NEDOVIĆ-BUDIĆ Z. (2006), Planning and societal context – The case of Belgrade, Serbia: In: TSENKOVA S., NEDOVIĆ-BUDIĆ Z. (Hrsg.), The Urban Mosaic of Post-Socialist Europe. S. 275-294. Heidelberg, New York.

ZEGARAC Z. (1999), Illegal construction in Belgrade and the prospects for urban development planning. In: Cities, 16, 5, S. 365-370.

ZEKOVIĆ S. (2006), Development and Spatial Pattern of Industry in Serbia. In: European Spatial Research and Policy, 13, 2, S. 161-180.

ZÖPEL C. (2010), Metropolen in der Raumentwicklung Südosteuropas. In: BOHN T. M., CALIĆ M.-J. (Hrsg.), Urbanisierung und Stadtentwicklung in Südosteuropa vom 19. bis zum 21. Jahrhundert (=Südosteuropa-Jahrb., 37). S. 287-306. München, Berlin.

AUTORINNEN UND AUTOREN

Dr. Sabine Dörry ist Research Fellow am Department of Geography and Development (GEODE) des CEPS/INSTEAD Luxembourg. Forschungsschwerpunkte: politische Ökonomie von Finanz- und Immobilienmärkten in Finanzzentren, Stadtökonomie, wirtschaftsgeographische Globalisierungs- und Entwicklungsforschung. E-Mail: sabine.doerry@ceps.lu

Dr. Heinz Fassmann ist Universitätsprofessor für angewandte Geographie, Raumforschung und Raumordnung an der Universität Wien, Vizerektor der Universität Wien sowie Direktor des Instituts für Stadt- und Regionalforschung der Österreichischen Akademie der Wissenschaften. Forschungsschwerpunkte: Migrationsforschung, Stadtgeographie, Raumordnung. E-Mail: heinz.fassmann@univie.ac.at

Dr. Daniel Göler ist Professor für Geographische Migrations- und Transformationsforschung am Institut für Geographie der Otto-Friedrich-Universität Bamberg. Forschungsschwerpunkte: Regionale Transformationsforschung, Ost- und Südosteuropa, Stadt-, Bevölkerungs- und Wirtschaftsgeographie. E-Mail: daniel.goeler@uni-bamberg.de

Pierre Guilliams (†) war ein junger Geograph, seit 2007 Forscher bei der SEGEFA (Service d'Étude en Géographie Économique Fondamentale et Appliquée) der Universität Liège. 2010 ist er bei einem Hauseinsturz im Zentrum von Liège tödlich verunglückt.

Dr. Jean-Marie Halleux ist Professor an der Universität Liège, wo er Wirtschaftsgeographie und Regionalentwicklung unterrichtet. Forschungsschwerpunkte: die Beziehungen zwischen Stadtplanung und Immobilienmärkten. E-Mail: Jean-Marie.Halleux@ulg.ac.be

Dr. Gerhard Hatz ist Assistenzprofessor am Institut für Geogarphie und Regionalforschung der Universität Wien. Forschungsschwerpunkte: Stadtentwicklung, urbane Kultur, Räume des Konsums. E-Mail: gerhard.hatz@univie.ac.at

Dr. Susanne Heeg ist Professorin für geographische Stadtforschung am Institut für Humangeographie an der Goethe-Universität Frankfurt am Main. Forschungsschwerpunkte: Stadtökonomie, Immobilienwirtschaft, Politische Ökonomie. E-Mail: heeg@em.uni-frankfurt.de

Dr. Joszef Hegedüs ist Ökonom und Soziologe, und hat 1989 das Metropolitan Research Institute in Budapest mitgegründet; seit 2007 ist er Affiliated Professor an der Corvinus Universität. Forschungsschwerpunkte: Wohnungswesen und Stadtforschung in den Transformationsländern. E-Mail: hegedus@mri.hu

Dr. Tassilo Herrschel ist Associate Professor an der University of Westminster, London, am Department of Politics and International Relations. Forschungsschwerpunkte: Vergleichende Wirtschaftspolitik, Governance-Strukturen in Städten und Stadtregionen in Europa und Nordamerika, Demokratisierung post-autoritärer Gesellschaftssysteme. E-Mail: T.A.Herrschel@westminster.ac.uk

DDr. Josef Kohlbacher ist wissenschaftlicher Mitarbeiter am Institut für Stadt- und Regionalforschung der Österreichischen Akademie der Wissenschaften. Forschungsschwerpunkte: internationale Migration, Integration, interethnische Beziehungen. E-Mail: josef.kohlbacher@oeaw.ac.at

Dr. Elmar Kulke ist Universitätsprofessor am Geographischen Institut der Humboldt-Universität zu Berlin. Forschungsschwerpunkte sind Entwicklungen im Dienstleistungsbereich (Einzelhandel, Unternehmensdienstleistungen) und Modellansätze zu Wertschöpfungsketten und räumlichen Konzentrationen. Bezugsräume liegen in Mitteleuropa und Südostasien. E-Mail: elmar.kulke@geo.hu-berlin.de

Dipl.-Geogr. Holger Lehmeier ist wissenschaftlicher Mitarbeiter am Institut für Geographie der Otto-Friedrich-Universität Bamberg. Forschungsschwerpunkte: Regionalentwicklung, Südosteuropa. E-Mail: holger.lehmeier@uni-bamberg.de

Dr. Walter Matznetter ist Assistenzprofessor am Institut für Geographie und Regionalforschung der Universität Wien. Forschungsschwerpunkte: Stadtgeographie, Wohnungswesen, Migration von Hochqualifizierten.
E-Mail: walter.matznetter@univie.ac.at

Dr. Robert Musil ist wissenschaftlicher Mitarbeiter am Institut für Stadt- und Regionalforschung der Österreichischen Akademie der Wissenschaften. Forschungsschwerpunkte: Internationale Stadtsysteme, Global Cities, Ökonomie der Stadt.
E-Mail: robert.musil@oeaw.ac.at

Dr. Darina Posová ist wissenschaftliche Mitarbeiterin am Institut für Geographie der J. E. Purkyně Universität in Ústí nad Labem. Forschungsschwerpunkte: Urbanisierung und Suburbanisierung im internationalen Vergleich. E-Mail: Darina.Posova@ujep.cz

Dr. Ursula Reeger ist wissenschaftliche Mitarbeiterin am Institut für Stadt- und Regionalforschung der Österreichischen Akademie der Wissenschaften. Forschungsschwerpunkte: internationale Migration, Integration, interethnische Beziehungen.
E-Mail: ursula.reeger@oeaw.ac.at

Dr. Marit Rosol ist wissenschaftliche Assistentin am Institut für Humangeographie der Goethe-Universität Frankfurt am Main. Forschungsschwerpunkte: neoliberale Stadtentwicklung, Stadt- und Freiraumplanung, Partizipation und Protest, Governance und Gouvernementalität, städtische Ökonomien.
E-Mail: rosol@em.uni-frankfurt.de

Dr. Eike W. Schamp, ist Professor für Wirtschaftsgeographie (i.R.) am Institut für Humangeographie, Goethe-Universität Frankfurt am Main. Forschungsschwerpunkte: räumlichen Ordnung von industriellen Wertschöpfungsketten, z.B. der Auto- und Schuhindustrie; lokale und globale Produktionssysteme; Finanzgeographie; Wissensökonomie. E-Mail: schamp@em.uni-frankfurt.de

Dr. Martin Seger ist emeritierter Universitätsprofessor am Institut für Geographie und Regionalforschung der Alpen-Adria-Universität Klagenfurt. Forschungsschwerpunkte: Stadtstrukturforschung, regionale Analysen, querschnittsbezogene Darstellungen, thematische Visualisierungen. E-Mail: Martin.Seger@uni-klu.ac.at

Dr. Luděk Sýkora ist Universitätsdozent am Lehrstuhl für Sozialgeographie und Regionalentwicklung der Karls-Universität in Prag. Forschungsschwerpunkte: Stadtgeographie, Transformationsforschung, Globalisierung. E-Mail: sykora@natur.cuni.cz

Dr. Mathieu Van Criekingen ist Professeur Assistant an der Abteilung Humangeographie, Université Libre de Bruxelles (ULB), Brüssel. Forschungsschwerpunkte: Politische Ökonomie der Städte, Urbane Regime, Gentrifizierung, Wohnungsmarkt, Stadt-Branding. E-Mail: mvancrie@ulb.ac.be

Dr. Joachim Vossen ist Universitätsprofessor am Geographischen Institut der Georg-August-Universität Göttingen. Forschungsschwerpunkte: Projektentwicklung für Städte und Regionen, Stadt- und Regionalökonomie, Stadt- und Regionalmarketing. E-Mail: vossen@isr-forschung.de

Dr. Klaus Zehner ist apl. Professor im Bereich der Anthropogeographie an der Universität Köln. Forschungsschwerpunkt: geographische Stadtforschung mit Bezügen zur Wirtschaftsgeographie, Großbritannien. E-Mail: k.zehner@uni-koeln.de

Dr. Christian Zeller ist Universitätsprofessor für Wirtschaftsgeographie am Fachbereich Geographie und Geologie der Universität Salzburg. Forschungsschwerpunkte: Globalisierung, insbesondere in der Pharmaindustrie, Disparitätenforschung.
E-Mail: christian.zeller@sbg.ac.at